제 6 판

IFRS 회계원리

유관희

弘文社

제6판 머 리 말

학생들로부터 회계가 어렵다는 말을 계속 들으면서도 정작 학생들의 눈높이에 맞춘 교과서를 만드는 데는 크게 신경을 안 써온 것은 아닌가 하는 반성을 뒤늦게 많이 했다. 남들에게는 소통의 중요성을 그렇게도 잘 강조했으면서 막상 필자는 회계를 공부하는 학생들과 제대로 소통하지 못했음을 절감하며 본서를 개정하였다. 독자들이 어느 부분을 어려워하고 있으며, 그 어려움을 해소해 주려면 필자 입장에서 어떻게 접근하면 되겠는가라는 고민이 부족했음을 반성하였다. 재무회계는 첫발을 내딛기가 어렵다. 그러나 그 첫발을 잘 떼면 경영학의 다른 어떤 과목 못지않게 재미있고 유익한 과목이 바로 이 재무회계다.

이번 6판은 그 첫발에 주안점을 두고 다시 썼다. 1장부터 4장까지 어느 누구나 쉽게 재무회계의 기본을 이해할 수 있도록 정리했다. 지금 세상에 나와 있는 어떤 회계학 입문서보다도 재무회계를 가장 잘 습득할 수 있게 설명하였다. 이 책의 첫 부분(1장~4장)을 읽고 나면 아마도 그동안 왜 회계가 어렵다는 선입관을 가졌었나 의아해질 것이다.

그 밖에도 5판에 남아 있던 애매한 점들까지 다시 고치고 교정하여 6판을 자신있게 내놓게 되었다. 아무쪼록 이 책을 통하여 재무회계의 기본을 잘 이해하고 그 바탕 위에 회계경쟁력을 갖춘 경영학도로 발전해 나가는 독자들이 되기를 기원하며, 새 판을 위해 수고해 주신 홍문사의 임권규 사장님과 임직원들께 감사의 말씀을 드린다.

2014년 8월

안암동 연구실에서

유 관 희

제5판 머 리 말

회계에 첫발을 내딛는 과목을 가르치면서 느끼는 가장 큰 보람은 "교수님께 회계원리를 수강하고 나서 회계에 자신감을 갖게 되었고, 그 여세로 공인회계사 시험에 도전하여 오늘 합격통지를 받았습니다."라는 소식을 듣는 일이다. 저자 자신도 회계원리를 체계적이고도 쉽게 가르쳐 주셨던 교수님 때문에 어려울 것이라고 느꼈던 회계에 친근감을 가지게 되었던 기억이 생생하다. 그때 받았던 영향 덕택에 저자가 지금 회계학 교수가 되어 있는 것을 보면 입문과목의 중요성이 그만큼 지대하다고 볼 수 있다.

우리나라도 2011년부터는 국제회계기준(International Financial Reporting Standards: IFRS)을 전면 도입하기로 결정하였다. 따라서 지금 대학에서 첫 번째 회계과목을 수강하는 학생들이 실무에 나가게 될 때에는 이미 모든 상장기업과 금융기관들이 국제회계기준을 따르고 있을 것이다. 금번 제5판에서는 이를 반영하여 개정작업을 하였다. 아무쪼록 이 새 개정판을 통하여 많은 미래의 공인회계사들과 회계학 교수들이 배출되기를 희망하여 마지않는다. 짧은 기간에 개정작업을 훌륭히 마무리해 주신 홍문사 임직원들께 감사의 말씀을 전한다.

2009년 8월

안암동 연구실에서 유 관 희 씀

제4판 머 리 말

나날이 새로워지고 바뀌는 회계기준을 반영하기 위해 새로운 4판을 독자들에게 내놓게 되었다. 그간 이 책을 통하여 회계를 익히게 되고, 회계에 자신감을 갖게 되었으며, 더 나아가서는 공인회계사 시험에 도전하여 당당히 합격한 학생들을 보면서 큰 보람을 얻을 수 있었다. 이런 독자들이 더 많이 나오게 되기를 기대하면서, 3판보다 더 이해하기 쉽도록 내용을 보충해 개정하였다. 특히 2장에서 재무제표에 대한 기본 틀을 알기 쉽게 정리하였고, 14장의 현금흐름표에 대한 설명도 단계적으로 차근차근 설명하였다. 각 장에 나오는 용어들도 현 회계기준에 맞게 바꾸었다.

아무쪼록 새로운 4판을 통하여 더 많은 미래의 공인회계사들이 탄생되기를 바라며, 앞으로도 독자들의 책에 대한 계속적인 관심과 조언을 부탁드린다. 새 판이 나오도록 배려해 주신 홍문사의 임권규 사장님과 편집진들에게 심심한 감사의 말씀을 드린다. 이 책을 거쳐간 많은 독자들에게도 감사의 마음을 전하며…

2007년 2월

저자 씀

초판 머 리 말

경영학을 전공하면서 회계원리 과목을 수강하는 학생들로부터 가장 자주 듣는 말이 "회계학만 없으면 경영학 공부하기가 훨씬 쉽겠다." 또는 "회계원리 때문에 너무 골치가 아프다."라는 푸념이 아닌가 싶다. 이런 소리를 들을 때마다 회계학을 가르치는 교수로서 참으로 민망하기도 하고 안타깝기도 하다. 왜 학생들이 회계학이라고 하면 진저리를 내고 있을까? 회계학이 진정 어려워서인가, 아니면 과목의 내용이 지루해서인가? 그도 아니면 회계학에서 배우는 내용들이 경영학과는 별 관계가 없어서인가? 이 모두가 저자의 심경을 괴롭히는 의문들이다.

회계학에 대해 아무리 생각해 보아도 이것이 필요없는 학문도 아니요, 그렇다고 내용이 어려운 것도 아니며, 또 기본 틀이 없는 학문도 아니다. 회계시스템이 산출해 내는 정보는 기업의 언어라고까지 할 수 있을 정도로 그 기능이 중요하고, 경영학을 전공하는 학생들에게 없어서는 안 될 기업분석에 관한 핵심도구이다. 그럼에도 불구하고 학생들로부터 회계학이 기피하고 싶은 과목이 된 데에는 그럴만한 이유가 있었던 것 같다. 무엇보다도 가장 큰 이유는 회계원리 교과서에 있지 않았나 하는 것이 본 저자의 생각이다. 기존에 출판된 회계원리 교과서들의 첫 장을 열어보면 거의 예외없이 거래의 기록을 위한 차변·대변의 설명부터 시작하고 있다. 차변·대변이 왜 존재하는지에 대한 이해도 없는 상태에서 거래기록을 위한 차변·대변을 배우려다 자칫 헷갈리기라도 하면 대부분의 학생들이 회계학에 첫발도 내디디기 전에 취미를 잃어버리고 말게 된다. 그래서 아직도 어디가서 회계학을 가르친다고 저자 자신을 소개하면 "아, 그 차변·대변 가르치시는 교수시군요."라고 응답하는 이들이 많다. 아마 그들도 차변·대변에 시달리다가 회계학에서 등을 돌린 이들이 아닌가 싶다.

이 책을 가지고 얼마간 공부하다 보면 독자들도 알게 되겠지만, 단언하건대 회계학은 차변·더변을 가르는 법을 배우는 학문이 아니다. 기업의 재무상태, 이익창출력, 장래성 등을 회계정보를 통해 가늠해 보는 것을 배우는 학문이다. 차변·대변은 이를 위한 하나의 도구일 뿐이지 목적이 아니다. 또 회계의 기본 틀을 이해하고 나면 차변·대변을 가지고 헷갈릴 일도 없다. 본서는 저자의 오랜 경험을 바탕으로 회계학에 첫발을 내딛는 학생들에게 그 첫걸음이 가장 편안할 수 있도록 쓰여졌다. 특히 1장에서부터 5장까지는 어느 회계원리 교과서에서도 얻을 수 없는 재무회계의 기본개념에 관한 알기 쉬운 설경이 제공되고 있다. 이 책의 첫 5장을 공부하고 나면 회계학에 관한 자신감과 함께 마지막 장까지 어서 속히 공부해 보고자 하는 의욕이 절로 생길 것으로 저자는 생각한다. 본서를 통한 회계원리의 공부가 독자들과 독자들의 선배가 그동안 가지고 있었던 회계학에 관한 혐오감을 불식시키는 계기가 되길 바라며, 여기서 얻은 회계학의 기초지식이 독자들로 하여금 장래 공인회계사가 되는 여정의 초석이 되기를 바라는 마음 간절하다.

본 교재를 만드는 데 있어 교정과 문제정리, 해답작성 등 여러 면에서 도움을 준 고려대학교 대학원에 재학 중인 권상호, 김영, 허광복, 김성수, 김성식, 김기필, 황정오 제군에게 감사의 마음을 전한다. 또한 본 교재의 출판에 대비하여 초고를 한 학기 동안 예비 교재로 사용할 수 있도록 지원해 주시고, 이렇게 하나의 교재로서 햇빛을 볼 수 있도록 물심양면으로 지원해 주신 홍문사의 임권규 사장님 및 편집진들께 심심한 사의를 표한다. 완벽하지 못했던 책으로 지난 한 학기 동안 공부하며 이곳저곳의 오류를 지적해 주었던 고려대학교 경영학과 학생들도 빼놓을 수 없는 감사의 대상이다. 본 저자에게 건강과 지혜를 주신 하나님께와, 사랑으로 보살펴 준 가족들에게 또한 감사하며…

안암동 연구실에서
저자 씀

contents

Chapter 1 재무회계: 그 경제적 의미

Chapter 2 재무회계의 절차

Chapter 3 수정분개

Chapter 4 재무제표

Chapter 5 재무회계의 기본개념과 기업회계기준의 생성

Chapter 7 수취채권

Chapter 8 재고자산

Chapter 11 유동부채

Chapter 12 비유동부채

Chapter 13 자 본

Chapter 14 현금흐름표

Chapter 15 재무제표 분석

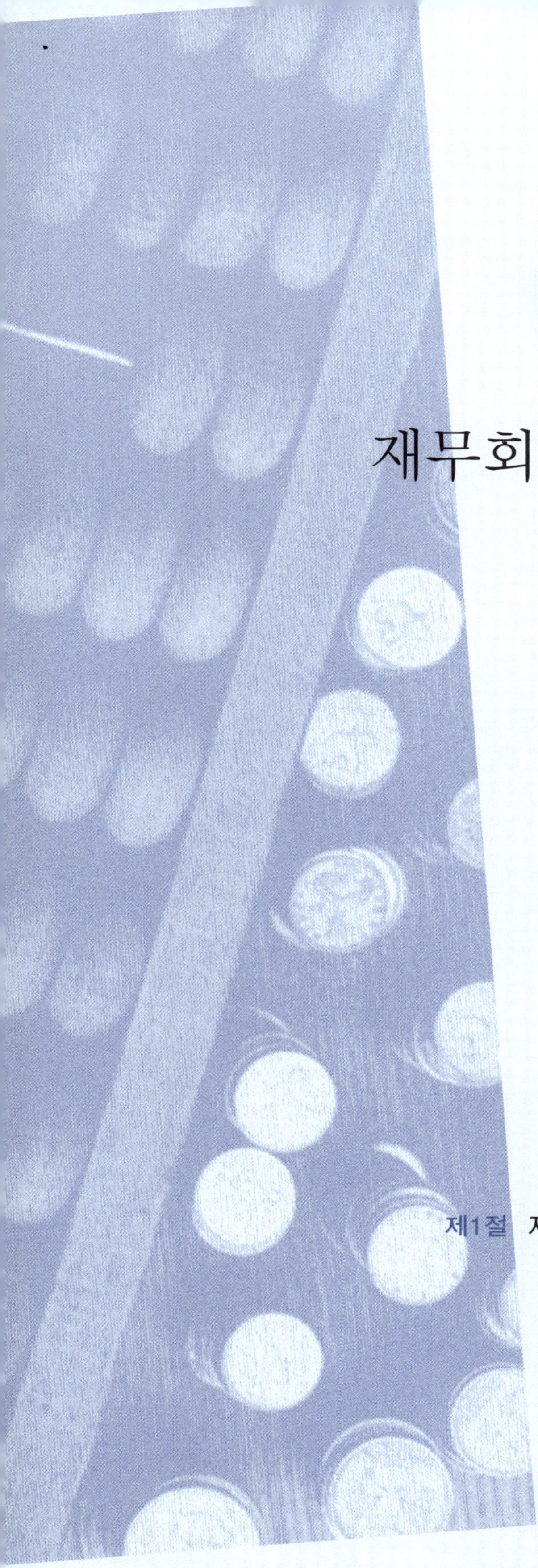

chapter 1

재무회계:그 경제적 의미

제1절 재무회계는 무엇을 공부하는 분야인가?

제2절 재무회계정보의 다양한 이용자

학 습 목 표

1. 투자자, 채권자, 경영자, 감사인들 간에 형성되는 이해관계에 재무제표가 어떤 역할을 하는지를 설명한다.
2. 네 개의 재무제표를 소개하고, 각 재무제표가 제공하는 회계정보의 종류를 설명한다.
3. 투자의 두 가지 기본 형태를 기술하고, 재무회계정보가 이들 투자형태와 어떻게 관련되는지를 설명한다.
4. 회계처리과정에서 왜 전문가적 도덕성이 중요한가를 설명한다.
5. 경제적 결과를 정의하고, 왜 이것이 재무회계를 배우는 데 중요한가를 설명한다.

제1절 재무회계는 무엇을 공부하는 분야인가?

IFRS ACCOUNTING PRINCIPLES

1. 기업의 건강진단, 재무회계

본서에서 배울 재무회계는 기업에 대한 건강진단 또는 성적을 매겨보는 것에 비유할 수 있다. 마치 일정기간마다 우리가 신체적 건강에 대해 점검해 보듯이 기업을 대상으로 일정기간마다 영업성적과 재무상태를 진단해 보는 것이다. 여러분은 건강진단을 하고 나면 어떤 진단결과가 가장 궁금한가? 혈압? 비만도? 간건강? 아마 개인적 관심에 따라 각자 조금씩 다른 결과치에 눈길이 갈 것이다. 이렇게 우리 신체를 대상으로 건강진단을 하면 기본적으로 꼭 하게 되는 혈압측정, 혈액검사, 소변검사, 엑스레이검사, 복부초음파검사 등이 있듯이 기업에 대한 건강진단을 위해서는 네 개의 재무제표가 준비되고 분석된다. 위에 열거한 기본적인 건강검진 결과만을 가지고도 의사선생님들이 우리의 건강상태를 어느 정도 판단할 수 있듯이, 기업이 내놓는 네 개의 재무제표를 보면 회계나 재무전문가들은 해당 기업의 영업결과와 재무상태를 웬만큼 파악할 수 있다.

2. 본서의 목표! 네 개의 재무제표

이 네 개의 재무제표가 앞으로 우리가 이 책에서 공부하고 정복하고자 하는 목표물이다. 이 재무제표들이 어떻게 작성되며, 작성된 재무제표들은 기업의 건강상태를 분석하는 데 어떻게 활용되는가를 배우는 것이다. 이제 네 개의 재무제표가 각각 무엇인가를 소개할텐데, 네 개의 재무제표 이름들을 무작정 외우는 것보다는 그들이 완성되는 순서대로 기억해 놓는 것이 좋으리라 여겨진다. 그렇게 하는 것이 여러분들이 앞으로 회계를 이해하는 데 훨씬 도움이 될 것이다.

3. 재무제표 생성의 순서

재무제표 중에 제일 먼저 작성되는 것이 손익계산서이고, 손익계산서가 작성되어야 그 결과를 바탕으로 두 번째로 자본변동표가 만들어진다. 자본변동표는 얼마 전까지지도 이익잉여금처분계산서라고 불리던 재무제표를 대신하게 된 범위가 조금 넓어진 새로운 재무제표다. 손익계산서와 자본변동표가 완성되면 그 결과와 함께 비로소 세 번째 재무제표인 재무상태표가 만들어진다. 재무상태표는 최근까지 대차대조표로 불리던 것의 새로운 이름이다. 이들 세 개의 재무제표들의 결과를 바탕으로 네 번째 현금흐름표가 작성된다. 다시 한 번 순서대로 그림으로 나타내면 다음과 같다.

그림 1-1 네 개의 재무제표와 작성되는 순서

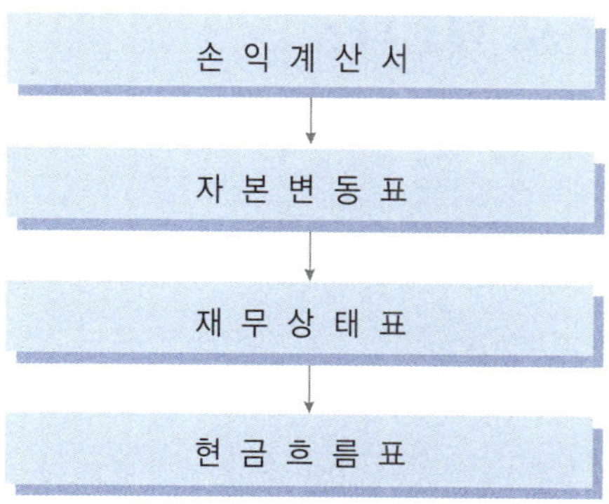

순차적으로 작성되는 네 개의 재무제표의 앞 글자들을 따서 '손자재현'이라는 용어를 기억해 놓으면 재무제표들의 이름을 만들어지는 순서대로 기억하는 데 도움이 되지 않을까 싶다. 춘추전국시대 병법의 대가인 손자가 최근 다시 나타났다는 뜻의 사자성어 같기도 하여 외우는 데는 큰 어려움이 없을 것이다.

4. 각각의 정의

이들 재무제표의 이름들이 시사해 주는 바와 같이 손익계산서는 일정기간 동안 기업이 영업활동을 통해 이익이 났나 손실이 났나를 보여주는 표이고, 자본변동표는 같은 기간 동안 주인의 지분인 자본이 어떻게 변했나를 설명해 주는 표다.

반면에 재무상태표는 회계기간 말 현재 해당 기업의 재무상태가 어떤가를 나타내준다. 마치 엑스레이사진이 우리 몸속의 상황을 순간적으로 보여주듯이 기업의 연말 재무상태를 순간적으로 보여주는 재무제표다. 마지막 현금흐름표는 해당 회계기간 동안 기업의 현금수준이 변동한 내용을 설명해 주는 표다.

5. 성적표를 스스로 매긴다?

그런데 이들 재무제표를 놓고 볼 때, 한 가지 특이한 점은 이것이 기업의 성적표나 건강진단 결과라고 비유될 수 있는 것에 걸맞지 않게 재무제표는 어떤 객관적인 제3의 주체에 의해 작성되는 것이 아니라 해당 기업이 스스로 작성해 시장에 공표한다는 사실이다. 이는 마치 우리가 택하여 듣는 과목의 성적을 우리 스스로가 매긴다는 말과 같다. 그렇게 할 수 있다면야 얼마나 좋을까 생각되긴 하지만 그렇게 매긴 성적은 주관이 개입되어 나에게 후한 성적을 주게 될 것이고, 그런 성적은 제3자가 인정해 주려 하지도 않을 것이다. 이렇게 재무제표는 태생적으로 객관성과 독립성을 갖추고 있지 못하다. 이런 태생적 문제를 보완하기 위해 우리는 법적으로 외부의 독립적인 회계전문가 즉 공인회계사로부터 감사를 받은 후 감사의견을 첨부하여 재무제표를 시장에 내놓도록 기업들에 강제하고 있다.

제2절 재무회계정보의 다양한 이용자

IFRS ACCOUNTING PRINCIPLES

본 절에서는 기업이 만들어내는 재무회계정보에 어떤 이해관계자들이 존재하는지에 대해 알아보고자 한다.

그림 1-2는 자본제공자, 경영자 및 감사인들의 관계를 중심으로 재무회계과정을 보여주고 있다. 여기서 우리는 채권 또는 주식투자의 형태를 택한 자본제공자가 미래에 이자, 원금 또는 배당을 받을 것으로 기대하며 경영자가 운영하는 회사에 투자하고 있는 것을 볼 수 있다. 투자에 대한 조건으로서 자본제공자들은 경영자에게 감사된 회계정보를 제공할 것을 요구하

그림 1-2 재무회계과정의 기본틀

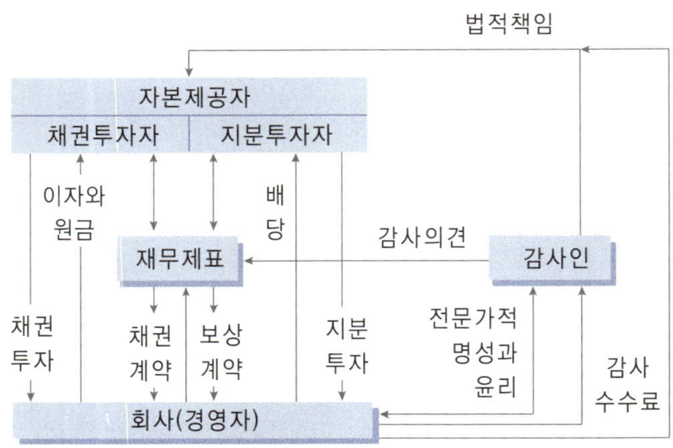

며, 채무계약 또는 보상계약을 체결한다. 재무회계정보는 투자자들로 하여금 경영자가 미래에 적절한 수익을 제공해 줄 수 있는 능력이 있는가를 평가하고 예측하는 데 도움을 준다. 재무회계정보는 또한 채무계약 또는 보상계약에 나타난 수치들을 공시해주며, 이는 자본제공자들로 하여금 경영자의 행동을 통제할 수 있는 근거로 활용된다. 경영자와 감사인은 전문가적 명성과 윤리(전문적인 지식을 남을 위해 사용하는 것)에 따라 행동하지만 동시에 법적인 책임도 가지고 있다. 감사인은 또한 자본제공자들에게는 감사된 재무정보를 제공할 책임을 갖고 있으면서 자신들의 감사보수는 감사를 받는 입장인 경영자에게서 받게 되는 묘한 입장을 가지고 있다. 이런 상충된 관계가 감사라는 작업을 어렵게 만들고 있는 것이다. 본 장의 나머지 부분에서는 **그림 1-2**의 각 요소들에 대해 보다 자세히 설명하고자 한다.

1. 재무회계, 재무보고, 재무제표

재무회계정보는 네 개의 재무제표, 주석, 감사보고서에 담겨진 것 이상의 의미를 가진다. 회계정보는 정보이용자에게 필요한 정보를 제공하기 위하여 기업활동을 인식(recognition)·측정(measurement)하여 회계정보로 기록(recording)·처리(process)한 후에 이 자료를 기초로 재무제표를 작성하고 재무보고를 하게 된다. 그러므로 이들간의 관계를 도표로 보면 다음과 같다.

그림 1-3 재무회계시스템

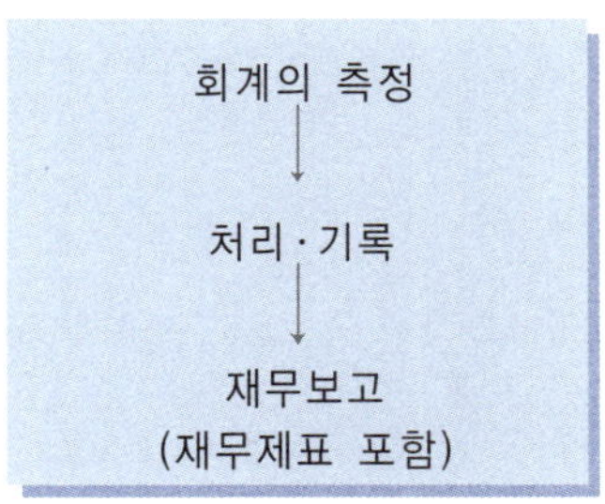

① **회계의 측정** 기업에서 발생하는 여러 거래(예 매출, 급여지급 등)와 사건(화재발생 등)들 중에 기록의 대상을 찾아 숫자화하는 과정이다. 예를 들어 운수회사가 1년 전에 구입한 트럭이 있는 경우 최초에 어떻게 인식하여 측정하고 1년 후에는 이를 얼마로 평가를 하여야 할 것인가가 한 예가 되겠다.

② **처리·기록** 거래나 사건들이 측정되면, 다음은 이를 체계적으로 회사의 정보시스템에 기록하고 보관하여 정보화하는 작업이 필요하다. 이 과정에는 거래를 기록하는 부기(bookkeeping)뿐만 아니라, 정보활용을 위한 효과적인 시스템의 설계 등도 포함된다.

③ **재무보고** 이러한 회계정보와 측정되고 처리된 결과물들이 재무보고의 형태로 투자자나 채권자, 노동조합, 정부 등 다양한 이용자들에게 정보가 전달된다. 재무보고의 대표적인 형태가 재무제표로 위에서 언급한 바와 같이 손익계산서, 자본변동표, 재무상태표, 현금흐름표,를 포함한다.

또한 상장기업들이 매년 금융감독원이나 상장협의회에 제출하게 되어 있는 영업보고서에는 재무제표만 보아 가지고서는 얻을 수 없는 다른 많은 정보들이 포함되어 있다.

영업보고서

영업보고서에는 과거 수년간의 재무제표를 비교하는 형식으로 기업의 재무상태 및 경영성과에 대한 추세를 파악할 수 있는 정보뿐만 아니라, 미래의 수익성이나 안전성에 관한 경영자의 전망 등도 포함하고 있으며 경영목표나 영업활동에 관한 비재무적 정보도 많이 포함되는 것이 보통이다. 전형적인 영업보고서에서 발견할 수 있는 항목들을 보면 다음과 같다.

- 최근 5년간의 재무자료 요약
- 주요 영업활동에 대한 설명
- 회사의 주요 사업들에 대한 별도 요약자료
- 이사 및 경영진의 명단
- 회사의 재정상태 및 영업결과에 대한 경영진의 논평 및 분석자료

2. 다양한 정보이용자

재무보고서는 해당 회사의 주주들에게뿐만 아니라, 회사의 재무상태나 경영성과에 관심이 있는 사람들에게는 누구에게나 공개되게끔 되어 있다. 하지만 재무회계정보라는 것이 복잡하고 난해하기 때문에 많은 이해관계자들이 재무정보의 분석을 전문가에게 의뢰하기도 한다. 재무 및 증권분석가들은 재무제표를 이용하여 개인, 기업 및 기관들의 지분 및 채권투자에 대한 평가를 내려준다. 주식 중개인은 재무제표를 이용해 그들의 고객을 위해 주식을 사고파는 데 도움이 되는 정보를 제공한다. 은행의 대출담당자나 신용평가담당자들은 재무제표를 이용하여 기업에 대출을 할 것인가의 여부를 결정한다.

투자자, 채권자 및 그들의 대리인들이 재무제표의 가장 큰 이용자들이지만 그 외의 이용자들도 많다. 회사의 고객, 공급업체, 경쟁자들도 해당 기업의 재무상태에 많은 관심을 가지고 있고, 결국 재무제표의 분석을 통해 여러 면을 평가하게 된다. 정부기관들도 재무보고서에 나타난 정보들을 활용하여 각종 정책들을 수립한다. 공기업들(한국가스공사, 한국철도공사 등)도 순이익과 같은 재무회계숫자를 근거로 요금을 책정한다. 노동조합도 재무제표상의 정보에 근거하여 임금인상과 다른 복지혜택들에 대한 확대를 요구하기도 한다. 회사경영진과 이사회도 재무제표 자료에 근거하여 배당을 결정하고 회사의 정책을 수립하며, 일반적인 운영의사결정도 내린다. 재무회계정보는 각기 다른 목적을 가진 많은 이해관계자들에게 각자의 필요한 면에서 도움을 주고 있는 것이다.

(1) 자본의 공급자: 투자자와 채권자

자본의 공급자들은 현재의 소비수준에 비해 과다한 현금을 가지고 있는 개인이나 조직들이다. 이들은 남는 자금을 어떻게 투자할 것인가를 모색하여 미래의 부와 소비수준을 극대화시키고자 한다. 이들이 바로 현재 및 미래의 잠재적인 지분투자자와 채권투자자들이다. 개인일 수도 있고 조직일 수도 있는데 기업의 운영에 필요한 자금을 제공해 주는 것이다. 지분투자자들(보통 투자자라고 부른다)은 미래에 배당을 받을 것이라는 기대로 기업의 소유권을 대표하는 주식을 구입하며, 채권투자자들(보통 채권자라고 부른다)은 앞으로 받을 이자와 원금을 대가로 자금을 제공한다.

1) 지분투자와 채권투자를 하는 사람들은 누구인가?

지분투자(주식에의 투자)와 채권투자는 개인과 조직 모두에 의해 이루어진다. 우리나라의 경우에 많은 사람들이 주식을 보유함으로써 기업에 투자하고 있다. 예를 들면, 2014년 12월 말 현재 삼성전자(주)의 경우 주주의 수는 약 13만 명, 현대자동차(주)의 경우 주주의 수는 약 7만 명이었다. 또 현대자동차(주)도 여러 협력업체들의 주식을 보유하고 있음으로써 주주의 위치를 점하고 있다.

채권투자는 기업들에게 수십억 원을 대출해 주는 은행들에 의해 주로 이루어지고 있다. 또한 많은 개인들과 기관들이 대기업들에 의해 발행된 회사채를 구입함으로써 채권투자를 하고 있기도 하다.

2) 어디서 주식과 채권이 사고 팔리는가?

우리나라의 주식은 증권시장에서 주로 거래된다. 여기서 증권시장이라 함은 한국증권선물거래소와 장외시장(KOSDAQ) 등을 가리킨다. 이곳에서 불특정 다수의 투자자들이 주식을 사고파는 것이다. 부채증권인 회사채도 증권선물거래소에서 거래된다.

(2) 경영자

경영자들에 의해 운영되는 기업(회사)들은 개인과 조직들이 필요로 하는 재화와 서비스를 공급한다. 이 기업들은 자신들이 가장 낮은 위험 수준에서 가장 높은 수익을 제공할 수 있다는 신념을 가지고 투자자와 채권자들로부터 보다 많은 자본을 유치하기 위해 서로 경쟁한다.

제조업, 소매업, 서비스업

기업들은 그들이 행하는 영업활동의 성격에 따라 특정 산업으로 분류되며, 산업에 따라 재무보고의 형식에서 차이가 발생한다. 많은 산업분류가 존재하지만 크게는 세 개의 범주로 나누어질 수 있다. 제조업, 소매업, 서비스업이 그것이다. 현대자동차(주), 삼성전자(주), 해태제과 등이 제조업체들인데 이들은 원재료를 구입하여 이것을 제품으로 전환시킨 후, 소매점을 거쳐 소비자들에게나 또는 이 제품을 다시 원재료로 사용할 다른 제조업체에게 판매한다. E-mart, 롯데백화점, 동네의 슈퍼 같은 소매점들은 제조업자들로부터 제품을 구입하여 이것을 소비자들에게 판매한다. 대한항공, 대한통운, 삼일회계법인, 하나은행, 동부화재보험 등은 고객들에게 서비스를 제공하는 기업들의 예이다.

기업의 종류들

재무제표는 특정 경제실처를 대상으로 한 보고서이다. 이 실체는 주로 회사 또는 기업이라고 불리고, 본서가 주로 다루는 실체는 이익을 추구하는 조직이다. 이렇게 이익추구를 목표로 하는 경제실체는 계열사와 사업부들로 나누어지기도 한다.

영리를 추구하는 기업들은 다시 그 설립목적 및 영업활동의 특성상 상품매매업(또는 상기업), 제조업 그리고 서비스업의 세 가지 형태로 나뉜다. 또한 기업은 출자자가 1인의 개인인 **개인기업**의 형태를 취하는 경우도 있고, 2명 또는 그 이상이 자본을 출자하여 공동으로 운영하는 **조합기업**의 형태를 취하는 경우도 있다. 이러한 개인기업과 조합기업을 자연인기업이라 한다. **자연인기업**은 기업주가 기업의 주체가 되는 기업이다. 따라서 자연인기업은 기업주로부터 분리 독립된 주체로서 인정되지 않는다.

한편, 자연인기업과는 대조적인 기업으로 **법인기업**이 있다. 이것은 법률상으로 권리와 의무의 주체가 될 수 있는 인격을 인정받고 있는 기업을 말한다. 우리나라 상법은 법인기업을 기업 구성원인 사원의 책임한계에 따라 합명회사, 합자회사, 유한회사, 주식회사 등 네 종류로 구분하고 있다. 이 중 주식회사는 가장 보편적인 형태의 법인기업으로서 주식발행을 통해 기업활동에 필요한 자본을 광범위하게 조달할 수 있으며 또한 기업 자체가 별도의 법인격을 부여받음으로써 개인과는 달리 영속성을 지닐 수 있는 등의 다양한 장점을 갖고 있다.

재무제표는 또 이익추구가 목표가 아닌 실체들을 위해서도 작성된다. 시(市)나 도(道), 병원이나 학교 또는 교회 등 소위 비영리단체라고 불릴 수 있는 경제실체에 대해서도 재무제표가 준비된다. 이런 공공단체나 자선단체에 대한 재무제표 작성에 관하여는 비영리회계에서 다루게 된다.

이해관계자들간의 계약

자본제공자들은 기업과 기업을 운영하는 경영진들로 하여금 자신들과 계약을 맺도록 함으로써 경영자들이(또는 기업이) 자신들의 이익을 극대화시킬 수 있는 행동을 하도록 유도한다. 채무계약과 경영진에 대한 보상계약이 그 대표적인 예이다. 채무계약(debt covenant)은 채권자를 보호하기 위해 미래의 배당이나 추가적인 차입 등에 대해 제약조건을 명시한다거나, 경영자의 보수가 순이익의 크고 작음에 영향을 받을 수 있는 보상계약 등이 구체적으로 명시될 수 있다. 이러한 계약조건들은 경영진들로 하여금 자본제공자의 이익을 보호하는 방향으로 기업을 경영하도록 촉구하는 효과를 갖는다.

(3) 독립적인 감사인

기업을 둘러싸고 있는 많은 이해관계자들은 기업의 회계정보가 과연 회계기준에 따라 적정하게 작성되고 공시(공개)되는가에 큰 관심을 갖고 있다. 그러나 이해관계자들 스스로 회계정보의 적정성을 확인하기에는 전문성, 소요비용, 이해관계 등의 측면에서 비경제적이므로 독립적 제3자인 공인회계사(감사인)라는 회계전문가로 하여금 회계감사를 수행하게 함으로써 이를 확인하고 있다.

우리나라에서는 '주식회사의 외부감사에 관한 법률'(1980년 말 제정, 짧게는 외감법이라고도 함)에 의하여, 일정규모(2014년 현재 규정으로는 총자산 100억 원 이상)의 주식회사는 재무제표를 작성하여 회사로부터 독립된 외부의 감사인(주로 공인회계사들로 구성된 회계법인)에 의한 회계감사를 받도록 하고 있다. 대체로 대규모 기업은 대형 회계법인에게, 중소규모의 기업은 군소 회계법인에게 감사를 받고 있다. 물론 감사에 대한 수수료는 기업이 부담하고 있다.

(4) 자본제공자, 경영자 및 독립적 감사인들간의 관계

투자자들과 채권자들은 자신들이 투자한 기업에 대한 독립적인 감사를 필요로 하기 때문에, 그들 자신이 직접 감사인을 선임하고 감사가 독립적으로 행해지기를 원할 것이다. 그러나 현실적으로 생각할 때 주주와 채권자들은 그 수가 많고 전국적으로 흩어져 있기 때문에 감사인의 선임과 감사활동을 감시한다는 면에서 의견통일이 쉽지 않다. **그림 1-4**에서 볼 수 있듯이, 대부분의 기업들은 주주들이 그들을 대표하는 이사들을 직접 선출하고, 선출된 이사들은 사외 이사들을 포함한 감사위원회(audit committee)를 구성한다. 이 위원회의 구성원들은 경영자와 상의하여 주주들의 이익을 대표할 수 있는 감사인을 선정한다. 또한 위원회는 감사인이 독립적이고 객관적이며 성실한 회계감사를 실시하는지의 여부를 직접 감시한다.

그림 1-4 이사회와 감사위원회의 역할

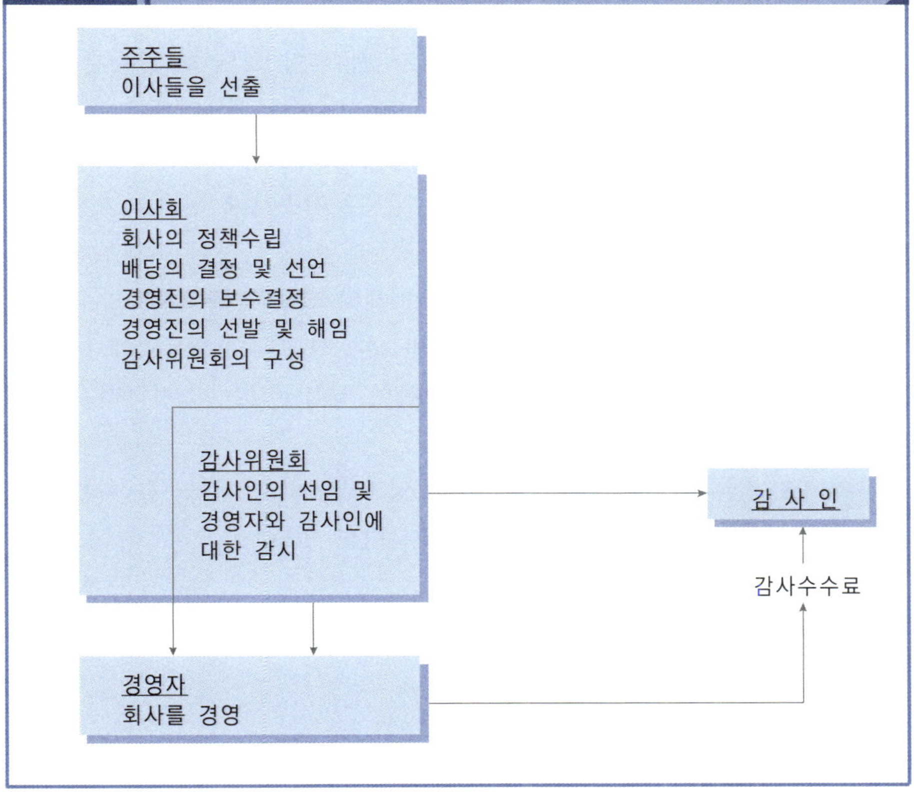

이와 같은 통제시스템에도 불구하고, 감사수수료를 지불한다는 이유와 차후의 감사계약에 영향력을 행사할 수 있다는 이유 때문에 경영자는 감사인에게 큰 영향력을 행사할 수 있으며, 그러한 사실이 독립적인 회계감사를 위협하고 있다. 실제로 어떤 경영자들은 좋은 감사의견을 줄 것인가의 여부에 따라 감사인을 선정하기도 한다.

3. 재무회계, 관리회계 및 기타회계

이러한 다양한 정보이용자들은 투자자, 채권자, 노조, 정부 등 외부이용자들과 경영자를 중심으로 한 내부이용자로 구분이 된다. 다양한 외부이용자를 대상으로 하는 일반목적의 재무보고를 준비하는 회계를 재무회계라고 하고, 경영자를 위한 상세한 정보를 준비하는 경영관련회계를 관리회계라 부른다. 관리회계의 대표적인 예는 예산, 제품의 생산원가 결정, 통제, 제품원가와 판매량 및 이익분석 등으로 실제 기업경영에서 요구되는 정보를 관리회계에서 창출하여 경영자에게 수시로 제공하게 된다.

이외에도 기업은 법인세, 부가세, 지방세, 관세 등 다양한 조세부담을 하게 되는데 이러한 분야를 다루는 영역이 세무회계(tax accounting)이다. 이 분야는 주목적이 정확한 회계이익의 산출보다 정부의 정책목적에 따라 바뀌는 법규에 의거하여 과세소득을 결정하여 세금부담을 결정하기 때문에 재무회계와 차이를 갖게 된다.

이외에도 정부나 학교, 재단법인 등 비영리법인의 회계처리를 다루는 비영리회계(non-profit organization accounting)분야도 있다.

익힘문제

01 재무제표를 사용하는 이용자들을 세 그룹만 예로 드시오.

02 재무정보에 대한 작성자(기업)와 감사인, 그리고 투자자 간에 어떻게 관점이 다른지 설명하여 보시오.

03 재무회계, 재무보고, 재무제표 간의 차이를 설명하여 보시오.

04 재무제표에는 무엇이 있으며 각 재무제표가 나타내고자 하는 목적은 어떻게 다른가 살펴보시오.

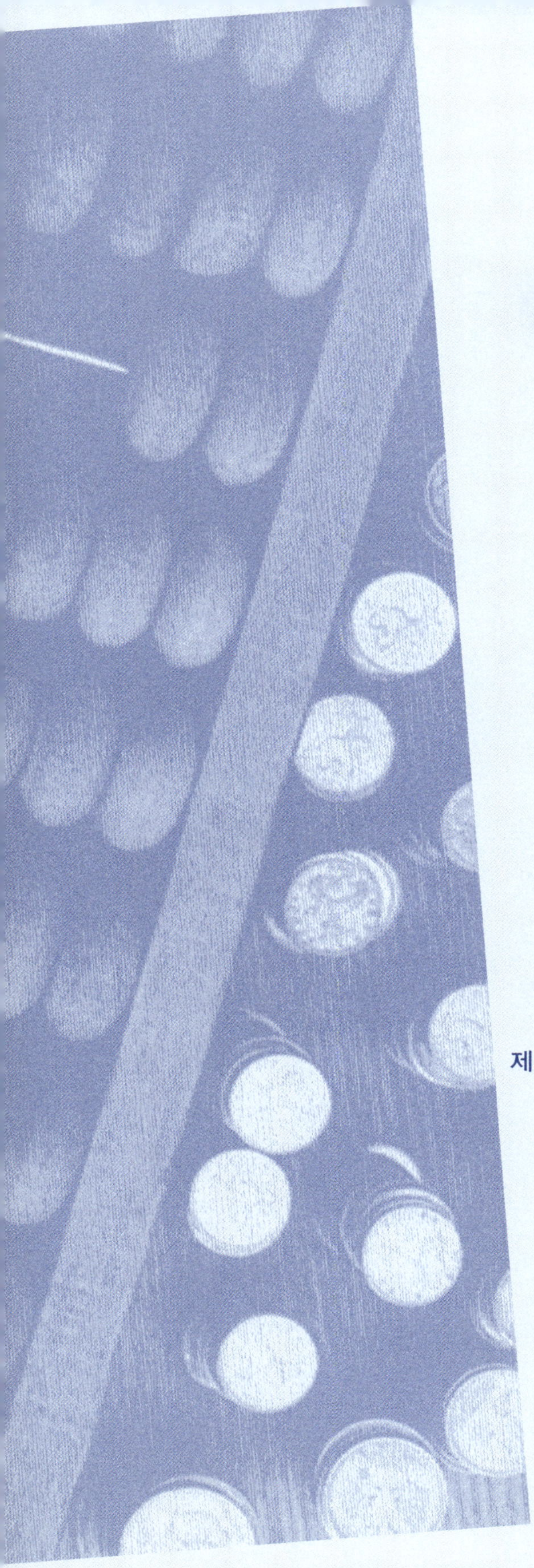

chapter 2

재무회계의 절차

학 습 목 표

1. 회계등식에 대해 알아보고, 이 등식과 재무제표들(손익계산서, 자본변동표, 재무상태표 및 현금흐름표)이 어떻게 연관되는지에 대해 설명한다.
2. 회계순환과정에 거래로 인식되기 위한 세 가지 기준에 대해 설명한다.
3. 거래에 대한 분개와 회계등식 간의 관계를 설명한다.
4. 회계순환과정에서 분개장, 원장의 역할에 대해 알아본다.
5. 회계순환과정이 마무리되면서 어떻게 손익계산서, 자본변동표, 재무상태표, 현금흐름표가 작성되는지 설명한다.

본 장은 전적으로 재무제표의 작성방법에 대해 설명하고 있다. 가장 기본이 되는 회계등식이 우선 소개되고, 그 다음 거래기록에서브터 시작하여 재무제표의 작성까지 이르게 되는 회계순환과정(accounting cycle)이 논의될 것이다. 이 속에는 저무제표를 탄생시키기 위해 거쳐야 하는 절차들인 분개, 분개장, 원장, 정산표 등에 대한 내용도 포함되어 있다.

본 장의 내용은 회계시스템에 관련된 거의 모든 기본 사항들을 다루고 있기 때문에 매우 중요하다. 여기서 언급되는 기본 사항들을 철저히 이해하지 못한 상황에서 본서의 나머지 부분을 이해하려고 하는 것은, 글을 깨치지 못하고 책을 읽겠다고 덤비는 것과 마찬가지이다. 본 장의 내용을 주의 깊게 읽고, 예제들을 면밀히 검토하면서 상대적으로 많은 시간을 투입할 필요가 있다. 지금의 노력이 결코 헛된 것이 아님을 곧 깨닫게 될 것이다.

제1절 회 계 등 식

IFRS ACCOUNTING PRINCIPLES

우리가 배우려고 지금 첫발을 내딛는 재무회계시스템의 측정대상인 기업은 그 존재이유가 무엇일까? 여러 가지 대답이 나올 수 있겠으나 기업이 존재하는 궁극적인 이유는 "이윤창출"에 있다. 이익을 내지 못하는 기업은 기업으로서 기본자격이 없다고 볼 수 있다. 기업도 소위 장사의 한 형태이고 장사를 한다는 것은 제품이나 서비스를 통해 돈을 벌겠다는 것인데, 그 기본적인 목표를 만족시키지 못한다면 기업을 하지 말아야 할 것이다. 따라서 우리가 우선 이해해야 할 점은 기업은 이익을 추구하는 실체라는 사실이다.

이런 기업을 최초로 세우려면 기업을 대상으로 한 투자가 이루어져야 한다. 즉 기업에 돈이 들어와야 한다. 아래 그림에서 볼 수 있듯이 기업을 나타내고 있는 경계선 속으로 밖으로부터의 자금유입이 있어야 기업으로서의 모습을 갖출 수 있는 것이다. 이렇게 최초투자가 이루어지기 전에는 사업계

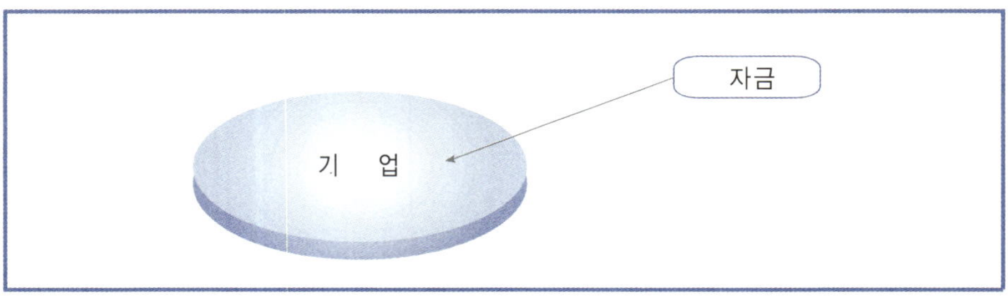

획서와 같은 아이디어와 어떻게 기업을 이끌고 나가겠다는 방향만 있을 뿐 기업 내부에는 아무런 자원이 존재하지 않는다. 이런 기본계획서 위에 투자가 이루어져야 비로소 자원을 갖춘 기업이라는 실체가 존재하게 된다.

그런데 기업을 출발시키기 위해 필요한 자금이 기업을 설계하고 태동시키려는 최초의 설립자가 충분히 공급할 수 있는 금액이라면 문제가 없겠으나, 일반적으로는 설립자의 자금여력이 충분하지 못한 경우가 대부분이다. 이럴 경우, 설립자는 모자라는 부분을 친척들이나 은행으로부터 빌려서 충당하게 된다.

간단한 예로 이 책의 독자인 당신이, 지금 살고 있는 아파트 단지 내에 과일가게를 하나 내기로 결정했다고 가정해 보자. 사전조사를 해본 결과 단지 내 상가에 과일가게를 하나 새로 열려면 3,000만 원이 필요할 것으로 추정되었다. 그런데 지금 당신의 수중에는 1,000만 원밖에 없다면, 추가로 필요한 2,000만 원은 누구한테선가 빌려야 할 것이다. 물론 또 다른 대안은 3,000만 원이 필요한 사업인데, 1,000만 원밖에 없으니 사업을 포기해 버리는 방법도 있다. 그러나 당신이 보기에 사업성이 있는 과일가게라면, 이렇게 포기해 버리는 것은 '기업가 정신'이 없는 것으로밖에 설명할 수 없다. 진정한 기업가라면 돈 있는 사람을 설득하여 돈을 꾸어서라도 사업에 뛰어들 것이다.

실제로 당신은 당신이 갖고 있는 1,000만 원과 은행에서 대출받은 2,000만 원을 합쳐 3,000만 원으로 과일가게를 시작했다고 가정하자. 이 3,000만 원이 투입됨으로써 개념상으로만 존재하던 과일가게가 실체로 변하게 된다. 즉 한 푼의 자원도 존재하지 않던 과일가게에 3,000만 원이라는 자원이 경계선 안으로 들어오는 것이다. 이 과일가게를 '삼성과일가게'라고 명명해 보자. 아래 그림에서 보는 바와 같이 설립자(주인)의 돈 1,000만 원과 은행돈 2,000만 원이 투입되어 3,000만 원의 자원이 생긴 삼성과일가게가 설립되는 것이다.

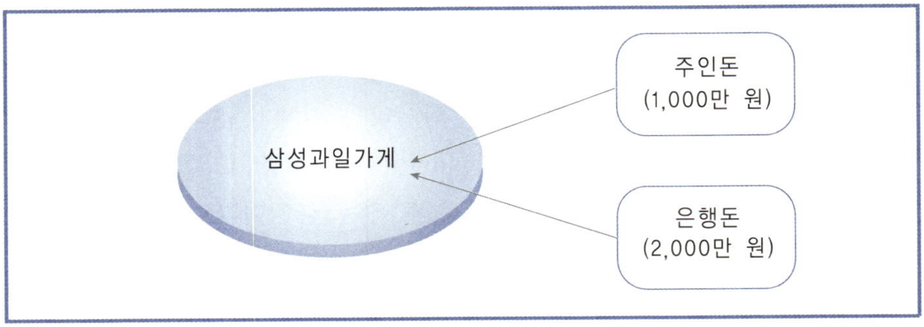

여기서 아주 중요한 회계용어를 하나 배우자. 그 원천이 어디였던 것과 관계없이 현재 기업에 들어와 있는 자원으로서, 기업이 통제할 수 있고 현재 또는 미래에 그 기업에 어떤 효익을 가져다 줄 수 있는 것이라면 우리는 그것을 그 기업의 "자산(Assets)"이라고 부른다. 위 삼성과일가게의 예로 보면 가게가 설립되고 첫 3,000만 원이라는 돈이 가게에 들어왔을 때, 그 시점에서 삼성과일가게의 자산은 3,000만 원이 된다. 즉 개념상으로만 존재하던 삼성과일가게에 현금 3,000만 원이 들어옴으로써 가게는 실체를 갖게 되고, 제로였던 자산이 3,000만 원으로 증가하는 것이다.

그런데 이미 설명한 대로 이 3,000만 원 중 1,000만 원은 과일가게 주인이 넣은(투자한) 돈이고, 추가의 2,000만 원은 은행에서 빌린 돈이다. 여기서 또 중요한 회계용어 두 개를 배워보자. 자산 중에서 그 기업에 돈을 빌려준 채권자가 소유권을 주장할 수 있는 부분(다르게 표현하면 채권자의 몫)을 우리는 "부채(Liabilities)"라고 부른다. 한편 자산 중에서 그 기업의 소유자(주인)가 소유권을 주장할 수 있는 부분(즉, 주인의 몫)을 "자본(Capital)"이라고 부른다. 즉 삼성과일가게의 최초 자산인 3,000만 원 중 은행(채권자)이 소유권을 주장할 수 있는 2,000만 원은 이 가게의 부채이고, 나머지 1,000만 원은 주인의 소유이기 때문에 이 가게의 자본이다. 따라서 우리는 다음과 같은 식을 만들 수 있다.

자산＝부채＋자본

즉 기업의 자산은 채권자가 소유권을 주장할 수 있는 부채와 주인이 소유권을 주장할 수 있는 자본으로 구성된다는 뜻이다. 이 등식은 회계를 배우는 여러분들이 기본으로 알아야 하는 유명한 "회계등식"이다. 간혹 가게나 기업을 세우는 주인이 충분한 자금력이 있어서 남의 힘을 빌리지 않고도(남한테 돈을 빌리지 않고도) 필요한 자산을 다 채울 수 있다면 그 기업의 회계등식은 자산=자본이 될 것이다. 남의 돈을 한푼도 끌어들이지 않기 때문에 부채가 제로가 되기 때문이다. 이런 현상을 흔히 '무차입경영'이라고 부른다. 또다른 한 극단은 회사를 차리면서 자기 돈은 한 푼도 넣지 않고 모조리 남의 돈만 끌어다가(빌려다가) 회사를 설립할 수도 있다(이론적으로는 가능한 얘기지만, 실제로 그렇게 하기는 쉽지 않다). 이런 경우, 이 기업의 회계등식은 자산=부채가 될 것이다. 자산 속에 주인의 몫(주인이 소유권을 주장할 수 있는 부분)이 제로이기 때문이다.

그러나 일반적으로 볼 때, 위와 같은 두 개의 극단적 상황은 찾아보기 어렵고, 대개는 부채와 자본으로 자산이 구성된다. '삼성과일가게'도 3,000만 원(자산)=2,000만 원(부채)+1,000만 원(자본)의 모습으로 출범하고 있음을 알 수 있다.

이제까지 설명한 내용을 그림으로 나타내 본다면 다음과 같다. 우선 기업은 이윤추구라는 목적을 달성하기 위해 그 기업의 영역 안에 상당한 자원을 끌어안고 이를 영업활동에 사용하며 관리하고 있는데, 이를 우리는 그 기업의 자산이라고 부른다. 아래 첫 번째 그림의 큰 동그라미가 그것이다. 그런데 기업의 자산을 나타내 주는 이 동그라미 속에 들어가 보면 이 동그라미를 양분하는 하나의 뚜렷한 경계가 보이는데, 이 경계의 한쪽은 남의 돈으로 채워진 부분이고, 다른 한쪽은 주인의 돈으로 채워진 부분이다. 이렇게 자산이 남의 돈으로 채워진 부분, 즉 채권자가 소유권을 주장할 수 있는 부분을 부채라 부르고, 다른 한쪽, 자산이 주인의 돈으로 채워진 부분, 다시 말해 주인이 소유권을 주장할 수 있는 부분을 자본이라 부른다. 아래 두 번째 그림이 이를 나타내 주고 있다.

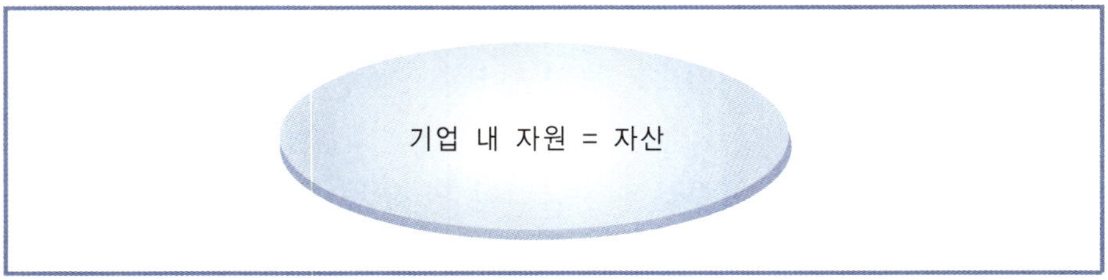

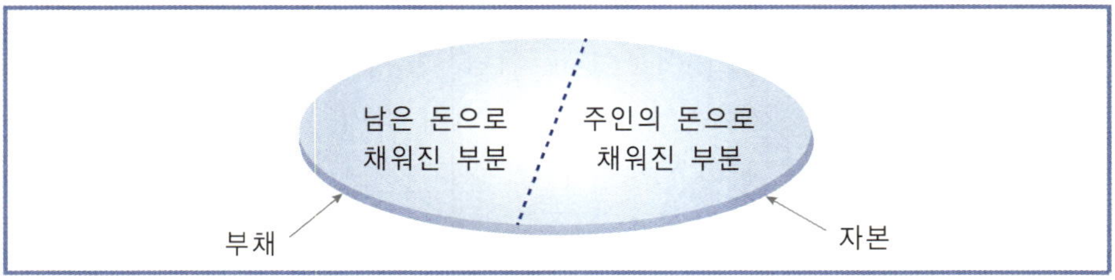

자, 이제 회사를 세웠으면 그 세운 의도에 맞게 기업활동을 시작할 것이다. 우리의 예인 '삼성과일가게'도 과일 파는 활동을 개시할 것이다. 즉 과일가게로 과일을 사러 오는 손님들에게 열심히 과일을 팔 것이다. 물론 적정한 가격을 과일에 매겨 그만큼의 돈을 받고 과일을 고객에게 제공할 것이다. 이렇게 기업이 주된 영업활동을 통하여 고객들로부터 벌어들이는 돈을 우리 회계에서는 "수익(Revenues)"이라고 부른다. 과일가게가 과일을 팔아서 고객들로부터 받는 돈, 전자회사가 전자제품을 팔아서 버는 돈, 자동차회사가 자동차를 팔고 받는 대금, 철강회사가 철강제품을 팔면서 받는 돈 모두 수익이라는 용어로 표현할 수 있다.

반면에 이렇게 수익을 창출하기 위해서는 필연적으로 따르는 지출이 있다. 과일가게의 경우는 무엇보다도 과일이 있어야 과일을 팔 수 있기 때문에 과일을 구매하는 데 든 지출이 큰 부분을 차지할 것이다. 그 외에도 과일을 담아 주는 봉투값, 가게의 전기료, 점원의 급료, 진열대의 설치비 등이 발생할 것이다. 이런 지출들을 묶어서 회계에서는 이를 "비용(Expenses)"이라고 부른다. 자동차 회사가 자동차를 팔아 수익을 올리기 위해 따르는 지출, 전자회사가 전자제품을 팔아 수익을 얻기 위해 필요한 지출이 비용인 것이다.

이렇게 얼마간의 기간 동안 기업을 중심으로는 수익과 비용이 계속해서 발생할 것이다. '삼성과일가게'도 시간이 경과하면서 수익도 계속 발생할 것이고, 이에 따른 비용도 계속 발생할 것이다. 예를 들어, '삼성과일가게'가 1월 1일에 가게를 개점했고, 그 후 꼭 한 달이 지난 1월 31일에 가서 보니 한 달 동안 과일을 총 1,000만 원어치 팔았다는 결과를 얻었다면, 1월 한 달간 총수익은 1,000만 원이 된다. 마찬가지로 이만큼의 수익을 달성하기 위해 동일한 기간 동안에 지출된 여러 가지 항목들을 다 합해보니 600만 원이었다면, 1월 한 달간 발생한 총비용은 600만 원이라는 얘기가 된다(이 600만 원 속에는 부채 2,000만 원에 대한 1월 한 달간의 이자도 포함되어 있음을 잊지 말자). 이렇게 1월 한 달간 발생한 수익에서 비용을 뺀 차이, 즉 이 경우 400만 원을 회계에서는 "이익(Profit)"이라고 부른다. 결국 다음과 같은 등식을 도출할 수 있다.

수익 − 비용 = 이익(또는 손실)

여기서 독자들에게 처음이면서 아주 중요한 질문을 하나 던져 보겠다. 이렇게 창출된 이익은 과연 누가 소유권을 주장할 수 있는 것일까? 즉 누구의 몫일까? 다들 속으로 맞게 대답했을 줄 믿는다. 그렇다. 주인의 몫이다. 위의 과일가게의 예에서, 1월 한 달 동안 과일을 열심히 팔아서 순수하게 남긴 돈 이익 400간 원은 과일가게 주인이 소유권을 주장할 수 있는 그의 몫이다. 다시 말하면 앞에서 정의한 대로 "자본"인 것이다. 결국 1월 한 달간 삼성과일가게의 자본이 400만 원만큼 증가한 것이다. 그동안 부채는 늘지도 줄지도 않았으므로 자본이 400만 원만큼 증가한 것은 이 가게의 자산도 그만큼 증가했음을 뜻한다. 따라서 월초에 3,000만 원(자산) = 2,000만 원(부채) + 1,000만 원(자본)의 모습으로 출발한 회계등식은 월말에는 3,400만 원(자산) = 2,000만 원(부채) + 1,400만 원(자본)으로 바뀌게 된다. 이 변화에서 볼 수 있듯이 기업은 이익을 창출해야 자본도 늘어나고 동시에 자산도 늘어나는 것이다.

이렇게 한 달간 달성한 400만 원의 이익 중에서 가게 주인이 자기 집의 생활비를 위해 300만 원을 가지고 갔다면 상황은 어떻게 될까? 우선 이익은 주인의 몫이기 때문에(소유권을 가지고 있기 때문에) 이 중 얼마를 가지고 가는 것은 누가 뭐라고 할 수 없는 일이다. 이와 같이 이익 중에서 일부를 주인에게 제공하는 것을 우리는 '배당(Dividends)'이라고 부른다. 배당으로 찾아가는 만큼 기업에 대한 주인의 몫은 줄어들기 때문에 자본이 감소하게 된다. 따라서 300만 원의 배당 후에는 1,400만 원으로 늘었던 자본이 1,100만 원으로 낮아지게 된다. 배당 후의 삼성과일가게의 회계등식은 3,100만 원(자산) = 2,000만 원(부채) + 1,100만 원(자본)이 된다. 배당도 역시 자본에 속한 개념이기 때문에 이제까지 설명된 개념들로 회계등식을 보다 자세하게 나타내 보면 다음과 같다.

자산 = 부채 + {자본 + 수익 − 비용 − 배당}

삼성과일가게의 숫자들로 위 등식을 보다 구체적으로 표시해보면

3,100만 원	=	2,000만 원	+	{1,000만 원	+	1,000만 원	−	600만 원	−	300만 원}
(자산)		(부채)		(초기자본)		(수익)		(비용)		(배당)

이 되고 중괄호 안을 정리하면,

3,100만 원(자산) = 2,000만 원(부채) + 1,100만 원(자본)

이 된다.

이렇게 확장된 회계등식을 가지고 우리가 배워야 할 네 개의 재무제표들 간의 관계를 나타내 보면 아래와 같이 정리할 수 있다.

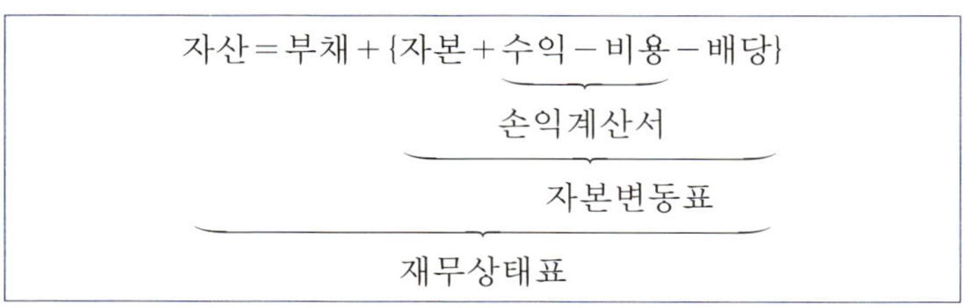

즉 한 회계기간 동안에 발생한 수익과 비용들만을 모아서 한 표에 정리한 것이 손익계산서이고, 손익계산서의 결과와 배당활동을 묶어서 다시 한 표에 정리한 것이 자본변동표이며, 이렇게 해서 알게 된 새로운 자본금액을 가지고 자산, 부채, 자본을 한 표에 나타내는 것이 재무상태표이다. 네 번째 재무제표인 현금흐름표는 회계기간 초에 작성된 재무상태표상의 현금금액과 회계기간 말에 작성된 재무상태표상의 현금금액을 비교하여 기초에 비해 기말에 현금이 얼다나 증가 또는 감소했는지를 밝혀낸 후에 그 증가(또는 감소)가 어떤 연유로 발생했는지를 영업활동, 투자활동, 재무활동 등 기업의 주요 활동별로 구분해 나타내 주는 표이다.

이제 독자들은 4개의 재무제표가 왜 '손자재현'의 순서로 작성되는지를 잘 이해했으리라 믿는다.

제2절 계정, 거래, 회계등식 및 재무제표

IFRS ACCOUNTING PRINCIPLES

1. 재무정보의 기본단위: 계정

앞 절에서는 재무회계의 기본 틀에 대해서 공부해 보았다. 재무회계시스템의 궁극적인 산출물인 네 개의 재무제표, 즉, 손익계산서, 자본변동표, 재무상태표, 그리고 현금흐름표에 대해서 알아보았고, 왜 네 개의 재무제표가 꼭 이 순서대로 작성되어야 하는지에 대해 회계등식을 기초로 이해하였다.

우리가 이 책에서 정복해야 할 재무회계를 하나의 큰 산에 비유한다면 이제 독자 여러분들은 이 산의 대략적인 모습은 알게 된 것이다. 이제부터는 이 산 속으로 들어가서 이 속에는 어떤 나무와 돌과 개울물들이 있는지 좀 더 자세히 알아보도록 하자.

우선 이미 우리가 잘 알고 있는 회계등식으로 돌아가 보자. 평생 구구단처럼 익숙하게 머릿속에 지니고 다녀야 할 회계등식 — 짧게는 자산은 부채 더하기 자본, 확장시키면 자산=부채+(자본+수익−비용−배당)이라는 등식 — 을 잘 기억하고 있을 줄 믿는다. 이 등식 속에 들어 있는 각각의 용어들, 즉 자산, 부채, 자본, 수익, 비용, 배당들은 모두 집합을 나타내는 이름들이다. 기업에 존재하는 여러 종류의 자산들, 여러 종류의 부채들, 여러 종류의 자본을 한꺼번에 부르는 이름들이다. 잘 알다시피, 하나의 집합 속에는 많은 원소들이 포함된다. 또 원소들의 개수가 많으냐 적으냐가 그 해당 집합의 크기를 결정한다. 기업이 끌어안고 있는 자산이라는 집합을 예로 들어 보면, 그 속에는 현금, 건물, 토지, 기계장치, 재고자산, 사무용품, 매출채권 등과 같은 원소들이 존재한다. 시각을 개인에게로 돌려보면 여러분들 개개인도 기업과 마찬가지로 많은 종류의 자산을 가지고 있다. 여러분 개인의 자산을 집합이론의 시각으로 들여다본다면, 현금, 옷, 컴퓨터, 안경, 카메라, 휴대전화, 책 등이 이 집합의 원소들이 될 것이다. 부채, 자본, 수익, 비용, 배당이라는 집합들도 그 크기만 좀 다를 뿐 그들 속에는 여러 원소들을 내포하고 있다.

재무회계에서는 회계등식상의 각 집합 속에 존재하는 원소들을 나타내기 위해 '계정'이라는 용어를 쓴다. 즉 집합이론 속의 원소에 해당하는 것이 재무회계에서는 계정이다. 원소가 집합이론에서 가장 기본적인 단위이듯이 계정도 재무회계의 가장 기본적인 정보단위이다. 여기서 잠깐 여담을 하나 하자면, 회계학은 영어로 Accounting이라고 부르는데 계정은 영어로 Account다. 미국 사람들은 회계학이라는 이름을 지으면서 계정을 나타내는 말인 Account에 -ing를 붙여 Accounting이라고 했다. 아마도 회계에서 계정의 역할과 중요성이 크다고 생각했기 때문이 아닌가 싶다.

재무회계에 있어 가장 기본적인 정보단위인 계정은 **그림 2-1**과 같이 나타낸다. 영어의 알파벳 중 대문자 T와 비슷하게 생겼다 하여 T-계정이라

그림 2-1 **T-계정**

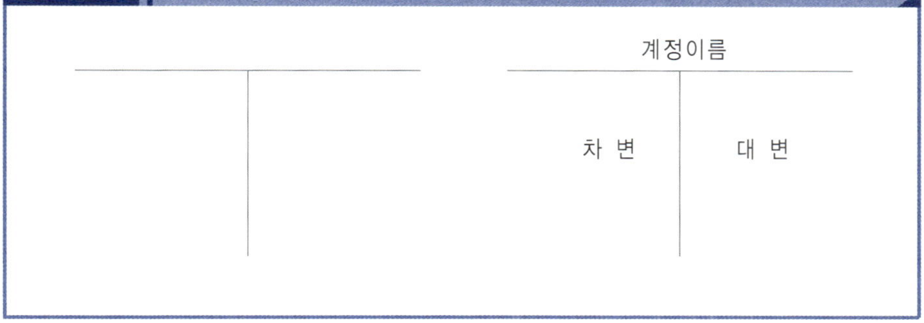

고도 부른다. 그림에서 볼 수 있는 것처럼 계정은 평면을 좌우 둘로 나누는데 왼쪽을 우리는 계정의 차변, 오른쪽을 계정의 대변이라 부른다. 세계 공통의 약속이다. 변이라는 것은 쪽을 말하는 것이니까 왼쪽이 차쪽, 오른쪽이 대쪽이라고 풀어 표현할 수 있고, 借는 한자의 '빌릴 차'자로서 어디선가 빌려왔다는 뜻이다. 한편 貸는 한자의 '빌릴 대'자로서 어디엔가 빌려준다는 뜻이다. 쪽에 대한 명칭은 그렇고 그 계정의 이름은 T자같이 나타난 계정의 위 중앙에 표시하면 된다. 예를 들어 자산의 한 원소인 건물이라는 계정은 왼쪽의 그림같이 나타내면 된다.

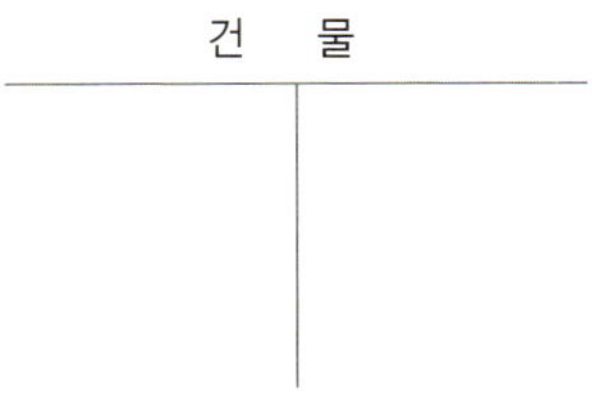

그렇다면 우리 회사의 자산 속에는 어떤 계정들이 들어 있고, 또 부채나 자본, 더 나아가 수익, 비용, 배당 속에는 어떤 계정들이 사용되고 있는지, 어떻게 알 수 있을까? 어느 기업에 가든지 그 내부에는 그 기업이 회계목적을 위해 현재 사용하고 있는 '계정목록'이 있다. 자산 속에는 어떤 계정들을 설정하여 쓰고 있고, 부채나 여타 항목들을 위해서는 또 어떤 계정들을 만들어 사용하고 있는지 잘 정리된 목록이 존재한다.

또 궁금할 수 있는 것은, 그렇다면 계정이름은 누가 짓는가일 것이다. 그것은 그 기업의 재량이다. 가능한 한 보편타당한 이름을 계정에 부여하는 것이 기업간 비교나 대중적인 이해를 위해 도움이 되지만 자기만의 독특한 이름을 짓는다고 해도 누가 말릴 사람은 없다. 마치 갓 태어난 아기 이름을 아버지나 엄마가 알아서 짓는 것과 다름없다. 뜻도 좋고 어감도 좋고 남들이 기억하기도 좋게 아기의 이름을 짓듯이 계정들의 이름도 그렇게 부여하면 된다. 튀기 위해 일부러 이상한 이름을 짓지는 않지 않는가?

2. 거래의 정의와 분개원칙

이제까지 우리는 저무회계시스템이 최종적으로 산출해 내는 네 개의 재무제표에 초점을 맞춰 공부했다. 이제는 재무제표라는 산출물을 갖기 위해 그 출발점에서는 어떤 일이 이루어지나를 알아보자. 즉 재무회계시스템의 입력은 무엇인가를 배워보자. 여러분도 잘 알고 있듯이 모든 시스템에는 인풋(input)이 있고, 이 인풋이 있어야 아웃풋(output)이 있다. 네 개의 재무제표가 아웃풋이라면 인풋에 해당하는 것이 '거래'다. 여기서는 거래란 무엇이며 어떻게 이것을 재무회계시스템으로 입력시키는가를 설명하고자 한다.

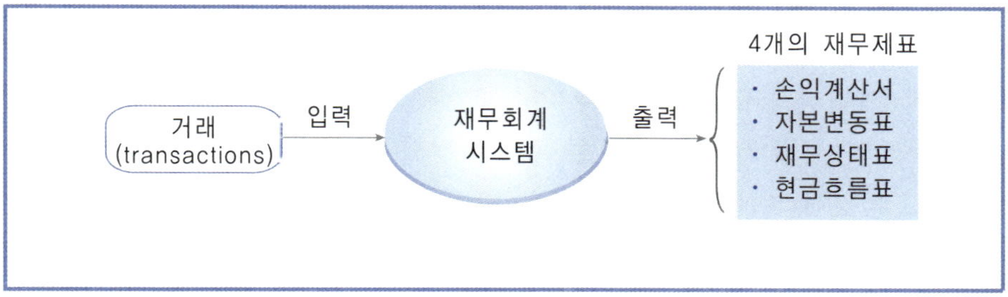

우선 어떤 것을 우리가 거래라고 말하는지에 대해 알아보자. 아마도 거래라는 말은 독자들 모두 많이 들어본 아주 익숙한 용어겠지만 재무회계에 입력이 되는 거래가 되려면 다음의 세 가지 조건을 모두 충족시켜야 한다. 첫째, 경제적 사건이어야 한다. 둘째, 재무상태에 영향을 미쳐야 한다. 셋째, 화폐단위로 측정가능하여야 한다. 예를 들어, 세계적인 디자이너가 우리 회사로 오기로 했다거나, 새로운 사장님이 부임하셨다거나 하는 상황은 회사입장에서 대단한 경제적 사건이긴 하지만 그 사실 자체로는 거래로 불리기 위한 두 번째, 세 번째 조건을 충족시키지 못하므로 거래라고 보지 않는다. 만일 계약금이나, 이적료를 그 사건과 동시에 주었다면 그땐 거래가 성립이 된다. 또 여러분과 같은 귀중한 인적자원이 새로 입사했을 때도 회사입장에서는 분명히 귀중한 인적자산이 늘어났기 때문에 자산이 증가하는 일이 발생했지만 이를 객관적인 화폐가치로 나타내기가 어려워 거래로 인식하지를 않는다.

이 세 조건에 대한 검증절차를 거쳐 거래로 확인되면 이것을 재무회계시스템에 입력시키게 되는데 이것을 우리는 '분개(分介)'한다고 부른다. 분은 한자의 '나눌 분'이고, 개는 어딘가 끼워 넣는다는 뜻의 '끼울 개'자다. 즉 나누어서 끼워 넣는다는 말이다. 단, 이렇게 할 때, 전 세계 공통으로, 두 개의 등식을 만족시키면서 분개하기로 재무회계가 설계되었다. 그 두 등식 중 하나는 우선 우리가 잘 아는 회계등식으로 짧게는 자산=부채+자본 또는 좀 확장된 형태로 자산=부채+(자본+수익−비용−배당)이고, 다른 하나의 등식은 차변=대변이라는 식이다.

차변과 대변에 대한 설명은 앞에서 했고, 차변=대변이라는 등식의 의미는 우리 재무회계에서는 거래를 기록할 때, 어느 계정엔가 차변에 금액을 기록하면 같은 금액을 이와 맞물리는 계정의 대변에도 똑같이 기록한다는 뜻이다. 이것이 바로 우리가 배우는 재무회계가 복식부기제도(double-entry bookkeeping)를 채택하고 있다고 말하는 이유다. 용어가 한자로 표현되어서 낯설게 느껴지긴 하지만 '복식'이라는 뜻은 '중복해서 끼워 넣는다' 쯤으로 이해하면 좋을 듯하다. 좀 더 부연설명하자면, 복식부기란 하나의 거래를 서로 대응되는 차변과 대변으로 나누어서 양쪽에 동시에 기입하는 제도다. 이때 그 거래로 인하여 차변 및 대변에 영향을 받는 계정들과 금액을 결정하는 것이 복식부기제도 하의 분개라고 말할 수 있다.

이렇게 장황하게 설명하니까 이미 머리가 복잡해졌을텐데 너무 걱정할 일은 아니다. 참으로 절묘하게도 우리 회계의 선조들은 하나의 약속을 만들어 그 약속으로 하여금 거래를 분개하면서 만족시켜야 할 두 등식이 자동적으로 만족되도록 좋은 시스템을 만들어 우리에게 남겨 주었다. 이제 그 약속을 소개하겠는데, 아주 간단한 약속이다. 회계등식상의 자산을 기준으로 삼아, 어떤 거래가 자산에 속한 계정을 증가시키면 이를 차변에, 감소시키면 대변에 기록하기로 약속을 정했다. 아마도 자산을 증가시킨다는 것은 그만큼의 자원이 늘어나는 것이고 이것은 부채든 자본이든 차입이 동반되어야 한다고 보았기 때문에 차변으로 보낸 것이 아닌가 여겨지고, 자산의 감소를 대변으로 정한 것은 가지고 있던 자원을 어딘가에 내보내 대여해준다고 보았기 때문이 아닌가 하는 것이 필자의 생각이다.

이렇게 회계등식의 왼쪽인 자산의 증감을 정해 놓고 나니, 등식의 오른쪽은 자동으로 증감의 방향이 정해진다. 잘 아는 대로 수학에서 등호를 넘어가면 부호가 바뀌게 된다. 따라서 부채와 자본 및 수익에 속한 계정들의 증감은 자산의 증감 방향과 정반대가 된다. 즉, 증가는 대변에, 감소는 차변에 기록되게 된다. 그런데 비용과 배당항목 앞에는 마이너스 부호가 있어서 등호를 넘어오면서 바뀌었던 부호가 다시 한 번 바뀌어 제자리가 되어 버린다. 결국 비용과 배당에 속한 계정들의 증감은 자산에 속한 계정들의 증감방향과 같아지게 된다. 즉, 증가는 차변으로 감소는 대변으로 가게 된다. 아래의 그림이 바로 우리 선조들이 남겨준 방향성의 약속이다. 복잡해 보이지만 자산에 기준을 두고 보면 그렇게 될 수밖에 없는 모습이고, 이 방향성이 모든 거래를 분개할 때, 차변=대변이라는 등식도 동시에 만족시켜 주는 마법을 내포하고 있다. 다음의 그림이 지금 설명한 방향성을 보여주고 있다.

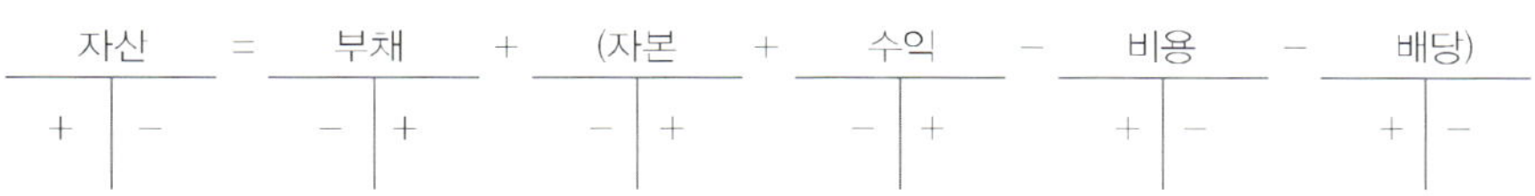

+: 증가, −: 감소

자, 이제 거래의 의미와 분개를 이해했는지 간단한 점검을 해보자. 어떤 기업이 5억짜리 건물을 마련했는데 대금은 은행차입금으로 치뤘다면 어떨까, 이 사건은 이 기업의 거래일까? 그렇다. 경제적 사건이고, 재무상태에 영향을 미쳤으며, 화폐금액으로 나타낼 수 있다. 그렇다면 분개해야 한다. 회계등식상으로 보면 왼편에 건물이라는 자산이 증가했고, 오른편에 은행차입금이라는 부채가 증가된 것이다. 따라서 자산=부채+자본이라는 회계 등식은 만족되었다. 차변, 대변을 맞춰야하는데 어떤가? 건물이라는 자산의 증가니까 건물이라는 계정 차변에 기록하면 될 것이다. 이에 대응되는 사항은 은행차입금이라는 부채의 증가니까 그 계정의 대변에 기록해야 할 것이다. 차변=대변이 성립되었다. 회계등식도 만족되었고, 차변, 대변도 일치되었으니 이제 기록하는 일만 남았다. 하나 더 해 보자. 1억짜리 기계장치를 현금을 주고 구입했다. 거래인가? 그렇다. 회계등식상 어떤 영향을 주는 거래인가? 한 자산의 증가와 다른 자산의 감소가 맞물린 거래다. 회계등식의 한쪽만 바쁜 거래다. 그래도 회계등식은 만족된다. 차변, 대변은 어떤가? 기계장치라는 자산계정의 증가니까 차변에, 현금이라는 자산계정의 감소니까 대변이 될 것이다. 차변=대변도 해결되었다. 이렇게 하는 것이 바로 분개다.

제3절 분 개 연 습

IFRS ACCOUNTING PRINCIPLES

앞 절에서는 재무제표 생성의 첫 단계인 거래의 인식과 분개에 대해 배웠다. 재무회계는 결국 일정기간 동안 발생한 수많은 거래들의 결과를 재무제표라는 양식으로 수렴하여 보고하는 시스템이라고 말할 수 있다. 여기서는 분개된 거래들이 어떻게 기록되고 보존되는가에 대해 배워보자.

우선 원론적인 방법을 소개하겠다. 일단 거래가 발생되어 그 거래에 대한 분개가 이뤄지면(즉, 거래로 인하여 영향을 받는 계정들과, 차변과 대변에 대한 방향성이 결정되면), 이는 '분개장'이라 불리는 장부에 기록된다. 분개장은 해당 기업에 관련하여 발생하는 모든 거래들을 발생하는 순서에 따라 빠짐없이 기록, 보존하는 아주 중요한 장부 중의 하나다. 마치 우리의 일기장이 우리를 둘러싸고 일어났던 그날그날의 중요한 사항들을 순차적으로 기록해 나가는 것과 흡사하다. 실제 분개장의 개략적인 모습은 아래의 그림과 같다. 맨 왼편에는 기록될 거래가 발생한 날짜가 표시되고, 그 다음 적요란에는 그 거래에 의해 영향을 받는 계정과목들이 나타내어진다. 계정과목들은 한 줄에 하나씩 쓰여지게 되는데, 차변에 영향을 받는 계정과목 또는 계정과목들이 먼저 열거되고, 그 다음에 대변에 영향을 받는 계정과

분개장의 모습

날 짜	적 요	차 변	대 변

목 또는 계정과목들이 열거된다. 차변에 영향을 받는 계정과목을 쓸 때에는 적요란의 왼쪽 끝에 붙여서 쓰고, 대변에 영향을 받는 계정과목은 왼쪽 끝에서 서너 칸 들여 써 준다. 차변에 하나의 계정과 대변에 하나의 계정에만 영향을 주는 거래들도 있는 반면에, 하나의 거래가 차변의 여러 계정 또는 대변의 여러 계정에 영향을 주는 거래들도 많다. 이럴 때에는 차변에 영향을 받는 계정과목들을 다 열거해 준 후에 대변에 영향을 받는 계정과목들을 열거해 주면 된다. 분개장의 오른쪽 두 컬럼은 차변에 기록될 금액과 대변에 기록될 금액들을 나타내 주는 영역이다.

백문이 불여일견이라고, 몇 가지 예를 가지고 연습해 보자.

1 2014년 7월 1일 손재주 씨는 1,000만 원을 투자해 광고기획사 '열정'을 설립하였다.

자, 광고기획사 입장에서 이 사건은 거래인가? 경제적 사건이고, 재무상태에 영향을 미치며, 화폐단위로 측정 가능하니 거래다. 따라서 분개해야 한다. 현금이라는 자산의 증가와, 자본금이라고 불릴 수 있는 자본의 증가가 맞물린 거래다. 따라서 차변에 현금 1,000만 원, 대변에 자본금 1,000만 원으로 분개된다. 분개장에는 아래에 보는 것과 같이 나타나고, 각 분개의 마지막은 통상 그 거래에 대한 짤막한 묘사로 끝난다.

2 7월 1일 '열정'은 5백만 원 상당의 사무기기를 3개월짜리 어음(이자율 연 12%)을 지불하고 구입하였다.

이것은 어떤가, 거랜가? 사무기기라는 자산의 증가와 지급어음이라는 부채의 증가가 맞물린 것이다. 따라서 차변에 사무기기 5백만 원, 대변에 지급어음 5백만 원으로 분개된다.

3 7월 2일 광고기획사 '열정'은 고객사 '매동'으로부터 광고안에 대한 수주를 받아 9월 말까지 완성해주기로 하고 대금 120만 원을 미리 받았다.

거래인가? 아직 완결된 일은 아니지만 재무상태에 영향을 미쳤으므로 거래로 기록한다. 현금을 받았으니 자산의 증가고, 현금을 받은 만큼의 서비스는 아직 제공하지 않았기 때문에 미리 받은 수익이라는 의미에서 선수수익이라는 계정을 쓴다. 이 선수수익계정은 돈만 미리 받고 그에 상응하는 일을 아직 안 한 상황이기 때문에 부채에 속하는 계정이다. 따라서 차변에 현금 120단 원, 대변에 선수수익 120만 원이 된다.

❹ 7월 3일 '열정'은 7월분 사무실 임차료 90만 원을 지불했다.

거래인가? 현금자산의 감소와 비용의 증가(크게 보면 자본의 감소)가 맞물린 거래다. 따라서 분개는 차변에 비용의 증가인 임차료 90만 원, 대변에 자산의 감소인 현금 90만 원이다.

❺ 7월 4일 '열정'은 60만 원을 주고 내년 6월 30일에 만료되는 1년치 화재보험에 가입하였다.

현금이 나갔으니 자산이 감소한 거래이긴 한데 그 대가로 구입한 보험은 어떻게 보아야 하는가의 문제가 남는다. 지금 우리가 대상으로 하는 회계처리기간이 7월 한 달이라고 본다면, 한 달 이상의 기간에 걸쳐 혜택을 볼 수 있는 비용에 대한 지불은 당장 비용으로 인식하기보다는 미리 지급한 비용으로 간주해서 자산으로 취급하는 것이 보다 일반적이다. 보통 '선급'이라는 접두어를 붙여 비용이 아니라는 것을 나타낸다. 이 경우는 '선급보험료'가 된다. 따라서 분개는 선급보험료라는 자산의 증가가 차변에, 그 때문에 자산인 현금이 감소했으니 대변에 현금이 기록된다.

❻ 7월 5일 '열정'은 동문상사로부터 3개월분의 광고용품 250만 원어치를 외상으로 구입했다.

광고용품이 들어왔으니 그만큼의 자산이 증가한 것이고, 외상으로 구입했으니 그만큼의 부채가 증가했다. 분개는 차변에 광고용품 250만 원, 대변에 매입채무 250만 원 하면 된다.

❼ 7월 9일 '열정'은 7월 15일부터 일할 4명의 직원을 채용했다. 급여는 주당 50만 원이고 7월 26일에 첫 급여를 지급하기로 하였다(매 2주마다 지급).

이 사항은 경제적 사건이긴 하지만 채용계약 자체로는 아직 재무상태에 아무런 영향을 주지 않았기 때문에 거래가 아니다. 따라서 분개도 하지 않는다. 여러분의 주의를 환기시키기 위해서 만들어본 예다.

❽ 7월 20일 '열정'의 이사회는 주주들에게 총 50만 원의 배당을 선언하고 지급하였다.

이것은 배당금의 증가와 현금 자산의 감소가 맞물린 거래다. 배당의 증가는 차변이고 현금의 감소는 대변이니까, 분개는 차변에 배당금 50만 원, 대변에 현금 50만 원이다.

9 7월 26일 '열정'은 직원들에게 2주간의 급여 총 400만 원을 지급하였다.

이것은 급료라는 비용의 증가와 현금 자산의 감소가 결합된 거래다. 따라서 분개는 차변에 급료 400만 원, 대변에 현금 400만 원이 된다.

10 7월 31일 '열정'은 '배화'사로부터 7월에 제공한 광고서비스의 대가로 1,000만 원을 받았다.

이것은 서비스를 행한 대가로 현금 1,000만 원을 받은 사항이므로, 자산의 증가와 수익의 증가가 맞물린 거래다. 그러므로 분개는 차변에 현금 1,000만 원과 대변에 서비스수익 1,000만 원이 된다.

실제 분개내용

날 짜	적 요	차 변	대 변
(1) 7월 1일	현 금	10,000,000	
	자본금		10,000,000
	광고기획사 '열정' 설립		
(2) 1일	사무기기	5,000,000	
	지급어음		5,000,000
	사무기기 외상구입(12% 어음)		
(3) 2일	현 금	1,200,000	
	선수수익		1,200,000
	미래 서비스에 대한 현금 수수		
(4) 3일	임차료	900,000	
	현 금		900,000
	7월분 사무실 임차료		
(5) 4일	선급보험료	600,000	
	현 금		600,000
	1년분 보험료 지급		
(6) 5일	광고용품	2,500,000	
	매입채무		2,500,000
	광고용품 외상구입		

(8)	20일	배당금 현 금 배당 선언 및 지급	500,000	 500,000
(9)	26일	급 료 현 금 2주간의 급여 지급	4,000,000	 4,000,000
(10)	31일	현 금 서비스 수익 광고서비스 수익	10,000,000	 10,000,000

이제까지 몇 개 되지 않는 거래들이지만 회계등식의 모든 항목들을 한 번씩은 포함하는 분개들을 연습해 보았다. 먼저 이들을 분개장이라는 장부에 차곡차곡 기록하는 방식으로 설명했는데, 이제는 기업현장에서는 어떤 방법으로 거래를 입력시키는지 알아보자. 실무에서는 거래의 분개를 위해 전표시스템이 더욱 보편적으로 쓰이고 있다. 거래라는 것이 한곳에서만 발생하는 것이 아니라 영업 및 생산현장에서, 사무실에서, 또 국내뿐만 아니라 전세계 곳곳에서 발생하기 때문에 분개장이라는 장부로 이들 거래를 소화하기보다는 그때그때 발생하는 거래들을 누구나, 어느 곳에서든지 전표를 통해 기록하도록 하고 있다.

전표시스템의 기본은 거래 하나에 전표 하나가 작성되도록 운영되며, 주로 세 종류의 전표들이 사용된다. 입금전표, 출금전표, 대체전표가 그들인데, 먼저 입금전표는 현금의 입금이 수반되면서 거래가 발생했을 때 사용된다. 현금의 입금이라는 것은 현금이라는 자산의 증가이고 이는 분개상 차변에 기록되는 만큼 입금전표에는 이를 또 나타낼 필요가 없다. 전표의 이름 자체가 이를 말해주고 있기 때문이다. 따라서 입금전표상에는 차변의 현금 입금과 맞물린 대변의 계정이름과 금액만 적으면 그 거래에 대한 분개는 완성된다. 분개장에 기록할 때보다 간단하게 처리되는 셈이다.

출금전표는 그 이름이 시사해 주는 바와 같이 현금이 나가면서 거래가 발생했을 때 쓰인다. 현금이 나간다는 것은 현금자산의 감소이므로 대변에 기록될 항목이다. 출금전표 자체가 이를 말해 주므로 그것은 또 쓸 필요없이 이것과 대응되는 차변항목과 그 금액만 전표에 나타내면 거래의 기록이 끝난다.

대체전표는 현금의 입출금이 없이 발생한 거래를 기록할 때 쓰인다. 따라서 대체전표에는 차변에 영향을 받는 계정들과 대변에 영향을 받는 계정들 모두가 나타내어진다.

이렇게 회사 곳곳에서 기록된 전표들은 작성자의 서명과 함께 회계부서로 넘겨져 집계된다. 요즈음에는 전산화의 덕택에 단말기를 통해 실시간으로 회계시스템에 입력되는 경우도 많다.

제4절 전 기

IFRS ACCOUNTING PRINCIPLES

앞 절에서는 몇 개의 거래들을 가지고 분개에 대한 공부를 해보았다. 거래가 발생할 때마다 어떤 계정에 어느 방향으로 영향을 미치는지를 회계등식과 차변=대변이라는 등식에 맞춰 어떻게 나누고 끼워 넣는지에 대해 알아보았다. 이를 위해 분개장이라는 장부가 쓰인다는 것과 전표가 활용된다는 것도 배웠다.

이제는 분개의 다음 단계인 전기에 대해 알아보자. 앞에서 분개에 대한 연습을 하면서 '열정'이라는 광고기획사의 7월 한 달간 발생한 아홉 개의 거래에 대해 분개를 했는데, 실제로는, 또 기업의 규모가 클수록 발생하는 거래의 수가 이보다 훨씬 크다. 하루에도 수천, 수만 건의 거래가 발생하는 것이 보통이다. 여러분이 주로 다니는 백화점이나 우리나라의 대기업들을 상상해 보면 쉽게 이해가 될 것이다.

이렇게 많은 거래들이 발생될 때마다 분개장이나 전표를 통해 해당 기업이 설정해 놓은 계정과목들을 가지고 기록이 되는데, 이 기록만 가지고는 이들 거래 때문에 각각의 계정이 어떻게 영향을 받고, 또 변해가고 있는지에 대해 쉽게 알 수가 없다. 우리가 계정에 대해 배울 때, 이를 하나의 원소에 비유하며, 재무회계정보의 가장 기본적인 단위라고 얘기하지 않았던가? 수많은 거래들이 발생함에 따라 각각의 계정들이 분개장의 차변에도 나타나고 대변에도 나타난다. 그 결과 해당 계정이 계속 영향을 받고 변해갈텐데 어떻게 변해가고 있는지를 분개의 기록만 가지고는 파악하기가 어렵다. 특히 거래의 건수가 많을수록 더욱 그렇다.

이런 문제를 해결하기 위해 한 단계 거치는 것이 바로 '전기'라는 절차다. 풀어 말하면 '옮겨 적는다'는 뜻이다. 해당 기업이 사용하는 모든 계정들을 한데 모아 묶어 놓은 장부를 '총계정원장' 또는 짧게 '원장'이라 부르는데, 우리가 옮겨 적고자 하는 계정들이 여기에 총집합되어 있다. 분개장에 기록된 내용들을 이 원장 속의 해당 계정들로 옮겨 적는 절차를 '전기'라 부르는 것이다. 전기의 요령은 분개장에 기록된 각각의 거래에 대해 이 거래에 등장한 계정을 원장에서 찾아 그 계정이 분개장의 차변에 기록되었으면 똑같이 그 계정의 차변에 옮겨 기록하고, 분개장의 대변에 기록되었으면 그 계정의 대변에 옮겨 기록하면 된다.

앞에 나왔던 광고기획사 '열정'의 7월 1일자 첫 거래는 자본금 10,000,000원을 투자해 회사를 설립하는 것이었고, 그에 대한 분개는 차변에 현금 10,000,000원, 대변에 자본금 10,000,000원이었다. 이렇게 분개된 거래를 전기하려면, 우선 총계정원장의 현금계정을 찾아 분개장에 차변 10,000,000원이므로 그대로 차변에 10,000,000원을 기록하면 되고, 그 다음으로 총계정원장의 자본금 계정을 찾아 분개장에 대변 10,000,000원이므로 그대로 대변에 10,000,000원을 기록하면 된다. 이렇게 하면 첫 번째 거래에 대한 전기가 완성된다. 전기가 끝난 두 계정의 모습은 아래의 그림과 같을 것이다.

현 금	
(1) 10,000,000	

자 본 금	
	(1) 10,000,000

이런 방식으로 광고기획사 '열정'의 7월에 발생한 아홉 개의 거래를 전기하고 난 후의 원장에 속한 계정들의 모습을 나타내 보면 다음 페이지의 그림과 같이 된다. 즉 7월 말 현재의 각 계정의 상황이 이렇다는 것을 보여주고 있다. 참고로, 각 계정의 금액들 앞에 붙은 숫자들은 분개의 번호를 말한다.

현 금	
(1)10,000,000	(4) 900,000
(3) 1,200,000	(5) 600,000
(10)10,000,000	(8) 500,000
	(9) 4,000,000

매 입 채 무	
	(6) 2,500,000

선 수 수 익	
	(3) 1,200,000

광 고 용 품	
(6) 2,500,000	

자 본 금	
	(1) 10,000,000

선 급 보 험 료	
(5) 600,000	

배 당 금	
(8) 500,000	

사 무 기 기	
(2) 5,000,000	

서 비 스 수 익	
	(10) 10,000,000

지 급 어 음	
	(2) 5,000,000

급 료	
(9) 4,000,000	

임 차 료	
(4) 900,000	

만일 7월 말에 월말 현금잔액이 얼마인지를 알고 싶다면 어떻게 해야 할까? 맞다. 현금계정을 들여다보아야 한다. 그래서 현금계정으로 가 보면 차변에 세 개의 금액과 대변에 네 개의 금액들이 적혀 있는 것을 볼 수 있다. 그것은 해당 기간 동안에 현금이 세 번 들어왔고, 네 번 나갔다는 얘기다. 따라서 7월 말의 현금잔액을 알려면, 현금계정 차변금액들의 합계와 대변금액들의 합계를 각각 구해 그 차이를 계산하면 된다. 차변의 합계는 21,200,000원이고, 대변합계는 6,000,000원이니, 차변쪽이 15,200,000원만큼

크다. 이것을 우리는 7월 말 현재 현금계정이 차변에 15,200,000원의 잔액을 갖고 있다고 표현하고, 현금계정은 자산에 속하는 계정이니만큼 그 금액이 7월 말 현재의 현금잔액이 되는 것이다. 다른 계정들의 7월 말 잔액도 현금계정과 마찬가지로 차변에 기록된 금액들의 합과 대변에 기록된 금액들의 합을 구해 어느 쪽의 잔액이 얼마만큼 큰가로 그 계정의 잔액이 차변 또는 대변에 얼마다라고 말할 수 있는데, 우리의 예에서는 현금계정을 제외하고는 다 하나의 금액만 가지고 있으므로 그 자체가 그 계정의 잔액이 되고 있다.

여기에서는 분개된 내용을 원장에 존재하는 각 계정에 전기하는 과정에 대해 알아보았다. 동시에 월말이나 연말에 각 계정들의 잔액을 계산하는 방법도 배웠다. 이렇게 분개와 전기는 회계기간 내내 계속적으로 이루어진다. 다음에는 이렇게 계속된 분개와 전기가 회계기간 말이 되면 어떻게 종합되고 재무제표의 작성을 위해 어떤 추가절차가 따르는지에 대해 배워보자.

제5절 시 산 표

IFRS ACCOUNTING PRINCIPLES

앞에서는 분개된 거래들을 원장에 있는 계정들로 전기하는 절차에 대해 알아보았다. 이렇게 분개와 전기는 회계기간이 시작되어 재무제표가 작성되려는 시점까지, 거래가 발생할 때마다 계속적으로 이루어진다. 그러다가 재무제표를 산출해야 할 시점이 도래하면 그동안 축적되었던 거래들의 결과를 종합하는 절차에 돌입한다. 일반적으로 회계연도 말이 재무제표를 작성하는 가장 중요한 시점이지만, 그 외에도 반기말이나 분기달, 또는 월말 등에도 중간점검을 위해 재무제표가 만들어지기도 한다.

여기서는 재무제표를 작성하기 위한 시점이 도래했을 때 준비하는 절차에 대해 공부해 보자. 잘 알다시피, 이 시점이 오기까지 회계시스템은 그때그때 발생한 거래들을 분개장이나 전표에 기록하고, 이를 해당 계정에 전기해 왔을 것이다. 이제 이를 종합하려는 시점에 왔으므로 제일 처음 하는 일은 각 계정들의 잔액을 구하는 것이다. 차변에 기록된 금액들의 합과 대변에 기록된 금액들의 합을 비교해 어느 쪽이 얼마만큼 더 큰지가 그 계정의 잔액이 된다는 것은 앞에서 설명한 바와 같다.

이렇게 각 계정들의 잔액이 준비되면 그 다음에 하는 일이 '시산표' 작성이다. 시산표는 그 이름이 시사해 주는 바와 같이 계산이 잘 되었나 시험해 보는 표다. 즉, 시산표의 가장 중요한 목적은 분개와 전기가 이루어지는 동안에 차변과 대변이 잘 일치했는가, 잔액의 계산이 실수없이 잘 계산되었나를 확인하는 것이다.

시산표를 작성하는 요령은 총계정원장에 들어 있는 모든 계정들을 순서대로 위에서부터 나열하고, 그 계정이 차변잔액을 갖고 있으면 차변란에, 대변잔액을 갖고 있으면 대변란에 옮겨 적으면 된다. 모든 거래를 분개하면서 차변=대변이라는 등식을 지켰고, 전기하는 과정에서도 차변과 대변은 변하지 않았으므로 각 계정의 잔액을 한데 모아 작성한 시산표의 차변금액들의 합계와 대변금액들의 합계는 일치해야 한다. 이 합계가 일치하지 않는다는 것은 분개와 전기과정에서, 또 더하고 빼는 계산과정에서 오류가 발생했다는 것이고, 이런 오류들을 찾아내는데 시산표가 출발점이 되는 것이다. 앞에서 사용했던 광고기획사 '열정'의 7월 말 시산표를 작성해 보면 아래의 표와 같다.

광고기획사 '열정'
시산표
(2014년 7월 31일)

계정과목	차 변	대 변
현금	₩ 15,200,000	
광고용품	2,500,000	
선급보험료	600,000	
사무기기	5,000,000	
지급어음		₩ 5,000,000
매입채무		2,500,000
선수수익		1,200,000
자본금		10,000,000
배당금	500,000	
서비스수익		10,000,000
급료	4,000,000	
임차료	900,000	
	₩28,700,000	₩28,700,000

지금 보는 시산표는 차변합계와 대변합계가 일치하므로 해당 기간 동안

의 분개와 전기가 오류없이 잘 된 것으로 판단되지만, 잘 알다시피 이 예는 불과 아홉 개의 거래만을 가지고 행해진 간단한 경우다. 그래서 틀릴 여지가 별로 없는 상황이었다. 그러나 실제로는 수천수만의 거래들을 처리한 후의 시산표를 작성하게 되기 때문에 시산표의 차변의 합과 대변의 합이 단번에 일치하는 경우는 거의 없다고 보면 된다. 즉, 이곳저곳에 오류가 있었을 경우가 대부분이다. 이때부터가 시산표를 작성하는 회계담당자의 고통이 시작된다. 시산표의 차변과 대변을 일치시키기 전에는 재무제표를 향한 다음단계로 넘어갈 수가 없기 때문에, 몇 개가 될지 모르는 오류들을 찾아내야 하는 힘든 시간을 갖게 된다. 수많은 자료들의 재검토, 셀 수 없는 만큼의 합계 다시내기, 무수한 분개장 또는 전표들과 계정과의 상호검증 등을 거쳐야 겨우 차변과 대변을 맞출 수 있게 된다. 아마도 회계담당자 입장에서는 가장 피하고 싶은 절차일 것이다.

이렇게 생각하기조차도 싫은 시간과 노력을 기울여 마침내 시산표상의 차변과 대변이 맞아 떨어졌다 하더라도 거래기록과 전기상의 모든 오류가 다 해결되는 것은 아니다. 시산표로도 해결되지 않는 근본적 오류들이 또 존재할 수 있기 때문이다. 예를 들어, 어떤 거래가 처음부터 아예 기록되지 않았다든지, 분개는 되었으나 전기가 되지 않았다든지, 분개나 전기는 되었는데 올바른 계정이 사용되지 않았다든지(즉, 엉뚱한 계정으로 전기가 되었다든지), 같은 분개가 두 번 전기되었다든지 등의 오류들은 시산표의 차변과 대변은 같게 만들면서도 여전히 존재할 수 있는 오류들이다. 그럼에도 불구하고 재무제표의 작성 전에 시산표를 만드는 이유는 그래도 이를 통해 많은 오류들이 수정될 수 있기 때문이다.

시산표가 완성되고 나면 재무제표로 가기 위한 또 다른 중요한 절차가 진행된다. 이름하여 회계기간 말 수정분개(또는 정리분개)절차인데, 우리가 재무제표를 작성한다는 것은 이를 위해 어느 시점에 인위적으로 잠깐 멈춰섰다는 점에 유의하기 바란다. 우리가 아무리 잠깐 멈춰서도 시간은 계속적으로 흐르지 않는가? 그럼에도 불구하고 재무제표는 시간을 연단위, 반년단위, 분기단위 또는 월단위로 끊어 재무적 성과와 재무상태를 점검해 보는 도구다. 이렇게 흐르는 시간을 인위적으로 끊다 보니 그때그때 사건 발생적으로 일어난 거래들은 잘 처리가 되었어도, 시간의 흐름에 따라 소리없이 진행되어온 거래들에 대해서는 아무 조치를 하지 않았음을 발견할 수 있다. 즉, 시간의 함수로 발생하는 거래들은 분명히 존재했음에도 불구하고 재무제표를 만들려는 시점에서 볼 때, 아직 회계시스템 어디에도 반영이 안 되어 있음을 알 수 있다.

이런 아직 처리되지 않은 거래항목이, 재무제표를 작성하려는 회계기간 말에 존재하는 근본적인 이유는, 시간의 흐름을 재무제표를 위해 인위적으로 끊기 때문이다. 소위 우리가 '회계기간의 가정'이라고 부르는 가정 때문이다. 만일 재무제표를 이렇게 매기간 작성하지 않고 기업의 수명이 끝날 때까지 기다렸다가 한 번만 작성하고 만다면 걱정하지 않아도 될 항목들이지만, 지금 같이 매년, 매분기, 매달씩 끊어 작성하려면, 재무제표의 정확성을 위해 재무제표 작성일 기준으로 그들의 영향을 반영해 주어야 할 항목들이다. 예를 들어 은행에서 대출받은 차입금에 대한 이자는 시간의 흐름에 따라 계속적으로 발생한다. 또 기업이 소유하고 있는 건물이나 기계장치는 기업활동에 사용됨으로써 시간의 흐름과 함께 그 가치가 감소한다. 그런데 재무제표 작성일 현재 대출금이 아직 만기가 되지 않았거나, 건물이나 기계장치가 아직 처분되지 않았다면 해당 회계기간 동안 발생한 대출금에 대한 이자나, 자산의 가치하락분을 재무제표에 반영해야 한다. 이런 항목들을 통틀어 기말수정분개라고 하는데 이들에 대한 보다 자세한 내용은 다음 장에서 설명하겠다.

1. 분개와 전기에 대한 예제

이제까지 설명된 내용을 복습, 정리하는 의미에서 간단한 예를 가지고 거래의 분석과 분개 및 전기의 과정을 나타내 보고자 한다. 2015년 1월 1일 김하얀 씨는 "통돌이"라는 대규모 세탁회사를 설립하였다. 2015년 한 해 동안 발생한 거래내역(12개의 거래)을 살펴보자.

(1) 2015년 1월 1일 김하얀 씨는 40,000원의 자본금으로 통돌이社를 설립하였다.

분석: 김하얀 씨의 투자는 통돌이社의 자산인 현금을 증가시켰다. 이를 기록하려면 차변에 현금의 증가를 나타내야 한다. 이 투자는 또한 통돌이社의 자본을 증가시킨다. 이는 대변에 자본금으로 기록해야 한다.

분개: 현 금 40,000
　　　자본금 40,000

원장:

현 금	
(1) 40,000	

자본금	
	(1) 40,000

(2) 2015년 1월 1일, 5년 만기 10,000원의 은행대출을 받았다. 만기일은 2020년 1월 1일이고, 이자율은 10%이며, 2015년 12월 31일에 첫 이자를 지급하며 이자는 매년 지급된다.

분석: 대출로 인하여 현금이 증가되므로 차변에 현금이다. 은행에서 돈을 꾸어온 상황이므로 부채가 증가된다. 따라서 대변엔 은행차입금이 기록된다.

분개: 현 금 10,000
　　　은행차입금 10,000

원장:

현 금	
(1) 40,000	
(2) 10,000	

은행차입금	
	(2) 10,000

(3) 2015년 1월 2일 빌딩을 임차하고, 2015년분 임차료 6,000원을 지급하였다.

분석: 현금을 지급하였으므로 대변엔 현금이, 임차료는 비용의 발생(증가)이므로 임차료라는 비용계정의 차변에 기록되어야 한다.

분개: 임차료 6,000
　　　현 금 6,000

원장:

현 금	
(1) 40,000	(3) 6,000
(2) 10,000	

임차료	
(3) 6,000	

(4) 2015년 1월 3일 세탁물 운반용 트럭 두 대를 현금 16,000원을 주고 구입하였다.

분석: 트럭구입을 위해 현금을 지급하였으므로 대변엔 현금이, 그 대신 트럭이라는 새로운 자산이 증가하였으므로 차변엔 트럭이라는 자산계정이 기록된다. 세탁물 운반용 트럭도 비용이 아니냐고 생각할 독자도 있겠으나(사실 궁극적으로는 비용화될 예정임), 트럭과 같이 1년 이상 몇 해에 걸쳐 사용할 것들은 내구성자산이라고 부르며, 구입 당시 일단 자산으로 기록해 두었다가, 매년 사용되는 만큼씩 해당 회계연도의 비용으로 인식한다. 뒤의 유형자산의 감가상각에서 자세히 설명할 것이다.

분개: 트 럭 16,000
　　　현 금 16,000

원장:

현 금	
(1) 40,000	(3) 6,000
(2) 10,000	(4) 16,000

트 럭	
(4) 16,000	

(5) 2015년 1월 4일 세탁용 기계설비를 25,000원 주고 구입하였다.

분석: 세탁설비라는 자산이 증가되었으므로 차변에 기록하고, 현금이 지급되었으므로 자산의 감소로서 대변에 기록된다(또 다른 내구성자산의 구입).

분개: 세탁설비 25,000
　　　현 금 25,000

원장:

현 금	
(1) 40,000	(3) 6,000
(2) 10,000	(4) 16,000
	(5) 25,000

세탁설비	
(5) 25,000	

(6) 2015년 한 해 동안 세탁용품 13,100원어치가 외상으로 구입되어 사용되었다.

분석: 외상으로 사들였다는 것은 부채의 증가이므로 대변에 기록되어야 하고, 이렇게 사들인 세탁용품이 세탁회사의 운영을 위해 다 쓰였다는 것은 영업활동에 필요한 비용이 발생한 것이므로 비용의 증가로 간주되어 차변에 기록된다.

분개: 세탁용품비 13,100
　　　매입채무 13,100

원장:

세탁용품비	
(6) 13,100	

매입채무	
	(6) 13,100

(7) 2015년 동안 세탁 및 드라이크리닝서비스를 제공하고 116,000원의 청구서를 고객에게 전달하였다(세탁서비스: 79,700원, 드라이크리닝서비스: 36,300원).

분석: 서비스를 제공하였으므로 수익이 발생하였다. 즉, 수익의 증가이므로 대변에 기록되고, 이에 대한 대가는 아직 받지 못하였으므로 매출채권(외상매출금)이라는 자산이 증가되어 차변에 기록된다.

분개:		
매출채권	116,000	
세탁서비스		79,700
드라이크리닝서비스		36,300

원장:

매출채권	
(7) 116,000	

세탁서비스	
	(7) 79,700

드라이크리닝서비스	
	(7) 36,300

(8) 2015년 중 고객들로부터 받은 현금은 103,600원이다.

분석: 현금의 증가이므로 차변에 기록되고, 이 현금의 수취는 매출채권에 대한 수금이므로 매출채권이라는 자산이 줄어드는 것이 되어 대변에 기록된다(이 거래는 또 다른 수익이 발생된 것이 아니고, 이미 발생한 외상 수익에 대한 대금만 받는 것임에 유의하자).

분개:		
현 금	103,600	
매출채권		103,600

원장:

현 금	
(1) 40,000	(3) 6,000
(2) 10,000	(4) 16,000
(8) 103,600	(5) 25,000

매출채권	
(7) 116,000	(8) 103,600

(9) 2015년 중 지불한 여러 가지 운영비용들은 다음과 같다.

임 금	₩53,900
광고비	4,300
수도광열비	8,600
기 타	2,100
합 계	₩68,900

분석: 비용들이 발생하였으므로 비용의 증가 즉 차변에 기록되고, 이에

대한 현금지급은 현금의 감소이므로 대변에 기록된다.

분개:		
임금	53,900	
광고비	4,300	
수도광열비	8,600	
기타비용	2,100	
현 금		68,900

원장:

현 금	
(1) 40,000	(3) 6,000
(2) 10,000	(4) 16,000
(8) 103,600	(5) 25,000
	(9) 68,900

임 금	
(9) 53,900	

광 고 비	
(9) 4,300	

수도광열비	
(9) 8,600	

기타비용	
(9) 2,100	

(10) 2015년간 갚은 외상은 11,800원이었다.

분석: 갚았으므로 현금이 감소하였다. 현금계정 대변에 기록되어야 하고, 이로 인해 부채가 감소되므로 차변에 기록된다.

분개:		
매입채무	11,800	
현 금		11,800

원장:

현 금	
(1) 40,000	(3) 6,000
(2) 10,000	(4) 16,000
(8) 103,600	(5) 25,000
	(9) 68,900
	(10) 11,800

매입채무	
(10) 11,800	(6) 13,100

(11) 2015년에 김하얀 씨에게 지급된 배당은 19,600원이었다.

분석: 현금이 지급되었으므로 자산의 감소 즉 대변에 기록되고, 배당금의 지급은 배당의 증가(다시 말하면 자본의 감소)이므로 차변에 기록된다.

분개:		
배당금	19,600	
현 금		19,600

원장:

현 금	
(1) 40,000	(3) 6,000
(2) 10,000	(4) 16,000
(8) 103,600	(5) 25,000
	(9) 68,900
	(10) 11,800
	(11) 19,600

배당금	
(11) 19,600	

(12) 2015년 12월 31일, 1,000원의 은행이자가 지급되었다.

분석: 이자는 비용의 발생이므로 차변에 기록되고, 현금의 지불은 자산의 감소이므로 대변에 기록된다.

분개: 이자비용 1,000
　　현 금 1,000

원장:

현 금	
(1) 40,000	(3) 6,000
(2) 10,000	(4) 16,000
(8) 103,600	(5) 25,000
	(9) 68,900
	(10) 11,800
	(11) 19,600
	(12) 1,000

이자비용	
(12) 1,000	

2. 전기 후의 원장모습

열두 개의 거래를 분개하고 이를 원장에 전기한 후의 총계정 원장의 모습을 아래에 나타내 보았다. 각 계정은 전기가 될 때마다 새로운 잔액을 갖게 된다. 잔액이란 계정의 차변합계와 대변합계 간의 차액을 말한다. 예를 들어 현금계정의 잔액이란 차변합계 ₩153,600(40,000+10,000+103,600)과 대변합계 ₩148,300(6,000+16,000+25,000+68,900+11,800+19,600+1,000)의 차이를 말한다. 즉 현금계정은 차변에 ₩5,300의 잔액을 갖게 되는 것이다. 차변의 합이 대변의 합보다 크면 차변잔액을 갖게 되고(현금계정과 같이), 대변의 합이 차변의 합보다 크면 대변잔액을 갖게 된다(매입채무 계정과 같이).

현금	
(1) 40,000	(3) 6,000
(2) 10,000	(4) 16,000
(8) 103,600	(5) 25,000
	(9) 68,900
	(10) 11,800
	(11) 19,600
	(12) 1,000
(잔) 5,300	

매출채권	
(7) 116,000	(8) 103,600
(잔) 12,400	

트럭	
(4) 16,000	
(잔) 16,000	

세탁설비	
(5) 25,000	
(잔) 25,000	

매입채무	
(10) 11,800	(6) 13,100
	(잔) 1,300

은행차입금	
	(2) 10,000
	(잔) 10,000

자본금	
	(1) 40,000
	(잔) 40,000

배당금	
(11) 19,600	
(잔) 19,600	

세탁서비스	
	(7) 79,700
	(잔) 79,700

드라이크리닝서비스	
	(7) 36,300
	(잔) 36,300

임금	
(9) 53,900	
(잔) 53,900	

세탁용품비	
(6) 13,100	
(잔) 13,100	

광고비	
(9) 4,300	
(잔) 4,300	

임차료	
(9) 6,000	
(잔) 6,000	

수도광열비	
(9) 8,600	
(잔) 8,600	

이자비용	
(12) 1,000	
(잔) 1,000	

기타비용	
(9) 2,100	
(잔) 2,100	

3. 시산표 작성

시산표(trial balance)는 계정과목의 이름과 그 잔액들을 한 표에 집합시킨 것이다. 계정과목의 나열은 총계정원장에 수록된 순서대로 하는 것이 보통이며 자산계정이 제일 먼저 나열되고, 그 후 부채계정들과 자본에 속한 계정들이 나열된다. 시산표는 차변합계와 대변합계가 일치하는가를 봄으로써 분개와 전기과정의 정확성을 점검하는 기능을 담당한다. 통돌이 세탁회사의 시산표가 **표 2-1**에 나타나 있다.

표 2-1 통돌이 세탁회사의 시산표

통돌이 세탁회사
시산표
(2015년 12월 31일 현재)

계정과목	차 변	대 변
현금	₩ 5,300	
매출채권	12,400	
트럭	16,000	
세탁설비	25,000	
매입채무		₩ 1,300
은행차입금		10,000
자본금		40,000
배당금	19,600	
세탁서비스		79,700
드라이크리닝서비스		36,300
임 금	53,900	
세탁용품비	13,100	
광고비	4,300	
임차료	6,000	
수도광열비	8,600	
이자비용	1,000	
기타비용	2,100	
합계	₩167,300	₩167,300

시산표는 기본적으로 다음의 두 가지 목적을 달성하기 위해 작성된다.

① **차변총계와 대변총계가 일치하는지 검증한다.** 모든 거래는 기록될 때마다 차변에 기록되는 금액과 대변에 기록되는 금액이 같으므로 그 결과로 나타나는 모든 계정잔액의 차변합계와 대변합계는 일치되어야 한다. 만일 차변합계와 대변합계가 일치하지 않는다면 이는 이제까지의 기록과정 어디에선가 오류가 발생했음을 나타내는 것이므로 이를 수정해 주어야 한다.

② **재무제표의 작성을 용이하게 해준다.** 시산표를 작성하면 모든 계정의

잔액들이 한곳에 집합되기 때문에 재무제표를 작성하는 과정이 단순해지고, 재무제표의 작성과정에서 발생하는 오류를 줄일 수 있다.

시산표의 차변합계와 대변합계가 일치하지 않는다면 이는 한 개 이상의 다음과 같은 오류가 발생했기 때문일 수 있다.

① 분개장의 차변금액을 원장의 대변에 전기함으로써(또는 그 반대의 경우도 마찬가지) 발생하는 오류
② 계정의 잔액을 계산할 때 발생하는 계산상의 오류
③ 금액을 잘못 읽었거나 잘못 기록함으로써 발생하는 오류
④ 시산표상에서 합계를 계산할 때 발생하는 계산상의 오류

시산표의 차변합계와 대변합계가 일치한다고 해서 분개와 전기과정에서 전혀 오류가 발생하지 않았다고 단정할 수는 없다. 시산표는 단지 총계정원장에 속해있는 계정들의 차변합계와 대변합계가 일치하는지를 검증하기 위한 수단으로 활용될 뿐이다. 거래가 정확하게 분석되지 않아서 적정한 계정에 기록되지 못한 오류들은 시산표가 잡아내지 못한다. 예를 들어, 현금계정 차변에 기록되어야 할 것이 소모품 계정 차변에 기록되었다든지, 특정 거래의 기록을 완전히 누락시켰다든지 하는 오류 등은 시산표상의 차변합계와 대변합계를 일치시키는 데 영향을 미치지 않기 때문에 이런 종류의 오류는 시산표에 의해 색출되지 않는다.

4. 시산표를 근거로 한 재무제표 산출

시산표의 작성이 완료되면 이를 바탕으로 재무제표를 도출해 낼 수 있다. 여기서 이미 앞에서 배운 회계등식을 다시 한 번 복습해 보자. “자산=부채+자본”이라는 등식을 보다 자세히 표현한 것이 다음의 식이다.

자산=부채+자본+수익-비용-배당

이 등식의 여러 항목들 중 수익과 비용만을 따로 떼어내 하나의 표로 정리한 것이 손익계산서이다. 이 손익계산서가 계산해 낸 이익(손실)과 배당의 지급을 포함하여 자본금의 변화를 나타내 주는 표는 자본변동표이다. 자본변동표가 계산해 내는 기말 자본은 재무상태표에 보고된다. 따라서 위의 회계등식을 재무제표와 연계시켜 다시 나타내 보면 아래의 **그림 2-2**와 같다.

회계등식과 재무제표와의 연결을 이해했으면 **표 2-1**의 시산표 내용을 재무제표로 꾸며보자. 이를 위해선 우선 시산표에 나열된 계정들의 정체를 **그림 2-2**의 회계등식 항목별로 구분해 낼 수 있어야 한다. 이제 그 작업을 진행해 보자. **표 2-2**는 계정들의 정체를 분석 정리한 내용이다.

그림 2-2 회계등식과 재무제표

자산 = 부채 + {자본 + 수익 − 비용 − 배당}

손익계산서 (수익 − 비용)

자본변동표 (자본 + 수익 − 비용 − 배당)

재무상태표 (자산 = 부채 + {자본 + 수익 − 비용 − 배당})

표 2-2 계정의 정체분석

계정	구분
현금	자산
매출채권	자산
트럭	자산
세탁설비	자산
매입채무	부채
은행차입금	부채
자본금	자본
배당금	배당
세탁서비스	수익
드라이크리닝서비스	수익
임 금	비용
세탁용품비	비용
광고비	비용
임차료	비용
수도광열비	비용
이자비용	비용
기타비용	비용

이 분석을 근거로 통돌이 세탁회사의 2015년도 손익계산서를 작성해 보자. **그림 2-2**에서 설명했듯이 수익과 비용을 모아 정리하면 손익계산서가 된다. **표 2-3**이 통돌이 세탁회사의 손익계산서이다.

표 2-3 손익계산서

통돌이 세탁회사
손익계산서
(2015. 1. 1~2015. 12. 31)

수익:		
세탁서비스	₩79,700	
드라이크리닝서비스	36,300	
총수익		₩116,000
비용:		
임 금	53,900	
세탁용품비	13,100	
광고비	4,300	
임차료	6,000	
수도광열비	8,600	
이자비용	1,000	
기타비용	2,100	
총비용		89,000
당기순이익		₩ 27,000

손익계산서가 완성되었으므로 이제 자본변동표를 작성할 수 있다. 당기순이익과 배당금을 종합하여 통돌이 세탁회사의 영업 첫해에 걸친 자본변동표를 작성하면 **표 2-4**와 같다.

표 2-4 자본변동표

통돌이 세탁회사
자본변동표
(2015. 1. 1~2015. 12. 31)

	자본금	이익잉여금	합 계
2015. 1. 1	₩ 0	₩ 0	₩ 0
납입자본금	40,000		40,000
당기순이익		27,000	27,000
배당금		(19,600)	(19,600)
2015. 12. 31	₩40,000	₩ 7,400	₩47,400

이젠 재무상태표를 작성할 수 있다. **표 2-5**에 2015년 12월 31일 현재의 통돌이 세탁회사 재무상태표가 나타나 있다. 마지막 재무제표인 현금흐름표의 작성은 뒤의 〈참고〉에 삽입되어 있다. 이에 관한 자세한 설명은 제14장 현금흐름표에서 다룰 예정이다.

표 2-5 재무상태표

통돌이 세탁회사
재무상태표
(2015년 12월 31일 현재)

자산:		부채:	
현 금	₩ 5,300	매입채무	₩ 1,300
매출채권	12,400	은행차입금	10,000
트 럭	16,000	총부채	11,300
세탁설비	25,000	자본:	
총자산	₩58,700	자본금	40,000
		이익잉여금	7,400
		총자본	47,400
		부채와 자본합계	₩58,700

이상으로 통돌이 세탁회사의 간단한 예를 가지고 거래에 대한 분개로부터 시작하여 네 개의 재무제표를 작성하는 것까지 회계순환과정의 주요 부분들을 실행해 보았다. 여기서 작성된 재무제표들은 비록 간단한 형태이긴 하나 그 나름대로 완벽한 재무제표들이다. 이제까지의 절차를 잘 이해한 독자라면 본서가 다루고 있는 재무회계시스템의 핵심을 이미 간파하였다고 자부해도 좋을 것이다. 앞으로 나올 여러 장에서의 설명은 이에 대한 부가적인 내용에 지나지 않을 것이기 때문에 자신감을 갖고 계속 공부해 주기 바란다.

참 고 현금흐름표 작성

IFRS ACCOUNTING PRINCIPLES

여기서는 본문의 예를 갖고 네 번째 재무제표인 현금흐름표를 작성해 보자. 본문에서도 설명했듯이 현금흐름표는 기초의 현금잔액이 어떤 변화를 거쳐 기말의 현금잔액으로 귀결되었는가를 기업의 세 가지 주요 활동(영업, 투자, 재무)별로 구분하여 나타내 주는 표이다. 통돌이 세탁회사의 경우는 기초에 영의 현금잔액에서 기말의 ₩5,300이라는 현금잔액이 산출되었는데 이 만큼의 증가가 어떤 연유에서 발생되었는지를 현금흐름표가 설명해 주게 되어 있다. 2015년도에 통돌이회사가 가졌던 거래가 몇 개 안 되므로 현금계정을 분석해 봄으로써 현금흐름표를 작성해보자. 현금계정에 기록된 금액들을 영업, 투자, 재무활동들로 구분해 보면 다음과 같다.

	현	금	
재무활동:	(1) 40,000	(3) 6,000:	영업활동
재무활동:	(2) 10,000	(4) 16,000:	투자활동
영업활동:	(8) 103,600	(5) 25,000:	투자활동
		(9) 68,900:	영업활동
		(10) 11,800:	영업활동
		(11) 19,600:	재무활동
		(12) 1,000:	영업활동
	㉶ 5,300		

(1)번 거래의 경우, 주식을 발행하여 자본금을 생성시킨 사건은 투자활동이라고 혼동하기 쉬우나 통돌이 세탁회사의 입장에서는 재무활동이며, (11)

번 거래의 배당금 지급도 재무활동이다. ⑿번의 이자지급 거래는 재무활동으로 보기 쉬우나 빌려온 자금을 영업활동을 위해 사용함으로써 발생되는 이자비용은 영업활동으로 간주하는 것이 타당하다. 이상의 자료를 가지고 통돌이 세탁회사의 현금흐름표를 작성하면 **표 2-6**과 같다.

표 2-6 현금흐름표

통돌이 세탁회사 현금흐름표 (2015. 1. 1~2015. 12. 31)		
영업활동으로 인한 현금흐름:		
서비스에 대한 현금수취	₩103,600	
임차료의 지급	(6,000)	
운영비용들에 대한 현금지급	(68,900)	
외상대금 지급	(11,800)	
은행차입금 이자지급	(1,000)	
영업활동으로 인한 현금의 증가		₩15,900
투자활동으로 인한 현금흐름:		
트럭의 구입	(16,000)	
세탁설비의 구입	(25,000)	
투자활동으로 인한 현금의 감소		(41,000)
재무활동으로 인한 현금흐름:		
자본금의 유입	40,000	
은행차익금의 유입	10,000	
배당금의 지급	19,600	
재무활동으로 인한 현금의 증가		30,400
현금의 증가		₩ 5,300
기초 현금잔액		0
기말 현금잔액		₩ 5,300

익힘문제

01 회계순환과정에서 경제적 사건으로 인식되기 위한 두 가지 기준을 설명하시오.

02 거래에 대한 분개와 회계등식 간의 관계를 설명하시오.

03 회계순환과정에서 분개장, 원장의 역할에 대해 논하시오.

04 회계순환과정의 각 단계를 설명하고 각 단계가 어느 시기에 준비되는지 설명하시오.

연습문제

01 회계등식에 미치는 각 거래의 영향을 다음의 표를 통해 보이시오.(+, −)

거 래	자산	=	부채	+	자본
(1) 창업자는 현금 15,000원을 출자했다.					
(2) 현금 6,000원에 토지 매입					
(3) 은행에서 현금 8,000원 차입					
(4) 3,000원어치의 용역을 외상으로 제공					
(5) 비용에 대해 현금 2,500원 지급					
(6) 창업자(주주)에게 200원 현금배당 지급					

02 (계정에 미치는 거래 영향) 1번의 거래들을 가지고, 이들이 해당 계정에는 어떤 영향을 미치는지 아래의 표를 통해 보이시오.(+, −)

	자 산			=	부 채	+	주주지분	
	현 금	매출채권	토 지	=	차입금		납입자본	이익잉여금
(1)								
(2)								
(3)								
(4)								
(5)								
(6)								

03 위 02의 자산, 부채, 주주지분에 속한 계정들을 합계하고 재무상태표, 손익계

산서, 자본변동표, 현금흐름표를 준비하시오. 현재 연도가 이 회사의 영업 최초연도라고 가정하시오.

04 파크랜드 기업은 영업 최초연도에 다음의 거래를 행하였다. 다섯 거래가 회계등식에 어떤 영향을 미치는지 보이고, 재무상태표, 손익계산서, 자본변동표, 현금흐름표를 작성하시오.

(1) 주주는 현금 5,000원을 출자했다.
(2) 5,000원을 받고 용역을 제공하였는데 3,000원은 현금으로 받고 2,000원은 외상으로 하였다.
(3) 6,000원 발생비용 중 3,000원은 현금으로 지급하고 3,000원은 미지급으로 남아 있다.
(4) 10,000원에 토지를 매입하고 2,000원은 현금으로 지급하고 잔액에 대해서는 장기어음을 발행하였다.
(5) 이익배당 형태로 주주에게 400원을 지급하였다.
(6) (4)에서 매입한 토지 절반을 7,000원 받고 매각하였다.

05 다음 계정이 주로 차변과 대변 중 어느 쪽에 잔액이 있는지 여부와 각 계정이 어느 재무제표(손익계산서, 자본변동표, 재무상태표)에 나오는지 밝히시오.

계정	차변	대변	재무제표
매출수익			
현 금			
미지급배당금			
투자자산매각이익			
이익잉여금			
감가상각비			
선수수익			
재고자산			
설 비			
보통주자본금			
단기매매금융상품			
수입수수료			
급 여			
매출원가			
배당금			
매출채권			
매입채무			
특허권			

지급이자
임대료수익

06 광화문사는 2015년 10월 10일에 다음과 같은 재무적 사건을 경험했다.

(1) 이 회사는 임금인상, 점심시간 연장, 생활비 조정을 요구하는 노동조합과 신노동계약을 체결했는데 이 계약은 2016년 1월 1일부터 효력을 발생한다.
(2) 이 회사는 2017년 10월 10일에 만기가 되는 사채 200,000원을 발행했다. 사채이자율은 연 10%로 반년마다 이자를 지급하는 것을 조건으로 하고 있다.
(3) 사장은 퇴직했고 전임장관이 그 후임이 되었다.
(4) 이 회사는 오랫동안 미수로 남아 있던 매출채권을 종결짓는 조건으로 고객에게 10,000원을 받았다.
(5) 이 회사는 대출에 대해 1,000원의 이자를 지급했다. 이 이자는 2015년 9월분으로 장부에 "미지급이자"로 기록되어 있었다.
(6) 이 회사의 모든 비유동자산의 시가는 275,000원이다. 이 자산은 현재 재무상태표에 250,000원으로 보고되어 있다.
(7) 이 회사는 1,500원을 주고 화재보험증권을 매입했는데 이 증권은 광화문사 주요 생산공장이 파괴된다면 이 회사에 1,000,000원을 지급할 것이다. 이 증권은 2015년 11월 1일부터 2016년 10월 31일까지 유효하다.
(8) 이 회사는 10,000원어치 재고주문을 했는데 이는 2015년 10월 17일에 입고되었다.

요구사항

이 사건들이 각각 회계 중요성이 있는지 여부를 밝히시오.(즉, 이 회사는 이 사건에 대하여 10월 10일에 분개장에 기장할 것인가?) 각각의 경우에 왜 그런지 설명하시오.

07 다음의 계정과 잔액은 동화인쇄소 원장에서 입수한 것이다.

설 비	₩35,000	매입채무	₩15,000
수입수수료	40,000	보통주자본금	23,000
이익잉여금	10,000	광고비	13,000
지급어음	25,000	기타수익	8,000
지급이자	3,000	단기매매금융상품	10,000
매출채권	32,000	잡 비	13,000
배당금	4,000	투자자산처분손실	2,000
선급비용	9,000		

요구사항

a. 적절한 형태의 시산표를 준비하시오. 모든 계정의 잔액은 정상 잔액이라고 가정하시오.

b. 손익계산서, 자본변동표, 재무상태표를 준비하시오.

08 다음의 현금계정은 2015년 동안에 하이트사(社) 현금에 영향을 미친 모든 거래를 요약한 것이다.

현 금

기초잔액	12,000	비품매입	25,000
용역수입	45,000	미지급 임차료지급	7,000
매출채권대금회수	52,000	은행대출원금상환	12,000
토지매각	7,500	대출이자지급	3,000
보통주식발행	15,000	급 료	28,500
장기차입금	14,000	이익배당지급	4,000
		투자자산구입	10,000
		잡비지급	14,000

요구사항

a. 기말현금잔액을 계산하시오.

b. 현금흐름표를 준비하시오.

09 다음 거래는 가위손잔디 서비스회사의 영업 최초연도인 2015년에 발생한 것이다.

(1) 주주에게서 현금 10,000원 투자받음
(2) 은행에서 5,000원 차입
(3) 2구획의 토지를 총 8,000원에 매입
(4) 한 해 동안 잔디 기계 임대료로 5,000원 지급
(5) 잔디 서비스제공 10,000원은 현금으로 받고 4,000원은 미수금이다.
(6) 3,000원의 잡비 지급
(7) 원가 3,000원인 1구획의 토지를 2,500원 받고 매각
(8) 주주에게 2,000원의 이익배당지급

요구사항

a. 각각의 거래가 회계등식에 어떤 영향을 미쳤는지 밝히고 회계연도 말의 재무상태표와 손익계산서, 자본변동표, 2015년도 현금흐름표를 준비하시오.

b. 각 거래를 분개장에 써 넣고 적당한 T계정에 전기하시오.

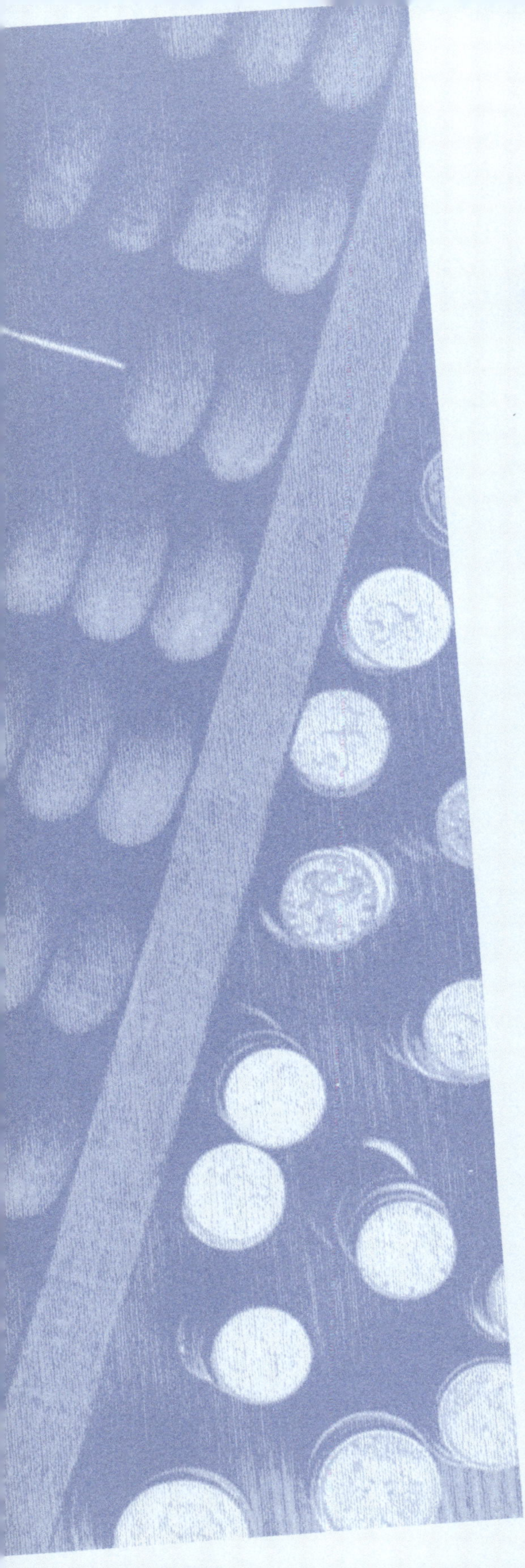

chapter 3

수정분개

학 습 목 표

1. 현금주의 회계와 발생주의 회계의 차이를 알아보고, 각각의 시스템이 기업의 재무상태를 어떻게 나타내 주는가를 비교해 본다.
2. 수정분개의 역할을 설명하고, 발생주의 회계에서는 왜 수정분개가 필요한지를 알아본다.
3. 다섯 종류의 수정분개들을 소개하고 그 예를 살펴본다.
4. 수정분개가 포함된 회계순환과정의 예를 공부한다.
5. 마감분개의 네 단계를 살펴본다.

본 장에서는 현금주의 회계와 발생주의 회계를 비교해 가면서 두 시스템이 제공하는 재무정보의 특성을 우선 설명하고자 한다. 여기에 대한 소개가 끝나면 발생주의 회계에서 필연적으로 필요한 수정분개에 대해 여러 예를 가지고 논의를 진행할 것이다.

본 장의 끝에 가서는 수정분개, 마감분개, 그리고 재무제표의 작성 등 모든 과정을 포함하는 회계순환과정에 관한 종합예제가 제공될 것이다. 오늘날 회계시스템의 기본이 되고 있는 발생주의 회계에 대한 이해가 회계를 처음 접하는 학생들에게 아주 중요한 만큼 본 장의 내용을 주의 깊게 공부해 주기 바란다.

제1절 수 정 분 개

IFRS ACCOUNTING PRINCIPLES

1. 발생주의와 현금주의

회계시스템 속에는 회계적 사건(즉, 거래)을 인식하는 데 있어 두 가지 관점이 있다. 발생주의와 현금주의가 바로 그것이다. 발생주의 회계(accrual-basis accounting)에서는 경제적 사건의 영향을 이것이 발생함과 동시에 회계 담당자가 인식한다. 즉, 기업이 서비스를 제공했거나 제품을 팔고 나면, 또는 어떤 비용이 발생하면 이에 대한 현금을 받았느냐 또는 지불했느냐에 관계없이 회계담당자는 장부에 이를 거래로 기록한다. 그러나 현금주의 회계(cash-basis accounting)에서는 현금을 받거나 지불해야 비로소 거래로 인식된다. 현금 수취가 수익으로, 현금지불이 비용으로 인식되는 것이다.

예를 들어 한 고객이 서울 도심에 있는 조선호텔에 2015년 11월 1일부터 6개월간 장기 투숙을 하기로 하고 2015년 10월 1일에 ₩18,000,000을 미리 지불하였다고 해보자. **표 3-1**에는 2015년 10월 1일부터 2016년 4월 말까지 발생주의와 현금주의 간에 수익의 인식이 어떻게 다른가가 나타나 있다. 실제로 조선호텔에서는 특정회계기간에 발생한 비용과 수익을 대응시키기 위해 발생주의 회계를 사용하고 있다.

현행 회계관습과 우리나라의 기업회계기준에 의하면 수익과 비용은 현금의 수취나 지급에 상관없이 수익이 언제 실현되었느냐와 비용이 실제로 언제 발생했느냐에 인식의 기준을 두고 있다. 즉, 기업들로 하여금 발생주

표 3-1 발생주의와 현금주의

미리 받은 ₩18,000,000의 수익인식

발생주의 회계(수익은 실현되었을 때에 기록된다.)	₩0	₩3,000,000	₩3,000,000	₩3,000,000	₩3,000,000	₩3,000,000	₩3,000,000
	2015. 10. 1	2015. 11. 30	2015. 12. 31	2016. 1. 31	2016. 2. 28	2016. 3. 31	2016. 4. 30
현금주의 회계(수익은 현금이 수취되었을 때에 기록된다.)	₩18,000,000	₩0	₩0	₩0	₩0	₩0	₩0
	2015. 10. 1	2015. 11. 30	2015. 12. 31	2016. 1. 31	2016. 2. 28	2016. 3. 31	2016. 4. 30

의 회계를 사용할 것을 요구하고 있다.

발생주의 회계에서 수익은 상품이나 용역을 제공하여 수익이 실현된 기간에 회계장부에 기록된다. 수익의 실현시점은 일반적으로 상품이나 용역을 제공한 대가로 현금이나 현금에 대한 청구권을 획득하였을 때, 즉 고객에게 상품을 판매하였거나 서비스가 제공되었을 때이다. 수익의 금액은 상품이나 용역을 제공한 대가로 취득한 현금 또는 대금의 청구권을 기준으로 측정한다.

예를 들면 이번 회계기간 중에 ₩800,000의 용역을 제공하고 이 중 ₩200,000은 현금으로 받고 나머지 ₩600,000은 외상으로 다음 회계기간에 받기로 하였다면, 이번 회계기간 중에 비록 현금을 ₩200,000만 받았다고 해도 ₩800,000 전체를 수익으로 인식한다. 그리고 용역을 제공하고 그 대가로 발생한 미회수분 ₩600,000은 수취채권으로서 자산을 그만큼 증가시킨다. 이때 수취채권 ₩600,000에 현금으로 수취한 ₩200,000을 가산하면 용역제공으로 인하여 발생한 자산의 총 증가액은 ₩800,000이 된다. 여기서 발생한 수취채권 ₩600,000을 차후에 현금으로 회수할 때에는 수익을 인식하지 않고, 단지 수취채권이란 자산을 현금이란 자산으로 대체하는 절차만 밟으면 된다.

2. 회계기간

어느 기업이 얼마나 성공적으로 영업활동을 하였나를 가장 확실히 아는 방법은 기업이 간판을 내리고 문을 닫은 후, 자산을 다 처분하여 부채를 갚고, 그리고 그 후에 남는 것이 있으면 이를 주주들에게 돌려주는 것이다. 흔히 청산(liquidation)이라고 불리는 이 같은 절차는 기업이 퇴출할 때나 사용하는 것이다. 이런 방식으로 기업의 이익을 측정한다는 것은 확실한 방법이기는 하되 현실과는 거리가 먼 방식이다. 회계담당자들이나 재무제표 이용자들은 그들의 의사결정을 위하여 기업의 재무상태변동과 경영성과에 대한 자료를 수시로 받아보기를 원한다. 이런 요구에 부응하려면 결국 회계담당자들은 지속되는 시간을 임의로 잘라 그 잘려진 기간을 대상으로 재무제표를 작성할 수밖에 없다. 임의라고 애기했으나, 잘려지는 시간의 단위는 전통적으로 1년 단위가 가장 많고(흔히 회계연도라고 부른다), 필요에 따라 반기, 분기 또는 월단위로 쪼개지기도 하여 이 기간들을 대상으로 재무제표가 작성된다.

회계기간을 이렇게 인위적으로 구분하기 때문에 여러 가지 어려운 회계처리 문제가 발생한다. 즉 회계기간으로 구분된 일정기간 동안의 경영성과를 측정하기 위해서는 많은 추정과 가정이 필요하게 된다. 예를 들면, 구입된 어떤 자산이 수년간에 걸쳐 사용된다고 할 때 그 자산의 원가는 자산이 사용되는 여러 기간에 배분되어 비용화되어야 한다. 이때 특정기간에 비용을 배분하기 위해서는 그 특정기간에 자산이 사용된 만큼을 측정하여 비용으로 처리해야 하는데, 이를 위해서는 그 자산이 몇 년간 사용될 수 있는지 추정해야 하고 때로는 자산이 사용되는 정도를 가정할 필요도 있다.

3. 수정분개

제2장에서 다룬 회계의 순환절차에 대한 논의는 주로 자산과 부채가 거

래의 당사자들 사이에서 이전되는 교환거래(특히 문서화된 증거물에 의해 뒷받침되는 거래)를 기록하는 데 중점을 두었다. 그러나 자산과 부채는 종종, 눈에 보이거나 문서로 증빙이 남는 교환거래에 의하지 않고도 생기기도 하고 소멸되기도 한다. 때로는 시간이 지남에 따라 생겨나기도 하고 없어지기도 한다. 예를 들어 은행에 저축한 돈에 붙는 이자는 계속적으로 발생한다. 기업이 소유하고 있는 기계장치는 생산활동에 사용됨으로써 그 가치가 하락한다(즉 감가상각 된다). 이런 현상들은 교환거래로서 증적을 남기지 않기 때문에 매일매일의 거래기록에도 포함되지 않는다.

앞에서 언급했듯이 발생주의 회계에서는 수익과 비용의 인식이 현금의 들어오고 나감보다는 자산과 부채의 창출이나 감소에 의해 결정된다. 결국 발생주의에 입각한 재무제표(손익계산서, 자본변동표, 재무상태표)를 작성하려면 위에서 예를 든 이자 수입이나 감가상각비 같은 항목들이 재무기록에 포함되어야 한다. 실무에서는 이러한 항목들에 대한 조정은 재무제표가 작성되기 전, 수정분개(adjusting journal entries)라고 하는 일련의 분개를 통해 회계기간 말에 장부에 기록한다.

본 장에서 우리가 논의하고 설명하고자 하는 수정분개는 다음과 같은 세 가지 특성이 있다.

① 당기와 차기의 수익과 비용을 기간 귀속을 해 나가며 잘 대응시키기 위하여 수정분개는 회계기간 말에 장부에 기록된다.
② 적어도 하나 이상의 손익계산서에 속하는 계정(수익이나 비용계정 즉 임시계정)과 적어도 하나 이상의 재무상태표에 속하는 계정(자산이나 부채계정 즉 영구계정)에 항상 영향을 미친다.
③ 수정분개는 결코 현금계정을 포함하지 않는다.

수정분개의 유형은 그 해당 기업의 성격에 따라 다르지만, 모든 수정분개는 다음의 다섯 가지 유형 중 하나로 분류가 될 수 있다.

① **발생비용** 당기에 발생한 비용을 인식(이자비용, 미지급 급여 등)
② **발생수익** 당기에 발생한 수익을 인식(이자수익, 임대수익 등)

③ **선급비용** 차기에 사용될 비용을 미리 지급함(선급보험료, 선급임차료 등)

④ **선수수익** 차기의 수익을 미리 현금으로 수취함(선급보험료, 선수임대료 등)

⑤ **자산의 소멸 및 추정항목** 감가상각비나 대손상각비처럼 자산가치의 하락을 기록하는 항목으로 정확한 비용산정이 어려워 기말에 비용금액을 추정하는 항목

이 다섯 유형 중 처음 두 유형은 현금흐름이 거래의 발생보다 뒤에 나타나는 발생항목(accrual items)들이며, 셋째와 넷째 항목은 현금흐름이 거래의 발생보다 앞서는 이연항목(deferred items)들에 속한다.

(1) 발생항목(Accruals)

수정분개의 대상이 되는 사항들 중에 발생항목이란 거래의 실질은 이미 발생했으나 현금의 지급이나 수취는 아직 일어나지 않은 것들을 말한다. 이 항목들에 대한 현금의 지급이나 수취는 통상 다음 회계연도에 일어난다.

이렇게 발생하는 자산이나 부채항목 앞에는 미수 또는 미지급이라는 접두사가 붙는 것이 보통이며 대표적인 예로 미지급이자와 미수이자를 들 수 있다.

예제 3-1 미수이자

12월 1일에 대륙은행은 12억 원을 연리 10%로 반도상사에 대출해 주었다. 두 회사 다 연말에 장부를 마감하고, 반도상사는 이듬해 1월 31일에 원금과 이자를 한꺼번에 상환하기로 하였다고 가정하자.

그림 3-1 미수이자

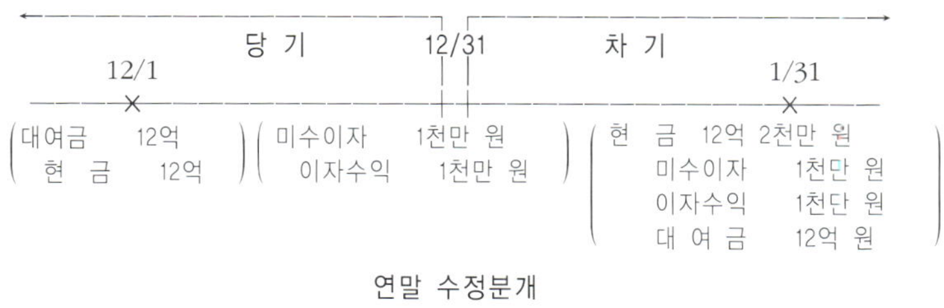

그림 3-1은 발생주의 회계하에서 대륙은행에 기록될 분개에 대해 보여주고 있다.

대륙은행은 12월 31일 장부를 마감할 때 12월 한 달 동안에 미수이자라는 자산이 창출되었다는 것을 반영하기 위해 수정분개를 행한다. 12월 한 달 동안 은행은 1천만 원(12억 원×10%×$\frac{1}{12}$) 의 이자를 벌었으나 아직 현금을 받지 못했기 때문에 차변에 미수이자를 인식하고 그만큼의 이자수익이 대변에 기록된다. 차년도 1월 31일에 현금 12억 2천만 원을 받게 되면 12억 원은 대여금을 상계하는 데 쓰이고, 1천만 원은 미수이자에 대응되며, 나머지 1천만 원은 차기의 이자수익으로 인식된다.

이 수정분개는 특정기간 동안에 발생한 수익과 비용을 대응시키고 있다. 즉 대출로 인해 벌어들인 총 이자수익 2천만 원을, 언제 그것을 벌었는가와 언제 미수이자라는 자산이 창출되었는가를 기준으로 양분함으로써 수익과 비용의 대응을 달성하고 있는 것이다. 이자로 벌어들인 2천만 원 중 반은 당기에 속한 12월에 벌어들인 부분이므로 당기의 손익계산서에 이자수익으로 포함되어야 한다. 나머지 반인 1천만 원은 차기의 첫 달에 버는 이자수익이므로 차기의 손익계산서에 반영된다. 연말 수정분개를 보면 임시계정(이자수익)과 영구계정(미수이자)이 나타나고 현금계정은 영향을 받지 않음을 알 수 있다.

그림 3-2 미지급이자

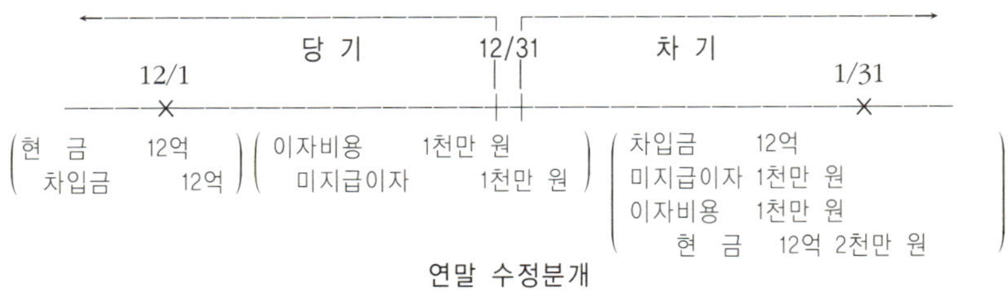

그림 3-2는 **그림 3-1**에서 사용한 예를 반도상사의 입장에서 정리해본 것이다. 각 날짜에서의 분개를 검토해 보기 바라며, 특히 연말 수정분개의 특징과 역할을 주목해 보기 바란다. 회계기간을 중심으로 수익과 비용을 대응시키는 점, 임시계정과 영구계정이 사용되는 점, 현금지불이 일어나지 않았음에도 비용을 인식하는 점 등을 발견할 수 있다.

(2) 이연항목(Deferrals)

이연항목이란 현금의 지급이나 수취는 이미 일어났으나 거래의 실질은 아직 발생하지 않았거나 완결되지 않은 것들을 말한다. 이연이라는 접두어가 붙은 이유는 이런 항목들에 관련된 거래의 실질이 차기에 발생할 수 있으므로 이를 차기로 넘기자는 뜻에서이다. 이연항목들의 구체적인 계정이름들을 보면 앞에 선급 또는 선수라는 접두사가 붙는 것이 보통이다. 이연항목의 대표적인 예로 선급보험료와 선수수익을 들 수 있다.

1) 선급보험료

선급보험료는 선급비용의 대표적인 예이다. 선급비용이란 선급보험료같이 관련된 혜택이 실현되기 전에 현금이 미리 지급된 사항을 일컫는 용어이다. 보험료는 앞으로 다가올 1년 또는 그 이상을 대상으로 위험에 대비하기 위해 통상 미리 내는 것이 일반적이다. 이렇게 이미 지출된 금액이 지출이 발생한 회계기간뿐만 아니라 그 후에 도래하는 회계기간에도 혜택이 있을 것으로 예상되면, 지출된 금액을 비용으로 간주하기보다는 일단 자산으로 보는 것이 상례이다. 이렇게 자산으로 기록한 후 이 자산을 사용함으로써 얻은 혜택은 회계기간 말에 그 회계기간에 사용하여 소멸된 부분만큼의 자산을 비용으로 인식해 주는 수정분개를 행한다. 이때의 수정분개는 관련된 비용계정이 차변으로, 자산계정이 대변으로 기입된다. 이와 같은 분개를 이연분개(移延分介)라고 한다.

예제 3-2 선급보험료

한남주식회사가 7월 1일 건물에 대한 1년분 화재보험료로 ₩100,000을 대한화재(주)에 지불하였다.

그림 3-3은 위의 예인 보험료 ₩100,000의 1년간 수명에 대한 분개를 표시하고 있다.

그림 3-3 선급보험료

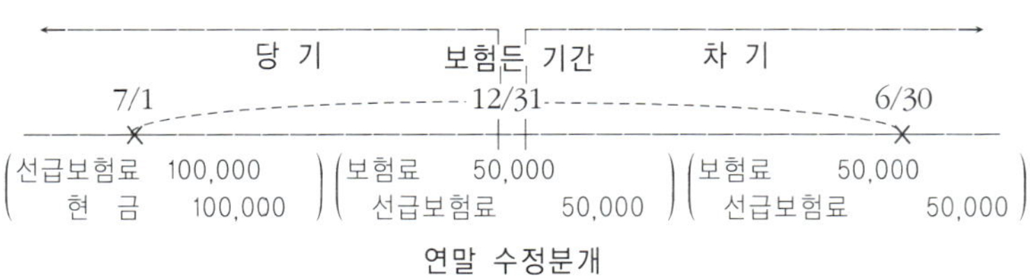

7월 1일의 분개는 미리 지급한 보험료 ₩100,000을 자산으로 인식하는 것을 보여준다. ₩100,000의 현금이 지급되긴 했으나 7월 1일의 시점에서는 아직 1년간의 보험혜택이 하나도 발생하지 않았기 때문에 이 금액을 일단 자산으로 간주하는 것이다. 12월 말이 되면 6개월이 경과했기 때문에 ₩100,000의 보험료 중 반인 ₩50,000은 자산으로서의 역할이 끝나고 비용화된다. 즉, 1년간의 보험혜택 중 반년분의 혜택을 받은 것이 된다. 결국 연말 수정분개는 자산(선급보험료)을 ₩50,000만큼 감소시키면서 그만큼의 비용(보험료)을 인식하는 것이다.

이 연말 수정분개는 두 가지 목적을 달성하고 있다. 첫째는 보험료계정이 차기(借記)됨으로써 당기의 비용을 적정하게 계상하게 되고, 둘째는 선급보험료가 대기(貸記)됨으로써 12월 말 현재 미경과된 보험료(즉, 선급보험료)가 ₩50,000임을 적정하게 나타낼 수 있다. 다음기의 6월 말이 되면 자산으로 남아있던 이 ₩50,000도 결국 비용화된다.

2) 선수수익

선수수익은 선급비용의 반대라고 보면 된다. 누군가가 관련된 혜택을 받기 전에 미리 돈을 지불했다면, 그 돈을 받은 사람은 돈을 낸 사람에게 무엇인가 혜택을 제공하기 전에 돈부터 받은 것이 되고 현금을 받은 만큼 미래에 상품이나 용역을 제공해야 할 의무가 발생했으므로 선수수익이라는 부채로 인식하여 대변에 기록한다.[1] 위의 예에서 대한화재(주)는 7월 1일에 아직 서비스를 제공하지 않았기 때문에 현금수취를 부채인 선수수익으로 기록을 한 뒤, 연말에 수정분개를 통하여 보험료 수익을 기록하게 된다. 이를 **그림 3-4**에서 보여주고 있다.

그림 3-4 선수수익

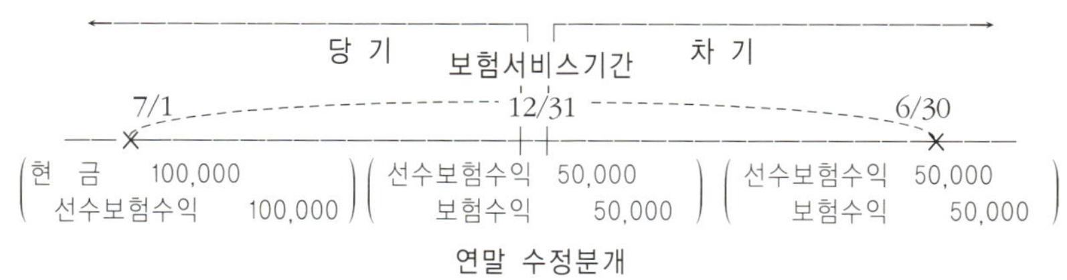

1) 선수수익은 미실현수익(unearned revenue) 또는 이연수익(deferred revenue)이라고도 한다. 선수수익계정은 미래에 상품 혹은 용역을 제공하여야 할 기업의 의무를 나타내는 부채로서, 손익계산서 항목이 아닌 재무상태표에 속하는 부채항목임에 유의할 필요가 있다. 즉, 현금지급으로 채무가 소멸되는 대부분의 다른 부채와는 달리 선수수익은 상품이나 용역의 제공에 따라 그 채무가 소멸되며, 동시에 소멸되는 채무금액만큼이 수익으로 비로소 인식된다.

(3) 자산의 소멸 및 추정항목

수정분개의 마지막 형태는 자산의 소멸 및 추정항목에 관한 것들이다. 이 형태도 수정분개가 갖는 세 가지 특징을 다 갖추고 있다. 다만 이미 자산으로 잡혀 있는 계정의 잔액을 감소시키는 작용을 한다는 것이 이 형태의 수정분개가 갖는 특성이다.

1) 자산의 소멸

자산소멸과 관련된 수정분개를 얘기하려면 자산화라는 개념과 이것이 수익·비용 대응의 원칙과는 어떻게 연관되는지에 대해 먼저 이해해야 한다. **그림 3-5**는 수익·비용 대응의 원칙이 어떻게 적용되는지를 네 단계로 나누어 설명하고 있다.

그림 3-5 수익·비용 대응의 절차

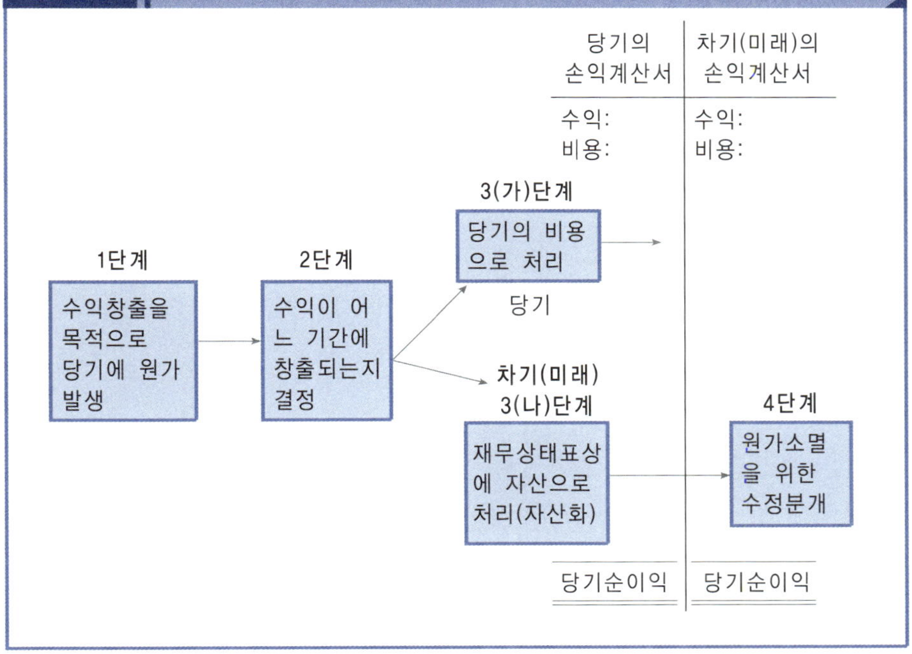

그림 맨 왼쪽의 첫 번째 단계는 주어진 기간 동안 수익을 창출하기 위해 자원이 소모됨을 나타낸다. 앞서 여러 차례 설명했듯이 기업은 수익을 발생시키기 위해 기업이 가지고 있는 자원(인적이든 물적이든)을 계속적으로 사용한다. 급료가 지불되고, 전기료가 나가며, 재고자산이나 고정자산들이 계속 구입되는데 이는 다 수익을 창출하기 위한 노력의 일환이다.

여기서 수익·비용 대응의 원칙을 다시 떠올려 보면, 발생주의 원칙에 의해 수익이 인식되려면 비용도 발생주의 원칙에 입각하여 인식되어야 하고, 이렇게 인식된 수익과 비용은 관련 수익이 언제 인식되었느냐에 따라 그 회계연도에 비용도 수익에 대응되어 인식되어야 한다는 원칙이다. 그러므로 그림의 두 번째 단계는 "자원의 소모로 인해 창출된 수익이 어느 기간 중에 실현되는가?"라는 질문을 던지는 것이다.

이 질문에 대한 답이 "당기"라고 내려지면 자원이 소모된 금액은 수익에 즉시 대응된다. 회계용어로 말하자면 "비용화"된다(그림의 3(가)단계). 즉 당기의 손익계산서상에 비용으로 포함된다. 11월 말에 종업원들에게 월급을 지급했을 때 다음과 같이 분개되며, 이 금액이 당기의 손익계산서에 나타나는 이유가 여기에 있다.

급 료	1억		
	현 금		1억

반면에 지출된 금액으로 인한 효과가 미래에 도래할 기간들 중에 수익으로 나타난다면, 다시 말해 두 번째 단계에서 던진 질문에 대한 답이 "차기 또는 그 이후"라면 자원의 소모에 투입된 금액은 "자산화"된다(그림의 3(나)단계). 즉 이 금액은 재무상태표에 반영된다. 재무상태표에서 볼 수 있는 많은 자산들(재고자산, 선급비용, 금융자산, 비유동자산 등)은 기업이 장래에 수익을 창출해 줄 것으로 기대하고 소모한 자원의 양을 나타낸다. 왜 기계장치를 사들여 오면 즉시 비용화되지 않고 자산화되면서 재무상태표에 나타나게 되는가를 지금의 설명으로 독자들이 이해했으리라 믿으며 3억 원짜리 기계를 사들여 왔을 때의 분개를 예시한다.

(기계장치 3억
　　현 금 3억)

그림 3-5에 보면 이렇게 자산화된 대상은 수익·비용의 대응을 위해 네 번째 단계를 거치게 되어 있음을 알 수 있다. 재무상태표에 자산으로 잡혔던 항목으로부터 미래에 수익이 창출되었을 때 수익·비용 대응의 원칙은, 바로 그 기간에, 수익창출을 위해 자산이 소모된 만큼을 비용으로 전환하여 손익계산서에 보고할 것을 요구하고 있다. 자산을 비용으로 전환하는 과정은 자산의 소멸을 나타내는 수정분개를 통하여 이루어진다. 아래의 두 분개는 당기에 구입된 사무용품이 일단 자산으로 기록(자산화)되었다가 사무용품이 실제로 업무에 사용된(소모된) 차기에 수정분개를 통해 비용화되는 과정을 보여준다.

당기: 사무용품의 자산화

(사두용품재고 100,000
　　현 금 100,000)

차기: 자산의 소모를 나타내기 위한 수정분개

(사무용품비 100,000
　　사무용품재고 100,000)

이와 같이 사무용푼의 예에서처럼 어떤 경우에는, 언제 자산이 소모되었느냐 혹은 소모된 자산으로부터 혜택이 언제 왔느냐를 판단하기가 그리 어렵지 않다. 이런 상황에서는 자산의 소모를 나타내는 수정분개의 시점과 금액을 결정하기가 쉽다. 그러나 다른 많은 경우에는 자산화된 자산의 소멸과 관련혜택의 발생 사이의 관계가 모호할 때가 있다. 예를 들어 요즈음 우리 기업들이 많은 돈을 들여 컴퓨터화된 경영정보시스템을 회사 내에 구축하고 있다. 정보시스템뿐만 아니라 제조시설도 꽤 많이 컴퓨터화, 자동화되고 있다. 이렇게 컴퓨터화된 생산시설과 정보시스템은 기업과 소비자 간의 의사소통을 향상시키고 공장가동의 효율성을 증대시키며, 제품의 질을 높이고 원가도 줄이는 효과를 가져다 준다.

이렇게 컴퓨터화된 시스템은 분명히 미래에 효익을 가져다 줄 것이기 때문에 여기에 드는 비용은 자산화되어 자산으로 기록된다. 그러나 문제는 이 시스템이 가져다 주는 효익은 미래의 여러 기간에 걸쳐 나타날 것이고, 또 각 기간마다 나타나는 효익도 각기 다르고, 측정하기도 애매하다는 데 있다. 결국 시스템이 가져다 주는 효익과 시스템을 활용함으로써 발생하는 비용을 어느 한 기간에 정확히 대응시킨다는 것은 매우 어려운 일이고 주관적인 판단에 의존할 수밖에 없다.

이렇게 애매한 경우라 할지라도 자산의 비용화를 적절히 실시하기 위해 자산화될 자산의 취득시에는 해당 자산의 내용연수(즉 수명)를 추정하고, 자산을 취득할 때 들었던 원가를 내용연수의 기간에 걸쳐 매 기간마다 분할하여 비용화시킨다. 이와 같이 취득원가를 여러 기간에 걸쳐 나누어 비용화시키는 절차를 우리는 상각이라고 부르며, 상각은 매 회계기간 말에 원가소멸을 위한 수정분개를 통해 자산의 내용연수 동안 실행된다. 특히 유형자산에 대한 상각절차를 감가상각(depreciation)이라 부른다. 자산의 소멸을 위한 수정분개의 예를 사무용품, 유형자산 및 재고자산을 가지고 검토해 보자.

① 사무용품

사무용품은 그 사용수명이 당기에만 국한되지 않고 미래의 기간까지 사용될 것으로 여겨지기 때문에 구입시 자산으로 기록된다. 세창주식회사가 12월 초 사무용품 백만 원어치를 현금으로 구입했다고 하면 그 분개는 다음과 같다.

계정	차변	대변
사무용품	1,000,000	
현 금		1,000,000

영업활동을 계속하는 동안 기업의 사무용품은 계속적으로 소비되지만 회계기간 중에는 이를 기록하지 않는다. 그 대신 회계기간 말에 가서 사무용품이 얼마나 남아 있는지를 실제로 조사하여 당기에 소모된 사무용품을

반영시키는 수정분개를 행한다. 다음의 등식을 통해 당기의 소모된 사무용품의 양(금액)을 알 수 있다.

사무용품 사용량 = 기초 사무용품 재고 + 당기 구입량 − 기말 사무용품재고

세창주식회사가 12월 말 현재 사무용품에 대한 실사를 했는데 재고가 ₩300,000만큼 남아 있다면 12월 중에 ₩700,000만큼의 사무용품을 소비하였다는 것을 알 수 있다. 따라서 12월 말의 수정분개는 다음과 같게 된다.

사무용품비		700,000	
	사무용품		700,000

이 수정분개가 원장으로 전기되면 사무용품 계정에 ₩700,000이 대변기입되어 그 잔액이 ₩1,000,000에서 ₩300,000으로 줄기 때문에 12월 말 현재 사무용품의 잔액이 적절하게 표시된다. 또한 사무용품비 계정에도 차변에 ₩700,000이 기록되어 당기의 사무용품사용(소멸)을 통한 비용의 발생도 적절히 나타나게 된다.

② 재고자산

상품매매업에서(제조업에서도 마찬가지이지만) 재고자산의 구입은 일단 자산으로 기록(자산화)되는데, 이는 미래시점에 재고자산이 팔려나갈 때 수익이 창출될 것으로 기대되기 때문이다. 수익·비용 대응의 원칙에 의하면 재고자산의 구입에 든 원가는 재고가 팔려나가는 시점에서 매출원가라는 비용으로 전환될 것을 요구하고 있다. 사무용품에서와 마찬가지로 재고자산의 소멸을 나타내는 연말수정분개는 해당 기간에 팔려나간 재고의 원가를 반영해 주는 것이어야 한다. 팔려나간 만큼의 재고는 재고자산계정에서 차감되며, 차감되는 만큼은 매출원가라는 이름으로 비용화된다.

예를 들어 세창주식회사가 2015년 초에 ₩2,000,000어치의 재고를 가지고 있었고, 2015년 동안 ₩5,000,000어치의 재고를 새로 사들였으며, 2015년 말에 가지고 있는 재고를 실사(實査)해본 결과 수중에 ₩3,000,000어치의 재고를 가지고 있었다고 가정해 보자. 이 자료를 통해 세창주식회사는 2015년 동안 ₩4,000,000 어치의 재고자산을 팔았음을 다음의 식으로 알 수 있다.

기초재고 + 재고구입 − 기말재고 = 판 재고금액(매출원가)
₩2,000,000 + ₩5,000,000 − ₩3,000,000 = ₩4,000,000

재고구입을 나타내는 연중 행해진 분개는

재고자산	₩5,000,000	
현금(또는 매입채무)		₩5,000,000

연말 팔려나간 재고자산에 대한 수정분개(자산의 소멸)는

매출원가	₩4,000,000	
재고자산		₩4,000,000

이 될 것이다.

2) 추정항목

추정항목의 대표적인 예는 감가상각비와 대손상각비의 추정이다.

① 감가상각 등 유형자산의 상각

건물이나 기계와 같은 유형자산은 여러 회계기간에 걸쳐 기업이 영업활동을 통해 수익을 창출하게끔 돕기 때문에, 수익·비용 대응의 원칙에 따라 자산화된 구입원가가 그 유형자산의 내용연수 동안 상각된다. 매 회계기간 말에 그 기간 동안의 영업활동을 위해 소멸된 유형자산의 원가만큼이 수정분개를 통해 그 기간의 비용으로 인식된다.

앞에서 언급한 대로 유형자산의 원가와 관련하여 해당 자산을 사용함으로써 효익을 얻게 되는 여러 회계기간에 체계적으로 원가를 배분하는 절차를 상각이라 하고, 각 회계기간에 배분된 유형자산의 원가는 그 기간의 비용인 감가상각비로 계상된다.

세창주식회사가 2015년 1월 1일에 운반용 트럭 1대를 천만 원에 구입했다고 하자. 이 트럭의 내용연수는 5년이고, 이 기간이 지나면 트럭의 잔존가치

는 없을 것으로 추정된다. 이 트럭의 원가를 매 기간에 균등분배하는 감가상각법을 택한다면 취득시와 매년 말의 수정분개는 다음과 같을 것이다.

2015년 1월 1일: 트럭의 취득

트 럭	10,000,000	
현 금		10,000,000

2015년 12월 31일, 2016년 12월 31일 … : 감가상각을 위한 수정분개

감가상각비	2,000,000	
감가상각누계액		2,000,000

수정분개의 차변은 앞으로 5년간 매년 손익계산서에 나타날 감가상각비를 계상하고 있다. 수정분개의 대변은 트럭이라는 자산계정이 아니고 그 대신 감가상각누계액이라고 불리는 계정이 자리잡고 있음을 볼 수 있다. 이 계정은 관련 자산계정의 옆에 붙어서 같이 다니는 영구계정으로서 감가상각이 인식될 때마다 계정대변에 이를 쌓아가면서, 쌓은 만큼 해당 자산의 자산가치를 감소시키는 역할을 한다. 이렇게 재무상태표에 속하면서 재무상태표에 속하는 다른 계정의 잔액을 감해주는 역할을 하는 계정을 종종 차감계정(contra account)이라 부른다. 또한 자산의 원래 구입가격에서 그동안 쌓인 감가상각누계액을 차감하고 남은 금액을 그 자산의 장부가격(net book value)이라고 부른다. 세창주식회사의 트럭 예를 사용하면 2015년 말 이 트럭의 장부가격은 ₩8,000,000(10,000,000－2,000,000)이 된다.

위의 트럭을 2년간 사용하고 난 후인 2016년 말 세창주식회사의 재무상태표에는 이 트럭이 다음과 같이 보고될 것이다. 즉, 트럭의 원래 구입원가인 ₩10,000,000과 그 때까지의 감가상각누계액 ₩4,000,000이 차례로 표시되고, 두 금액의 차액인 순장부가격 ₩6,000,000이 제시된다.

트 럭	₩10,000,000	
감가상각누계액	(4,000,000)	₩6,000,000

② **대손상각의 추정**

대손상각이란 재무상태표에 계상되는 외상매출금이나 받을어음 등 매출채권에 속한 금액 중 회수불능일 것으로 추정되는 금액을 자산에서 제외시키며 손실처리하는 행위를 일컫는다. 원래 매출채권 계정의 기말잔액은 100% 회수될 것으로 확신할 수 없기 때문에 그 회수가능성을 검토하여 회수불능채권은 대손처리되어야 한다.

회수불능일 것으로 예상되는 만큼의 금액이 손익계산서에서 대손상각비로 손실처리되면서 그 상대계정으로는 대손충당금 계정이 사용된다. 즉 대손충당금이란 매출채권에 있어서 추정회수불능액을 나타낸다. 특히 이 대손충당금 계정은 평가계정(評價計定)으로서 재무상태표상 매출채권에서 차감하는 형식으로 기재되는 차감계정이다. 이만큼을 차감함으로써 연말 재무상태표상에 매출채권이 순 실현가능가액으로 나타나게 된다.

대손에 대한 회계처리는 매기말 보유하고 있는 매출채권의 회수가능성을 검토하여 대손액을 추정한다. 예를 들어 기말인 12월 31일에 매출채권 잔액 ₩500,000에 대하여 2%의 대손충당금을 설정하기로 했다면 그 분개는 다음과 같다.

대손상각비		₩10,000	
	대손충당금		₩10,000

차변에 기록되는 대손상각비는 손익계산서상에 비용으로, 대변에 기록되는 대손충당금은 재무상태표상에 매출채권에 대한 차감항목으로 보고될 것이다.

대손회계에 대한 보다 자세한 내용은 제7장에서 다루어질 것이다.

제2절 회계장부의 마감

IFRS ACCOUNTING PRINCIPLES

지금까지 살펴본 회계계정들은 크게 두 부류로 나눌 수 있는데 수익, 비용 또는 배당 등과 같이 일정기간의 금액만을 표시하는 임시계정(temporary account)과 기간의 경과에 관계없이 영구적으로 계정이 남아 있는 영구계정(permanent account)으로 구분할 수 있다.

◈ 임시계정들의 마감

수익 및 비용에 속하는 계정들과 배당금계정을 임시계정이라고 부르는 이유는 이 계정들은 한 회계기간의 거래 자료들을 그 기간만을 위해서 임시적으로 기록해 두었다가 회계기말이 되면 그 결과를 최종적으로 이익잉여금 계정에 대체하고 자신들은 소멸되기 때문이다. 이에 반해, 자산과 부채 및 자본에 속한 계정들은 특정 회계기간이 지나도 계정의 잔액들이 소멸되지 않고 다음 회계기간으로 이월되기 때문에 영구계정이라 불린다.

임시계정들은 재무제표가 일단 완성되면 그 역할이 종료되므로 장부상에 남아 있는 계정잔액을 정리하는 절차가 필요하다. 즉, 계정들을 소멸시키는 절차를 밟아야 한다. 계정을 소멸시킨다는 것은 임시계정의 잔액을 영으로 만든다는 말인데, 임시계정의 잔액을 영으로 만드는 절차를 마감절차(closing procedures)라고 한다.

수익과 비용에 속한 계정들은 집합손익이라고 불리는 계정을 이용하여 마감된다. 즉, 수익에 속한 계정들은 통상 잔액이 대변에 생기므로 이 계정들의 잔액을 영으로 만들어 주기 위해서는 대변잔액만큼을 동 계정의 차변에 기록하면 된다. 이렇게 차변에 어떤 금액을 기록하려면 대변에도 어디엔가 동일한 금액이 기록되어야 한다. 이때 사용하는 계정이 집합손익계정이다.

비용에 속한 계정들의 마감도 동일한 요령으로 시행된다. 각 비용계정에는 통상 차변잔액이 존재하므로 그 비용계정의 차변잔액과 같은 금액을 동 계정의 대변에 기록하면 잔액이 영으로 된다. 대변에 기록된 만큼의 금액은 집합손익계정의 차변에 동시에 기록된다.

위와 같은 절차에 따라 모든 수익계정과 비용계정이 마감되면, 한 회계기간 동안에 발생한 수익과 비용이 모두 집합손익계정에 반영된다. 즉, 수익계정들의 잔액은 집합손익계정의 대변에 모이게 되고, 비용계정들의 잔액은 집합손익계정의 차변에 모이게 된다. 이 계정을 집합손익계정이라 부르는 이유도 여기에 있다. 수익과 비용계정들의 잔액이 집합손익계정으로 전기된 후(마감된 후), 집합손익계정에 나타나게 되는 잔액이 곧 당기의 순이익(또는 순손실)이 된다. 집합손익계정이 대변잔액을 가지면 그만큼이 순이익이고 차변잔액을 가지면 그만큼이 순손실이다.

수익과 비용에 속한 계정들이 집합손익계정을 통해 마감되면, 그 다음으로 집합손익계정과 배당금 계정의 잔액도 이익잉여금계정으로 전기되면서 결국에는 이들 계정도 마감된다. 순이익이 발생했을 경우(수익이 비용보다 큰 경우) 집합손익계정의 대변에 잔액이 남게 되는데, 이때에는 집합손익계정의 대변잔액과 같은 금액을 집합손익계정의 차변에 기입하여 이 계정의 잔액을 영으로 만들고, 동시에 같은 금액을 이익잉여금계정의 대변에 기입한다. 즉, 집합손익계정의 대변잔액이 이익잉여금계정의 대변으로 옮겨지는 것이다. 반대로 순손실이 발생했을 경우에는 집합손익계정이 차변잔액을 갖게 되므로, 차변잔액만큼을 집합손익계정의 대변에 기입하고 동시에 같은 금액을 이익잉여금계정의 차변에 기입한다.

배당금계정에는 잔액이 통상 차변에 남아 있으므로 배당금계정의 차변잔액과 같은 금액을 동 계정의 대변에 기입하여 배당금계정의 잔액을 영으로 만들고, 동시에 이익잉여금계정에 같은 금액을 차변에 기입한다. 이러한 마감분개의 과정은 다음과 같이 요약할 수 있다.

핵심사항: 마감분개의 4단계

예 당기매출 10억 원, 매출원가 4억 원, 급여 2억 원, 배당 1억

1단계: 모든 수익계정을 마감한다.

차변	대변
매 출 10억 원	
	집합손익 10억 원

2단계: 모든 비용계정을 마감한다.

차변	대변
집합손익 6억 원	
	매출원가 4억 원
	급 여 2억 원

3단계: 집합손익을 마감하고 이익을 이익잉여금에 포함시킨다.

차변	대변
집합손익 4억 원	
	이익잉여금 4억 원

4단계: 배당금 계정을 마감하고 이를 이익잉여금에서 차감한다.

차변	대변
이익잉여금 1억 원	
	배당금 1억 원

매 출	
(1) 10억	10억
	∅

매출원가	
4억	(2) 4억
∅	

급 여	
2억	(2) 2억
∅	

집합손익	
(2) 6억	(1) 10억
(3) 4억	
	∅

이익잉여금 = 기초 이익잉여금 + 순이익 − 배당

1단계에서는 평소의 대변에 잔액이 있는 수익계정을 임시계정인 집합손익계정을 이용하여 마감하고 그 다음 단계에서는 모든 비용계정들을 마감하며, 세

번째 단계에서는 집합손익계정을 마감하게 된다. 만약에 이익(손실)이 발생되었으면 집합손익계정의 잔액이 대변(차변)에 남게 되며, 이를 이익잉여금에 옮겨주게 된다.

금년도 이익잉여금은 당기순이익에서 배당을 공제한 금액이 전년도 이익잉여금보다 커진 부분이므로 순이익이 이익잉여금에 더해지는 부분이 위의 3단계 마감분개이며, 배당만큼 이익잉여금에서 차감되는 것은 4단계 마감분개의 내용이다.

배당계정의 마감시 집합손익계정을 사용하지 않는 이유는 배당은 비용이 아니라 그간 벌어놓은 이익 중 일부를 소유주에게 제공하는 것이므로 집합손익계정을 사용하지 않는다.

제3절 회계의 순환과정 요약

IFRS ACCOUNTING PRINCIPLES

이제까지 설명된 내용들을 독자들의 복습을 위하여 다시 한 번 정리하고, 그 정리된 내용을 그림으로 나타내면 다음의 **그림 3-6**과 같다.

회계의 순환과정은 목적적합하고 측정가능한 경제적 사건(economic event)이 해석되고 분개됨으로써 시작된다. 분개란 회계시스템의 가장 기본적인 입력으로서 분개장이라고 불리는 장부에 기록되며, 이렇게 기록된 분개들은 다시 원장(계정들이 모여 있는 곳)에 전기된다. 거래가 발생함에 따라 분개하고 원장에 전기하는 절차는 재무제표가 작성되는 시점(월말, 반기말, 또는 연말)까지 반복적으로 계속된다.

재무제표가 작성되어야 할 시기(즉, 결산시기)가 도래하면 전기를 통하여 계속 기록된 각 계정들의 잔액을 시산표를 통하여 차변 또는 대변에 기록하여, 차변의 합계와 대변의 합계가 일치하는지 살펴보게 된다. 이 시산표를 수정전 시산표(unadjusted trial balance)라 부르며 수정전 시산표는 다시 매일매일의 거래기록에서는 처리하지 못했던 사항들(예컨대 감가상각이나 이자비용 또는 이자수익의 인식 등)로 인하여 수정절차를 밟게 된다. 수정을 요하는 사항들을 위한 분개(소위 수정분개)들이 수정전 시산표상의 금액들과 서로 합쳐져서 수정후 시산표를 만들어 낸다.

수정후 시산표가 일단 만들어지면 이를 근거로 현금흐름표를 제외한 세 개의 재무제표가 작성될 수 있다. 수정후 시산표상에 나열되어 있는 계정들 중에서 수익이나 비용에 속한 계정들을 골라내어 정리하면 그것이 손익계산서에 담길 내용들이 된다. 수익에 속한 계정들은 대변에 모이게 되고 비용에 속한 계정들은 차변에 모이게 된다. 이렇게 모인 금액들의 차변합계와 대변합계를 비교하고, 대변의 합이 클 경우는 큰 만큼의 당기순이익이 발생한 것이고 차변의 합이 클 경우는 그만큼 당기순손실이 발생한 것으로 이해하면 된다. 여기서 계산된 당기순이익(또는 당기순손실)은 이익잉여금을 증가(또는 감소)시키므로 이 금액과 기타 아직까지 수정후 시산표상에 남아 있는 금액들은 재무상태표에 담길 내용을 구성한다.

그림 3-6 회계의 순환과정

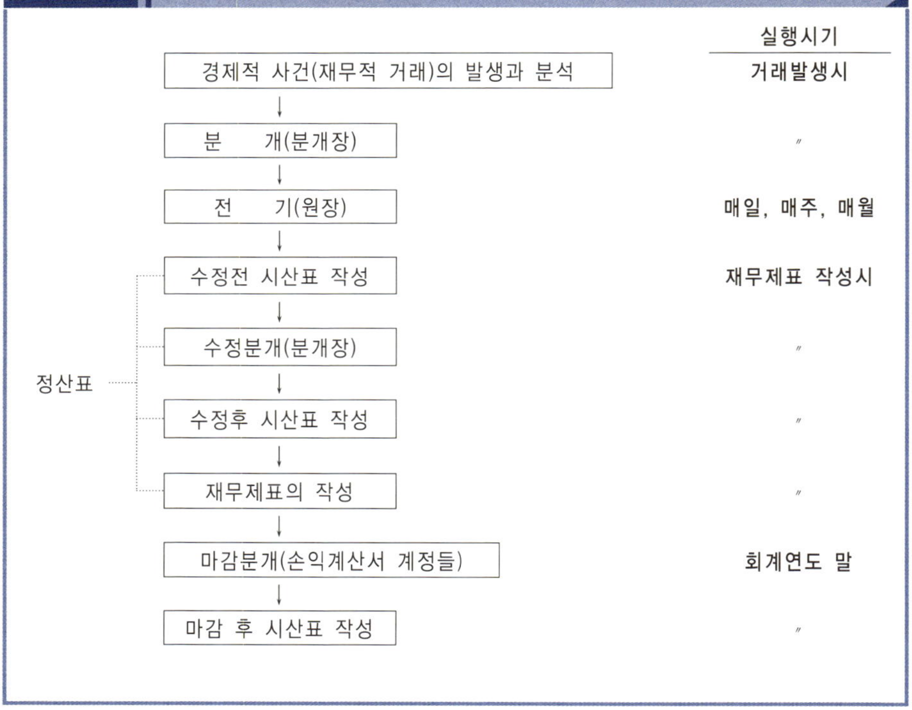

이렇게 재무제표의 작성이 끝나면 손익계산서에 속했던 계정들이 마감되게 되는데, 마감이라는 뜻은 그 계정의 존재기간이 끝났으므로 해당 계정의 잔액을 다시 영으로 만든다는 것이다. 마감의 절차는 수익 및 비용에

속한 계정들의 잔액을 '손익'계정(앞에서 설명한 집합손익계정을 짧게 손익계정이라고 흔히 부른다)이라는 곳으로 집합시키고 이들 수익 및 비용계정들의 잔액을 우선 영으로 만든다. 그 후 손익계정도 역시 손익계산서에 속한 계정이므로 이 계정도 마감을 시킨다. 즉, 이 손익계정의 잔액을 이익잉여금 계정으로 옮기면서 잔액을 영으로 만든다. 이런 마감 절차가 끝나면 당기순이익(또는 당기순손실) 금액이 자동으로 이익잉여금 계정에 전달되게 된다. 마지막으로 배당금계정도 마감하면서 이익잉여금 계정으로 그 잔액을 옮긴다.

결국 손익계산서와 재무상태표는 시산표상의 자료로써 쉽게 작성될 수 있고, 자본변동표는 마감절차와 함께 발생한 이익잉여금 계정의 변화를 종합함으로써 작성될 수 있다. 현금흐름표는 원장의 현금계정을 분석함으로써 또한 작성될 수 있다.

제4절 회계순환과정의 종합예제

IFRS ACCOUNTING PRINCIPLES

수정분개와 마감분개에 대한 공부를 마쳤으므로 수정분개가 포함된 회계순환과정에 관한 종합예제를 풀어보고자 한다. 이 예제를 통해 앞 절에서 설명된 회계순환과정을 다시 한 번 돌이켜 보도록 하자.

2015년 1월 1일 상품매매업을 주로 하는 삼경주식회사가 설립되었다. 2015년 한 해 동안 삼경주식회사에 의해 이행된 거래들은 다음과 같다.

---

(1) 최초의 설립 자본금을 투입하다: ₩120,000

(2) 1월 1일 지방은행으로부터 5년 만기(이자율 10%) ₩50,000의 자금을 차입함. 만기일은 2020년 1월 1일이다. 이자는 매 6개월마다 지급.

(3) 1월 1일 현금으로 구입된 토지와 건물:

토 지	₩25,000
건 물	62,000
총비용	₩87,000

(4) 건물이 ₩13,000의 비용으로 2015년 1월 1일에 개조되었음.

(5) 1월 1일 비품을 ₩40,000에 현금 구입

(6) 2015년 4월 1일에 화재보험료 1년치 ₩900을 미리 지급함(보험기간 2015. 4. 1~2016. 3. 31).

(7) 제품의 외상매입:

제품 A	₩ 80,000
제품 B	50,000
합 계	₩130,000

(8) 외상매출 관련자료:

	매 출 액	매출원가
제품 A	₩132,000	₩ 66,000
제품 B	72,000	48,000
합 계	₩204,000	₩114,000

(9) 매출채권의 회수: ₩169,000

(10) 매입채무의 지불: ₩123,000

(11) 판매비와 일반관리비의 지급액:

급 여	₩24,100
광고비	1,600
전기, 가스, 수도료	2,300
기타 비용	1,700
합 계	₩29,700

(12) 2015년 6월 1일에 삼경주식회사는 서진주식회사에 건물을 임대하고, 1년치 임대료 ₩1,500을 미리 받음.

(13) 2015년 7월 1일에 반기분 지급이자를 은행에 지급함.

(14) 2015년 10월 1일에 액면가로 표면이자 6%인 10년짜리 채권 ₩12,000을 일시적 투자목적으로 구입하였다. 이 채권의 이자는 매년 10월 1일에 지급되며 만기는 2025년 10월 1일이다.

(15) 주주들에게 ₩9,600의 현금 배당금 지급.

추가정보: 위 거래의 정보에 추가하여 다음의 것들이 제공되었다.

(1) 연말 매출채권 잔액의 8%가 대손율로 추정된다.

(2) 건물의 내용연수는 20년, 잔존가치는 20%(정액법상각).

(3) 비품의 내용연수는 10년, 잔존가치는 10%(정액법상각).

(4) 연말현재 회사의 종업원들에게 미지급한 급여 ₩1,780.

(5) 법인세는 20%, 회계상 수입과 세무상 수입은 동일시된다.

요구사항: 2015년의 모든 회계순환과정을 완성하시오.

1. 연중 발생한 거래들에 대한 분개

구분	계정과목	차변	대변
(1)	현　　금	120,000	
	자 본 금		120,000
(2)	현　　금	50,000	
	은행차입금		50,000
(3)	토　　지	25,000	
	건　　물	62,000	
	현　　금		87,000
(4)	건　　물*	13,000	
	현　　금		13,000

* 이 개조는 건물 구입가에 비해 상당한 금액이 투입되었으므로 당장 비용화되기보다는 자산화되는 것이 타당할 것으로 판단되어 자산으로 기록되었음(자본적 지출).

구분	계정과목	차변	대변
(5)	비　　품	40,000	
	현　　금		40,000
(6)	선급보험료	900	
	현　　금		900
(7)	재고자산…제품 A	80,000	
	재고자산…제품 B	50,000	
	매 입 채 무		130,000

(계속기록법에 의한 재고자산의 회계처리를 가정하였음. 계속기록법과 실지재고조사법에 대한 자세한 설명은 제 8 장을 참조할 것.)

구분	계정과목	차변	대변
(8)	매출채권	204,000	
	매　　출		204,000
	매출원가…제품 A	66,000	
	재고자산…제품 A		66,000
	매출원가…제품 B	48,000	
	재고자산…제품 B		48,000
(9)	현　　금	169,000	
	매 출 채 권		169,000
(10)	매 입 채 무	123,000	
	현　　금		123,000

	차변	대변
(11) 급 료	24,100	
광 고 비	1,600	
수도광열비	2,300	
기타비용	1,700	
현 금		29,700
(12) 현 금	1,500	
선수임대수익		1,500
(13) 이자비용 $\left(₩50,000 \times 10\% \times \frac{1}{2}\right)$	2,500	
현 금		2,500
(14) 단기매매금융자산	12,000	
현 금		12,000
(15) 배 당 금	9,600	
현 금		9,600

2. 분개된 내용을 총계정원장에 전기

현 금

차변	대변
(1) 120,000	(3) 87,000
(2) 50,000	(4) 13,000
(9) 169,000	(5) 40,000
(12) 1,500	(6) 900
	(10) 123,000
	(11) 29,700
	(13) 2,500
	(14) 12,000
	(15) 9,600
㉨ 22,800	

단기매매금융자산

차변	대변
(14) 12,000	

미수이자

차변	대변

매출채권

차변	대변
(8) 204,000	(9) 169,000
㉨ 35,000	

대손충당금

차변	대변

재고자산…제품 A

차변	대변
(7) 80,000	(8) 66,000
㉨ 14,000	

재고자산…제품 B

차변	대변
(7) 50,000	(8) 48,000
㉨ 2,000	

선급보험료

차변	대변
(6) 900	

토 지	
(3) 25,000	

건 물	
(3) 62,000	
(4) 13,000	
(잔) 75,000	

감가상각누계액…건물	

비 품	
(5) 40,000	

감가상각누계액…비품	

매입채무	
(10) 123,000	(7) 130,000
	(잔) 7,000

미지급 급여	

미지급 이자	

미지급 법인세	

선수임대수익	
	(12) 1,500

은행차입금	
	(2) 50,000

자본금	
	(1) 120,000

이익잉여금	

배당금	
(15) 9,600	

집합손익	

매출…제품 A	
	(8) 132,000

매출…제품 B	
	(8) 72,000

수입이자	

임대수익	

매출원가…제품 A	
(8) 66,000	

매출원가…제품 B	
(8) 48,000	

급 여	
(11) 24,100	

광고비	
(11) 1,600	

수도광열비	
(11) 2,300	

감사상각비	

보험료	

이자비용	
(13) 2,500	

대손상각비	

법인세	

기타비용	
(11) 1,700	

3. 수정전 시산표 작성(정산표상에)

	수정전 시산표		수정분개		수정후 시산표		손익계산서		재무상태표	
	차변	대변	차변	대변	차변	대변	차변	대변	차변	대변
현 금	22,800									
단기매매금융자산	12,000									
미수이자										
매출채권	35,000									
대손충당금										
재고자산…제품 A	14,000									
재고자산…제품 B	2,000									
선급보험료	900									
토 지	25,000									
건 물	75,000									
감가상각누계액…건물										
비 품	40,000									
감가상각누계액…비품										
매입채무		7,000								
미지급급여										
미지급이자										
미지급법인세										
선수임대수익		1,500								
은행차입금		50,000								
자 본 금		120,000								
이익잉여금										
배 당 금	9,600									
집합손익										
매출…제품 A		132,000								
매출…제품 B		72,000								
수입이자										
임대수익										
매출원가…제품 A	66,000									
매출원가…제품 B	48,000									
급 여	24,100									
광 고 비	1,600									
수도광열비	2,300									
감가상각비										
보 험 료										
이자비용	2,500									
대손상각비										
법 인 세										
기타비용	1,700									
당기순이익										
합 계	382,500	382,500								

4. 수정분개(연말)

(16) 미수이자 180
    수입이자 180
(14)번 거래에서 취득한 채권으로부터 발생한 이자수익에 대한 수정분개

(17) 대손상각비 2,800
    대손충당금 2,800
추가정보 (1)번에 대한 수정분개

(18) 보 험 료 675
    선급보험료 675
(6)번 거래의 선급보험료 중 소멸된 부분에 대한 수정분개

(19) 감가상각비 6,600
    감가상각누계액…건물 3,000
    감가상각누계액…비품 3,600
추가정보 (2), (3)번에 기초한 건물과 비품에 대한 감가상각비 계상

(20) 급 여 1,780
    미지급급여 1,780
추가정보 (4)번의 발생항목에 대한 수정분개

(21) 이자비용 2,500
    미지급이자 2,500
(2)번 거래에 대한 두 번째 이자발생을 계상하기 위한 수정분개

(22) 선수임대수익 875
    임대수익 875
(12)번 거래에서 부채로 잡혔던 부분 중 수익으로 전환된 금액에 대한 수정분개

5. 수정분개의 전기(수정분개에 의해 영향을 받는 계정만 표시)

미수이자			
(16)	180		

대손충당금			
		(17)	2,800

선급보험료			
(6)	900	(18)	675

감가상각누계액…건물			
		(19)	3,000

감가상각누계액…비품			
		(19)	3,600

미지급급여			
		(20)	1,780

미지급이자			
		(21)	2,500

미지급법인세			

선수임대수익			
	875	(12)	1,500

수입이자			
		(16)	180

임대수익			
		(22)	875

급 여			
(11)	24,100		
(20)	1,780		

감가상각비			
(19)	6,600		

보험료			
(18)	675		

이자비용			
(13)	2,500		
(21)	2,500		

대손상각비			
(17)	2,800		

법인세			

6. 수정후 시산표 작성

앞에서 작성한 수정전 시산표에 수정분개사항들을 정산표상 바로 따라오는 두 컬럼에 차·대변을 구별해 옮겨 적은 다음, 수정전 시산표와 수정분개를 종합하면 수정후 시산표가 정산표상에서 완성된다. 다음의 표는 이 과정을 완료한 후에 보여지는 부분적으로 완성된 정산표다.

	수정전 시산표		수정분개		수정후 시산표		손익계산서		재무상태표	
	차변	대변	차변	대변	차변	대변	차변	대변	차변	대변
현 금	22,800				22,800					
단기매매금융자산	12,000				12,000					
미수이자			180		180					
매출채권	35,000				35,000					
대손충당금				2,800		2,800				
재고자산…제품 A	14,000				14,000					
재고자산…제품 B	2,000				2,000					
선급보험료	900			675	225					
토 지	25,000				25,000					
건 물	75,000				75,000					
감가상각누계액…건물				3,000		3,000				
비 품	40,000				40,000					
감가상각누계액…비품				3,600		3,600				
매입채무		7,000				7,000				
미지급급여				1,780		1,780				
미지급이자				2,500		2,500				
미지급법인세										
선수임대수익		1,500	875			625				
은행차입금		50,000				50,000				
자 본 금		120,000				120,000				
이익잉여금										
배 당 금	9,600				9,600					
집합손익										
매출…제품 A		132,000				132,000				
매출…제품 B		72,000				72,000				
수입이자				180		180				
임대수익				875		875				
매출원가…제품 A	66,000				66,000					
매출원가…제품 B	48,000				48,000					
급 여	24,100		1,780		25,880					
광 고 비	1,600				1,600					
수도광열비	2,300				2,300					
감가상각비			6,600		6,600					
보 험 료			675		675					
이자비용	2,500		2,500		5,000					
대손상각비			2,800		2,800					
법 인 세										
기타비용	1,700				1,700					
당기순이익										
합 계	382,500	382,500	15,410	15,410	396,360	396,360				

7. 정산표의 완성

정산표상의 수정후 시산표에 해당되는 컬럼이 완성되고 나면, 수정후 시산표상의 계정과목들 중에서 수익과 비용에 속한 계정들의 잔액들만을 골라 손익계산서라고 표시된 컬럼에 옮겨 적는다. 이렇게 함으로써 나중에 손익계산서를 작성할 때 포함될 항목들을 정산표상에서 일별할 수 있다. 손익계산서라고 표시된 난의 차변합계(즉 비용합계)와 대변합계(즉 수익합계)를 비교해 봄으로써 해당 기간 동안 순이익이 발생했는지 또는 순손실이 발생했는지를 알 수 있다. 대변합계가 차변합계보다 크면 그 큰 만큼이 순이익이고 그 반대이면 순손실이 난 것이다. 삼경주식회사의 경우는 다음 표에서 볼 수 있듯이 대변합계가 차변합계보다 ₩44,500만큼 크기 때문에 법인세 차감 전 당기순이익이 발생한 것으로 나타나고 있다. 이 시점이 이 예제의 마지막 수정분개인 법인세에 관한 분개를 행하는 시점이다. 앞에서 법인세율이 20%라 하였으므로 ₩44,500에 20% 곱한 값, ₩8,900의 법인세 부담을 장부에 기록하여야 한다. 따라서 (23)번의 분개는,

(23) 법인세	8,900	
미지급법인세		8,900

법인세는 손익계산서상의 비용항목이고, 미지급법인세는 재무상태표상의 유동부채에 속한다(아직 납부하지 않은 상태이므로).

이 법인세 비용 ₩8,900을 정산표상 손익계산서 차변쪽에 더해주면 비용합계가 ₩169,455(₩160,555 + ₩8,900)이 되고, 결국 당기순이익은 ₩35,600 (₩205,055−₩169,455)이 된다. 이때가 이 금액을 정산표상 손익계산서 차변쪽 맨 밑의 '당기순이익' 줄에(Ⓐ로 표시된 부분) 넣어 손익계산서 컬럼의 차변과 대변합계를 같게 만들어 주는 시점이다. 이 금액은 자본을 증가시키는 효과가 있으므로, 정산표상 재무상태표 대변쪽에도 이때 같이 기록된다.

수정후 시산표상의 수익과 비용에 해당되는 계정들을 손익계산서 난으로 옮

정산표(삼경주식회사)

	수정전 시산표		수정분개		수정후 시산표		손익계산서		재무상태표	
	차변	대변	차변	대변	차변	대변	차변	대변	차변	대변
현 금	22,800				22,800				22,800	
단기매매금융자산	12,000				12,000				12,000	
미수이자			180		180				180	
매출채권	35,000				35,000				35,000	
대손충당금				2,800		2,800				2,800
재고자산…제품 A	14,000				14,000				14,000	
재고자산…제품 B	2,000				2,000				2,000	
선급보험료	900			675	225				225	
토 지	25,000				25,000				25,000	
건 물	75,000				75,000				75,000	
감가상각누계액…건물				3,000		3,000				3,000
비 품	40,000				40,000				40,000	
감가상각누계액…비품				3,600		3,600				3,600
매입채무		7,000				7,000				7,000
미지급급여				1,780		1,780				1,780
미지급이자				2,500		2,500				2,500
미지급법인세										8,900
선수임대수익		1,500	875			625				625
은행차입금		50,000				50,000				50,000
자 본 금		120,000				120,000				120,000
이익잉여금										
배 당 금	9,600				9,600				9,600	
집합손익										
매출…제품 A		132,000				132,000		132,000		
매출…제품 B		72,000				72,000		72,000		
수입이자				180		180		180		
임대수익				875		875		875		
매출원가…제품 A	66,000				66,000		66,000			
매출원가…제품 B	48,000				48,000		48,000			
급 여	24,100		1,780		25,880		25,880			
광 고 비	1,600				1,600		1,600			
수도광열비	2,300				2,300		2,300			
감가상각비			6,600		6,600		6,600			
보 험 료			675		675		675			
이자비용	2,500		2,500		5,000		5,000			
대손상각비			2,800		2,800		2,800			
법 인 세							8,900			
기타비용	1,700				1,700		1,700			
당기순이익							Ⓐ			35,600
합 계	382,500	382,500	15,410	15,410	396,360	396,360	169,455*	205,055	235,805	235,805

* 169,455였다가 당기순이익이 35,600으로 밝혀지는 순간, 그 금액이 Ⓐ에 기록되면서 다시 205,055로 바뀌게 된다.

겨 적었듯이, 수정후 시산표상의 자산, 부채 및 자본에 해당되는 항목들도 정산표상의 가장 오른쪽 난인 재무상태표 컬럼에 옮겨진다. 정산표상에는 자본변동표를 위한 난이 없기 때문에 배당금 계정과 당기순이익 계정도 일단 이곳으로 옮겨진다. 이렇게 옮겨진 계정들과 금액들이 나중에 작성될 재무상태표의 내용을 대변해 준다. 이렇게 완성된 정산표가 106면의 표이다.

8. 마감분개

제2절의 예에서 보듯이 4단계에 걸쳐 마감분개를 행하게 되는데 삼경주식회사의 자료를 가지고서 마감분개의 절차를 수행하면 다음과 같다.

1단계: 수익계정들에 대한 마감분개

계정	차변	대변
매출…제품 A	132,000	
매출…제품 B	72,000	
수입이자	180	
임대수익	875	
집합손익		205,055

2단계: 비용계정들의 마감분개

계정	차변	대변
집합손익	169,455	
매출원가…제품 A		66,000
매출원가…제품 B		48,000
급 료		25,880
광 고 비		1,600
수도광열비		2,300
감가상각비		6,600
보 험 료		675
이자비용		5,000
대손상각비		2,800
기타비용		1,700
법 인 세		8,900

3단계: 집합손익계정에 대한 마감분개

계정	차변	대변
집합손익	35,600	
이익잉여금		35,600

4단계: 배당계정의 마감

이익잉여금	9,600	
배 당 금		9,600

9. 재무제표의 작성

이상에서 산출된 자료들을 가지고(특히 정산표에 종합된 자료들을 주축으로) 삼경주식회사의 재무제표를 작성하면 아래와 같다. 작성순서는 독자들도 이미 알고 있는 대로 손익계산서, 자본변동표, 재무상태표, 현금흐름표의 순이다.

삼경주식회사
손익계산서
(2015. 1. 1~2015. 12. 31)

매 출	₩ 204,000	
매출원가	114,000	
매출총이익		₩90,000
판매비 및 일반관리비:		
급 료	25,880	
광 고 비	1,600	
수도광열비	2,300	
감가상각비	6,600	
보 험 료	675	
이자비용	5,000	
대손상각비	2,800	
기타비용	1,700	46,555
영업이익		43,445
영업외 수익		
수입이자	180	
임대수익	875	1,055
경상이익		44,500
법 인 세		8,900
당기순이익		₩35,600

삼경주식회사
자본변동표
(2015. 1. 1~2015. 12. 31)

	자본금	이익잉여금	합 계
2015. 1. 1	₩ 0	₩ 0	₩ 0
납입자본금	120,000		120,000
당기순이익		35,600	35,600
배당금		(9,600)	(9,600)
2015. 12. 31	₩120,000	₩26,000	₩146,000

삼경주식회사
재무상태표
(2015년 12월 31일 현재)

자 산:			부 채:	
현 금		22,800	매입채무	7,000
단기매매금융자산		12,000	미지급급료	1,780
미수이자		180	미지급이자	2,500
매출채권	35,000		미지급법인세	8,900
(−)대손충당금	(2,800)	32,200	선수임대료	625
재고자산…제품 A		14,000	은행차입금	50,000
재고자산…제품 B		2,000	부채총계	70,805
선급보험료		225		
토 지		25,000	자 본:	
건 물	75,000		자본금	120,000
(−)감가상각누계액	(3,000)	72,000	이익잉여금	26,000
비 품	40,000		자본총계	146,000
(−)감가상각누계액	(3,600)	36,400		
자산총계		216,805	부채와 자본총계	216,805

삼경주식회사
현금흐름표
(2015. 1. 1~2015. 12. 31)

영업활동으로 인한 현금흐름:		
매출채권의 회수	169,000	
건물임대료 대금	1,500	
매입채무의 지불	(123,000)	
판매비 및 일반관리비 지불	(29,700)	
이자지급	(2,500)	
보험료 지급	(900)	
영업활동으로 인한 현금의 증가		14,400
투자활동으로 인한 현금흐름:		
토지와 건물의 구입	(87,000)	
건물의 개조	(13,000)	
비품의 구입	(40,000)	
단기매매금융자산(채권)의 구입	(12,000)	
투자활동으로 인한 현금의 감소		(152,000)
재무활동으로 인한 현금흐름:		
주식의 발행(자본금)	120,000	
은행으로부터 현금차입	50,000	
배당금의 지급	(9,600)	
재무활동으로 인한 현금의 증가		160,400
현금의증가		22,800
기초 현금잔액		0
기말 현금잔액		22,800

현금흐름표에 관한 자세한 설명은 후에 제14장에서 다룰 예정이다.

익힘문제

01 현금주의 회계와 발생주의 회계를 비교 설명하시오.

02 회계기간을 구분하는 목적과 그 구분에 따른 문제점을 서술하시오.

03 수정분개에는 어떠한 특성들이 있는지 설명하시오.

04 수정분개에는 발생항국, 이연항목, 자산의 소멸 및 추정항목 세 가지가 있다. 이들을 예를 들어 설명하시오.

05 수익·비용 대응의 절차를 자세히 설명하시오.

연습문제

01 효자기업은 2015년 12월 31일 현재 다음의 수정분개를 행했다. 분개장 기장 설명은 생략되었다.

	차변	대변
(1) 임차료	1,200	
미지급임차료		1,200
(2) 미수이자	1,500	
수입이자		1,500
(3) 보험료	5,000	
선급보험료		5,000
(4) 선수수익	200	
수입수수료		200
(5) 감가상각비	20,000	
감가상각누계액		20,000

요구사항

a. 위의 각 분개를 간략하게 설명하시오.

b. 위의 각 분개가 발생항목인지 자산의 소멸인지를 분류하시오.

02 흥부회사는 2015년 12월 31일에 다음의 분개를 행했다. 분개장 기장설명은 생략되었다.

	차변	대변
(1) 급 여	1,200	
미지급급여		1,200
(2) 지급이자	1,500	
현 금		1,500
(3) 현 금	10,000	
받을어음		10,000
(4) 임대료	1,500	
선급임대료		1,500

(5) 보험료	2,500		(6) 매입채무	8,000	
선급보험료		2,500	현 금		8,000
(7) 현 금	3,000		(8) 감가상각비	14,000	
선수수익		3,000	감가상각누계액		14,000
(9) 설 비	5,000		(10) 광고비	8,000	
현 금		5,000	현 금		8,000
(11) 소모품비	12,000		(12) 광고비	3,000	
소모품재고		12,000	선급광고비		3,000

요구사항

위의 각 거래를 다음의 다섯 범주로 분류하시오.

a. 영업현금흐름, b. 투자현금흐름, c. 재무현금흐름, d. 발생항목수정분개,

e. 자산소멸수정분개

03 정화인쇄사는 2015년 1월 1일에 현금 12,000원을 주고 인쇄기를 매입했다. 이 회사는 정액법을 써서 3년간의 내용연수에 걸쳐서 이 인쇄기를 감가상각했다.

요구사항

a. 인쇄기에 관련된 3년간의 필요한 수정분개를 행하시오.

3년 동안 연말마다 인쇄기의 장부가액을 계산하시오.

b. 다음과 같은 표를 완성하시오.

	2015	2016	2017	합계
감가상각비				
인쇄기 매입과 관련된 현금유출				

c. 각 기간말 수정분개의 목적은 무엇인가?

04 에스콰이어사(社)는 2015년 1월 1일에 영업을 개시했다. 2015년 12월 31일에 이 회사의 회계사는 다음의 금액이 손익계산서에 비용으로 보고되어야 한다고 제시하였다.

보 험 료	22,000원
소모품비용	9,000원
임 대 료	13,000원

이 회사 현금지출을 검토하던 이 회사가 2015년에 다음과 같이 관련 현금지급을 한 것을 알 수 있다.

보 험 료	30,000원
소 모 품	25,000원
임 대 료	7,000원

요구사항

a. 비용으로 밝혀진 금액이 왜 지급한 현금과 같지 않은지 설명하시오.

b. 각 비용계정에 대하여 2015년 12월 31일 현재 관련 재무상태표계정에 있어야 하는 금액을 계산하시오.(힌트: 에스콰이어사가 2015년 1월 1일에 영업을 개시한 점을 주목할 것)

05 보증보험 주식회사는 2015년 9월 30일에 연 14%의 이율로 한 고객에게 300,000원을 대출해 주었다. 원금과 이자는 2016년 9월 30일에 받기로 하였다.

요구사항

보증보험 주식회사 장부에 다음 사항을 기록한 분개를 행하시오.

a. 2015년 9월 30일 대출

b. 2015년 12월 31일 미수이자

c. 2016년 9월 30일 원금과 이자회수

06 (주)이문은 2015년 12월 31일 현재 다음과 같은 수정사항을 파악하였다. 수정분개를 하시오.

(1) 기초 소모품 계정잔액은 25,000원이고, 당기구입분은 40,000원이다. 기말 현재 재고액은 20,000원이 남아 있다.

(2) 기중에 제공한 서비스에 대한 대가 60,000원을 아직 받지 못했다.

(3) 1월 1일, 1년분 보험료 48,000원을 현금으로 선급하고 선급보험료계정에 기입하였다.

(4) 기계장치에 대한 당기 감가상각비를 35,000원으로 추정하였다.

(5) 8월 1일 은행에서 만기 1년 이자율 연 12%로 100,000원을 차입하였다. 이자는 원금상환시 지급하기로 하였다.

(6) 당기의 법인세는 60,000원으로 추정된다.

07 다음은 (주)창천의 제 10 기 수정전 총계정원장의 각 계정잔액이다. 수정분개를 하시오.

(1) 수정전 총계정원장의 잔액

비품	75,000	보험료	18,000	감가상각누계액	30,000
용역수익	440,000	선수용역수익	48,000	잡비용	20,000
급여	80,000	임차료	30,000	소모품	23,000

(2) 수정사항

① 당기보험료	10,000	② 당기급여	85,000
③ 소모품 기말재고액	15,000	④ 비품 감가상각비	15,000
⑤ 잡비용 미지급액	2,000	⑥ 당기말 선수용역수익	23,000
⑦ 당기임차료	25,000		

08 단명회사는 2년간만 영업했는데, 그 기간 동안 다음 거래를 행했다.

(1차년도)

(1) 창업자는 현금 12,000원을 출자했다.

(2) 연초에 임대료 6,000원을 먼저 지급하고 2년간 창고를 임대했다.

(3) 재고자산 5,000원을 외상매입했다.

(4) 재고자산 절반을 12,000원을 받고 매각, 이 중 10,000원은 현금으로 받고 2,000원은 외상이었다.

(5) 임금 3,000원을 지급하였고 또한 미지급임금 2,000원이 발생하였다.

(2차년도)

(1) 1차년도에 매입한 재고자산에 대해 대금지급하였다.

(2) 미지급 임금잔액을 지급했다.

(3) 잔존 재고자산을 현금 15,000원 받고 매각하였다.

(4) 매출채권을 완불받았다.

(5) 6,000원 임금발생 및 지급하였다.

(6) 창업자에게 현금 잔액을 돌려주고 영업 폐쇄하였다.

요구사항

1차년도와 2차년도에 대해서 손익계산서와 현금흐름표를 작성하시오.

09 매봉사는 1년간 영업했다. 이 회사의 수정전 시산표는 다음과 같다.

수정전 시산표

계 정	차변	대변
현 금	4,200	
매출채권	14,800	
미수임대수익	0	
재고자산	19,000	

선급보험료	1,200	
사무실비품	42,500	
감가상각누계액		0
매입채무		8,500
미지급급여		0
사 채		25,000
보 통 주		35,000
이익잉여금		0
매 출 액		30,600
임대료수익		1,100
매출원가	11,000	
급 여	7,500	
감가상각비	0	
보험료	0	
	100,200	100,200

다음의 수정분개는 2015년 12월 31일에 기록되었다. 분개장 기장설명은 생략되었다.

(1) 미수임대수익	600		(2) 급 여	1,200	
임대료수익		600	미지급급여		1,200
(3) 보험료	400		(4) 감가상각비	2,000	
선급보험료		400	감가상각누계액		2,000

요구사항

a. 정산표를 만들고 수정분개를 정산표에 전기하시오.

b. 정산표를 완성하고 재무상태표와 손익계산서 및 현금흐름표를 작성하시오.

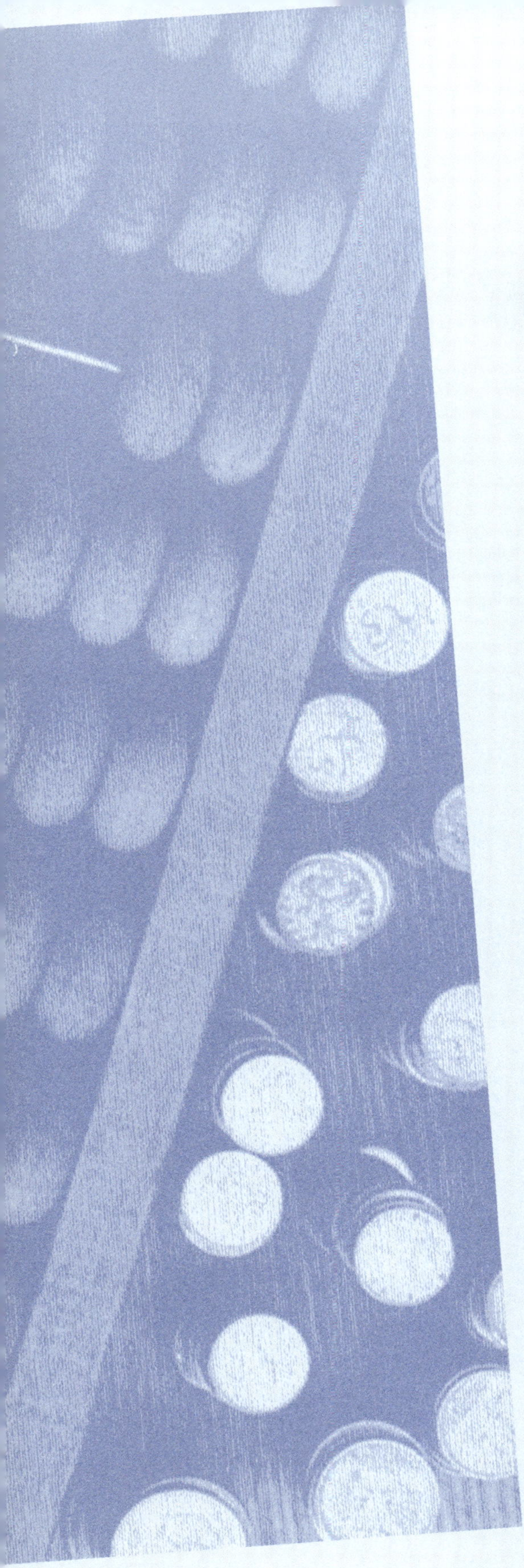

chapter 4

재 무 제 표

학 습 목 표

1. 기업의 세 가지 기본활동에 대해 기술하고, 각 활동이 재무제표에 어떻게 반영되는지를 설명한다.
2. 손익계산서, 자본변동표, 재무상태표 및 현금흐름표의 기본형식과 내부구성을 설명한다.
3. 재무제표가 사용되는 보편적인 방법과, 보고되는 금액에 영향을 주기 위해 경영자가 사용하는 전략들을 알아본다.

이 장에서는 네 개의 재무제표인 손익계산서, 자본변동표, 재무상태표, 및 현금흐름표가 포함하고 있는 정보와, 이들 네 개 재무제표 간의 관계에 대해 공부하고자 한다. 이 장은 각 재무제표의 특성에 대해 기술하고, 각각이 포함하고 있는 정보가 서로 어떻게 연결되는지 설명하며, 또한 그 정보가 어떻게 사용되는지에 대해 보여 줄 것이다.

이 장을 공부하면서 다음과 같은 질문을 스스로 던져보면 좋을 것이다. 기업의 유동성과 이익창출능력을 평가해 보려면 재무제표상의 어떤 정보를 사용하면 될 것인가? 경영자들의 의사결정을 통제하고 감시하기 위하여 투자자와 채권자들은 재무제표상의 수치들을 어떻게 이용할 수 있는가? 기업의 유동성과 이익창출능력을 매력적으로 보이도록 하기 위해 재무제표의 작성과정에 어떤 영향을 경영자들이 미칠 수 있는가? 재무제표는 어떻게 감사되며, 왜 어떤 정보는 다른 정보보다 감사하기 어려운가? 이러한 질문들이 기업환경하에서 갖는 중요성에 대해 점차 알게 될 것이기 때문에 독자들은 이런 질문들이 재무제표에 관해 갖는 경제적인 의미에 대해 고려해 보아야 할 것이다.

제1절 기업과 과일나무

IFRS ACCOUNTING PRINCIPLES

본 절에서는 기업이 어떻게 운영되는가를 논의하고자 한다. **그림 4-1**에 묘사되었듯이 기업은 과일나무와 비슷한 점이 많다.

1. 과일나무

그림에서 볼 수 있듯이 과일나무는 뿌리, 기둥줄기와 가지들, 열매의 세 부분으로 이루어져 있다. 뿌리는 가지에 열매가 맺힐 수 있도록 줄기와 가지에 필요한 영양소를 공급한다. 강력한 뿌리시스템은 달콤하고 맛있는 열매를 맺도록 하는 튼튼한 줄기와 가지를 위해 필요한 영양분을 공급한다. 뿌리와 줄기의 기본적인 역할은 과일나무의 소유주가 소비하거나 판매할 열매를 생산해 내고 지원하는 데 있음을 주목해야 한다. 열매의 판매로부터 얻어지는 수익은 나무에 재투자되는데 이는 줄기와 가지를 돌봐줄 인부를 고용하고, 뿌리를 강화하는 데 필요한 비료를 구입하는 데 사용된다.

2. 기 업

기업의 운영도 비슷한 방식으로 진행된다. 사업을 시작하려면 기업가는 주식이나 채권의 발행을 통해 자금을 조달해야 한다. 지분참여자는 현금을 제공하고 그 대가로 주식을 교부받는다. 채권자는 약정된 이자와 원금상환을 조건으로 현금을 빌려준다. 이제 주주나 채권자의 현금제공이 나무의 뿌리시스템과 같이 사업을 영위하는 데 필요한 영양소를 공급하는 기능을 한다는 것을 알 수 있을 것이다.

일단 자금(현금)이 모아지면, 이것은 재화와 서비스를 만들어내는 데 사용되는 건물, 기계장치, 운반용구와 같은 생산적인 자산에 투자된다. 즉, 이런 자산들은 최종 제품을 생산해낸다는 점에서 과일나무의 줄기와 가지에 해당된다고 볼 수 있다.

기업의 최종 생산물은 고객에게 판매될 재화 또는 서비스이다. 판매를 통해 얻어진 이익은 ① 생산성 자산에 재투자, ② 이자나 원금을 갚기 위해 채권자에게 지급, ③ 배당의 형태로 소유주에게 지급되는 등의 세 가지 방식으로 사용된다. 이는 마치 과일나무에 열린 열매가 팔려 생긴 수익이 ① 줄기와 가지에 재투자되고, ② 뿌리를 강화하는 데 사용되며, ③ 주인에 의해 소비되는 것과 비슷하다.

그림 4-1 기업과 과일나무

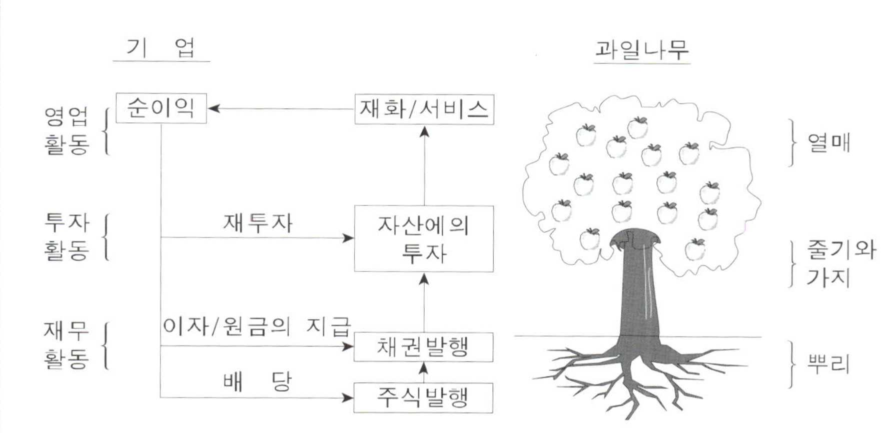

3. 세 가지의 기업활동

기업과 과일나무와의 비교는 기업운영에 있어 기본이 되는 세 가지 활동 즉 ① 재무활동, ② 투자활동 및 ③ 영업활동을 잘 나타내 보여준다. 재무활동이란 주식이나 사채의 발행을 통한 자금의 조달행위와 이자/원금의 상환 또는 배당의 지급과 같은 행위를 말한다. 이 활동은 기업의 "뿌리"에 해당된다. 투자활동은 재화나 서비스를 산출해내는 데 사용될 생산성 자산을 구입하거나 처분하는 활동을 일컫는다. 이 활동은 기업의 "줄기나 가지들"에 해당된다. 영업활동은 재화나 서비스의 판매를 말하고, 이는 기업의 "열매"라고 간주될 수 있다. 이 활동에서 얻어지는 추가적인 자본(소위 벌어들인 자본)이 자본재를 구입하는 데 재투자되고, 원리금을 상환하는 데 이용되며, 소유주들에게 배당을 지급하는 원천으로 사용된다.

본 장의 나머지 부분에서는 재무제표에 대한 설명과 해석에 대해 다루고자 한다. 재무제표란 기업의 여러 다른 측면들을 평가하기 위해 설계되었음을 기억하자. 재무상태표는 일정 시점에서의 기업의 자산과 자금조달원천에 관한 정보를 제공한다. 손익계산서는 재화나 서비스를 판매하는 영업활동의 결과를 보여준다. 과일나무로 치면 "과일"에 해당되는 것이다. 자본변동표는 영업활동을 통한 이익의 증가와, 이를 바탕으로 한 배당의 지급을 통하여 총자본이 얼마나 증가했는가를 보여준다. 현금흐름표는 영업, 투자 및 재무활동에 관련된 현금의 증가(감소)를 보여준다.

제2절 재무상태표

IFRS ACCOUNTING PRINCIPLES

네 개의 재무제표 중 우선 재무상태표에 대해서 심도있게 다뤄보자. 손익계산서, 자본변동표, 현금흐름표들보다 재무상태표를 먼저 다루는 이유는 이들 세 개의 재무제표는 재무상태표상의 특정항목(또는 항목들)에 대한 상세한 설명에 해당되기 때문이다. 더구나 역사적으로도 재무상태표가 가장 먼저 관심의 대상이 되었던 재무제표이다. 초기의 투자자들은 주로 회사의 자산과 부채에 관련된 회사의 재무상태에 관심이 있었고, 한참이 지난 후에야 손익계산서로 나타나는 자산과 부채의 변동 즉 "흐름"의 개념이 중요하다는 것을 인식하게 되었다.

표 4-1은 2014년 12월 31일 현재 설악회사의 재무상태표이다. 왼쪽에는 자산을, 오른쪽에는 부채, 자본을 보고하는 방식의 재무상태표를 계정식 재무상태표라고 부르며 대부분의 기업이 계정식을 채택하고 있다. 반면에 위로부터 아래로 자산, 부채, 자본순서로 보고하는 방식은 보고식 재무상태표라고 부른다.

1. 재무상황의 반영

재무상태표는 일정 시점에서의 기업에 대한 투시도와 같은 보고서이다. 표제에 그 시점(2014년 12월 31일)이 명시되어 있다. 재무상태표는 이 날짜에 있어서 설악회사의 재무상태를 보여주는 것이다. 이 투시도를 보면 2014년 12월 31일 현재 설악회사가 ₩220의 현금, ₩18,615의 총자산, ₩9,550의 자본금, ₩1,385의 이익잉여금, ₩18,615의 부채와 자본합계를 가지고 있음을 알 수 있다.

표 4-1 설악회사의 계정식 재무상태표

설악회사
재무상태표
(2014년 12월 31일 현재)

자 산					부채와 자본		
유동자산					유동부채		
현금			₩ 220		매입채무	₩ 250	
단기매매금융상품			150		미지급급여	25	
매출채권		₩ 350			미지급이자	155	
대손충당금		(5)	345		단기차입금	75	
재고자산			600		유동성 장기부채	60	
선급비용			100		선수수익	75	
총유동자산				₩ 1,415	기타 유동부채	100	
비유동자산					총유동부채		₩ 740
(1) 투자자산					비유동부채		
장기대여금		₩ 1,000			장기차입금	₩ 1,500	
투자부동산		500			회사채	3,500	
매도가능금융상품		2,500			장기성 매입채무	1,940	
투자자산 합계			₩ 4,000		총비유동부채		6,940
(2) 유형자산					총부채		₩ 7,680
토지		₩ 6,000			자본		
건물	₩ 4,000				보통주자본금	₩ 9,550	
감가상각누계액	(1,100)	2,900			이익잉여금	1,385	
기계장치	3,500				총자본금		10,935
감가상각누계액	(900)	2,600			부채와 자본총계		₩ 18,615
유형자산 합계			₩ 11,500				
(3) 무형자산							
영업권		₩ 800					
산업재산권		200					
개발비		700					
무형자산 합계			1,700				
총비유동자산				17,200			
자산총계				₩ 18,615			

설악회사의 재무상태표는 2014년 12월 31일 현재의 자산과, 그 자산이

어떤 원천에 의해 구성되었는지를 보여준다. 즉 이 회사의 총자산 ₩18,615은 세 가지의 원천에서 왔음을 알 수 있다. ₩7,680(41%)은 여러 종류의 차입(총부채)으로부터 왔고 따라서 미래에 상환되어야 한다. ₩9,550(51%)은 미래의 투자수익을 기대하는 주주들의 투자(보통주 자본금)로부터 왔다. ₩1,385(8%)은 회사의 영업성과로부터 얻어진 이익금액 중에서 배당의 형태로 주주들에게 지급되지 않은 부분(이익잉여금)으로부터 온 것이다.

2. 재무상태표의 구분

자산은 크게 유동자산(₩1,415)과 비유동자산(₩17,200)으로 나누어지고, 비유동자산은 다시 투자자산(₩4,000), 유형자산(₩11,500), 무형자산(₩1,700)으로 세분된다. 이 범주들과 각 범주 내에서의 열거순서는 현금화하는 데 있어서의 난이도를 나타내는 유동성에 따라 결정된다. 재무상태표상의 윗부분에 열거된 자산들(즉 유동자산)은 밑부분에 열거된 자산들보다 훨씬 단기간 내에 현금화될 수 있는 자산들이다. 즉, 보다 유동성이 높다는 뜻이다. 유동자산 내의 자산들도 유동성 순서에 따라 열거된다. 가장 유동성이 높은 현금이 제일 먼저 열거된 이유가 바로 이것이다.

부채도 유동부채(₩740)와 비유동부채(₩6,940)로 나누어진다. 이 분류 및 나열순서 역시 유동성배열법을 따른 것이다. 부채 중에 가장 위에 위치한 부채(즉 유동부채)는 밑부분에 위치한 부채들보다 훨씬 단기간 내에 지불되어야 할 부채들이다. 유동성 순서에 따른 배열법이 기업회계기준에서 요구하는 재무상태표의 형식이그로 이에 익숙해지도록 독자들도 노력해야 할 것이다.

3. 자　　산

이제부터는 재무상태표의 개별항목들에 대해 살펴보고자 한다. 우선 자산에 속하는 항목들 즉 유동자산, 비유동자산(투자자산, 유형자산, 무형자산)

에 대해 알아보자.

(1) 유동자산

유동자산은 비교적 짧은 기간 안에 현금화할 수 있는 자산을 말하는데, 기업회계기준에서는 1년을 기준으로 유동자산과 비유동자산을 구분한다. 이들을 유동자산이라고 따로 묶어 구분하는 이유는 이들의 유동성이 매우 높기 때문이다. 기업이 보유하고 있는 유동성이 높은 항목들의 합계는 부채의 만기일이 도래했을 때 기업이 이를 지불할 수 있는 능력을 나타내 준다. 결국 유동자산은 재무제표 이용자들이 기업의 유동성을 평가함에 있어서 자주 검토해 보는 부분 중의 하나이다. 유동자산 속에는 현금 및 현금등가물, 단기금융상품, 단기매매금융상품, 매출채권, 재고자산 및 선급비용 등이 포함되며 총자산 중에서 차지하는 비중도 상당하다.

① **현금 및 현금등가물** 현금은 재무상태표일 현재 기업이 지급수단으로서 즉시 사용할 수 있는 통화를 말하며, 만기가 3개월 이내인 CP나 예금증서 같은 금융상품도 현금등가물로 분류되어 현금과 같이 보고된다. 여기에는 회사가 보유하고 있는 현금이나, 예금상태로 은행에 예입되어 있는 금액도 포함된다. 그러나 사용목적이 제한되어 있거나 또는 일상적인 기업의 영업활동과정에서 지급수단으로 사용할 수 없는 특정현금과 예금(restricted cash)은 현금으로 분류되지 않는다.

② **단기금융상품** 단기적인 자금운용목적으로 보유하고 있는 3개월 이상 1년 이내에 만기가 도래하는 금융상품으로 정기예금, 정기적금, 사용이 제한된 예금 등을 일컫는다.

③ **단기매매금융상품** 단기매매금융상품에는 타사발행의 주식이나 사채 또는 이와 유사한 증권들이 포함된다. 이들 증권들은 필요시에는 시장에 매각하여 즉시 현금화시킬 수 있는 것들이고 1년 이내에 처분할 목적으로 보유하고 있는 유가증권이다. 기업이 단기매매금융상품을 보유하는 이유는 일시적으로 자금의 여유가 있을 때 이를 놀리기보다는 유가증권을 매입하여 단기수익을 얻고자 하기 때문이다. 많은 기업들이 단기매매금융자산에 투자하지만 은행이나 보험회사 같

은 금융기관에게는 아주 중요한 계정 중의 하나가 이 계정이다.

④ **매출채권** 매출채권은 기업이 고객들로부터 수취하리라고 예상하는 금액을 말한다. 이런 권리는 기업이 재화나 서비스를 고객들에게 외상으로 제공함으로써 발생한다. 재무상태표상에 보고되는 매출채권 금액은 고객들이 빚지고 있는 총 매출채권 금액에서 받지 못할 것으로 예상되는 금액, 즉 대손충당금을 차감한 순액으로 나타난다. 신용카드가 많이 사용되는 백화점 같은 업종에 특히 큰 금액으로 나타난다.

⑤ **재고자산** 재고란 기업이 고객들에게 판매할 목적으로 보유하고 있는 항목들을 일컫는다. 종종 상품재고라고 불린다. 재고로 보고되는 금액은 상당히 중요한 의미를 갖는데 그 이유는 기업의 성패가 이 금액을 팔아 현금화할 수 있느냐의 여부에 달려있기 때문이다. 소매업체나 제조업체는 금융기관이나 서비스업체에 비해 매우 큰 재고자산을 보유하는 것이 일반적이다. 상품재고는 보통 1년 이내의 기간에 소비자에게 판매되기 때문에 유동자산으로 분류된다. 재고자산은 기업 전체의 자산에서 차지하는 비중이 크기 때문에 그 평가와 관리가 재무제표에, 특히 당기순이익에 미치는 영향이 크다는 것을 유념하여야 한다.

⑥ **선급비용** 선급비용은 그 이름이 의미하는 바대로 해당 용역이나 권리를 실제로 사용하기 전에 기업이 지불한 비용을 말한다. 보험료의 예를 들어보면 대개 보험대상기간이 시작되기 전에 보험료가 미리 지불되는 것이 보통이다. 임차료도 그렇다. 이렇게 선급비용은 기업이 미래에 얻을 수 있는 혜택에 대한 대가를 미리 지불한 것을 의미하므로 자산으로 간주된다. 선급비용은 그것을 획득하는 데 지불된 금액으로 기록되나, 대개의 경우 선급비용이 자산에서 차지하는 비중은 미미하다.

(2) 비유동자산

비유동자산은 크게 투자자산, 유형자산 및 무형자산으로 분류된다. 이들 자산은 1년 이상의 기간 동안에 기업에 혜택을 주는 자산이기 때문에 비유동자산으로 분류된다.

① **투자자산** 투자자산은 특정기업이 타기업을 지배 혹은 통제하거나 장기적인 투자이윤을 얻을 목적으로 보유하는 자산을 지칭한다. 투자자산의 예로는 장기성 받을어음, 투자부동산, 만기보유증권, 투자주식, 보증금 등이 있다.

장기성 받을어음은 약속어음의 형태를 가진다. 어음에는 만기일, 만기일에 받을 금액인 액면가액, 만기일이 도래할 때까지 일정기간마다 지급될 이자율 등이 표시되어 있다. 만기일까지 남은 기간이 1년 이상 되기 때문에 재무상태표상의 투자자산에 포함되는 것이다. 장기성 받을어음의 만기일이 1년 이내로 남게 되면 유동자산으로 재분류되어야 한다.

만기보유금융자산도 투자자산의 일부분이 된다. 만기시까지 처분할 의사가 없이 장기간 보유할 목적으로 타회사의 회사채를 구입하여 보유하고 있는 경우이다. 투자주식은 기업이 타기업을 지배 혹은 통제하고 투자대상기업의 경영에 장기적인 영향을 미치고자 할 때 구입하는 투자자산이다. 장기적인 투자이윤을 획득할 목적으로 보유하는 투자자산으로는 장기성 예금, 투자부동산 등이 있다.

② **유형자산** 재무상태표상의 유형자산은 기업이 본업을 영위하기 위하여 취득한 자산을 말한다. 많은 기업들, 특히 제조기업들의 경우에는 이 항목이 재무상태표상의 가장 큰 자산 부분이다. 토지는 기업이 공장의 운영이나 본사의 건축을 위해서 쓰고 있는 땅을 말한다. 토지와 투자자산 속의 투자부동산을 혼동하지 말아야 하는데 토지는 회사의 운영을 위해서 쓰이는 부분이고 투자부동산은 투자목적으로 보유하고 있는 부분이다.

건물과 기계장치는 기업이 운영을 위해 보유하고 있는 물리적인 구조물을 말한다. 건물은 공장, 사무실, 창고 등을 이루고 있는 건축물의 가치를 나타내고, 기계장치는 기계, 운반구, 장비 등을 나타낸다. 재무상태표상에 이들을 나타내는 금액은 이 자산들이 구입되었을 때의 구입가격과, 여기서 이들 자산이 운영에 사용되면서 그 유용성과 가치가 감소되었을 것으로 여겨지는 부분만큼이 차감되어 표시된다. 구입시점에서 현재까지 가치가 감소된 부분을 '감가상각누계액'이라고 부른다. 구입가격에서 감가상각누계액을 뺀 금액을 자산의 순장부가액이라고 한다.

③ **무형자산** 무형자산은 이름이 시사하는 바대로 물리적 실체를 가지고 있지 않은 자산을 말한다. 대개의 경우 무형자산은 명성있는 이름, 항목, 정보들을 판매하거나 사용할 수 있는 법적 권리를 나타낸다. 영업권, 산업재산권, 광업권, 어업권, 개발비 등이 우리 기업회계기준에서 인정하는 무형자산의 예들이다. 대부분의 무형자산은 특정기업이 소유함으로써 독점적 이용권리를 누리거나 타기업보다 초과수익을 얻을 수 있는 법률적 또는 경제적 권리를 화폐액으로 표시한 것이다.

기업의 재무상태표에서 가장 흔히 발견되는 대표적인 무형자산이 영업권인데, 이는 타기업을 구입하는 과정에서 총자산에서 부채를 차감한 그 기업의 순자산의 가치보다 추가로 더 지불한 부분을 나타낸다. 즉, 자회사를 구입하면서 자회사가 가지고 있는 순자산의 시장가치보다 높은 가격을 지불했을 경우 모회사의 입장에서 자회사의 영업권을 인정했다고 볼 수 있는 것이다.

유형자산에서처럼 무형자산도 재무상태표상에 순장부가액으로 나타내어진다. 다만 유형자산에서는 별개의 감가상각누계액 계정이 존재하였으나, 무형자산에서는 단순히 상각(amortization)이라는 용어를 사용하며 별개의 계정이 사용되기보다는 상각되는 금액이 해당 무형자산계정의 대변에 직접 기록되어 그 가치를 차감시킨다.

4. 부 채

부채는 크게 유동부채와 비유동부채로 나누어진다. 재무상태표의 부채로 표시되는 금액은 기업의 미래 현금지불의무가 언제 도래하는지에 관심이 많은 이해관계자에게 매우 중요한 자료이다. 총 자산 중에서 부채가 차지하는 비중은 기업에 따라 또한 산업에 따라 큰 차이를 보인다.

(1) 유동부채

유동부채는 재무상태표상의 유동자산을 사용하여 1년 이내에 갚아야 하는 지급의무를 말한다. 유동부채에는 매입채무, 미지급급여, 미지급이자, 단기차입금, 미지급법인세, 선수수익 및 장기부채 중 만기가 1년 이내로 도래한 부분 등이 포함된다.

매입채무는 기업이 상품을 외상으로 매입한 경우에 발생하는 채무이다. 미지급비용은 재무상태표일 현재 비용이 발생하였으나 아직 지불하지 못한 부채로서 미지급급여, 미지급임차료, 미지급이자, 미지급법인세 등이 이에 속한다. 단기차입금은 주로 은행 및 금융기관 같은 채권자들에게 빚지고 있는 금액을 말한다. 유동성 장기부채란 장기부채 중 만기가 1년 이내로 도래한 부분을 나타낸다. 분할식으로 상환되는 장기부채에서 자주 발생하는 유동부채이다. 선수수익이란 대금(현금)은 이미 받았으나 아직 재화나 서비스를 제공하지 않은 부채를 말한다.

재무제표 이용자들은 기업의 유동성을 평가함에 있어 유동부채를 관심있게 들여다보게 되는데 이는 유동부채가 가까운 장래에 현금유출을 필요로 하기 때문이다.

(2) 비유동부채

비유동부채는 만기가 1년 이후에 도래하는 지급의무를 말한다. 비유동부채는 대개 원금, 정기적 이자지급액, 만기일 등을 포함하는 계약의 형태로 이루어진다. 이런 계약의 형태는 다양하다. 장기차입금, 회사채, 장기성 매입채무 등이 자주 볼 수 있는 비유동부채들이다.

장기차입금은 재무상태표일 현재 만기가 1년 이후에 도래하는 금융기관으로부터 차입한 부채이다. 회사채는 많은 수의 채권투자자들에게 증권을 발행하고 이자를 지불하며, 만기시에 원금을 상환한다는 약속하에 현금을 조달하는 방식이다. 기업들이 대규모 자금을 조달하기 위해서 가장 일반적으로 사용하는 방법 중의 하나이다.

5. 자본(주주지분)

재무상태표상의 자본(주주지분)은 주로 납입자본금과 이익잉여금의 두 부분으로 나누어진다. **표 4-1**에서 볼 수 있는 총자본(₩10,935)은 총자산(₩18,615)에서 총부채(₩7,680)를 뺀 금액으로, 이 금액을 기업의 순자산 또는 순장부가치라고 부른다.

(1) 납입자본금

납입자본금이란 기업의 자산을 구성하는 부분 중에서 기업의 소유주가 출자한 부분을 말한다. 이와 같은 출자는 기업이 발행하는 주식을 매입하는 방식으로 이루어지는데, 주식매입은 현금으로 할 수도 있고 현물이나 서비스를 제공함으로써도 가능하다. 어떤 형태가 되었든 간에 투자자의 출자는 기업의 소유지분(즉 주식)과 교환된다. 이 소유지분은 기업의 경영에 자신의 목소리를 낼 수 있는 권한(예를 들면 이사의 선임)을 가질 뿐만 아니라 이익이 분배되는 경우에 이를 받을 수 있는 권한(배당의 형태로)도 갖는다. 대개의 경우 이 소유지분은 주식시장을 통해 자유롭게 팔고 살 수 있는데, 이와 같은 거래는 주주 간의 거래이므로 재무상태표에 영향을 미치지는 않는다. 주식발행은 회사채발행과 더불어 기업이 필요한 자본을 조달하는 가장 보편적인 방법이다.

(2) 이익잉여금

이익잉여금이란 기업의 영업활동을 통해 얻어진 이익 중에서 배당의 형태로 주주들에게 지급되지 않은 채 남아있는 자산의 부분을 말한다. 이익잉여금을 한편으로 유보이익이라고도 하는데 이는 이익의 발생분 중 배당금을 차감한 후 기업이 내부에 유보시키고 있는 금액이라는 의미를 함축하고 있다. 회계학을 공부하는 학생들 중 이익잉여금을 기업 한편에 쌓아 놓은 현금쯤으로 여기려는 학생들에게는 이해하기 어려운 것이 바로 이 항목이다. **표 4-1**에 나타난 설악회사의 이익잉여금 ₩1,385은 기업의 재무담당자 수중에 또는 은행에 현금의 형태로 존재하는 것이 아니다. 이 금액은 어떤 자산과도 직접 관련되어 있지 않다. 다만 그동안 기업이 수익성 있는 사업을 영위함으로써 얻어진 자산의 증가분을 보여주는 것에 불과하다. **표 4-1**의 재무상태표로부터 알 수 있는 사실은 총 ₩18,615만큼의 자산 중 ₩1,385의 자산이 기업의 수익성 있는 영업활동을 통해 창출되었다는 점이다.

제3절 손익계산서

IFRS ACCOUNTING PRINCIPLES

손익계산서는 특정 기간 동안 기업의 영업성과를 보여주는 재무제표의 하나이다. **표 4-2**는 2014년 12월 31일로 끝나는 회계연도 동안 설악회사의 영업성과를 나타내는 손익계산서이다. 이 손익계산서를 보면 2014년 한 해 동안 설악회사가 ₩4,000의 매출을 달성하여 결국 ₩1,085의 순이익을 냈음을 보여주고 있다. 순이익은 기업의 영업성과를 측정하는 가장 보편적이고 유용한 항목이다. 실제로 많은 이해관계자들이 순이익을 재무제표 내에서 가장 중요한 숫자로 인식하고 있다.

1. 매출액

매출액은 가장 보편적인 수익항목이다. 앞에서 회계등식을 설명할 때 자본에 양(+)의 영향을 주는 항목으로서 자본의 부분 개념으로서 수익을 얘기했는데, 이를 손익계산서에 나타낼 때 대표적으로 맨 위에 표현되는 용어가 매출액이다. 해당 기간 동안에 과일가게가 여러 종류의 과일을 팔아 고객들로부터 받은 현금(또는 받기로 약속받은 금액)이라던가, 자동차 제조회사가 자동차를 고객에게 인도하고(팔고) 받은(또는 받을) 금액을 말한다.

2. 매출원가

매출원가란 매출액을 달성하기 위해 사용된 제품이나 서비스를 조달 또는 창출해내는 데 든 비용을 뜻한다. 과일가게의 경우, 사과, 배, 감, 포도, 딸기 등을 청과물 도매시장에서 구입해 올 때 지불한 값을 의미하며, 자동차 회사의 경우에는 자동차를 생산하는 데 든 비용을 의미한다. 매출액에서 무엇보다도 매출원가를 가장 먼저 빼는 이유는, 물건이나 서비스를 판 금액이 최소한 원가는 회수하는지가 가장 궁금하고 중요하기 때문이다. 소위 수익

표 4-2 설악회사의 손익계산서

설악회사
손익계산서
(2014. 1. 1~2014. 12. 31)

매출액		₩ 4,000
(−)매출원가		1,500
매출총이익		2,500
(−)판매비 및 일반관리비		
급료	₩ 1,000	
감가상각비	500	
임차료	295	
광고료	300	
소모품비	300	2,395
영업이익		105
(+)영업외 수익		
이자수익	1,380	
배당금수익	1,000	2,380
(−)영업외 비용		
이자비용	600	
기계장치 처분손실	300	900
법인세 차감전 경상이익		1,585
(−)법인세 비용		500
당기순이익		₩ 1,085

을 추구하기 위한 기업활동을 하면서 원가에도 못 미치는 가격을 받고 있지는 않은가를 우선 확인해 볼 필요가 있기 때문이다. 매출액 대비 매출원가가 작으면 작을수록 그 회사의 제품이나 서비스는 경쟁력이 있음을 쉽게 판단할 수 있다.

3. 매출총이익

매출액에서 매출원가를 뺀 금액을 말한다. 이 값은 제품이나 서비스의 판매가격과 그 원가 간의 관계를 나타내기 때문에 손익계산서를 활용하는 이해관계자들에게 매우 중요한 정보를 제공한다. 즉 매출액에서 원가가 차지하는 비중을 알게 해주며, 결국 그것이 순이익에 어떤 영향을 미치는가를 가늠할 수 있게 해준다. 매출총이익을 매출액으로 나눈 값을 매출총이익률이라고 부르는데 이는 기업의 경영분석의 한 중요한 지표로 사용된다.

4. 판매비 및 일반관리비

판매비 및 일반관리비는 제품이나 서비스의 판매활동과 기업의 경영관리활동에 의해 발생하는 비용으로서 매출원가에 속하지 않는 모든 영업활동 내의 비용들을 말한다. 앞의 설악회사 손익계산서에서도 볼 수 있듯이 판매사원이나 관리사원들의 급료, 감가상각비, 건물임차료, 광고료, 소모품비, 통신비 등이 이에 속한다.

5. 영업이익

매출총이익에서 판매비 및 일반관리비의 합을 뺀 나머지 금액을 영업이익이라고 부른다. 특별히 이 금액에 영업이익이라는 이름이 붙여진 것은 여기까지가 해당 기업의 주된 영업활동을 대상으로 하여 (즉 주된 영업활동이 아닌 활동들은 제외하고) 계산해 본 이익이라는 의미가 있기 때문이다. 이 수치가 특히 중요한 것은 기업의 가장 중요한 활동이 영업활동이고, 그 활동의 결과로 얻어진 이익금액이기 때문이다. 따라서 그 지속성과 예측가능성 측면에서 손익계산서의 이용자에게 뜻있는 숫자이다. 나중에 더 자세히 설명하겠지만, 이 값을 해당 기업의 총자산으로 나눈 '총자산 영업이익률'은 그 기업의 자산활용에 대한 효율성 지표로 중요하게 활용되는 비율이다.

6. 영업외 수익과 영업외 비용

영업외 수익과 비용은 기업의 주된 영업활동 이외의 활동으로부터 발생하는 수익이나 비용으로서 이자수익이나 비용, 유형자산처분 이익이나 손실, 배당금 수익 등이 이에 속한다.

제4절 자본변동표

IFRS ACCOUNTING PRINCIPLES

표 4-3의 설악회사 자본변동표는 해당 기간 동안 재무상태표상 자본의 변동에 관한 자세한 내용을 나타내고 있다. 자본은 기업의 주인과의 거래로 인하여 영향을 받거나 영업활동의 결과에 따라 발생하는 이익이나 손실에 의해 변화된다.

회사가 최초로 설립되어 기업의 주인이 최초의 자본금을 기업에 넣으면 이를 우리는 납입자본금이라 부른다. 물론 기업의 설립 이후에도 추가로 자금이 필요하면 자본금을 더 넣기도 하고(이를 증자라고 부른다), 드문 경우지만 넣었던 자본금을 빼가기도 한다(이를 감자라고 부른다). 한편 회사가 영업활동을 시작함에 따라 수익과 비용이 발생하는데, 수익과 비용의 차이인 순이익은 재무상태표상의 자본 중 이익잉여금을 증가시키며, 이 중에서 주인에게 배당금을 지급하면 이익잉여금은 그만큼 감소한다.

표 4-3 설악회사의 자본변동표

설악회사
자본변동표
(2014. 1. 1~2014. 12. 31)

	자본금	이익잉여금	합 계
2014. 1. 1	₩9,550	₩ 500	₩10,050
당기순이익		1,085	1,085
배당금		(200)	(200)
2014. 12. 31	₩9,550	₩1,385	₩10,935

표 4-3을 보면, 2014년 초에 ₩10,050이던 자본금 총액이 1년간 영업활동의 결과로 ₩1,085의 순이익이 발생하였고, 이 중 주인이 ₩200을 배당으로 찾아감으로써 이익잉여금이 ₩885만큼 증가하였다. 그 결과 2014년 말 새로운 자본금 총액은 ₩10,935이 되었음을 알 수 있다.

제5절 현금흐름표

IFRS ACCOUNTING PRINCIPLES

현금흐름표는 일정기간 동안 기업의 현금계정상의 활동을 요약해 주는 표이다. 현금흐름표를 작성한다는 것은 일정기간 동안 기업의 어떤 거래들이 현금계정의 증가를 가져왔고 또 어떤 거래들이 현금계정의 감소를 가져왔는지를 짚어보는 작업이다. 현금흐름표는 이런 거래들을 요약해 주며, 작성되는 과정에서 기초의 현금잔액이 어떻게 기말의 현금잔액으로 귀결되었는가를 설명해 준다. **표 4-4**는 설악회사의 2014년 회계연도 현금흐름표이다.

현금흐름표는 크게 ① 영업활동, ② 투자활동, ③ 재무활동으로 인한 현금흐름의 세 부분으로 나누어진다. 이 세 부분 내에서의 거래들이 각 부분의 현금의 증감을 가져오고, 각 부분의 결과가 합쳐져서 해당 기간 동안 기업의 현금잔액의 증감을 나타낸다. 설악회사의 현금흐름표를 보면 영업활동은 ₩1,470의 현금증가를, 투자활동은 ₩4,100의 현금감소를, 재무활동은 ₩2,750의 현금증가를 초래했다. 결국 세 활동의 결과를 종합하면 ₩120(1,470－4,100＋2,750)의 순현금 증가가 발생했는데, 이것이 바로 2014년 동안 현금의 증가액인 것이다.

현금흐름표는 투자자와 채권자, 특히 해당 기업의 유동성을 평가하고자 하는 이해관계자들에게 중요한 정보를 제공한다. 어떤 투자자는 순이익보다 현금흐름에 관한 정보가 더 중요하다고 생각하기도 한다.

1. 영업활동으로 인한 현금흐름

영업활동으로 인한 현금흐름은 기업이 상품이나 서비스를 획득하고 판매하는 데 관계되는 현금의 유출입에 관한 사항들을 포함한다. 여기에 포함되는 항목들은 손익계산서에서 볼 수 있는 항목들과 매우 유사한데 이는

표 4-4 설악회사의 현금흐름표

설악회사
현금흐름표
(2014. 1. 1~2014. 12. 31)

영업활동으로 인한 현금흐름			
매출로부터의 현금유입	₩ 4,800		
임대료로부터의 현금유입	800		
이자수익으로부터의 현금유입	10		
영업활동으로 인한 현금유입		₩ 5,610	
매입으로 인한 현금유출	₩(1,800)		
종업원에 대한 현금유출	(1,050)		
임차료 지급을 위한 현금유출	(290)		
판매활동으로 인한 현금유출	(300)		
이자와 세금으로 인한 현금유출	(700)		
영업활동을 위한 현금유출		(4,140)	
영업활동으로부터의 순현금의 증가			₩ 1,470
투자활동으로 인한 현금흐름			
매도가능증권의 구입	₩ (100)		
토지의 구입	(4,500)		
매도가능증권의 처분	500		
투자활동으로부터의 순현금의 감소			(4,100)
재무활동으로 인한 현금흐름			
주식의 발행	₩ 3,000		
단기차입금의 상환	(100)		
장기차입금의 상환	(50)		
현금배당의 지급	(100)		
재무활동으로부터의 순현금의 증가			2,750
현금의 증가			₩ 120
기초 현금잔액(2013년 12월 31일)			100
기말 현금잔액(2014년 12월 31일)			₩ 220

둘 다 영업과 관련된 현금흐름을 측정하기 때문이다. 그렇다고 현금흐름표상의 영업활동으로 인한 현금흐름이 모두 손익계산서의 항목들과 일치하는 것은 아니다. 현금흐름표는 오직 현금의 유출입만을 기록하는 반면에 손익계산서는 자산과 부채의 유출입을 반영하는 비용과 수익들로 구성되어 있다. 현금은 많은 자산 중 하나에 불과하기 때문에 대상 범위가 서로 다름을 알 수 있다. 예를 들어 외상으로 서비스를 제공한 경우를 보자. 이 거래는 현금유입을 수반하지 않으므로 현금흐름표에는 전혀 영향을 미치지 않는다. 그러나 손익계산서상에는 매출채권이라는 자산이 창출되었으므로 수익으로 기록된다. 즉 현금흐름표상의 영업활동으로 인한 현금흐름은 손익계산서상의 순이익과 일치하지 않는다. 설악회사의 경우를 보더라도 **표 4-4**의 영업활등으로부터 순현금의 증가는 ₩1,470인데 반하여 **표 4-2**의 순이익은 ₩1,C85이다.

2. 투자활동으로 인한 현금흐름

투자활동으로 인한 현금흐름은 기업이 비유동자산을 구입하거나 매각하는데 따라 나타나는 현금의 유출입에 관한 사항들을 보여준다. 기업의 투자자산, 토지, 공장건물, 장비 등을 사고 팔 때 발생하는 현금의 유출입이 흔한 예들이다. **표 4-4**를 보면 설악회사는 투자유가증권을 구입하는 데와 토지를 구입하는 데 각각 ₩100과 ₩4,500의 현금을 사용하였음을 알 수 있다. 또한 투자유가증권을 처분함으로써 ₩500의 현금이 들어온 것도 알 수 있다. 결국 투자활동 전반이 설악회사의 현금을 ₩4,100만큼 감소시키는 결과를 가져왔다.

3. 재무활동으로 인한 현금흐름

재무활동으로 인한 현금흐름은 부채와 자본이라는 기업의 두 가지 외부자금조달원천과 관계되는 현금의 유출입을 나타낸다. 장단기 부채들로 인한 현금의 유입이나 지출들이 이 부분에 보고된다. **표 4-4**에서 볼 수 있듯이, 2001년 동안 새로운 차입은 없었고 단기차입금의 상환에 ₩100, 장기차입금의 상환에 ₩50의 현금이 사용되었다. 주식발행을 통한 주주로부터의 자본조달과 주주들에게 지급되는 현금배당도 여기에서 보고된다. 설악회사는 주식발행으로 ₩3,000을 조달하였고, 배당으로 ₩100을 지급하였다.

제6절 재무제표들간의 관계

IFRS ACCOUNTING PRINCIPLES

앞에서 네 개의 재무제표에 대해 알아보았으므로 이제는 이들 재무제표 간의 관계에 대해 논의해 보자. **그림 4-2**는 네 개의 재무제표에 대한 개략적 내용과 이들이 상호간에 어떻게 관련되어 있는가를 보여주고 있다.

우선 각 재무제표에 번호가 붙여졌는데, 재무상태표는 (1)번, 손익계산서는 (2)번, 자본변동표는 (3)번, 현금흐름표는 (4)번이다. 또한 기말에 작성된 또 하나의 재무상태표가 그림의 오른쪽에 자리잡고 있다. 이 재무상태표의 금액들은 왼쪽에 있는 재무상태표의 금액들과 다른 것을 알 수 있다. 이 두 재무상태표상의 금액들이 한 해 동안 어떻게 변했는지를 알기 위해서는 다른 세 개의 재무제표, 즉 현금흐름표, 자본변동표, 손익계산서를 살펴보아야 한다.

현금흐름표는 한 해 동안 기업의 현금계정상의 활동을 설명해 준다. 2014년의 기초 현금잔액은 ₩100이었지만 한 해 동안의 영업활동, 투자활동, 재무활동이 현금잔액에 영향을 미쳤고 기말에는 결국 ₩220이 되었다. 현금흐름표가 기초 및 기말 재무상태표상의 현금계정과 어떻게 연관되고 있는지 주목해 볼 필요가 있다.

자본변동표도 현금흐름표와 같이 재무상태표상의 자본 쪽에 속하는 항목인 이익잉여금 계정의 변화를 설명해 준다. 자본변동표상의 기초 이익잉여금 잔액과 기말 이익잉여금 잔액은 전기말 재무상태표상의 이익잉여금과 당기말 재무상태표상의 이익잉여금과 정확히 일치함을 발견할 수 있을

그림 4-2 재무제표들간의 관계

(1) 재무상태표
(2013. 12. 31 현재)

자산	
현금	₩ 100
기타유동자산	1,300
투자자산	3,000
유형자산	10,000
무형자산	1,600
총자산	₩ 16,000
부채와 자본	
유동부채	₩ 1,000
비유동부채	4,950
자본금	9,550
이익잉여금	500
총부채와 자본	₩ 16,000

(4) 현금흐름표
(2014. 1. 1~2014. 12. 31)

영업활동으로 인한 순 현금흐름	₩ 1,470
투자활동으로 인한 순 현금흐름	(4,100)
재무활동으로 인한 순 현금흐름	2,750
현금의 증가	120
기초 현금잔액 (2014. 1. 1)	100
기말 현금잔액 (2014. 12. 31)	₩ 220

(2) 손익계산서
(2014. 1. 1~2014. 12. 31)

수익	₩ 6,380
비용	5,295
순이익	₩ 1,085

(1) 재무상태표
(2014. 12. 31 현재)

자산	
현금	₩ 220
기타유동자산	1,195
투자자산	4,000
유형자산	11,500
무형자산	1,700
총자산	₩ 18,615
부채와 자본	
유동부채	₩ 740
비유동부채	6,940
자본금	9,550
이익잉여금	1,385
총부채와 자본	₩ 18,615

(3) 자본변동표
(2014. 1. 1~2014. 12. 31)

	자본금	이익잉여금	합 계
2014. 1. 1	9,550	500	10,050
당기순이익		1,085	1,085
배당금		(200)	(200)
2014. 12. 31	9,550	1,385	10,935

2013년 12월 31일 → 2014년 12월 31일

것이다.

손익계산서는 수익과 비용들을 종합해 주며 그 결과물인 당기순이익은 자본변동표로 이전되어 나타난다. 손익계산서는 자본변동표와 직접적으로 연결되며, 자본변동표는 다시 두 시점의 재무상태표와 연결된다.

이와 같은 상호관련성을 놓고 볼 때, 손익계산서에 영향을 미치는 모든 거래는 재무상태표에 적어도 두 곳에 영향을 미친다. 수익과 비용은 이익잉여금의 구성요소이기 때문에 이익잉여금의 증감을 야기시킨다. 또한 손익계산서에 속하는 각 계정들은 재무상태표의 자산이나 부채에 속하는 계정과 연결되어 있다. 예를 들어 매출의 인식은 현금계정이나 매출채권계정에 영향을 미친다. 또 급료와 같은 비용의 인식은 현금계정이나 미지급임금계정에 영향을 미친다. 즉 재무상태표와 손익계산서는 밀접하게 연관되어 있다. 이 책을 공부해 나가면서 이런 관계를 잘 이해하는 것이 중요한 일이다.

제7절 재무정보의 활용

IFRS ACCOUNTING PRINCIPLES

그동안 우리는 투자자(주주), 채권자 및 여러 이해관계자 집단이 기업의 과거 성과를 평가하고, 미래의 경영성과를 예측하며, 또한 경영진의 의사결정을 통제하는 데 재무정보를 이용한다는 사실에 대해 논의하였다. 이런 측면에서 볼 때 공표되는 재무정보는 기업의 지불능력(유동성)과 이익창출능력에 대한 평가를 가능케 해 주어야 한다. 본 절에서는 주어진 재무정보를 가지고 어떻게 기업의 유동성과 이익창출능력을 평가할 수 있는지에 대해 간략히 이야기해 보고자 한다. 이에 대한 보다 자세한 논의는 제15장에서 행하게 될 것이다.

1. 유동성의 평가

유동성을 가늠한다는 것은 만기가 도래할 때마다 부채를 상환할 수 있는 기업의 능력을 평가하는 과정을 말한다. 부채의 상환은 다양한 시점에서 현금을 필요로 하기 때문에 유동성을 평가한다는 것은 기업의 미래 현금의 유출입 시점을 추정하는 일이라고도 할 수 있다. 이런 정보는 주로 재무상태표와 현금흐름표로부터 얻을 수 있다. 재무상태표는 현재 기업의 자산과 부채상황을 보여주며, 현금흐름표는 지난 회계기간 동안 현금계정이 어떻게 변하였는가를 보여준다.

(1) 재무상태표

재무상태표는 기업이 갚아야 할 부채를 나열해 주기 때문에 미래에 나가야 할 현금유출에 대한 정보를 제공해 준다. 금액에 관련된 보다 자세한 정보를 제공해 주는, 재무제표에 딸린 주석사항들은 기업이 안고 있는 부채에 관한 여러 조건들(이자율이나 만기일 등)을 나타내 주기 때문에 매우 유용하다. 재무상태표상의 자산부분은 기업의 미래 현금유입의 시점에 관한 정보를 제공해 준다. 자산은 유동성 순위에 따라 나열되기 때문에 기업의 현금창출능력은 자산 속의 유동성 자산과 비유동성 자산의 비중을 비교해 봄으로써 알 수 있다.

재무상태표 내의 두 계정에 관련된 금액을 비율로 환산해 보는 방법도 재무제표를 분석하는 일반적인 방식이다. 기업의 부채상환능력을 평가하는 세 개의 보편적인 측정치로서는 유동비율, 운전자본 및 부채비율을 들 수 있다. 유동비율(current ratio)은 유동자산을 유동부채로 나눈 비율이며, 운전자본(working capital)은 유동자산에서 유동부채를 뺀 금액이고, 부채비율(debt/equity ratio)은 총부채를 총자본(주주지분)으로 나눈 비율이다.

① **유동성지표** 유동비율과 운전자본은 유동자산으로 유동부채를 감당할 수 있는 기업의 능력을 나타낸다. 이 값이 높을수록 기업의 부채상환 능력이 크다고 볼 수 있다. 2014년 12월 31일 현재 설악회사의 유동비율과 운전자본은 각각 1.91(₩1,415÷₩740)과 ₩675(₩1,415−₩740)이다.

② **부채비율** 부채비율은 자금조달의 원천으로서 기업이 안고 있는 부채의 비중을 나타낸다. 이 비율이 높을수록 기업의 미래 현금부담이 큰 것이고, 재무상태도 보다 위험하다고 볼 수 있다. 우리 기업들의 부채비율이 높은 것과 이 때문에 도산위험성이 큰 것이 이 비율의 특성을 잘 반영해 주고 있다. 2014년 12월 31일 현재 설악회사의 부채비율은 0.7({₩740+₩6,940}÷₩10,935)이다.

③ **유동성지표의 또 다른 사용** 개인 투자자나 채권자들이 기업의 유동

성을 평가하기 위해 유동비율, 운전자본 및 부채비율을 사용하기도 하지만, 이 지표들은 투자회사나 은행 또는 신용평가회사들이 기업의 신용등급을 결정하기 위해서도 자주 사용된다. 특히 은행에서는 이 지표들을 대출의사결정에 주로 사용한다. 이 지표들의 값이 좋지 않을 때에는 대출이 거절되거나 상대적으로 높은 대출이자를 요구하게 된다. 회사채 발행을 위한 약관을 작성할 때에도 채권자들을 보호하기 위해 기업으로 하여금 이 지표들이 최소한의 값을 유지할 것을 요구하는 조항을 삽입하기도 한다.

(2) 현금흐름표

현금흐름표는 ① 현금창출능력, ② 현금관리정책의 유효성 등 두 분야에서 기업의 성과를 평가하는 데 사용될 수 있다. 이 두 분야에 관한 정보는 부채가 만기될 때마다 이를 갚을 수 있는 능력이 기업에 있는지를 보여준다. 구체적으로 언급하자면 현금흐름표는 영업활동, 투자활동 및 재무활동으로부터의 순 현금흐름에 관한 정보를 제공해 준다. 결국 기업의 유동성을 평가해 보려는 이해관계자에게 현금흐름표는 매우 유용한 자료가 된다.

2. 이익창출력에 대한 평가

손익계산서상의 순이익의 크기는 기업의 지속적인 미래자산창출 능력을 말해준다. 순이익이란 수익에서 비용을 차감한 것으로, 수익이 비용을 초과한 정도, 즉 기업이 영업활동을 통해 자산을 창출해 냈다는 사실을 보여주는 척도이다. 정의상 자산이란 미래의 경제적 효익과 이익창출력을 나타낸다.

이익수치를 가지고 이익창출능력을 가늠하는 세 가지 대표적인 지표가 있는데 주당순이익, 주가수익비율 및 자기자본이익률 등이 그것이다. **주당순이익**(earnings per share, 소위 EPS)은 순이익을 주주들이 보유하고 있는 보통주식수로 나눈 것이고, **주가수익비율**(price/earnings ratio, 소위 PER)은 기업의 보통주 시장가격을 주당순이익으로 나눈 값이며, 자기자본이익률은 순이익을 자본금(주주지분)으로 나눈 값이다.

(1) 주당순이익

주당순이익은 자본시장에서 기업의 성과를 측정하는 가장 대표적인 척도로 잘 알려져 있다. 이 값은 기업 간에 상당한 차이가 있다. 주당순이익에 대한 자세한 내용은 제13장에서 다루기로 한다.

(2) 주가수익비율

주가수익비율은 투자분석가들이 보통주의 잠재적 투자가치를 평가하는데 많이 사용한다. 이 비율은 기업의 이익변화에 주가가 얼마나 민감하게 반응하는가를 가늠하게 해 준다. 해당기업의 주식시가를 그 기업의 주당순이익으로 나누어 봄으로써 구할 수 있는 이 비율의 값은 4에서 100 이상까지 천차만별인 것을 볼 수 있다.

(3) 자기자본이익률

이 값은 주주들이 투자한 자본에 비교해서 기업이 얼마만큼의 이익을 얻었나를 가늠하게 해 주는 비율이다. 우리 기업들 중에는 이 값이 2%가 안되는 기업들이 많이 존재하고 있다.

3. 영업능력에 대한 평가

재무정보의 활용에 있어 또 다른 중요한 분석은 총자산영업이익률의 계산이다. 뭐니뭐니해도 기업의 활동 중에서 가장 중요한 활동이 영업활동이다. 주주나 채권자가 기업에 돈을 투자하여 그만큼의 자산을 형성해 준 것은 그 자산을 영업활동에 잘 활용하여 가능한 한 큰 이익을 창출해 달라는데 가장 큰 목적이 있는 것이다. 따라서 그만큼의 자산을 수탁받은 기업은 최선의 노력을 기울여 자산을 잘 활용하고, 그 결과로 최대의 이익을 달성하도록 경주해야 할 책임이 있는 것이다.

기업의 영업활동의 결과로 달성된 이익은 어디에 보고되는가? 바로 손익계산서상의 '영업이익'에 나타나게 되어 있다. 따라서 해당 기간 동안에 달성한 영업이익을 그 기업이 끌어안고 있는 총자산으로 나누어 보면 자산규모에 비해 얼마만큼의 영업이익을 달성했는지 알 수 있다. 이 지표를 '총자산영업이익률'이라고 부른다. 나중에 재무관리시간에 더 자세히 배우겠지만 이 '총자산영업이익률'은 최소한 그 기업의 '자본비용'보다는 커야 한다. 그래야만 그 기업이 기업으로서 존재할 가치가 있다는 평가를 받을 수 있는 것이다.

익힘문제

01 기업의 세 가지 주요 기업활동을 서술하시오.

02 기업의 네 가지 재무제표를 서술하시오.

03 단기매매금융자산의 요건을 서술하시오.

04 현금흐름표에서 현금흐름의 세 가지 분류를 논하시오.

05 재무제표간의 상호관련성을 논하시오.

06 이익창출력에 대한 평가로서 사용되는 지표를 논하시오.

연습문제

01 아래에 8개의 거래가 나열되어 있다. 각각의 경우에 거래가 자금조달거래인지 자금투하거래인지 영업거래인지 식별하시오.

(1) 보통주식이 현금 100,000원에 발행되었다.
(2) 10개 재고단위가 단위당 50원에 매각되었다.
(3) 종업원 임금이 지급되었다.
(4) 신형 창고시설을 구입하였다.
(5) 미상환 부채에 원금을 지급하였다.
(6) 주주에게 이익배당을 지급하였다.
(7) 배달용으로 사용한 4년된 트럭이 9,000원에 매각되었다.
(8) 3월분 공과금을 지급하였다.

02 아래에 재무상태표나 손익계산서에 나올 수 있는 계정이 나열되어 있다.

a. 설비
b. 수입수수료
c. 이익잉여금
d. 지급임금
e. 특허권
f. 매출원가
g. 보통주식
h. 미지급이익배당
i. 감가상각누계액
j. 선급비용
k. 단기매매금융자산처분이익
l. 임대료 수익

m. 소모품 재고
n. 매출채권
o. 토지
p. 보험료
q. 미지급이자
r. 선수수익

요구사항

각 계정에 대하여 회사가 재무상태표상에 계정을 공시하는지 아니면 손익계산서상에 계정을 공시하는지 밝히시오.

03 신영사(社)는 2012년에 영업을 개시했다. 이 회사의 이익잉여금 계정은 2014년 말에 잔액이 200원이다. 다음 표에서 없는 금액을 계산하시오.

	2014	2013	2012
초기 이익잉여금	₩70	₩50	₩0
회계기간 동안의 수익	700	?	600
회계기간 동안의 비용	565	525	?
공시된 이익배당	?	30	10

04 인왕사는 영업을 개시했다. 지분투자자에게서 5,000원을 납입받고 은행에서 7,000원을 차입한 후 한 구획의 토지를 8,000원에 매입했다. 그 해에 북악사에게 토지를 임대하고 현금으로 3,000원을 받았다. 2,500원의 비용에 대해서 현금을 지급했다. 연말에 지분투자자에게 300원의 이익배당을 지급했다.

요구사항

연말 현재 손익계산서와 재무상태표, 자본변동표를 준비하시오.

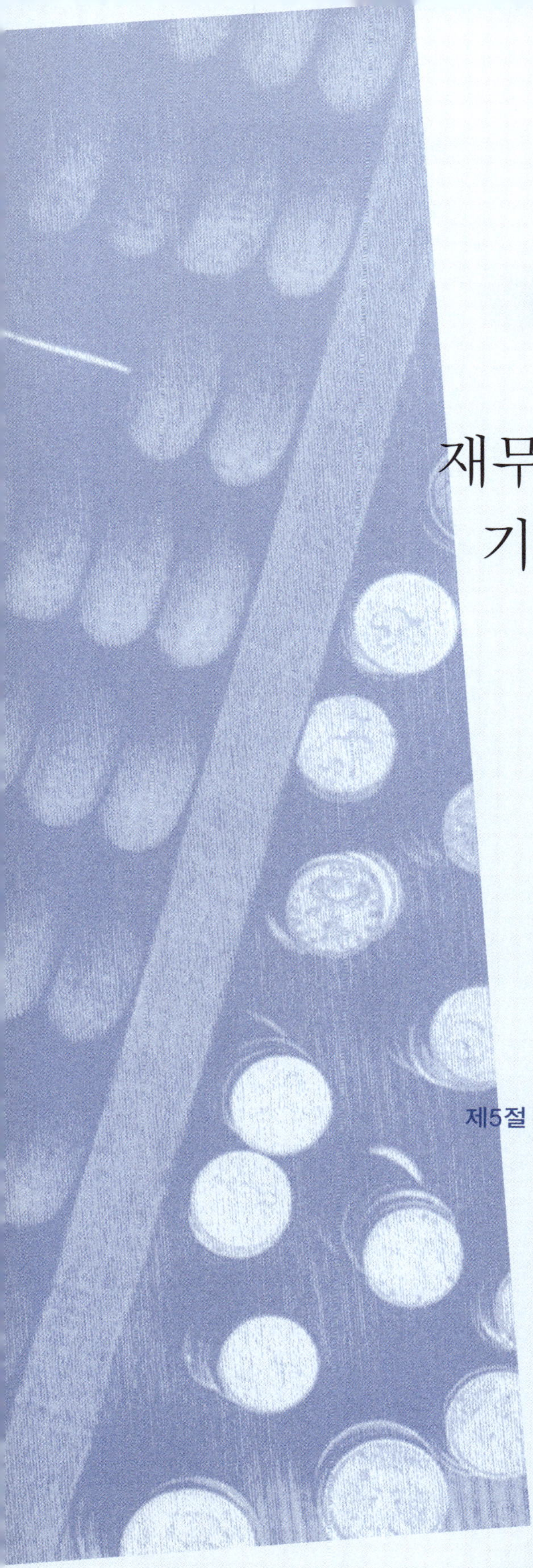

chapter 5

재무회계의 기본개념과 기업회계기준의 생성

학 습 목 표

1. 재무보고의 목적과 주요 질적 특성을 살펴본다.
2. 재무회계의 네 가지 기본 가정들을 파악하고 정의한다.
3. 객관성의 원칙을 정의하고, 그것이 재무제표에 나타나는 화폐가치를 어떻게 결정하는지를 설명한다.
4. 수익·비용 대응의 원칙이 경영성과의 측정에 어떻게 관련되는지를 설명한다.
5. 기업실체의 운영을 둘러싸고 있는 두 개의 서로 다른 시장을 알아보고, 이 두 시장의 관점에서 네 개의 가치평가방법들을 논의한다. 재무상태표에서 어떤 평가방법들이 사용되는가에 대해서도 알아본다.
6. 재무회계의 측정원칙에 벗어난 두 가지 예외를 언급하고, 이 예외들의 경제적 배경을 설명한다.
7. 수익인식의 조건을 살펴보고 어느 시점에서 수익을 인식하는 것이 타당한지 설명한다.

본 장에서는 재무제표의 근간이 되는 재무보고의 목적, 질적 특성, 기본가정, 평가방법, 회계원칙, 그리고 예외사항들로 구성되어 있는 재무회계의 기본개념들을 다루고자 한다. 앞에서 논의한 대로, 투자자, 채권자를 포함한 여러 이해관계자들은 기업의 경영성과와 재무상태에 대한 정보를 요구하고 있다. 기업의 시장가치와 투자매력도를 유지하기 위해 기업의 경영진들은 감사인을 선임하고 감사된 재무제표를 이들 이해관계자들에게 제공함으로써 위의 요구에 대응하고 있다. 순이익, 영업활동으로부터의 현금흐름, 유동비율, 부채비율 등과 같은 정보가 제공되는 것이다. 특히 증권시장에 상장되어 있는 기업들의 경영자들은 이해관계자들로 하여금 해당 기업의 ① 부채지불능력(유동성), ② 미래의 자산을 창출할 수 있는 능력(이익창출력)을 평가할 수 있는 회계자료를 제공하도록 요청받고 있다. 이러한 회계자료는 다양한 이해관계자들의 욕구를 공통적으로 충족시켜 주는 것이 중요하기 때문에 재무제표의 작성방법과 관련된 재무정보가 지니는 목적, 질적 특성, 기본가정, 평가방법, 회계원칙 및 예외사항들을 이해할 필요가 있다. 이들에 대해 하나씩 짚어보기로 하자.

제1절 재무보고의 목적

IFRS ACCOUNTING PRINCIPLES

재무회계의 산출물인 재무보고의 목적을 파악하려면 다음과 같은 몇 개의 질문들을 던져보면 된다. 재무제표는 누가, 왜 보는가? 주로 어떤 정보들을 필요로 하는가? 재무제표 이용자들의 기업이나 회계에 대한 지식 정도는 어느 수준인가? 재무정보가 가장 잘 이해되려면 어떤 방식으로 보고되는 것이 좋은가?

이런 질문들에 답이 되기 위한 방편으로 도출된 재무보고의 목적은 다음의 세 가지로 요약될 수 있다.

1. 재무정보 이용자가 합리적인 의사결정을 하는 데 유용한 정보를 제공한다.
2. 미래현금흐름의 금액, 시기 및 불확실성을 평가하는 데 유용한 정보를 제공한다.
3. 기업실체의 경제적 자원(자산)과 그에 대한 청구권(부채와 자본), 그리고 이들의 변동에 관한 정보를 제공한다.

제2절 회계정보의 질적 특성

IFRS ACCOUNTING PRINCIPLES

회계정보의 질적 특성이란 회계정보가 유용한 정보가 되기 위해서 갖추어야 할 주요 특성을 말한다. 회계정보가 유용한가 아닌가를 판단하는 데 가장 중요한 기준은 뭐니 뭐니 해도 '의사결정에의 유용성'이다. 회계기준 제정기관이 회계기준을 설정할 때나 대체적 회계처리방법들을 비교 평가할 때 기준이 되는 것이 바로 재무적 의사결정에의 유용성이다. 회계정보가 유용하기 위해서는 목적적합성, 신뢰성, 비교가능성 및 일관성과 같은 질적 특성을 갖추어야 한다.

1. 목적적합성

목적접합성(relevance)이란 의사결정자가 재무의사결정을 함에 있어, 어떤 정보가 없을 때와 비교하여 그 정보가 있는 것이 보다 의미있고 유리한 결정을 내릴 수 있음을 뜻한다. 목적적합성을 갖고 있는 정보는 의사결정자에게 과거 및 현재 사건의 평가 또는 미래사건의 예측에 도움을 주거나, 과거의 평가를 확인 또는 수정시켜 줌으로써 이용자의 경제적 의사결정에 영향을 미친다. 또한 적시성도 목적적합한 특성에 중요한 요소이다.

2. 신뢰성

신뢰성(reliability)이란 제공되는 회계정보에 중대한 오류(error)나 편의

(bias)가 없고 그 정보가 표현하고자 하는 경제적 상태 또는 거래를 충실하게 표현하는 것을 의미한다. 정보가 유용하기 위해서는 정보이용자가 그 정보를 믿을 수 있어야 하는데, 그러기 위해서는 정보가 중립적이어야 하고 또 표현의 충실성도 갖추어야 한다. 또한 검증가능한 정보여야 한다.

3. 비교가능성

의사결정자에게 유용한 정보가 되려면 제공되는 회계정보들의 기간별 비교와 기업간 비교가 가능해야 한다. 즉 유사한 거래나 사건의 재무적 영향을 측정·보고함에 있어 기간별 일관성이 있어야 하며, 경영활동의 특성을 해치지 않는 범위 내에서 기업간 채택되는 회계처리 방식도 동일한 것이 바람직하다.

4. 일관성

현행 회계기준은 자세히 들여다보면 동일한 경제적 사건(거래)에 대해 여러 가지 다른 처리방법들이 적용될 수 있음을 발견할 수 있다. 아직은 우리가 그런 방법들에 대해 자세히 배우지 못했지만 감가상각방법, 재고자산 평가방법 등을 보면 회계담당자가 채택할 수 있는 서로 다른 방법들이 존재한다. 여기서 얘기하는 일관성의 원칙이란 회계처리방법들을 놓고 볼 때 상당히 많은 선택의 여지가 있지만 일단 한 가지 방법을 기업이 선택하였으면 매 기간 동일한 방법을 선택하고 사용하라는 원칙이다. 계속성의 원칙이라고도 불리는데 경제적 사건을 기록·보고하는 데 있어 매 기간 동일한 회계원칙과 절차를 계속 적용하여야 하며 정당한 이유 없이 다른 원칙이나 절차로 변경하여서는 안 된다는 것을 의미한다.

이렇게 함으로써 투자자나 채권자 및 다른 이해관계자들에게 기업의 성과와 재무상태를 기간별로 비교함에 있어 일관성을 가지고 행할 수 있는 기틀을 제공해 줄 수 있다. 재무제표의 기간별 비교나 재무자료의 추세 분석이 일관성을 띠고 진행될 수 있다는 말이다.

제3절 재무회계의 가정들

IFRS ACCOUNTING PRINCIPLES

앞에서 보아온 대로 회계는 현실세계에서 그 기능을 수행해야 하기 때문에 회계를 둘러싸고 있는 환경에 의해 제약을 받을 수밖에 없다. 그러나 다양하고 변화무쌍한 현실의 환경여건을 모두 수용할 수 있는 회계제도의 정립은 불가능하기 때문에 회계를 둘러싸고 있는 환경에 대한 기본적 가정을 설정함으로써 보편적인 회계제도를 정립할 수밖에 없다. 이렇게 설정된 가정 중에는 상대적으로 비현실적인 가정들도 있는데, 이 때문에 재무제표가 어쩔 수 없이 떠안게 되는 한계점들도 있다.

1. 회계실체의 가정

각 기업은 그 기업의 소유주나 다른 기업들과 분리된 하나의 회계실체로서 인식된다. 회계실체의 가정이 함축하는 의미는 기업은 기업자체의 목적을 달성하기 위하여 스스로 자원을 소유하며 "부채를 부담하는 독립적인 실체다"라는 점이다. 따라서 모든 기록과 회계처리는 특정 실체의 관점에서 이루어져야 하며 소유주의 거래와 기업의 거래와는 명확히 구별되어야 한다. 예를 들어 주식회사의 대주주가 사적(私的)으로 사용하기 위해 타인에게서 자금을 차입한 사실은 소유주 개인의 거래이지 회계실체인 기업의 거래가 아니므로 이는 기업의 회계장부에 포함되어서는 안 된다.

회계실체의 가정에서 실체란 반드시 법적 실체를 의미하는 것은 아니다.

예를 들어 모회사와 자회사는 각각 독립된 법적 실체이지만 이들 회사 전체에 관한 하나의 연결재무제표를 작성하는 것은 경제적 실체개념을 중시하기 때문이다. 즉, 자회사는 하나의 독립된 실체로서 자신의 재무제표를 따로 공표하지만, 모회사는 경제적 실체개념에 입각하여 자신과 자회사를 포함한 연결재무제표를 동시에 공표한다.

2. 회계기간의 가정

한 기업의 영업활동결과는 최종적으로 기업이 청산된 뒤에나 정확히 알 수 있다. 그러나 기업의 이해관계자들은 기업의 존속기간보다 훨씬 짧은 기간 동안의 주기적인 영업활동결과에 대한 정보를 원한다. 그래야만 경영의 성과를 관찰할 수 있고 경영진의 의사결정을 유도하고 통제할 수 있기 때문이다. 또 정보란, 의사결정에 유용하기 위해서는 적시에 제공되어야 하기 때문에 이해관계자들이 수시로 받아보기를 원하는 측면도 무시할 수 없다.

그래서 기업들은 회계기간이라는 인위적인 기간을 설정하여 그 기간말 현재의 재무상태와 그 기간 동안의 영업활동의 결과를 보고하고 있다. 대부분의 기업들은 기업실무나 관례에 따라 보통 1년을 회계기간으로 사용하고 있다. 그러나 기업활동은 해를 거듭하면서 연속되는 것이므로 1년이라는 짧은 기간 동안의 활동결과를 정확히 보고한다는 것은 매우 어려운 일이다. 즉 회계담당자는 매년 재무제표를 작성할 때마다 당기뿐만 아니라 차후의 회계연도들에도 계속 영향을 미칠 당기의 기업활동에 관한 결과를 인위적으로 배분해야 하는 어려움에 봉착하게 된다. 결국 적시성을 높이기 위해 정확성 내지 객관성을 잃는 경우도 발생하고 있는 것이다. 보고의 정확성과 객관성을 희생하기도 하지만 그래도 단기간으로 나누어져 작성된 재무제표가 의사결정자들에게 시의적절하게 유용한 정보를 제공해 준다는 점에 이 가정의 의의가 있다.

3. 계속기업의 가정

회계기간의 가정에서 얘기했듯이 기업의 수명이 회계연도로 나누어질 수 있다면, 그 얘기는 기업의 수명이 당해 연도로 국한되는 것은 아니다라는 가정을 동시에 하는 것이다. 계속기업의 가정이란 기업의 영업활동이 당기 말에 끝나버리는 것이 아니라 장구한 수명을 갖는다는 가정을 뜻한다. 이 가정을 받아들이게 되면 회계측정의 주 대상인 기업의 영업활동과, 기업이 제3자와 맺는 계약 등이 안정적으로 계속 유지된다고 간주될 수 있다. 따라서 이 가정은 회계에서 기업의 자산을 청산가치가 아닌 취득원가로 평가하는 이유를 설명해 준다. 청산가치란 기업이 현재 자산을 처분한다고 했을 때 회수할 수 있는 금액을 뜻하고, 취득원가란 자산의 취득시 기업이 지불한 교환가격을 뜻한다. 앞 장에서도 정의했듯이 자산을 미래에 경제적 효익을 가져다 주는 것이라고 보았을 때 청산가치보다는 취득원가가 훨씬 더 미래의 효익에 가까운 값이다.

발생주의 회계의 핵심이 되는 수익·비용 대응의 원칙도 계속기업의 가정이 없이는 성립되기 어렵다. 예를 들어 이 가정이 없으면 장기간 사용될 유형고정자산의 감가상각이 그 근거를 잃게 된다. 기업이 소유하고 있는 유형고정자산들은 기업의 활동이 당기뿐만 아니라 미래에도 계속된다는 전제하에서만 잔여사용기간에 걸쳐 상각될 수 있는 것이다.

4. 화폐가치 안정의 가정

어떤 사물의 수량이나 용량을 측정하기 위해서는 측정단위가 필요하다. 부피는 리터나 갤론으로 측정되며 무게는 킬로그램이나 파운드로 측정된다. 더하기나 빼기와 같은 수학적 계산은 측정단위가 일정해야만 그 의미가 있다.

예를 들어 어떤 사람이 연초에 몸무게를 쟀을 때 70kg이었다. 연말에 다시 몸무게를 재어보니 74kg이었다. 한 해 동안 4kg의 몸무게가 늘었다는 결론을 내릴 수 있는 배경에는 kg이란 단위에 대한 정의가 연초나 연말에 변함이 없다는 암묵적인 가정이 존재하고 있음을 알 수 있다.

한 기업의 재무적 성과와 재무상태를 보고하기 위해서도 어떤 측정단위가 필요하다. 회계에서는 이 측정단위로 화폐단위를 이용하며, 화폐단위의 가치변동은 시간이 흘러가더라도 별로 심각하지 않다고 가정한다. 화폐단위는 회계상의 다양하고 이질적인 경제적 사건들을 측정·기록하는 공통분모로 사용되고 있고, 재무정보를 전달하는 의사소통의 수단으로 채택되고 있다. 재무제표에서의 재무적 성과와 경영상태의 측정은 우리가 사용하고 있는 원화(圓貨)량의 합, 차 또는 나누기로 수행되고 있다. 예를 들어 재무상태표에서의 총 자산은 특정시점에서 한 기업에 의해 소유되고 있는 모든 개별자산들의 원화가치의 합이다. 유동비율이나 부채비율은 재무상태표상의 한 금액을 다른 금액으로 나누어서 계산한 결과이다. 이런 계산이 가능하고 또 자주 활용되는 것은 화폐단위가 일정하고 화폐가치가 시간이 흐르더라도 지속적으로 안정하다는 가정이 개입되기 때문이다.

화폐가치 안정의 가정에 대한 필요성과 그 의미를 이해하면서 독자들이 또한 잊지 말아야 할 것은 이 가정 때문에 생기는 재무제표의 한계점이다. 즉 실제로는 시간의 흐름에 따라 화폐가치는 변동하며, 특히 심한 인플레이션을 겪는 기간에는 화폐의 구매력이 현저히 저하된다. 그럼에도 불구하고 현행 회계에서는 구매력의 변동을 고려하지 않은 채 명목 화폐단위로 기업의 성과와 재무상태를 측정·기록하고 있으며 발생시점이 다른 화폐단위들을 서로 더하고, 빼고, 나누고 있다. 이 때문에 많은 회계학자들은 화폐가치의 안정에 대한 가정을 비판하고 있으며, 이에 대한 대안으로서 물가변동회계, 현행가치회계 등을 제안하고 있다.

제4절 개념체계와 회계원칙

IFRS ACCOUNTING PRINCIPLES

회계원칙이란 회계측정을 할 때 따라야 할 지침으로서 회계실무를 이끌어 나가는 지도원리이다. 따라서 회계원칙의 내용은 회계담당자는 물론 회계정보이용자도 잘 이해하고 있어야 한다. 회계원칙을 잘 이해하지 못하면 회계담당자는 올바른 재무보고서를 작성할 수 없고, 회계정보이용자는 작성된 보고서를 사용할 수 없기 때문이다. 여기서는 ① 객관성의 원칙, ② 수익·비용 대응의 원칙, ③ 역사적 원가주의, ④ 일관성의 원칙 등 네 개의 원칙에 대해 설명하고자 한다.

1. 객관성의 원칙

재무회계정보는 기업의 경영성과와 재무상태에 관한 유용한 정보를 제공한다. 이를 위해 재무제표는 기업 전체의 가치, 기업의 자산과 부채 그리고 기업에 의해 발생되는 거래의 가치 등 가치관련 정보를 제공해야 한다.

기업실체, 자산 또는 부채에 대한 경제적 가치는 이들과 관련된 미래의 현금흐름과 화폐의 시간적 가치 모두를 반영하는 현재가치를 의미한다. 재무회계 시스템이 이러한 경제적 가치를 측정하고자 하기 때문에, 재무보고의 기본 목적은 이해관계자들에게 기업실체와 그 자산 및 부채의 현재가치를 반영해 주는 성과보고서를 제공해 주고자 하는데 있다. 다시 말하면 현재가치가 재무보고에서 추구하고 있는 측정방법이다.

그러나 현재가치로 자산이나 부채를 측정하려면 현실적인 벽에 부딪히게 되는데, 즉 미래의 이자율(할인율)과 미래현금흐름을 완벽하게 예측할 수 있다는 가정이 바로 그것이다. 이런 가정은 이론상으로는 얼마든지 세울 수 있는 가정이지만 현실적으로는 매우 동떨어진 가정이다. 예를 들어 어느 기업이 공장 건물을 짓는 데 10억 원을 들였다고 하자. 재무상태표에 이 공장을 현재가치로 나타내기 위해서는 이 공장으로 인하여 창출될 미래의 현금흐름을 예측해야 하고 동시에 미래 이자율도 추정해야 한다. 재무보고의 책임은 궁극적으로 기업의 경영진에게 있기 때문에 이런 예측과 추정은 경영진의 몫이 되겠지만 문제는 이것이 너무 주관적인 값이 될 것이라는 점이다. 경영진의 추정을 감사인이 받아들이려고 하지 않을 것이라는 점 외에도, 경영진이나 감사인이 자신들의 추정치가 옳다고 증명하는데도 큰 비용과 노력이 필요할 것이다. 요약컨대, 재무정보이용자들에게 있어서 현재가치와 같은 매우 주관적이고, 불확실하며 또한 신뢰도가 낮은 측정방식으로부터 산출된 재무정보를 제공받는다는 것은 경제적이지도 못할 뿐만 아니라 바람직하지도 않다.

측정에 관련된 회계원칙 중에서 가장 중요시 여겨지는 객관성의 원칙(objectivity principle)은 재무정보는 검증가능(verifiable)해야 하고 신뢰할 수 있어야(reliable) 한다는 것을 말한다. 거래의 가치나 거래를 통해 창출된 자산·부채의 가치는 객관적으로 결정되어야 하고 증빙서류에 의해 뒷받침되어야 한다는 주장이다. 거래를 기록함에 있어 원가원칙을 지키는 것은 객관성의 원칙을 따르는 대표적인 예다.

2. 수익·비용 대응의 원칙

이미 제4장에서도 배웠듯이 이 원칙은 비용인식의 근간이 되는 원칙으로서 간단히 표현하면 "비용은 수익을 따라 다닌다(expense follows revenue)."라는 뜻이다. 즉 비용은 그 비용을 발생시킴으로써 창출된 수익이 인식되는 기간에 같이 인식되어야 한다는 원칙이다. 따라서 비용의 인식시점은 그 비용에 관련된 현금의 지출시점과 반드시 일치하지는 않는다. 오히려 그 지출 때문에 생긴 수익이 언제 인식되느냐에 따라 해당 부분만큼의 지출이 비용으로 인식된다. 감가상각비의 예를 들면 감가상각비는 해당 유형자산에 대한 현금의 지출과는 관계없이 자산의 취득원가를 그 자산의 내용연수에 걸쳐 체계적으로 배분하여 비용으로 인식하는 과정을 거쳐 그 유형자산이 창출시키는 수익에 대응된다.

대응의 원칙을 준수하기 위해서는 추정의 문제가 생기기도 한다. 예를 들어 12개월간 품질을 보증하는 조건으로 가전제품의 매출이 이루어졌으면 매출 수익은 당해 회계연도에 인식된다. 뿐만 아니라 그 수익을 얻기 위해 앞으로 12개월 동안 지출되리라 예상되는 품질보증비용도 매출원가와 함께 당해 회계연도에 포함되어 보고되어야 한다. 따라서 회계연도 말에 이르면 회계담당자는 이미 팔려 나갔으나 아직 12개월이 경과하지 않은 가전제품들에 대한 예상 품질보증비용을 추정, 기록하여야 한다.

수익과 비용을 대응시키는 과정에서 가장 핵심적인 문제는 어떤 회계기간에 수익이 인식되느냐라는 점이다. 비용의 대응은 수익이 어느 기간에 귀속되었음을 알고 나서야 가능한 것이므로 수익이 언제 인식되느냐의 문제는 수익·비용 대응의 원칙에 있어 가장 근본적인 사항이다.

3. 역사적 원가주의

역사적 원가주의(historical cost)는 자산을 취득한 가격에 기록하여야 한다는 원칙으로 이는 위에서 언급한 회계정보의 객관성을 유지하기 위한 원칙이다.

이 원칙은 특히 인플레이션율이 높은 국가에서는 자산의 시가와 취득가가 상당한 괴리를 보여주고 있어 회계정보의 목적적합성(relevance)을 저해시키기도 하지만, 이 원칙의 주목적은 신뢰성(reliability)의 확보에 더욱 치중하고자 함에 있다고 할 수 있다.

그러나 다음 절에서 보듯이 자산의 시가와 취득원가의 괴리를 줄이는 것이 현행 회계기준 제정의 추세이기 때문에 자산의 평가를 점차 역사적 원가에서 시가주의로 전환하고 있는 실정이다.

제5절 기본원칙의 예외 … 중요성과 보수주의

IFRS ACCOUNTING PRINCIPLES

어떤 경우에는, 위에서 논의된 회계원칙을 적용하는 데 드는 비용이 그 효익을 초과할 때가 있다. 이럴 때 경영자는 회계원칙을 벗어나 다른 방법을 사용하는 것이 허락되기도 한다(벗어나도록 요구되기도 한다). 모든 법칙들이 그렇듯이 재무회계의 측정원칙에도 예외가 있다. 가장 주요한 두 가지 예외－중요성과 보수주의－에 대해 알아본다.

1. 중요성

중요성이란 재무정보 이용자들의 의사결정에 영향을 미칠 정도로 금액이 큰 거래들만 재무회계 원칙이 제시하는 방향과 일관되게 회계처리하면 된다는 개념이다. 어떤 거래들의 금액은 너무 작아 회계처리 방법의 선택이 재무제표에 별 영향을 미치지 않고, 결국 이해관계자의 의사결정에 아무런 차이를 가져다 주지 못하고 있다. 이럴 때는 회계원칙이 어떻게 되어 있든 간에 가장 비용이 덜 드는 방법으로 회계처리해도 무방할 것이다. 이러한 거래들의 금액은 중요치 않은 것으로 여겨지며 경영자들은 이들을 편리한 대로 회계처리하는 것이 허용된다.

예를 들어 수익·비용 대응의 원칙은 기업이 구입한 휴지통의 수명이 여러 해 될 것이고 그 유용성이 미래의 기간들까지 지속될 것이기 때문에 그 구입가격이 자산화되고 감가상각될 것을 요구한다. 그러나 휴지통 한 개의 구입가격은 하찮을 것이고, 이것을 수익·비용 대응의 원칙에 따라 처리한다는 것은 비용만 들 뿐 별 실익이 없는 일이다. 따라서 편의상 휴지통의 구입가격은 자산화되기보다는 즉시 비용화된다. 원칙적으로 말하자면 이렇게 회계처리하는 것은 휴지통의 내용연수 동안 순이익을 잘못 나타내는 결과를 가져온다. 그러나 한편으로는 그 오류의 규모가 너무 작아 합리적인 의사결정자의 판단에 영향을 미치지 않는다. 오히려 휴지통을 자산화하여 내용연수 동안 감가상각을 행한다면 효익을 초과하는 비용만 발생시킬 뿐이다.

한편 어떤 항목이 중요한가 아닌가를 판단하는 획일적인 기준을 마련하는 것은 불가능한데, 그 이유는 특정항목의 중요성은 상대적 금액과 상대적 성격에 따라 다르기 때문이다. 같은 금액의 항목이라도 큰 기업의 입장에서는 상대적으로 작은 금액이기 때문에 중요하지 않게 여겨지는 반면, 작은 회사에서는 아주 중요한 금액으로 여겨질 수도 있다. 항목의 성격 또한 중요한 의미를 갖는데, 재고자산에 대한 약간의 조정은 재무제표 이용자들로부터 큰 주목을 받는 반면에, 주주 지분에 대한 꽤 큰 금액의 조정은 별 관심을 끌지 못하는 것이 좋은 예다.

정보사용자가 누구냐에 따라서도 차이가 날 수 있다. 채권자의 중요성에 대한 기준은 성격상 투자자의 그것과 크게 다를 수 있기 때문이다. 요약하자면 중요성이란 재무회계의 측정원칙으로부터 중요하고도 현실적인 예외 사항이다.

2. 보수주의

회계학에서 말하는 보수주의(conservatism)란 인식 및 측정과 관련하여 불확실성이 존재할 때 자산과 순이익을 과대평가할 가능성이 가장 낮은 회계절차를 적용하여 인식하고 측정하라는 지침이다. 광고비를 예로 들어 보자. 기업은 제품의 우수성을 알리고 단기적으로 매출을 늘리기 위해 광고를 하기도 하지만, 고객에 대한 기업의 이미지를 개선하여 장기적으로 매출을 신장하고자 하는 목적으로 광고를 하기도 한다. 이렇듯 기업이미지 제고를 위한 광고비는 미래에 경제적 효익을 가져다 주는 항목으로서 자산의 정의에 부합된다. 그러나 이러한 광고비가 가져다 줄 미래의 효익을 측정하고자 할 때에 당면하는 불확실성은 매우 높다. 즉 현재 지출되는 광고비가 미래에 매출을 얼마나 신장시켜 줄 것인지를 측정하기란 매우 어렵고 현실성이 없다. 이런 이유 때문에 모든 광고비는 당기의 비용으로 처리되는데, 이렇게 광고비를 당기에 전액 비용화하는 회계처리는 광고비를 자산화한 후 일정기간에 걸쳐 상각하면서 서서히 비용화하는 회계처리보다 자산과 순이익이 더 낮게 평가되도록 한다.

사실 보수주의는 인류가 가지고 있는 보편적인 지혜로부터 자연발생된 것이다. 즉 인류의 경험에 의하면 잘못된 과대평가에 근거한 의사결정은 잘못된 과소평가에 근거한 의사결정보다 더 나쁜 결과를 가져오는 것이 상례였다. 예를 들어, 어느 제약회사가 개발한 의약품에 대해 보건복지부가 판매허가를 내리기 위한 심사를 한다고 하자. 만일 해당 의약품에 대한 약효가 실제보다 과대평가되어 인체에 치명적인 부작용이 간과되고 판매허가가 내려진다면 이는 생명의 손실이라는 엄청난 결과를 낳게 될지도 모른다. 반면, 해당 의약품의 치료효과가 뛰어남에도 불구하고 그 약효가 과소평가되어 판매허가를 받지 못한다면 이는 판매허가와 함께 치료의 혜택을 받을 수 있었을 환자들이 병중에서 계속 고통을 당하는 결과를 초래할 것이다. 전자의 결과가 후자의 결과보다 훨씬 더 심각함은 두말할 필요가 없다.

이와 유사한 예를 회계환경에 연계하여 생각해 보자. 만일 어느 기업이 측정상의 불확실성으로 인해 자산과 순이익을 과대평가하여 보고하였다고 하자. 만일 투자자들이 그 정보에 근거하여 해당 기업의 주식에 투자하였다가 사후적으로 큰 투자 손실을 입었다면, 이는 그 기업과 회계감사인에 대한 소송을 야기시키고, 투자자들뿐만 아니라 그 기업과 감사인은 막대한 손실을 입게 될 것이다. 반면, 어느 기업이 불확실성하에서 자산과 순이익을 과소평가하여 보고했다면 그 결과는 주가의 일시적인 저평가에 그치게 된다. 의약품의 예에서와 마찬가지로 전자의 결과가 후자의 결과보다 훨씬 더 심각하다.

요약하면, 회계학에서의 보수주의란 불확실성으로 인한 실수를 피할 수 없다면 과대평가에 근거한 실수보다는 과소평가에 근거한 실수를 하는 것이 더 안전하고 피해가 덜하다는 보편적인 지혜를 말한다. 따라서 보수주의를 무조건적으로 순이익이나 자산을 과소하게 계상하도록 촉구하는 지침으로 이해해서는 안 된다.

제6절 재무상태표 항목들의 평가

IFRS ACCOUNTING PRINCIPLES

재무상태표의 항목(계정)에 부과되는 금액은 그 기업이 영업활동을 영위하고 있는 시장에 의해 결정된다. 이 시장에 대해 이해하기 위해 기업을 다음과 같은 관점에서 보는 것이 도움이 된다.

투입물 ——→ 기업의 운영 ——→ 산출물
(구입가격) (판매가격)

하나의 기업은, 영업활동을 위해 투입물(원재료, 노동력, 제조간접비)을 구입하는 투입시장(input market)과 기업의 산출물(재화나 용역)을 내다 파는 산출물 시장(output market)의 두 개의 시장에서 운영된다. 일반적으로 투입시장의 가격은 산출물 시장의 가격보다 낮다. 백화점의 예를 들어 보면 여러 제조업체에서 상품을 구입하여, 구입한 가격보다는 높은 금액으로 소비자들에게 판매한다. 여성의류를 ₩300,000에 구입하여 ₩700,000에 파는 것이 이러한 예가 된다.

또한 기업에 따라 한 기업의 투입시장은 다른 기업의 산출시장이 되기도 한다. 신라산업이 자동차 시트를 제조하여 삼성자동차에 공급한다면 이 거래는 신라산업의 입장에서는 산출시장이 되고 삼성자동차의 입장에서는 투입시장이 된다.

투입 및 산출시장의 관점에서 기업을 바라보는 것은 재무상태표의 항목들을 어떻게 평가할 것이냐에 대한 여러 가지 다른 방법들을 제시해 준다.

예를 들어, 어떤 자산항목을 투입시장 가격으로 평가할 것인가 산출시장 가격으로 평가할 것인가, 아니면 그 중간의 어떤 가격으로 평가할 것인가 라는 문제가 제기된다. 예컨대 백화점이 한 여성의류를 재무상태표상에 투입가격인 ₩300,000으로 표시할 것인가 아니면 산출가격인 ₩700,000으로 표시해야 하는가 라는 문제가 야기된다.

1. 네 가지 평가기준

재무상태표 항목의 금액을 결정하기 위해 네 가지 평가기준이 사용되는데 ① 현재가치, ② 공정시장가치, ③ 대체가격, ④ 취득원가 등이 그것이다. 현재가치(present value)란 특정 재무제표 항목에 관계되는 미래현금흐름을 적정한 할인율을 가지고 할인한 금액을 나타낸다. 예를 들어 받을어음의 현재가치는 미래현금흐름의 시점과 금액을 추정하고 이를 화폐의 시간적 가치로 조정한, 오늘의 화폐가치로 환산한 금액을 말한다. 공정시장가치(fair market value), 즉 판매가치는 산출시장에서의 재화와 용역의 가치를 나타낸다. 대체가격(replacement cost) 또는 현행원가는 대상항목의 투입시장에서의 가격이다. 취득원가(original cost)는 그 항목을 처음으로 구입했을 때의 투입가격을 말한다.

예제 5-1 **여러 평가기준**

성우주식회사는 1월 1일에 빌딩을 ₩20,000에 구입하였는데, 최근(11월 1일)에 어떤 이가 ₩28,000에 사겠다는 제의를 해왔다고 가정하자. 성우가 추정하기로는 이 빌딩을 스스로 운영하면 향후 10년간 매년 ₩5,000의 순 현금흐름을 얻을 것으로 보인다. 또한 최근에 이 빌딩과 비슷한 구조와 수명을 가진 빌딩의 대체가격을 조사해 본 결과, 이 같은 빌딩을 다시 구입하려면 ₩35,000은 주어야 할 것으로 평가되었다. 이 빌딩의 현재가치, 공정시장가치, 대체가격, 취득원가는 얼마인가?

풀이 현재가치 = ₩30,723(₩5,000 × 6.14457*)
공정시장가치 = ₩28,000

대체가격 =₩35,000
취득원가 =₩20,000
* 10%로 할인한 10년짜리 정상연금의 현재가치요소

2. 재무상태표 항목과 평가기준

위의 네 가지 평가방법이 기업회계기준에 따라 작성되는 재무상태표에서 다 발견된다. 아래에 제시된 재무상태표의 각 항목들에 제시된 평가방법들을 주목해 보기 바란다.

현금과 모든 유동부채들은 액면가액(face value)으로 평가된다. 액면가액이란 가까운 장래에 수취되거나 지급될 것으로 기대되는 현금액수를 반영한다. 이들 유동항목들에 있어서 액면가액은 본질적으로 공정시장가치나 현재가치와 같은데 그 이유는 현금이 수취되거나 지급될 때까지의 시간이 매우 짧기(보통 1년 이내) 때문이다. 현금계정의 변화를 설명하는 현금흐름표는 완전히 액면가액으로 표시된다.

단기매매금융상품은 공정시장가치로 평가되며, 매출채권은 외상잔액 중에서 수취될 것으로 예상되는 현금의 액수인 순실현가능액(net realizable value)으로 평가된다. 순실현 가능가치도 외상발생 후 현금 수취까지의 기간이 매우 짧기 때문에 공정시장가치와 현재가치에 가까운 금액이다.

재고자산은 취득원가와 대체원가 중 낮은 것으로 평가된다. 재고자산에 대한 평가가 바로 저가법이 적용되는 대표적인 경우다. 이 평가방법은 재고자산이 과대평가되는 것을 방지하려는 방법이다. 앞에서 소개한 보수주의의 전형적인 예다. 시장성이 있는 장기 유가증권투자(매도가능금융상품, 만기보유증권)는 공정시장가치로 평가되며, 토지는 취득원가로 평가된다. 건물이나 기계장치 같은 유형자산들은 감가상각누계액만큼을 그 취득원가에서 차감하여 순장부가액으로 재무상태표에 표시된다. 무형자산도 이와 마찬가지이다. 비유동자산에 속하는 항목들의 취득원가를 나타낼 때 종종 역사적 원가(historical cost)라는 용어도 사용된다.

표 5-1 재무상태표 항목의 평가

성우주식회사
재무상태표
(2014년 12월 31일 현재)

자 산:			
유동자산			
현 금		220(FV)	
단기매매금융상품		150(FMV)	
매출채권	360		
(−)대손충당금	(15)	345(NRV)	
재고자산		600(LCM)	
선급비용		100(NBV)	
유동자산 합계			1,415
비유동자산:			
만기보유금융상품		1,000(PV)	
관계기업투자주식		2,500(OC)	
토 지		500(OC)	
건 물	10,000(OC)		
(−)감가상각누계액	(1,100)	8,900(NBV)	
기계장치	4,000(OC)		
(−)감가상각누계액	(1,400)	2,600(NBV)	
영업권		1,700(NBV)	
비유동자산 합계			17,200
자산총계			18,615
부채와 자본:			
유동부채:			
매입채무		200(FV)	
미지급임금		150(FV)	
미지급이자		30(FV)	
지급어음		200(FV)	
미지급집세		60(FV)	
선수수익		30(FV)	
미지급배당금		70(FV)	
유동부채 합계			740
비유동부채:			
장기차입금		1,500(FV)	
회사채		5,440(FV)	
비유동부채 합계			6,940
부채총계			7,680
자 본 금			10,935
부채 및 자본총계			18,615

* FV = 액면가액(Face Value), LCM = 저가법(Lower of Cost or Market), NRV = 순실현가능가액(Net Realizable Value), OC = 취득원가(Original Cost), PV = 현재가치(Present Value), NBV = 순장부가액(Net Book Value), FMV = 공정시장가치(Fair Market Value).

장기차입금이나 회사채 같은 비유동부채들은 현재가치로 평가된다. 이 계정들이 나타내고 있는 금액들은 이들 계정과 관련된 미래현금흐름의 양과 시기가 결정된 후 여기에 화폐의 시간적 가치 개념을 적용시켜 계산된 결과이다.

재무상태표상 주주지분을 나타내는 자본금은 특정한 평가방법이 적용되지 않는다. 이 금액은 기업의 총자산 중 채권자들의 몫을 제외하고 남은, 주주들에 대한 잔여지분을 나타내는 부분이며, 기업의 장부가치를 말해 주는 부분이기도 하다. 다시 말하면 주주지분(자본금)이란 기업의 총자산에서 총부채를 차감하고 남은 부분을 말한다. 이에 대한 자세한 논의는 다음 장에서 다루어질 것이다.

독자들은 이쯤에서 손익계산서에 나타나는 수익과 비용에 대한 평가기준은 왜 토의하지 않나 궁금하게 여길지도 모른다. 손익계산서에 나타나는 항목들은 각각 하나 이상의 재무상태표 항목들과 연관되어 있고, 재무상태표상의 금액변화는 손익계산서의 수익과 비용에서 그 원인을 찾을 수 있기 때문에 손익계산서의 항목들은 분리해서 그 평가기준을 얘기하지 않을 따름이다. 또 손익계산서 항목들의 수명은 고작해야 1년이기 때문에 그 평가기준이 복잡할 이유도 없다.

제7절 기업회계기준의 생성

IFRS ACCOUNTING PRINCIPLES

1. 기업회계기준의 역사

한국 기업회계기준의 효시는 1958년 6월, 당시 재무부장관의 자문기구였던 재정금융위원회의 기업회계준칙 제정분과위원회가 중간보고의 형태로 공표한 「기업회계원칙」이다. 실무에 필요한 「재무제표규칙」은 동년 7월에 재무부 고시로 발표되었다. 그 후 기업공개정책의 영향으로 상장법인의 수가 크게 늘면서 1974년에는 대통령령으로 「상장법인 등의 회계처리에 관한 규정」이 제정되었고 1975년에는 재무부령으로 「상장법인 등의 재무제표에 관한 규칙」이 공포되었다. 한국공인회계사회는 동규정의 시행에 따른 실무계의 질의를 처리하기 위하여 1974년부터 1981년까지 10개의 의견서와 135개의 사례를 발표하였다.

1980년 12월에는 「주식회사의 외부감사에 관한 법률」이 제정되었고 동법 제13조와 동법 시행령 제 6 조의 규정에 따라 증권관리위원회는 종전의 모든 규정을 대체하는 전문 9장 133조로 구성된 「기업회계기준」을 1981년 12월에 공포하였다. 기업회계기준은 1997년까지 9차의 개정을 거치면서 발전하였으나 정부의 정책 목적에 따라 일관성이나 국제적 정합성 없이 빈번하게 변경되었다는 비판을 받았다.

또한 기업회계기준이 법조문의 형식으로 되어 있어 해석이나 적용상의 편차가 있었으며 국제적인 비교도 어려웠다. 1998년에는 기업회계기준의 제정주체가 금융감독위원회로 바뀌었으며 같은 해 10월에는 30대 기업진단에 적용되는 「기업집단결합재무제표준칙」이 제정되었고, 12월에는 국제회계기준과 합치할 목적으로 기업회계기준이 전면 개정되었다.

2. 현행 기업회계기준의 구조

오늘날 우리가 살아가는 경제환경은 정보화와 세계화의 추세를 거스를 수 없는 상황이다. 인터넷을 중심으로 이루어지는 전자상거래 비중이 커지면서 재화나 용역의 흐름에는 사실상 국경이 없어졌다. 그 결과 국가간 자본의 이동과 투자도 과거에는 상상할 수 없는 규모로 커지고 있다.

이런 이유로, 세계적으로, 동일한 거래에 대해서는 동일한 방식으로 표현하는 것이 바람직하겠다는 국제적 합의가 이루어져 가고 있다. 특히 2002년 미국의 재무회계기준위원회(FASB)와 국제회계기준위원회(IASB)가 “세계적으로 통용되는 하나의 고품질 회계기준”을 만들기 위해 각자의 기준을 2009년까지 일정부분 합치시키기로 하는 Norwark협약을 발표함에 따라 국제회계기준의 통일화가 더욱 촉진되고 있다.

현재 국제회계기준(International Financial Reporting Standards: IFRS)은 런던에 소재하고 있는 국제회계기준위원회(International Accounting Standards Board: IASB)에 의해 제정되고 있으며, 미국은 2009년부터 자국에 상장하고 있는 외국기업에 국제회계기준의 사용을 조건 없이 허용하였다. 이어 한국, 캐나다, 인도, 브라질 등이 2011년부터 국제회계기준을 수용하였고, 세계 약 110여 개 국가들이 앞으로의 수용계획을 밝히고 있다.

전세계적으로 국제회계기준이 공동 수용되면 국적에 관계없이 기업간 재무제표의 비교가능성은 증가하고 각 기업이 내놓는 회계정보의 신뢰도도 또한 개선될 것이다. 이는 궁극적으로 국제자본시장에서의 투자를 국경 없이 효율적으로 이루어지도록 도와주는 결과를 가져다 줄 것이다.

3. 한국회계기준원

한국의 기업회계기준은 한국 경제의 성장과 함께 계속하여 발전하여 왔으나 동기준의 제정 권한이 증권관리위원회나 금융감독위원회 등 정부 부처에 있었기 때문에 정부의 정책 목적에 지나치게 영향을 받았다는 평가를 받았다.

1998년 9월 한국 정부와 세계은행은 회계정보의 신뢰성과 기업경영의 투명성 제고를 위하여 독립된 민간 회계기준제정기구를 설립하기로 합의하였다. 이에 따라 1999년 6월 30일에 한국증권거래소와 대한상공회의소를 비롯한 13개 회원사가 참여하여 한국회계연구원의 설립을 위한 발기인 대회 겸 창립 총회를 가졌고 1999년 9월 1일자로 한국회계연구원이 개원되었다.

2000년 1월 12일에는「주식회사의 외부감사에 관한 법률」제13조 제4항이 신설되어 금융감독위원회가 회계처리기준에 관한 업무를 전문성을 갖춘 민간 법인 또는 단체에 위탁할 수 있는 근거가 마련되었다.

금융감독위원회는 이해관계인의 보호, 국제적 회계처리기준에의 합치 등을 위하여 필요하다고 인정되는 때에는 회계처리기준의 내용을 수정할 것을 요구할 수 있고 회계기준 제정기관은 정당한 사유가 없는 한 이에 응해야 한다. 동법 시행령 제7조의 2에서는 회계기준 제정기관으로 한국회계연구원을 지정하였고 이에 따라 한국회계연구원은 2000년 7월 27일부터 기업회계기준의 제정, 개정, 해석과 질의 회신 업무를 수행하게 되었다.(한국회계연구원은 2006년 3월부터 명칭을 한국회계기준원으로 바꾸었다.)

한국회계기준원은 정관의 규정에 따라 그 내부에 한국회계기준원의 원장이 겸임하는 위원장 1인, 상임위원 1인과 5인의 비상임위원으로 구성된 회계기준위원회를 설치하고 이를 통하여 상기 업무를 수행한다.

또한 회계기준위원회의 상임위원과 19인의 비상임위원으로 구성된 회계기준자문위원회가 설치되어 새로운 기업의 회계기준 등의 필요성, 기존에 공포된 기업회계기준 등의 재검토 필요성, 기업회계기준 등의 제·개정안, 회계기준위원회의 구조 및 운영절차, 회계기준위원회 연구과제팀의 조직과 구성 등에 대한 자문을 회계기준위원회에 제공한다.

4. 기업회계기준의 제정 절차

회계기준위원회는 자체적인 심의 결과, 의견조회기관의 요청이 있는 경우, 그리고 학계나 업계의 문제 제기 등이 있고 또한 필요성이 인정되는 경우에 기업회계기준의 제정 또는 개정 계획을 수립한다. 한국회계기준원은 이를 위하여 필요한 경우에는 사안별로 과제연구팀을 구성하여 조사연구업무를 수행하고 기업회계기준서 등의 제·개정을 위한 토론서(Discussion Paper)를 발간한다. 토론서에 대한 검토와 외부의 의견을 바탕으로 하여 한국회계기준원의 조사연구실은 기업회계기준 등의 제·개정 작업의 배경, 관련 규정, 대안별 주장의 근거와 문제점 등이 포함된 기업회계기준서 등의 초안을 회계기준자문위원회의 검토를 거쳐 회계기준위원회에 제출한다.

회계기준위원회는 기업회계기준서 등의 초안을 심의한 뒤 최종적으로 확정, 공포할 형식으로 공개초안(Exposure Draft)을 의결하고, 이를 최소한 30일 동안 인터넷 통신망, 간행물 등을 통하여 예고하며 의견 조회 기관을 비롯한 이해관계자들의 검토 의견을 구한다. 회계기준위원회가 필요하다고 인정하는 경우에는 이해관계자 및 전문가의 의견을 청취하기 위하여 공청회를 개최한다. 공개초안에 대하여 예고 기간 중 제출된 검토 의견 및 공청회에서 청취된 의견은 회계기준위원회에서 검토하여 최종안에의 반영 여부를 결정한다.

회계기준위원회의 의결은 재적위원 과반수의 찬성으로 하며 소수 의견이 있는 경우에는 기준서의 말미에 그 내용을 밝힌다. 회계기준위원회의 심의를 거쳐 확정된 기업회계기준의 제정안 또는 개정안은 금융감독위원회에 보고되고 일반에게 공포된다.

제8절 수익인식의 원칙

IFRS ACCOUNTING PRINCIPLES

수익인식의 원칙을 잘 이해하기 위해서는 **그림 5-1**과 같이 재화나 서비스의 판매과정을 ① 수주, ② 제작, ③ 고객에게 인도, ④ 대금의 회수의 네 단계 과정으로 나누어 보는 것이 도움이 된다. 이 네 단계가 생산/판매의 완벽한 순환을 나타내 준다.

수익인식의 원칙은 위의 네 단계 중 어느 시점에서 재화나 용역의 판매를 통한 수익이 인식되어야 하는가(즉 장부에 기록되어야 하는가)를 결정하는 데 도움을 주는 원칙이다. 가장 보편적인 시점은 세 번째 단계인 상품이나 서비스가 고객에게 인도되는 시점이다. 이 시점이 대체로 수익의 획득과정이 완료된 시점이고 장부에 기록할 수 있는 권한이 생긴 시점이다. 즉 발생기준을 기본으로 하는 경우에 수익을 인식하기 위하여 다음의 두 조건을 만족시켜야 한다.

① **실현(realized)기준** 실현이란 현금을 받았거나 또는 현금청구권이 발생한 경우를 말한다.

② **가득(earned)기준** 상품이나 재화 또는 서비스를 제공한 경우를 말한다. 예를 들어 보험료를 미리 받은 경우 실현기준은 만족이 되었으나 아직 보험서비스를 제공하지 않았기 때문에 가득이 되지 않아 수익으로 인식할 수 없다. 이를 선수수익(unearned revenue)이라 함은 제3장 수정분개에서 배운 바 있다.

그러나 세 번째 단계만이 수익을 인식할 수 있는 것은 아니고 다른 세

단계들도 수익인식의 시점이 될 때도 있다.

예를 들면, 건설하는 데 4~5년씩 소요되는 교량공사를 맡은 건설회사의 경우, 준공 후에 수익을 인식하면 오랜 공사기간의 수익과 비용이 서로 대응되지 못하고 기업의 영업성과를 적절히 보여주지 못하기 때문에 공사진행률에 따라 수익을 인식하도록 하고 있다. 마찬가지로 자금회수가 불확실한 할부판매의 경우는 반대로 제품을 제공하였지만, 현금을 회수할 때까지는 수익을 인식하지 않고 있다. 이러한 관계를 보면 **그림 5-1**과 같다.

그림 5-1 수익인식 시점

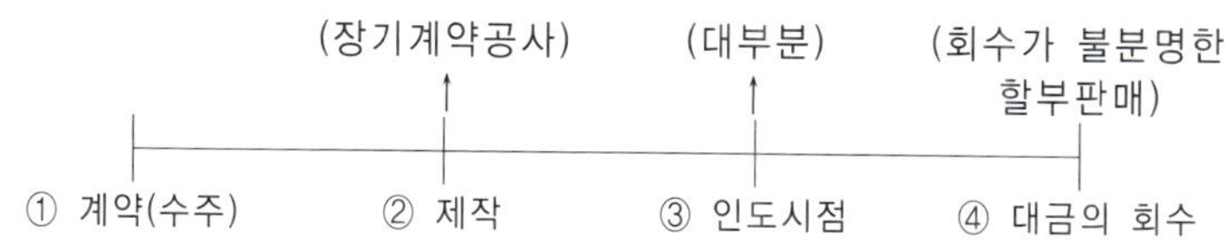

그러므로 수익인식의 원칙은, 어떤 거래가 수익으로서 장부에 기록될 수 있으려면 다음의 네 가지 조건을 만족시켜야 한다는 것을 의미한다.

① 생산과 판매절차의 상당부분이 완료되었을 것
② 수익금액이 객관적으로 측정될 수 있을 것
③ 비용의 대부분이 이미 발생했고, 아직 발생치 않은 나머지 비용들도 합리적으로 추정될 수 있을 것
④ 현금의 회수가 확실시 될 것

익힘문제

01 재무회계의 기본적 가정의 개념 및 그 한계점에 대하여 서술하시오.

02 재무상태표 항목의 금액을 결정하는 네 가지 평가기준에 대하여 설명하시오.

03 회계실무의 지도원리인 회계원칙에는 어떠한 것들이 있는지 상술하시오.

04 회계적 거래가 수익으로서 인식되기 위한 조건을 설명하시오.

05 기본적인 회계원칙의 예외로서 중요성과 보수주의가 있다. 이들에 대하여 예를 들어 설명하시오.

06 자산평가에서 취득원가를 강조하는 이유는 무엇인가?

07 재무상태표의 평가가 전통적인 역사적 원가주의에서 점차 시가주의로 전환하게 된 이유는 무엇일까?

08 재무상태표의 주요항목 중 역사적 원가주의를 사용하지 않는 계정들의 예를 들어보시오.

연습문제

01 어떤 주식회사가 일반물가수준이 6%나 증가하는 회계기간 내내 20,000원의 현금을 보유하고 있었다고 가정하자. 그러면 이 회사는 회계기간 말에 구매력이 20,000원 이상이 될까 아니면 그 이하가 될까? 그런 손익이 이 회사 재무제표에 반영될까? 그렇다면 왜 그럴까? 그렇지 않다면 왜 그럴까?

02 아래의 자산계정과 부채계정 각각에 대하여 쓰여진 평가기준을 선택해 보시오. 한 개 이상의 평가기준을 사용할 수 있는 자산과 부채도 있다.

	취득원가	공정시장가치	현가	대체원가
현 금				
단기매매금융상품				
재고자산				
선급비용				

매도가능금융상품
받을어음
기계장치
설　비
토　지
무형자산
단기부채
장기부채

03 다음은 각각 독립적인 상황이다. 각 상황에 적용되는 회계의 기본개념을 말하시오.

(1) 가구를 전문으로 판매하는 (주)해피 퍼니처는 가구를 판매하고 판매가는 매출수익으로 그리고 그 원가는 매출원가로 기록한다.

(2) (주)이문은 비품을 구입하고 그 구입가액이 매우 적어서 자산으로 기록하지 않고 비용인 비품비 계정에 기록하였다.

(3) (주)톰과 (주)제리는 지배회사와 종속회사의 관계이다.
이들 회사는 두 회사의 개별재무제표에도 불구하고 두 기업을 하나의 실체로 보아 연결재무제표를 작성하였다.

(4) (주)우리건설은 용역제공을 완료하였으나 이때 수익을 인식하지 않고 관례에 따라 대금청구일에 수익을 인식하였다.

(5) (주)원래는 기계장치를 수입하고 그 취득원가를 자산으로 기록하고 또 기말에 그 일부를 감가상각비라는 비용으로 처리하였다.

(6) (주)관계는 계열회사의 자금차입에 관한 지급보증 사실을 재무제표에 주석으로 공시하기로 결정하였다.

(7) (주)부실은 2015년도에 아파트에 건설공사를 시작하였고 2018년 초에 공사와 관련하여 20,000,000원의 공사손실이 발생할 것을 예측하고 공사손실 충당금 20,000,000원을 설정하였다.

(8) 오락기기 판매업체인 (주)재밌다는 소모품을 구입할 때마다 그 금액을 소모품비라는 비용계정에 기록하였다.

(9) (주)이연은 현금수입액의 일부를 차기 이후에 수익으로 인식하기 위하여 선수수익으로 계상하였다.

04 정동진사는 2014년 12월 1일에 계약가격 8,000원에 삼척사에서 4,000개의 조명기구를 주문했다. 삼척사는 이듬해 1월 17일에 조명기구 제조를 완수했고 2월 9일에 정동진사에 배달했다. 삼척사는 3월 14일에 정동진사로부터 8,000원짜리 수표를 받았다.

요구사항

a. 삼척사가 월차 손익계산서를 준비한다고 가정하자. 삼척사는 어느 달에 매출에서 얻은 8,000원의 수익을 인식해야 하는가? 넉 달 동안 기록될 분개를 행하시오.

b. a에서의 답을 수익 인식의 4개 기준의 관점에서 설명하시오.

c. 조건이 허락한다면 수익이 당신이 a에서 택한 달과 다른 달에 인식될 수도 있는가?

d. 삼척사의 경영진이 수익 인식의 시기에 여러 관점을 가지는 이유를 들어 보시오.

05 대형교량 건축회사인 대교사는 2년간에 걸쳐서 낙동강에 교량을 건설했다. 교량의 계약가격은 600,000원이었다. 회사가 부담한 원가와 경상남도가 2년간에 걸쳐서 낸 대금은 다음과 같다.

	1차 기간	2차 기간	합 계
건축회사가 부담한 원가	300,000원	100,000원	400,000원
경상남도가 낸 대금	400,000원	200,000원	600,000원

요구사항

a. 다음 가정하에서 두 기간의 건축회사에 대한 손익계산서를 작성하시오.

(1) 수익은 사업 말미에 인식된다.

(2) 수익은 건축회사가 부담한 원가에 비례하여 인식된다.

(3) 수익은 대금을 받을 때 인식된다.

b. 각각의 가정하에서 2년간에 걸친 총 순이익을 계산하시오.

06 형제사는 2014년 1월 1일에 30,000원을 주고 소형 용달 트럭을 매입했다. 그들은 트럭의 수명은 5년이라고 추정하고 정액법을 써서 전체원가를 감가상각하려고 했다.

요구사항

a. 일반적으로 인정된 회계원칙에 입각하여 각 연도 말에 필요한 금액을 결정하시오.

	2014	2015	2016	2017	2018
취 득 원 가					
감가상각비					
감가상각누계액					
순장부가액					

b. 왜 트럭의 원가를 비용화하지 않고 자본화하려고 했는가? 이런 결정을 할 때 재무회계의 어떤 기본 원칙에 근거하고 있는가?

c. 왜 원가의 일부분을 5년에 할당했는가? 이런 결정을 할 때 재무회계 측정의 어떤 기본 원칙에 근거하는가?

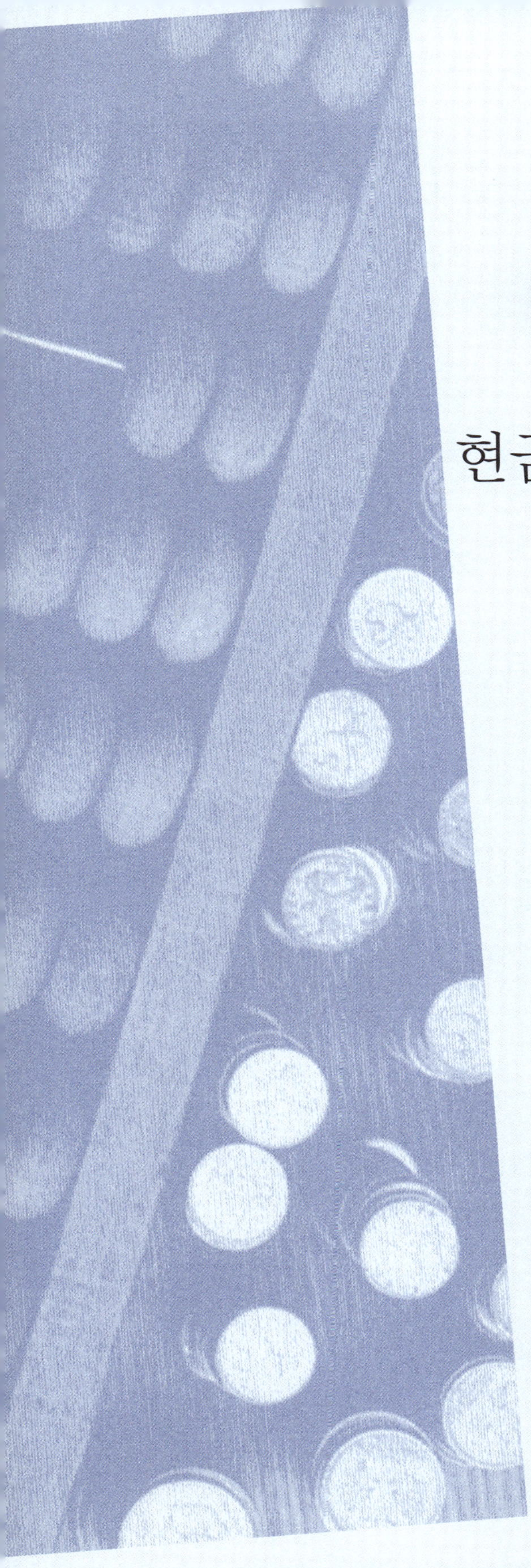

chapter 6

현금 및 단기금융자산

학 습 목 표

1. 유동자산에 속하는 현금 및 현금성자산과 단기금융자산에 대해 정의하고 이에 대한 회계처리방법을 논의한다.
2. 현금에 대한 관리와 통제방법을 배운다.
3. 소액현금과 은행계정조정에 대해 배운다.
4. 단기매매금융자산의 정의와 회계처리방법에 대해 배운다.

본서의 앞부분에서는 회계순환과정을 통하여 어떻게 재무제표가 작성되는지의 전체적인 흐름을 개괄적으로 살펴보았다. 앞으로 본 장 이후부터는 재무상태표와 손익계산서 등의 재무제표를 구성하고 있는 각 계정과목별로 세부적인 사항들을 살펴보기로 한다. 이 장 이후부터는 앞에서 배운 전체적인 회계순환과정과 전체재무제표의 구성항목 중 지금 논의하는 것이 어디에 속하는지를 동시에 염두에 두고 공부하는 것이 회계원리를 쉽고 효과적으로 터득하는 지름길이 될 것이다. 즉 세부항목을 공부하는 동시에 각 계정과목이 재무제표상 어디에 속하는 것인지를 생각해 보는 종합적인 시각에서의 공부가 요구된다.

표 6-1

신도주식회사
재무상태표
(2014년 12월 31일 현재)

Ⅰ. 자 산		Ⅱ. 부 채	
1. 유동자산		1. 유동부채	
(1) 당좌자산		2. 비유동부채	
① 현금 및 현금성자산		3. 이연부채	
② 단기금융자산		부채총계	×××
③ 단기매매금융자산			
④ 매출채권			
(2) 재고자산		Ⅲ. 자 본	
2. 비유동자산		1. 자본금	
(1) 투자자산		2. 자본잉여금	
(2) 유형자산		3. 이익잉여금	
(3) 무형자산		4. 자본조정	
		자본총계	×××
자산총계	×××	부채 및 자본총계	×××

표 6-1의 재무상태표에서 보는 바와 같이 유동자산에 관하여 3장에 걸쳐 공부할 것이다. 자산은 크게 유동자산과 비유동자산으로 나눌 수 있다. 이 중 유동자산은 당좌자산과 재고자산으로 나눌 수 있는데 6장과 7장에서는 당좌자산에 대하여, 8장에서는 재고자산에 대하여 살펴보기로 한다.

제1절 현금성자산과 단기금융자산

IFRS ACCOUNTING PRINCIPLES

유동자산이란 유동성이 있는 자산을 의미하는데, 이때 유동성이란 가까운 장래(흔히 1년 이내)에 현금으로의 전환가능성 정도를 의미한다. 다음에서 배울 현금이나 현금성자산, 단기금융자산, 단기매매금융자산, 매출채권, 재고자산은 현금화하기가 비교적 쉽기 때문에 유동성이 높다고 할 수 있다. 따라서 이러한 항목들을 유동자산이라 부른다. 이러한 유동자산은 크게 두 가지로 나누어지는데 당좌자산과 재고자산으로 분류된다.

표 6-2

신도주식회사
재무상태표
(2014년 12월 31일 현재)

차변		대변	
Ⅰ. 자 산		Ⅱ. 부 채	
1. 유동자산		⋮	
(1) 당좌자산			
① 현금 및 현금성자산			
② 단기금융자산			
③ 단기매매금융자산			
④ 매출채권			
⋮			
(2) 재고자산		Ⅲ. 자 본	
2. 비유동자산		⋮	
⋮			
자산총계	×××	부채 및 자본총계	×××

표 6-2에서 볼 수 있듯이 유동자산은 크게 당좌자산과 재고자산으로 나눌 수 있으며, 이 장에서는 이 중 당좌자산인 현금 및 현금성자산, 단기금융자산 및 단기매매금융자산에 대하여 살펴보기로 한다.

1. 현금 및 현금성자산의 정의

현금이란 기업의 보유자산 중 유동성이 가장 높은 자산으로서 대금의 지급수단으로 언제라도 사용할 수 있는 자산이다.

기업회계기준에서는 지폐와 동전인 통화와 더불어 당좌예금과 보통예금 그리고 현금성자산을 모두 묶어서 현금 및 현금성자산 계정으로 재무상태표에 표시하도록 하고 있다. 당좌예금과 보통예금은 현금이 은행에 보관되어 있다는 것뿐, 유동성은 현금과 동일하다고 볼 수 있다. 현금성자산(cash equivalent)이란 현금의 단기적인 운용을 목적으로 취득한 유동성이 높은 유가증권 및 단기금융상품을 의미한다. 기업은 당장에 필요하지 않은 현금은 잠시 이러한 유가증권에 투자하여 가격상승에 따른 차익이나 이자수익을 얻을 수 있다. 현금등가물에 포함되는 유가증권은 ① 큰 거래비용이 없이 현금으로의 전환이 용이하고, ② 이자율의 변동에 따른 가치변동이 작아야 한다. 예를 들어, 취득당시 유가증권의 만기가 3개월 이내에 도래하는 채권이나 3개월 이내에 상환조건인 환매채 등을 말한다.

주의할 것은 현금 및 현금성자산이라고 해서 모두 당좌자산은 아니라는 점이다. 예를 들어 외부자금 조달시 담보로 제공된 예금으로서 기업이 임의로 인출할 수 없는 예금이나, 보증금 성격의 예금 등을 들 수 있다. 이러한 특정현금과 예금의 예로는 장학금 지급에만 사용하도록 기증받은 특정기금이나 사채상환목적으로 설정된 감채기금, 자금차입에 대한 담보성 강제예금(compensating deposit) 등이 있다. 이러한 사용이 제한된 예금 중 재무상태표일로부터 1년 이내에 만기가 도래하는 예금은 단기금융상품으로 보며, 재무상태표일로부터 1년 이후에 만기가 도래하는 사용이 제한된 예금은 비유동자산 중 투자자산으로 분류한다. 그리고 사용이 제한된 특정현금과 예금은 그 사용제한 내역을 주석으로 기재하여야 한다.

2. 단기금융자산

기업이 단기적인 자금운용의 목적으로 보유하고 있는 단기예금, 그리고 위에서 언급한 사용이 제한된 예금들 중 만기가 3개월 이상 1년 이내에 도래하는 예금이나 금융상품을 단기금융자산으로 분류하여 표시한다. 이의 예는 다음과 같으며, 모두 만기가 재무상태표일 현재 3개월 이상부터 1년 이내에 속하는 것들이다.

① **단기예금**

② **기업어음**(CP: Commercial Paper) 기업이 물건을 사고 파는 정상적인 상거래와 관계없이 자금조달만을 목적으로 발행한 어음으로 금융기관에서 수수료를 받고 이를 투자자에게 판매한다.

③ **양도성 예금증서**(CD: Certificate of Deposit) 은행이 예금증서 소지인에게 원금 및 약정이자를 만기에 지급하는 확정이자 예금증서로 금융기관에서 유통된다.

④ **어음관리계좌**(CMA: Cash Management Account) 고객이 위탁한 예금을 투자금융회사가 유가증권이나 단기금융상품에 투자하여 수익을 올린 뒤 수수료를 차감한 수익을 고객에게 돌려주는 금융상품이다.

3. 당좌예금과 당좌차월

당좌예금이란 기업이 대금지급이 필요할 때마다 수표를 발행할 수 있도록 은행과 당좌거래약정을 체결하고 은행에 현금을 입금시켜 놓은 것을 말한다. 이러한 당좌예금계정은 기업이 현금을 입금시킬수록 증가하게 되며, 대금지급을 위해 수표를 발행할수록 감소하게 된다.

한편 당좌예금잔액을 초과하여 수표를 발행하는 경우가 있는데 이것을 당좌차월이라고 한다. 즉 기업이 거래은행과 당좌차월계약을 맺어 당좌차월한도액을 설정하여 이 한도액까지는 당좌예금잔액이 없더라도 수표를 발행할 수 있는 제도로서 개인고객의 마이너스통장과 비슷한 개념이다. 이러한 당좌차월은 당좌예금의 잔액이 마이너스(-)가 되었다는 것을 뜻하고 이런 상태에서 결산일을 맞게 되면 이는 단기차입금으로서 유동부채로 분류됨을 주의하여야 한다.

이러한 당좌예금과 당좌차월을 다음의 예제로 설명해 보기로 한다.

예제 6-1 당좌예금과 당좌차월의 회계처리

1. 동대문주식회사는 하나은행과 당좌차월계약(당좌차월 한도액 ₩700,000)을 체결하고 현금 ₩1,000,000을 예금하였다.

   (차) 당좌예금 1,000,000 (대) 현 금 1,000,000

2. 동대문주식회사는 신촌주식회사로부터 상품을 ₩800,000에 매입하고 하나은행 수표를 발행하여 지급하였다.

   (차) 매 입 800,000 (대) 당좌예금 800,000

3. 동대문주식회사는 신림주식회사로부터 상품을 ₩900,000에 매입하고 하나은행 수표를 발행하여 지급하였다.

   (차) 매 입 900,000 (대) 당좌예금 200,000
   당좌차월 700,000

4. 동대문주식회사는 행당주식회사에 상품을 ₩1,000,000에 매출하고 대금을 하나은행에 예금하였다.

   (차) 당좌차월 700,000 (대) 매 출 1,000,000
   당좌예금 300,000

4. 현금의 내부통제제도

(1) 현금관리(내부통제제도)

현금은 유동성이 가장 큰 자산으로 영업활동을 수행하면서 빈번히 다루게 된다. 따라서 유용 및 도난의 위험이 높고 장부상의 금액과 실제액 사이의 작은 차이도 중요하게 여겨지므로 이에 대한 체계적인 관리가 필요하다. 따라서 현금에 대한 기업의 내부통제구축이 필수적이며 이를 효과적으로 운영할 필요가 있다. 즉 현금의 유출입 승인, 이에 따른 문서화, 각 부서의 업무분장, 현금의 보관 등의 제도 구축과 운영이 요구되며 무엇보다도 현금을 취급하는 사람과 현금을 기록하는 사람간의 구분이 필수적이다. 많은 기업이 현금을 취급하는 자금부와 현금출납을 기록하는 경리부를 구분하는 것이 현금관리의 좋은 예이다. 이에 대한 자세한 내용은 회계감사를 공부할 때 다루어지므로 여기서는 간략하게 현금 운용에 관한 기본적인 내용과 이에 따른 제반 회계처리에 대하여 살펴보고자 한다.

(2) 소액현금제도

기업이 영업활동 등의 제반 활동을 수행하면서 가장 빈번히 겪는 일이 대금의 수취와 지불이다. 따라서 많은 양의 현금이 드나드는 것이 보통이다. 그러나 현금은 그 성격상 도난이나 분실의 위험이 높기 때문에 기업들은 가능한 한 통상적인 결제수단으로서 수표를 사용함으로써 업무를 간소화하고 현금취급에 따른 제반 위험을 최소화하고 있다.

그러나 기업의 영업활동 수행 중 자주 발생하는 작은 금액의 지출은 수표 발행이 오히려 비효율적일 수 있다. 즉 사무용품비나 종업원의 시내교통비 등의 지출은 수표발행이 번거로울 수 있다. 이러한 소액의 현금지출 업무를 원활히 수행하기 위해서 만들어진 제도가 소액현금제도인데, 이는 당좌예금에서 일정액의 현금을 인출하여 소액현금기금을 설정하고 이 기금으로 자잘한 현금지출에 대비하도록 하는 것이다.

이러한 소액현금제도에는 정액기금전도제와 부정액기금전도제가 있는데 이에 대하여 각각 살펴보자.

1) 정액기금전도제

정액기금전도제란 현금출납담당자가 소액현금기금에서 지출된 금액만큼을 정기적으로 채워 넣음으로써 소액현금기금이 일정액(정액)이 유지되도록 당좌예금계정에서 현금을 인출하여 보충시키는 제도이다. 즉 일정액을 일단 소액현금기금에 현금으로 전도한 후 일정기간마다 그 기간 동안 사용된 실제 사용액만큼의 자금을 보충해 주는 제도이다.

이에 대한 회계처리를 다음의 **예제 6-2**를 통하여 살펴보자.

예제 6-2 정액기금전도제

(주)숙명은 소액현금지출에 대비하여 2015년 초에 ₩2,500,000의 소액현금기금을 설정하였다. 그리고 이 회사는 매월마다 정기적으로 정액이 유지되도록 하는 정액기금전도제를 사용하고 있다. 즉 매월마다 각 월 중 사용된 현금만큼 보충해주고 있다. 다음의 자료는 (주)숙명의 2015년 1월의 자료이다.

2015년 1월 1일: 소액현금기금 ₩2,500,000을 예금계정에서 인출하여 설정하였다.

2015년 1월 중 소액현금지출액: ① 접대비 780,000 ② 여비교통비 320,000
③ 사무용품 850,000 ④ 잡 비 110,000

위의 자료를 이용하여 (주)숙명의 회계처리를 행하면 다음과 같다.

(2015년 1월 1일)

(차)	소액현금	2,500,000	(대) 당좌예금	2,500,000

(2015년 1월 31일)

(차)	접대비	780,000	(대) 당좌예금	2,060,000
	여비교통비	320,000		
	사무용품	850,000		
	잡 비	110,000		

위의 **예제 6-2**에서 보듯이 정액기금전도제에서는 일정기간 동안 사용된 소액현금 ₩2,060,000만큼을 보충해 주면 소액현금 잔액은 원래의 정액기금인 ₩2,500,000이 되는 것이다. 소액현금의 설정과 사용 및 보충절차를 그림으로 나타내 보면 **그림 6-1**과 같다.

그림 6-1 소액현금의 활용과정

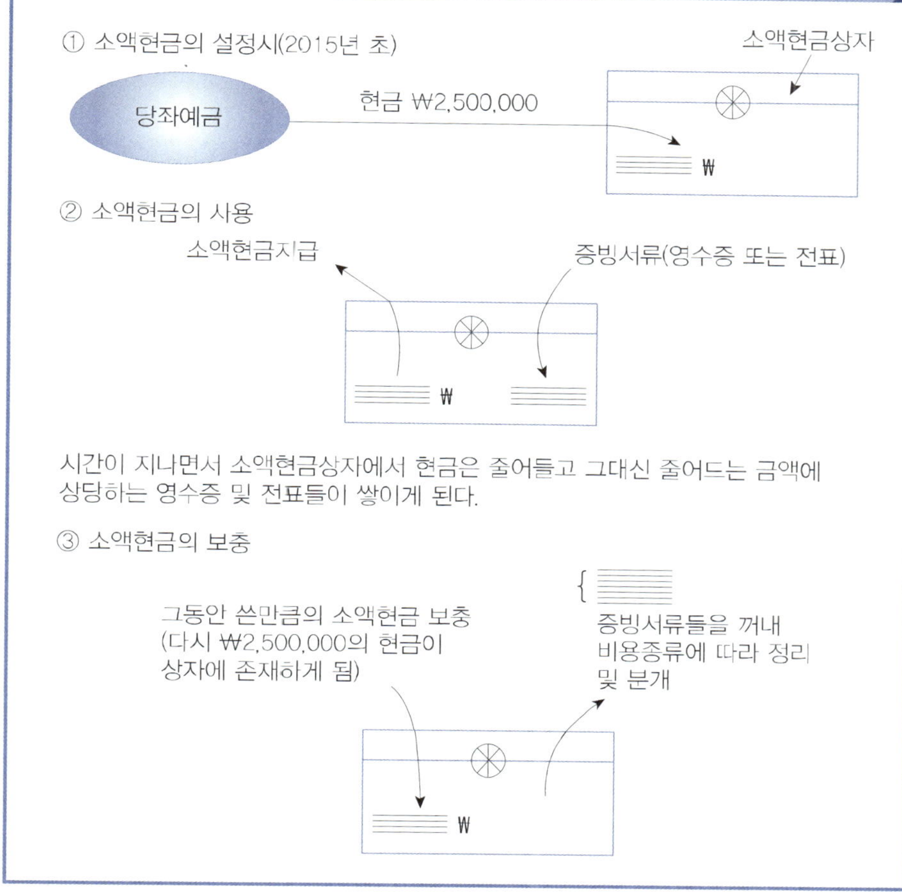

위의 예에서 볼 수 있듯이 소액현금기금의 보충시에 대변에 소액현금 계정이 사용되지 않았다는 점을 주목해 주기 바란다. 정액기금전도제하에서의 소액현금 계정은 오직 기금 설정시에나 기금을 해체할 경우의 분개시에만 나타나게 된다. 원래 소액현금의 지출에 대한 비용을 기록할 때 대변에 소액현금을 기록하고, 재충당시에는 동 금액이 차변에 기록되어야 하나 비용의 기록과 재충당이 동시에 동일한 금액으로 이루어지므로 결국 서로 상쇄되어 소액현금 계정을 이용할 필요가 없기 때문이다.

2) 부정액기금전도제

부정액기금전도제란 정액기금전도제와 달리 부정기적으로 소액현금이 부족해질 때마다 정액이 아닌 적당한 금액을 보충하는 제도이다. 소액현금기금의 잔액이 거의 없어질 때 수시로 금액을 보충시키기 때문에 수시보충제도라고도 한다. 다음의 **예제 6-3**을 이용하여 부정액기금전도제에 대하여 살펴보자.

예제 6-3 **부정액기금전도제**

앞의 **예제 6-2**의 연속이다. 다만 (주)숙명은 수시로 적당한 금액을 보충하는 부정액기금전도제를 사용하고 있다. 회사는 2015년 1월 30일에 소액현금기금 ₩2,800,000을 보충하기로 결정하였다. 이 경우 회계처리는 다음과 같다.

(2015년 1월 1일): 소액현금기금의 설정

(차)	소액현금	2,500,000	(대) 당좌예금	2,500,000

(2015년 1월 30일): 소액현금기금의 지출에 대한 분개. 주로 기금 보충시에 실시

(차)	접대비	780,000	(대) 소액현금	2,060,000
	여비교통비	320,000		
	사무용품	850,000		
	잡 비	110,000		

(2015년 1월 30일): 소액현금기금의 보충

(차)	소액현금	2,800,000	(대) 당좌예금	2,800,000

위의 **예제 6-3**에서 보듯이 부정액기금전도제는 수시로 보충하므로 2015년 1월 30일 소액현금잔액은 ₩3,240,000이 되며, 정기적으로 정액 잔액이 되는 정액기금전도제와는 서로 다르다는 것을 발견할 수 있다.

2015년 1월 30일 소액현금잔액 = 2,500,000 − 2,060,000 + 2,800,000
= ₩3,240,000

(3) 현금 과부족

기업의 경영활동 중에는 입출이 빈번한 현금의 실제 잔고와 현금의 장부상 금액이 일치하지 않는 경우가 생긴다. 이 경우에는 임시계정으로 현금 과부족 계정을 사용하는데 이러한 현금 과부족 계정은 가능한 한 결산일까지 그 과부족의 원인을 파악하여 해당 계정과목으로 대체하여야 한다. 만약 결산일까지도 그 원인을 알 수 없을 경우에는 이 계정의 잔액을 잡손익으로 처리한다. 다음의 **예제 6-4**를 통하여 현금 과부족의 회계처리를 살펴보자.

예제 6-4 현금 과부족

경희주식회사는 2015년 12월 10일에 현금잔고액을 실사하였는데 그 금액은 ₩4,500,000이었다. 반면에 회계부서에서 보고한 이 날의 장부금액은 ₩4,200,000이었다. 그리고 2015년 12월 31일에 현금차이 원인 중 이자수익 미계상액 ₩250,000을 발견하였다. 그리고 나머지 금액은 원인 규명이 되지 않았다.

(2015년 12월 10일)

(차) 현 금	300,000	(대) 현금 과부족	300,000

현금차이 금액=4,500,000−4,200,000=₩300,000

(2015년 12월 31일)

(차) 현금 과부족	300,000	(대) 이자수익	250,000
		잡이익	50,000

5. 은행계정조정표

기업은 현금과 예금계정을 정확히 관리하기 위하여 회계기말에 기업의 장부상 당좌예금잔액과 거래은행의 당좌예금잔액을 비교하여야 한다. 기업과 거래은행의 당좌예금잔액은 일치하지 않는 경우가 대부분인데, 이것을 조정하여 일치 여부를 확인하는 데 사용되는 표를 은행계정조정표라고 한다. 기업과 거래은행의 잔액이 서로 불일치하는 이유로는 부정이나 오류 때문일 수도 있으나 대부분 다음과 같은 기록시점의 불일치와 기업에는 통보되지 않은 채 은행이 처리해버린 수수료나 이자에 관련된 거래들 때문에 발생된다. 이를 각각 살펴보면 다음과 같다.

① **기발행 미결제 수표**(outstanding check) 기업측에서는 수표를 발행 지급하였으나 은행측에 이 수표가 아직 지급 청구되지 않아 은행측에서는 미기입한 경우이다. 이 경우 은행측에서 보면 당좌예금잔고가 과대계상되어 있는 경우이므로 은행측 잔액에서 차감되어야 한다.

② **미기록예금**(deposit in transit) 기업측에서는 예금한 것으로 기록하였으나 은행측에서는 아직 입금처리되지 않아 미기입한 경우이다. 이 경우 은행측에서 보면 당좌예금잔고가 과소계상되어 있는 경우이므로 은행측 잔액에 가산되어야 한다.

③ **은행수수료** 당좌예금거래로 인하여 은행이 기업에게 수수료를 부과하는 경우 이것을 은행수수료라고 한다. 그런데 기업이 은행으로부터 수수료차감통지를 받지 못한 경우 은행측 잔액에서는 차감되었으나 기업측 잔액은 차감되지 않아 기업측 잔액이 과대계상되어 있는 경우이므로 기업측 잔액에서 차감하여야 한다.

④ **이자수익 또는 이자비용** 당좌예금으로 인한 이자수익이나 당좌차월(차입금)로 인한 이자비용은 당좌예금잔액을 가감시키게 된다. 이 경우 은행이 계산한 이자수익이나 이자비용을 기업측에서 아직 통보받지 못한 경우 이를 기업측 잔액에 이자수익은 가산하고 이자비용은 차감하여야 한다.

⑤ **부도수표** 거래처 등으로부터 받은 타인발행의 수표를 거래은행에 예입시켰으나 수표발행인의 예금잔액이 부족하여 상대방 은행이 거래은행에 지급을 거절하고 수표를 반송해 올 경우 이는 부도수표가 된다. 기업이 이러한 사실의 통보를 받지 못한 경우 기업측에서는 예금잔액을 차감하지 않았을 것이고 기업측 현금잔액은 과대계상되어 있는 경우이므로 기업측 잔액에서 차감하여야 한다.

⑥ **기타 오류** 은행측에서나 기업측에서는 종업원 등의 실수로 장부에 기장오류를 범할 수 있다. 이러한 경우 은행측의 오류는 은행측의 잔액에 가감하여야 하며, 기업측의 오류는 기업측의 잔액에 가감되어야 한다.

다음 **예제 6-5**를 통하여 앞에서 설명한 것을 살펴보자.

예제 6-5 은행계정조정표의 작성

다음은 안암주식회사의 2014년 12월 31일 현재의 당좌예금과 관련된 자료이다.

안암주식회사 당좌예금의 장부상 금액: ₩120,000

동대문은행 은행계정명세서상의 잔액: ₩87,000

안암주식회사의 회계부장이 은행계정조정표를 작성하는 과정에서 다음의 사실이 있음을 발견하였다.

① 2014년 12월 31일에 회사가 은행에 ₩45,000을 입금하였으나 은행측에서 입금으로 표시하지 아니하였다.

② 2014년 12월 31일에 은행수수료가 ₩3,000이 발생하였으나 회사측에서는 이를 기록하지 아니하였다.

③ 2014년 12월 31일 현재 기발행미결제수표는 ₩19,000이다.

④ 12월 중 부도처리된 수표금액은 ₩23,000이나 회사측에서는 아직 기록하지 않고 있다.

⑤ 2014년 12월 28일에 은행측이 회사 대신 회수한 외상매출금 금액이 ₩9,000이나 회사측에서는 아직 기록하지 않고 있다.

⑥ 회사측에서는 물품구입비를 지급하기 위하여 수표를 ₩8,800을 발행하였으나 회계담당자의 오류로 인하여 ₩18,800으로 기록하였다.

이상의 자료를 이용하여 안암주식회사의 2014년 12월 31일 현재 은행계정조정표를 작성하면 다음과 같다.

은행계정조정표

(주)안암 2014년 12월 31일

1. 회사장부상 금액		₩120,000	1. 은행측 잔액		₩ 87,000
2. 가산			2. 가산		
⑤ 미기입예금	₩9,000		① 미기록예금	₩45,000	45,000
⑥ 회사측기입오류	10,000	19,000			

3. 차감			3. 차감		
② 은행수수료	3,000		③ 미결제수표	19,000	(19,000)
④ 부도수표	23,000	(26,000)			
조정 후 잔액		₩113,000	조정 후 잔액		₩113,000

이러한 은행계정조정표를 작성한 후 회사는 회사측의 장부잔액을 올바르게 조정하여야 한다. 이를 위하여 수정분개를 실시하는데 주의할 점은 회사측의 잔액 수정사항에 한하여 수정분개를 한다는 점이다. 위의 은행계정조정표를 기초로 하여 수정분개를 하면 다음과 같다.

(차) 지급수수료	3,000	(대) 당좌예금	3,000	… ②
(차) 부도수표	23,000	(대) 당좌예금	23,000	… ④
(차) 당좌예금	9,000	(대) 매출채권	9,000	… ⑤
(차) 당좌예금	10,000	(대) 물품구입비	10,000	… ⑥

제2절 단기매매금융자산

IFRS ACCOUNTING PRINCIPLES

기업이 현금을 많이 보유하고 있을 때 이러한 초과 현금을 주식, 사채, 국공채 등에 투자하여 투자수익을 얻거나 이자나 배당수익을 얻을 수 있다. 이러한 주식, 사채 등을 유가증권이라 하는데 기업회계기준에서는 시장성 있고 일시적 소유목적으로 보유하는 것을 단기매매금융자산으로, 그 외의 것을 매도가능금융자산이나 만기보유금융자산으로 분류하고 있다.

단기매매금융자산은 유동자산 중 당좌자산에 포함되며 매도가능금융자산이나 만기보유금융자산은 투자자산으로 분류된다. 본 절에서는 당좌자산에 해당되는 단기매매금융자산에 대하여 알아보고 투자자산에 속하는 금융자산들은 제9장에서 공부하기로 한다.

1. 단기매매금융자산의 의의와 분류

유동자산에 포함되는 단기매매금융자산이란 다음의 두 가지 조건을 모두 충족하는, 기업이 보유하고 있는 주식, 사채, 국공채 등을 의미한다.

첫째, 시장성이 있어야 한다. 시장성이란 기업이 언제든지 시장에서 해당 증권을 시장가격으로 처분하여 현금화할 수 있다는 것을 의미한다.

둘째, 일시적 소유목적으로 보유하여야 한다. 이는 결산일 후 1년 이내에 처분할 목적으로 보유하는 단기적 자금운용목적의 증권을 가리킨다.

위의 두 가지 조건을 충족하지 않는 증권은 유동자산이 아닌 투자자산으로 분류된다.

단기매매금융자산은 그 형태에 따라 지분형 금융자산(주식형 유가증권)과 채무형 금융자산(회사채형 유가증권)으로 분류할 수 있다. 지분형이란 타기업이 자기자본조달목적으로 발행한 주식 등을 말하며, 채무형이란 타기업이 타인자본조달목적으로 발행한 사채 등을 의미한다.

2. 단기매매금융자산의 취득과 처분

단기매매금융자산을 취득하였을 때에 장부에는 유가증권의 취득시 지급한 대가, 즉 역사적 원가로 기록한다. 즉 유가증권의 취득에 따르는 구입가격 및 제비용을 합하여 단기매매금융자산의 원가로 본다. 예를 들어 유가증권 취득시에 직접적으로 발생하는 매입수수료, 등록세 등의 비용도 단기매매금융자산의 취득원가에 포함하여 자산화시킨다.

다음의 **예제 6-6**을 이용하여 단기매매금융자산의 취득과 처분에 따르는 회계처리를 살펴보자.

예제 6-6 단기매매금융자산의 취득과 처분

(주)기필은 2015년 4월 1일에 (주)성식의 발행주식 10주를 ₩250,000에 취득하고 취득에 관련된 수수료 ₩5,000을 현금으로 지급하였다. 그리고 2015년 11월 30일에 (주)성식으로부터 주당 ₩1,000의 배당금을 지급받았다. 그 후 2015년 12월 5일에 (주)성식의 주식 5주를 주당 ₩30,000에 처분하였다.

위와 관련된 분개를 하면 다음과 같다.

일자	차변	금액	대변	금액
4월 1일:	(차) 단기매매금융자산	255,000	(대) 현금	255,000
11월 30일:	(차) 현 금	10,000	(대) 배당금수익	10,000
	1,000×10주=10,000			
12월 5일:	(차) 현 금	150,000	(대) 단기매매금융자산	127,500
			단기매매금융자산처분이익	22,500

단기매매금융자산 장부가액=255,000×(5/10)=127,500

사채와 같은 채권형 유가증권의 회계처리도 위와 같은 주식형 유가증권의 회계처리와 마찬가지로 처리하면 된다. 다만 배당금수익이 이자수익으로 바뀌는 것만 차이가 날 뿐이다.

3. 단기매매금융자산의 평가

많은 자산은 원칙적으로 취득원가로 기록되며 기말에 그 자산의 시가가 변동되더라도 객관적인 검증이 어려우면 역사적 취득원가로 보고된다. 이러한 역사적 원가주의에 대한 예외사항이 몇 가지가 있는데 유가증권의 평가가 여기에 포함된다.

기업회계기준에 따른 유가증권 평가를 살펴보면 주식이나 사채에 관계없이 모두 재무상태표일 현재의 공정가치로 평가하도록 하고 있다. 여기서 공정가치(또는 공정가액)라 함은 합리적인 판단력과 거래의사가 있는 독립된 당사자간에 거래될 수 있는 교환가격을 말한다. 주식이나 사채를 평가함에 있어 시가를 공정가액으로 보는 경우에는 재무상태표일 현재의 종가를 뜻한다. 다만, 재무상태표일 현재의 종가가 없는 경우에는 직전거래일의 종가를 사용한다.

단기매매금융자산을 시가로 평가하는 경우 단기매매금융자산의 취득원가(또는 장부가액)와 시가와의 차이는 단기매매금융자산평가손익으로 계상하며, 이것은 손익계산서상 영업외 비용(수익)으로 보고한다. 즉 단기매매금융자산의 기말시가가 취득원가(또는 장부가액)보다 높은 경우에는 단기매매금융자산평가이익으로 계상하고 단기매매금융자산의 장부가액을 직접 증가시킨다. 반면에 시가가 취득원가(또는 장부가액)보다 낮은 경우에는 단기매매금융자산평가손실로 보고하고, 단기매매금융자산의 장부가액을 감소시킨다. 다음의 **예제 6-7**을 가지고 단기매매금융자산 평가에 따른 회계처리를 알아보자.

예제 6-7 **주식형 단기매매금융자산의 평가***

(주)창근은 2014년 12월 3일에 (주)신촌의 주식 10주를 일시보유목적으로 ₩500,000에 취득하였다. 그리고 2014년 말 (주)신촌 주식의 시가는 ₩510,000이었으며, 2015년 2월 10일에 이 10주를 ₩450,000에 처분하였다.

위의 자료를 가지고 분개를 행하면 다음과 같다.

(취득시)

2014년 12월 3일:

(차) 단기매매금융자산	500,000	(대) 현 금	500,000

(기말평가시)

2014년 기말:

(차) 단기매매금융자산	10,000	(대) 단기매매금융자산평가이익	10,000

(처분시)

2015년 2월 10일:

(차) 현 금	450,000	(대) 단기매매금융자산	510,000
단기매매금융자산처분손실	60,000		

* 여기서는 한 종류의 주식을 취득한 예를 제시하고 있으나 여러 종류의 주식을 보유한 경우에는 평균법(총평균법 또는 이동평균법)을 적용하여 종목별로 단위당 취득원가를 산정하여야 한다.

익힘문제

01 현금계정에 기록될 항목은 어떤 것인가?

02 정액기금전도제와 부정액기금전도제를 비교 설명하시오.

03 은행계정조정표를 작성하는 목적은 무엇인가?

04 은행예금에 대해 회사측의 잔액과 은행측의 잔액이 일치하지 않는 원인은 무엇인가?

05 단기금융자산의 종류에 대해 설명하시오.

06 단기매매금융자산의 분류기준은 무엇인가?

07 기업회계기준에 의한 유가증권 평가방법을 설명하시오.

연습문제

01 다음은 (주)성진의 거래중의 일부이다.

1월 8일 외상매출금 ₩300,000을 현금으로 회수하다.
9일 1월 8일에 회수한 현금 전부를 당좌예금하다.
15일 상품을 매출하고 대금 중 ₩200,000은 현금으로 받고 나머지 ₩200,000은 외상으로 하다.
20일 외상매입금 중 ₩100,000을 현금으로 지급하다.
27일 상품을 매입하고 대금 ₩400,000을 수표로 발행하여 지급하다(이 회사는 당좌차월 계약을 체결하고 있으며 현재 예금잔액은 ₩300,000이다).
31일 현금 ₩100,000을 당좌예금하다.

요구사항

위의 거래를 모두 분개하시오.

02 2015년 9월 30일 (주)세진의 은행계산서와 당좌예금에 대한 9월의 원장내용은 다음과 같다.

은행계산서

	수표발행	예 금	잔 액
9월 1일 잔액			10,200
9월 중 기입된 예금		54,000	64,200
9월 중 지급된 예금	54,600		9,600
부도수표	160		9,440
은행수수료	200		9,240
9월 30일 잔액			9,240

당 좌 예 금

9월 1일	10,200	9월 수표발행	55,600
9월 예금	59,000		

〈추가자료〉

① 회사측에서 매출대금을 54,000을 받아 입금시켰으나 59,000으로 잘못 계상했다.

② 9월 30일 현재 기발행미결제수표는 1,000이다.

요구사항

a. 은행계정조정표를 작성하시오.

b. 은행계정조정표의 작성결과 당좌예금에 대한 수정분개를 하시오.

03 내부감사인인 재경씨는 8월 31일 현재의 당좌예금잔액을 조정하려고 하나, 담당자로부터 당좌예금잔액에 대한 자료제출을 거부당했다. 수소문 끝에 그는 은행측의 예금잔액이 ₩4,165,040이라는 사실과 함께 회사와 은행과의 다음과 같은 회계처리 차이가 있음을 알아냈다.

(1) 은행에서 지급되지 않은 수표(기발행미결제)가 ₩1,056,500이 있다.

(2) 광고비 지급을 위해 발행한 ₩78,000의 수표에 대해 ₩87,000으로 회사측이 잘못 기록하였다.

(3) 은행측이 아직 예입으로 기록하지 않은 금액이 ₩300,000이 있다.

(4) 은행에서 8월 중에 차감한 추심수수료 ₩12,000과 추심하여 입금된 외상매출금 ₩200,000이 회사측에서는 기록되지 않았다.

(5) 이 외에는 조정차이가 없다고 재경씨는 확신하고 있다.

요구사항

a. 조정 후의 올바른 잔액은 얼마인가?

b. 조정하기 전 회사측의 당좌예금계정잔액은 얼마인가?

04 다음은 (주)지은의 주식형 단기매매금융자산에 관련된 정보이다.

(1)

날짜	적요	수량	단가	금액
2014. 11. 1	A회사 주식 구입	10	10,000	100,000
2014. 11. 20	B회사 주식 구입	5	20,000	100,000
2014. 12. 4	C회사 주식 구입	8	15,000	120,000
2014. 12. 14	A회사 주식 구입	5	16,000	80,000
2014. 12. 20	C회사 주식 구입	2	23,500	47,000

기타사항: 12월 20일에 C회사 주식을 구입할 때 취득 수수료가 1,000원 발생하였으며 위의 단가에는 이 금액이 포함되지 않았다.

(2) 2014년 말 각 주식의 시가는 다음과 같다.

A회사 주식	10,500
B회사 주식	19,000
C회사 주식	21,000

(3) 2015년 3월 2일에 2014년 11월 1일에 구입했던 A회사 주식 10주를 주당 13,000원에 매각하였다.

요구사항

a. 구입일자별로 분개를 하시오.

b. 기말평가시 분개를 하시오.

c. 처분시 분개를 하시오.

05 다음을 보고 재무상태표에 현금으로 표시될 금액을 구하시오.

우 표	3,000	우편환증서	5,900
타인발행 약속어음(5일 후 만기)	4,870,000	타인발행 당좌수표	3,290,000
당좌개설보증금	589,000	직원에 대한 급료가불증	895,000
통 화	650,000	정기적금	450,000*
당좌차월	485,000		

* 단, 정기적금은 인출에 아무런 제한이 없으나, 만기도래가 1년 이후이다.

06 (주)영찬은 A은행과 당좌거래를 하고 있다. 12월 1일 당좌예금잔액은 450,000이라고 할 때 12월 중의 당좌거래는 다음과 같다.

12월 3일 안암무역에서 상품 400,000을 매입하고 대금 전부를 A은행에 당좌수표를 발행하여 지급하다.

12월 15일 제기상사에 상품 200,000을 매출하고 대금 전부를 또 다른 은행인 B은행의 계좌에 당좌예입하다.

12월 21일 보문상사에 상품 540,000을 매출하고 대금 전부를 A은행에 당좌예입하다.
12월 26일 혜화상사에서 상품 300,000을 매입하고 A은행 수표를 발행하여 지급하다.

요구사항

a. 위의 거래를 분개하시오.

b. 재무상태표에 표시될 당좌차월은 얼마인가?

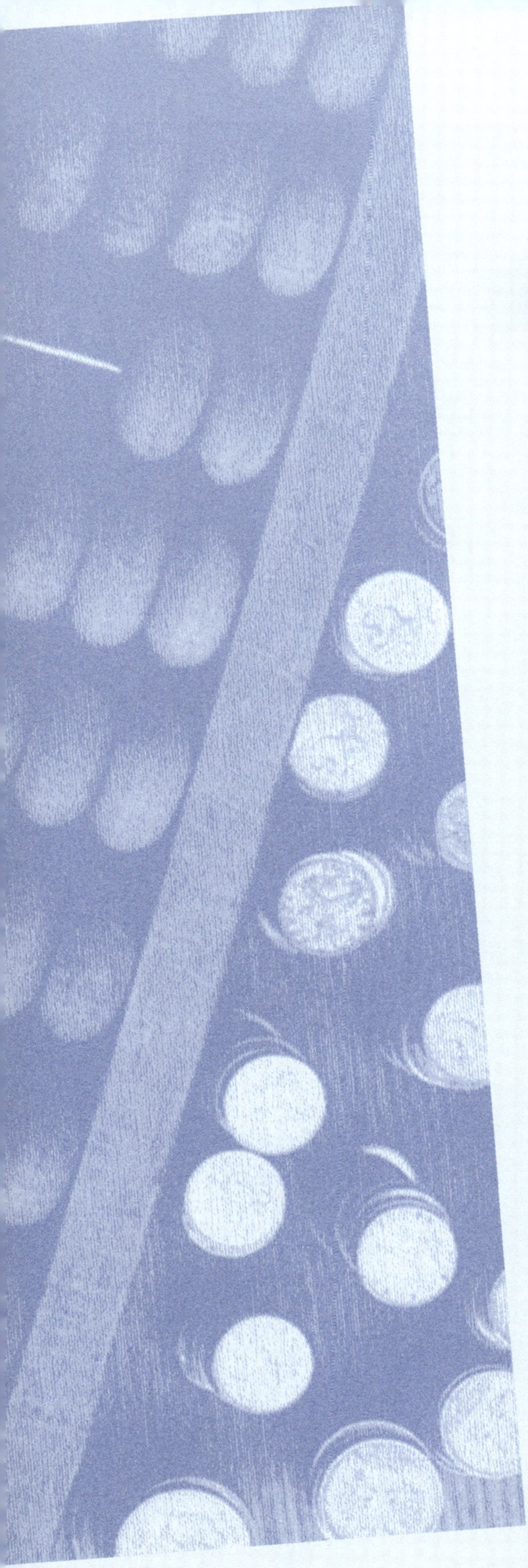

chapter 7

수 취 채 권

학 습 목 표

1. 매출채권에 대해 정의해 보고, 매출채권이 재무상태표상에서 어떻게 평가되는지를 알아본다.
2. 대손에 대한 회계처리를 함에 있어 직접상각법과 충당금설정법이 서로 어떻게 다른가를 공부한다.
3. 외상매출금과 받을어음 외에 기타의 수취채권들에는 어떤 것들이 있는가를 알아본다.

본 장에서는 앞장에 이어 당좌자산의 일부인 수취채권에 대하여 알아보고자 한다. 기업은 영업활동을 수행하면서 거래 상대방 등에 대하여 채권 및 채무가 발생한다. 수취채권이란 기업이 다른 기업이나 타인에 대하여 현금이나 재화, 용역을 받을 수 있는 권리를 말한다. 이러한 수취채권에는 주된 영업활동과 관련하여 일반적인 상거래에서 발생하는 매출채권과 상거래 외의 기타사유에서 발생하는 단기대여금, 미수금, 미수수익 등이 있다. 수취채권은 거래상대방 입장에서는 지급채무가 되므로 수취채권에 대

표 7-1

고려주식회사
재무상태표
(2015년 12월 31일 현재)

Ⅰ. 자 산	Ⅱ. 부 채
1. 유동자산	⋮
(1) 당좌자산	
① 현금 및 현금성자산	
② 단기매매금융자산	
③ 수취채권	
매출채권	
단기대여금	
선급비용	
미수금	
(2) 재고자산	
2. 비유동자산	Ⅲ. 자 본
⋮	⋮
자산총계 ×××	부채 및 자본총계 ×××

한 공부는 지급채무(유동부채)에 대한 공부도 된다. 따라서 항상 반대 입장을 생각하며 회계처리를 해 보는 것도 효율적인 회계공부가 될 것이다.

표 7-1에서 보듯이 당좌자산 중 수취채권에 해당하는 항목은 여러 가지인데 이를 세부적으로 각각 살펴보기로 한다.

제1절 매출채권

IFRS ACCOUNTING PRINCIPLES

수취채권이란 기업이 재화나 용역 등을 현금거래가 아닌 외상으로 판매하고 미래에 현금을 수취할 수 있는 증서나 어음을 받은 경우 이러한 채권을 말한다. 반대로 기업이 재화나 용역 등을 외상으로 매입하고 미래에 현금을 지급할 의무를 지급채무라고 한다. 본 절에서는 수취채권의 대표격인 매출채권에 대하여 알아보고자 한다.

기업은 영업활동을 하면서 상품을 매출하거나 매입하는 거래를 빈번히 가진다. 이러한 매출과 매입활동을 하면서 현금을 직접 주고받을 수도 있으나 차용증서나 어음 등을 수수하는 경우가 대부분이다. 즉 현금거래가 아닌 외상거래를 통하여 매출채권과 매입채무가 발생한다.

매출채권이란 기업의 영업활동과 관련하여 재화나 용역을 제공하면서 발생하는 상거래상의 채권을 말한다. 그리고 기업의 영업활동 이외의 거래에서 발생하는 채권을 미수금이라 하며 이러한 미수금 계정은 분명히 매출채권과 구별하여야 한다.

그리고 반대로 기업의 영업활동과 관련하여 재화나 용역을 매입하면서 발생하는 상거래상의 채무를 매입채무라고 하며, 상거래 이외의 거래에서 발생하는 채무를 미지급금이라고 한다. 이것은 유동부채 편에서 차후에 설명하고자 한다.

우리나라의 기업회계기준에서는 상거래에서 발생하는 외상매출금과 받을어음을 매출채권이라고 부르고 있다. 그리고 상거래에서 발생하는 외상매입금과 지급어음을 매입채무라고 부른다.

다음의 **예제 7-1**을 통하여 현금거래와 외상거래의 차이점과 매출채권계정이 어떠한 경우에 발생하는지 살펴보자.

예제 7-1 현금거래와 외상거래의 비교와 매출채권

(주)상호는 주고객인 박향숙 씨에게 유행하는 사랑의 핸드폰을 ₩100,000에 판매하였다. 다음의 2가지 경우의 회계처리를 살펴보자.

(1) (주)상호가 현금으로 매출한 경우

(차) 현 금 ₩100,000 (대) 매 출 ₩100,000

(2) (주)상호가 외상으로 매출한 경우

(차) 매출채권 ₩100,000 (대) 매 출 ₩100,000

위의 (2)번 거래와 같이 외상으로 매출한 후, 멀지 않은 장래에(대개 한 달 이내) 고객 박향숙 씨로부터 외상대금을 현금으로 받을 때의 회계처리는 다음과 같다.

(차) 현 금 100,000 (대) 매출채권 100,000

이와 같은 외상매출에 대한 현금의 회수는 단지 과거에 발생한 채권을 회수하는 것이지, 또 다른 매출이 아님을 주의해야 한다.

제2절 받을어음의 회계처리

IFRS ACCOUNTING PRINCIPLES

1. 받을어음의 정의

기업이 상품이나 용역 등을 외상으로 판매하거나 매입하면서 어음을 발행하는 경우가 있다. 이러한 어음을 상업어음(또는 진성어음)이라고 한다. 그리고 영업거래가 아니라 자금을 융통할 목적으로도 어음을 발행하는데 이를 금융어음(또는 융통어음)이라고 한다.

본 절에서는 매출채권의 일부인 받을어음에 대하여 알아보고자 한다. 받을어음은 상업어음(또는 진성어음)의 일부인데, 이것은 기업이 재화나 용역을 제공하면서 그 대가로 현금대신 약속어음을 받을 때 이러한 상거래상의 채권인 어음을 가리킨다. 물론 반대로 기업이 상거래상 재화나 용역을 매입하고 그 대가로 어음을 지급할 때 이러한 어음을 지급어음이라 한다. 여기서 주의할 점은 어음의 결제일(만기)이 기업의 결산일로부터 1년 이후인 경우에는 장기성 받을어음 또는 장기성 지급어음으로 비유동자산에 속하므로 구별하여야 한다. 본 절에서는 결산일로부터 1년 이내에 만기가 도래하는 매출채권의 일부인 받을어음에 대하여만 살펴보고자 한다.

2. 받을어음의 수취와 결제

기업은 상거래상 상품을 판매하고 거래처로부터 약속어음을 받은 경우 유동자산의 일부인 매출채권(받을어음)으로 기록한다. 이러한 받을어음을 수취하는 경우의 예를 **예제 7-2**를 통하여 살펴보자.

예제 7-2 **받을어음의 수취**

(주)정희는 미술장식품을 판매하는 회사이다. 주고객인 홍익주식회사에 상품을 ₩800,000에 매출하고 홍익주식회사가 발행한 만기 3개월짜리 약속어음을 받았다. 이 경우 (주)정희의 회계처리는 다음과 같다.

(차) 매출채권(받을어음) ₩800,000 (대) 매 출 ₩800,000

참고로 홍익주식회사의 회계처리는 다음과 같다.

(차) 매 입 ₩800,000 (대) 매입채무(지급어음) ₩800,000

어음의 만기일이 도래하면 어음소지인은 거래은행에 어음 추심을 의뢰하여 어음을 주고 현금을 받게 된다. 이때 받는 현금은 원금과 이자를 합한 금액인데 어음의 종류에 따라 다르다. 결론적으로 이자부어음의 경우에는 액면가액(원금)과 이자를 동시에 받으며, 무이자부어음의 경우에는 액면가액(원금)만 받게 된다.

어음은 어음의 액면(권면)에 이자가 표시되어 있는지의 유무에 따라 이자부어음과 무이자부어음으로 나눌 수 있다. 이자부어음은 어음의 권면에 별도의 이자가 표시되어 있는 어음으로 발행인은 만기에 액면가액 이외에 일정 이자를 지급한다. 그리고 무이자부어음은 권면에 이자의 표시는 없고 액면가액만 표시된 어음으로 발행인은 만기에 액면가액만을 지급하는 것이다.

예를 들어 이자부어음의 경우 액면가액이 ₩1,000,000이고 연이자율이 10%이며 만기가 6개월인 경우 만기에 발행인이 지급할 금액은 다음과 같다.

원금(액면가액) = ₩1,000,000
이자금액 = 액면가액 × 연이자율 × 만기(내용연수)
= 1,000,000 × 10% × 6/12

=₩50,000

발행인이 지급할 금액=원금+이자금액

=1,000,000+50,000

=₩1,050,000

어음의 만기일이 도래하면 어음의 소지자는 어음 추심을 의뢰하여 현금으로 대금을 결제받게 되는데 이를 **예제 7-3**을 통하여 살펴보자.

예제 7-3 **받을어음의 결제**

앞의 **예제 7-2**에서 (주)정희가 받은 어음이 이자부어음이고 연이자율이 20%이고 만기가 3개월이라고 한다면 만기시의 (주)정희의 회계처리는 다음과 같다.

(차) 현 금	₩840,000	(대) 매출채권(받을어음)	₩800,000
		이자수익	₩40,000

이자수익=800,000×20%×3/12=₩40,000

현금수수액=800,000+40,000=₩840,000

이러한 이자수익 ₩40,000은 영업외 수익으로 보고되며 매출액(영업수익)과 비교됨을 알아야 한다.

참고로 홍익주식회사의 회계처리는 다음과 같다.

(차) 매입채무(지급어음)	₩800,000	(대) 현 금	₩840,000
이자비용	₩ 40,000		

3. 받을어음의 할인

상품을 매출하고 받을어음을 받은 기업은 이러한 어음을 만기까지 기다려 만기일에 어음을 추심하기도 하나 만기일 전에 금융기관에 어음을 양도하고 얼마 정도의 수수료를 차감한 후 현금으로 바꾸는 경우가 있다. 이와 같이 만기일 전에 금융기관 등에 어음을 양도하고 현금으로 바꾸는 것을 받을어음의 할인이라고 한다. 이러한 만기 전의 어음할인의 예를 **예제 7-4**를 통하여 살펴보자.

예제 7-4 받을어음의 할인

(1) 무이자부어음의 경우

2015년 3월 1일에 (주)유락정은 단골고객인 석명훈 씨에게 서비스를 제공하고 만기가 6개월인 액면금액 ₩1,000,000인 무이자부어음을 받았다. 그리고 한 달 후인 2015년 4월 1일에 (주)유락정은 거래은행으로부터 어음을 할인하였다. 이때 은행할인료 ₩30,000을 제외한 나머지 금액을 현금으로 받았다. 이 경우의 회계처리를 보면 다음과 같다.

(2015년 3월 1일) 받을어음의 수취

(차)	매출채권(받을어음)	₩1,000,000	(대) 매 출	₩1,000,000

(2015년 4월 1일) 받을어음의 할인

(차)	현 금	₩970,000	(대) 매출채권(받을어음)	₩1,000,000
	이자비용(할인료)	₩30,000		

이 경우에 할인료 ₩30,000은 기업회계기준에서는 영업외 비용으로 처리한다.

(2) 이자부어음의 경우

위와 같은 내용으로 다만 연 12%의 이자부어음을 (주)유락정이 받았다고 가정하자. 4월 1일 은행으로부터 연리 15%의 조건으로 어음을 할인하였다고 가정하면 이에 필요한 계산은 다음의 그림으로 나타낼 수 있다.

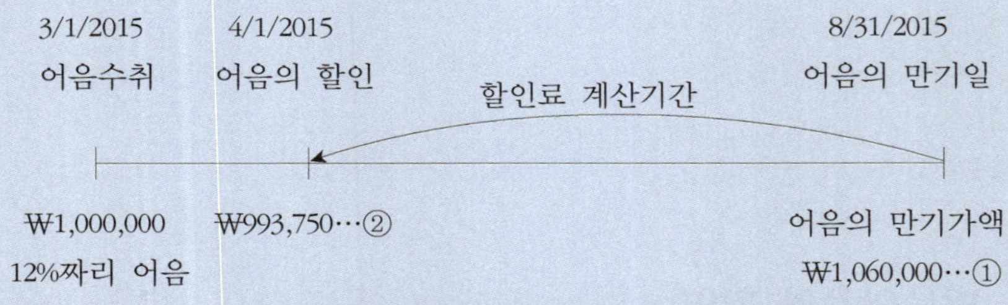

① 어음의 만기가액 계산: ₩1,000,000 + ₩1,000,000 × 12% × 6/12 = ₩1,060,000

② 은행이 어음을 할인해 줄 때에는 i) 어음의 만기가액을 구하고, ii) 할인일로부터 만기일까지의 기간이 얼마나 남았나를 계산하며(즉 어음을 할인해 준 후 은행이 그 어음을 얼마나 보유하고 있어야 만기가 도래하는가를 알기 위해), iii) 만기가액에 은행할인율을 적용하여 할인하는 날로부터 만기일까지 남은 기간 동안에 해당하는 은행할인료를 구한다. iv) 어음의 만기가액에서 iii)에서 구한 할인료만큼을 제한 후 남은 금액을 (주)유락정에게 주게 된다.

∴ 할인료 = ₩1,060,000 × 15% × 5/12 = ₩66,250

현금수령액(할인 후) = ₩1,060,000 − ₩66,250 = ₩993,750

(2015년 4월 1일) 받을어음의 할인

우선 3월 31일에 다음과 같은 분개가 있었음을 잊지 말자.(한 달간의 이자수익)

(차)	미수이자	₩10,000	(대) 이자수익	₩10,000

따라서 4월 1일의 분개는 아래와 같아진다.

(차)	현 금	₩993,750	(대) 매출채권(받을어음)	₩1,000,000
	이자비용(할인료)	₩16,250	미수이자	₩10,000

이러한 어음의 할인의 경우 우발채무의 문제가 발생할 수 있다. 기업이 가지고 있는 받을어음을 할인하고 난 후 어음의 매수자인 은행이 어음의 발행인으로부터 만기일에 원금 등을 회수하지 못하는 경우에 은행이 원래의 어음양도자인 기업에게 어음금액의 반환지급을 청구할 수 있는데 이를 상환청구조건부 어음이라고 한다. 이 경우 어음을 할인한 기업은 할인을 해 준 은행에게 채무를 질 수 있는데 이를 우발채무라고 한다. 기업회계기준서에는 이러한 우발채무는 확정된 부채로 보지 않으므로 재무상태표상 부채로 표시하지 않고 다만 주석으로만 표현한다.

4. 받을어음의 부도

어음을 받은 기업이나 할인을 해 준 어음소지인(은행)은 만기일에 어음발행인에게 어음을 제시하고 원금과 이자를 지급받게 된다. 그러나 만기일에 어음을 제시하고 추심을 요구하였으나 어음발행인의 파산 등의 지급불능 또는 지급거절로 인하여 부도가 발생할 수 있다. 이러한 경우 받을어음을 가지고 있는 회사는 받을어음계정을 부도어음으로 바꾸는 분개를 하여야 한다. 이에 관하여 다음의 **예제 7-5**를 통하여 살펴보자.

이러한 부도 발생 후 회수가능성이 없다고 판단되면 대손처리를 하여야 한다. 이것에 대하여는 절을 달리하여 다음의 3절에서 설명하고자 한다.

예제 7-5 받을어음의 부도시 회계처리

2015년 3월 1일에 (주)평양은 (주)개성에 연탄을 100장 판매하고 그 대금으로 (주)개성의 약속어음을 받았다. 이 어음의 액면가는 ₩500,000이고 연 이자율은 10%, 만기는 9개월 후이다. 어음의 만기일인 12월 1일에 (주)평양은 어음의 추심을 의뢰하였으나 부도처리되었다. 이 경우의 회계처리는 다음과 같다.

(2015년 3월 1일) 매출시 회계처리

(차)	매출채권(받을어음) ₩500,000	(대)	매 출	₩500,000

(2015년 12월 1일) 부도시 회계처리

(차)	부도어음 ₩537,500	(대)	매출채권(받을어음)	₩500,000
			이자수익	₩ 37,500

이자수익 = 500,000 × 10% × 9/12 = ₩37,500

제3절 수취채권의 평가와 대손충당금

IFRS ACCOUNTING PRINCIPLES

기업이 보유하고 있는 외상매출금, 받을어음 등의 매출채권은 100% 모두 현금으로 회수된다고 볼 수 없다. 거래처나 고객의 사정 등으로 인하여 매출채권을 현금으로 받을 수 없게 되는 경우도 있다. 따라서 매출채권의 회수가능성을 기준으로 매출채권 평가를 하여야 하는데 이 경우 나타나는 손실을 대손(Bad Debts)이라고 한다. 이러한 매출채권의 평가 즉 대손에 따르는 회계처리 방법으로는 직접상각법과 충당금설정법이 있다. 참고로 우리나라는 충당금설정법을 사용하고 있다.

1. 직접상각법

이 방법은 대손이 실제 발생한 경우 매출채권계정을 직접 차감시키는 방법이다. 이 방법은 회계이론의 측면에서 보면 수익(매출)과 비용(대손상각비)의 대응원칙에 부합되지 않는다는 한계점을 가진다. 즉 매출(수익)의 발생은 2014년도인데 이토 인한 매출채권의 대손상각비(비용)의 실제 발생이 2015년이라면 수익, 비용의 대응이 적절히 이루어지지 않게 된다.

그리고 직접상각법하에서는 매출채권을 순실현가능액(net realizable value)으로 평가할 수 없다. 즉 대손발생시마다 매출채권을 차감하므로 매회계기간 말에 대손의 가능성을 고려한 매출채권의 평가가 적절히 이루어지지 못한다. 이러한 여러 한계점으로 인하여 실무에서는 직접상각법 대신 충당금설정법을 사용한다.

직접상각법의 예를 다음의 **예제 7-6**을 통하여 간략하게 살펴보자.

예제 7-6 **직접상각법에 의한 대손처리**

(주)절망은 2014년 말에 2014년도에 발생한 매출채권 ₩500,000을 보유하고 있다. 그런데 2015년에 상대방의 파산으로 매출채권 중 ₩200,000을 받을 수 없게 되었다. 이 경우 직접상각법의 회계처리는 다음과 같다.

(2014년 말 평가시 분개)	없음	
(2015년 실제 대손시 분개)	(차) 대손상각비 ₩200,000	(대) 매출채권 ₩200,000

위의 **예제 7-6**에서 보듯이 2014년 매출과 이로 인해 발생한 대손상각비가 2014년이 마무리되기 전에 대응되지 못하는 이론적 한계점을 가지며, 2014년도의 매출채권에 대한 적절한 평가가 이루어지지 않는 문제도 존재한다.

2. 충당금설정법

충당금설정법은 직접상각법과 달리 매출채권계정은 차감시키지 않고 그대로 둔 채 향후 발생할 수 있는 대손금액을 대손충당금이라는 별도의 계정으로 처리하여 매출채권을 평가하는 방법이다. 그리고 추후에 실제로 대손이 발생할 때에는 이미 설정된 대손충당금계정과 상계시키는 방법이다.

이러한 대손충당금계정은 매출채권에서 차감되는 형식으로 재무상태표에 표시되며, 이 경우 매출채권을 적절하게 순실현가능액으로 나타낼 수 있는 이점이 있다. 그리고 수익, 비용의 대응 관점에서 보면 매출채권이 발생한 연도에 발생가능한 대손추정금액을 대손충당금으로 설정하므로 수익(매출)과 비용(대손상각비)의 적절한 대응이 이루어질 수 있다.

다음의 **예제 7-7**을 통하여 충당금설정법을 간략하게 살펴보자.

예제 7-7 **충당금설정법의 대손처리**

앞의 **예제 7-6**의 연속으로 (주)절망은 2014년 말에 매출채권의 회수가능성을 분석한 결과 ₩150,000의 대손발생 가능성을 추정하였다. 그리고 2015년도에 상대방의 파산으로 실제로 매출채권 중 ₩200,000을 받을 수 없게 되었다. 이 경우 (주)절망이 충당금설정법의 회계처리를 통하여 매출채권을 평가한다고 한다면 회계처리는 다음과 같다.

(2014년 말 평가시 분개)

(차) 대손상각비	₩150,000	(대) 대손충당금	₩150,000

(2015년 실제 대손시 분개) …… 장부에서 제각(write-off)* 처리

(차) 대손충당금	₩150,000	(대) 매출채권	₩200,000
대손상각비	₩50,000		

2015년도에 대손충당금 잔액을 초과하여 대손이 실제로 발생한 경우에는 나머지 금액인 ₩50,000은 그 즉시 대손상각비로 처리하면 된다.

* 제각이라 함은 그만큼의 채권을 장부에서 아예 지워버리는 것을 말한다.

참고로 2014년 말 (주)절망의 부분 재무상태표는 다음과 같다.

부분 재무상태표

2014. 12. 31

자 산		
⋮		
매출채권	₩2,000,000	
대손충당금	(150,000)	₩1,850,000
⋮		

(1) 대손의 추정과 확정

충당금설정법하에서는 매출채권을 순실현가능액으로 적절히 평가할 수 있음을 보았다. 즉 매회계기간마다 대손의 추정을 통하여 회수 불가능한 채권을 합리적이고 객관적으로 추정하고 설정된 대손충당금을 대상매출채권에서 차감함으로써 매출채권을 적절히 평가할 수 있는 것이다.

이러한 대손의 추정시 차변은 대손상각비 계정으로, 대변은 대손충당금 계정으로 처리하는데 차변의 대손상각비 계정은 손익계산서상 판매비로 보고되며, 대변의 대손충당금 계정은 재무상태표상 해당 매출채권의 차감 계정으로 표시된다.

그리고 대손을 추정한 회계기간 이후에 대손이 실제로 확정된 경우 우선적으로 대손충당금 계정에서 차감하며, 대손충당금 계정잔액이 없거나 모자라는 경우에는 모자라는 만큼을 그 즉시 추가로 대손상각비로 인식한다.

이러한 대손의 추정과 확정 분개를 다음의 **예제 7-8**로 살펴보자.

예제 7-8 대손의 추정과 확정

㈜승희는 2014년도에 자사 상품을 외상으로 매출하고 매출채권 ₩3,000,000을 받았다. 그리고 ㈜승희의 회계부서는 회계기말에 2014년도 매출채권 중 ₩1,200,000이 회수 불가능할 것으로 추정하였다. 그리고 실제로 다음 연도인 2015년도에 대손이 ₩1,000,000(또는 ₩1,500,000)이 발생하였다고 한다면 각각의 회계처리는 다음과 같다.

(2014년 매출시)

(차)	매출채권	₩3,000,000	(대) 매 출	₩3,000,000

(2014년 말 대손추정시)

(차)	대손상각비	₩1,200,000	(대) 대손충당금	₩1,200,000

(2015년 실제 대손발생시)

① 실제 대손액이 ₩1,000,000인 경우

(차)	대손충당금	₩1,000,000	(대) 매출채권	₩1,000,000

② 실제 대손액이 ₩1,500,000인 경우

(차)	대손충당금	₩1,200,000	(대) 매출채권	₩1,500,000
	대손상각비	₩300,000		

참고로 위의 ①번의 경우, 대손을 ₩1,200,000으로 추정하였으나 실제 발생한 대손은 ₩1,000,000이었다. 이는 지난해 말 대손의 추정이 과대했다는 것을 말해준다. 그 결과 대손충당금 계정에는 대변에 ₩200,000의 잔액이 남게 된다. 이 잔액은 올해 말 대손을 추정할 때 쓰여지게 된다. 예를 들어 올해

말 매출채권의 잔액이 ₩5,000,000이고, 이 중 ₩1,500,000이 대손으로 추정되었다고 하자. 대손충당금 계정에 잔액이 없다면 연말수정분개로 곧바로 차변에 대손상각비 ₩1,500,000, 대변에 대손충당금 ₩1,500,000으로 기록하면 되겠지만, 대손충당금 계정에 대변잔액 ₩200,000(전년도 과다추정분)이 남아있으므로 이런 경우에는 올해 추정분 ₩1,500,000에서 ₩200,000을 뺀 나머지 ₩1,300,000만을 올해의 대손상각비로 인식한다. 따라서 올해 대손상각에 대한 올바른 분개는 차변에 대손상각비 ₩1,300,000, 대변에 대손충당금 ₩1,300,000이 된다.

(2) 대손의 추정방법

앞에서 보는 바와 같이 회계기말마다 매출채권의 회수가능성을 합리적, 객관적으로 고려하여 대손을 추정함으로써 매출채권을 평가한다. 기업회계기준에서는 매출채권 잔액을 기준으로 대손을 추정하는 재무상태표접근법을 채택하고 있다.

재무상태표접근법이란 매출채권 잔액(자산 항목)을 기준으로 기말 대손충당금 잔액(자산차감 항목)을 추정하는 방법이다. 즉 당기말의 대손충당금 잔액을 산정함에 있어서 당기말 매출채권 잔액을 기준으로 삼는 방법이다. 이 방법은 우선 당기말에 계상하여야 할 대손충당금 잔액(자산차감 항목)을 결정하고 난 후 대손상각비금액을 추후에 결정하는 방법이다.

이러한 재무상태표접근법은 크게 두 가지로 나눌 수 있는데 매출채권잔액비율법과 연령분석법으로 나누어진다.

우선, 매출채권잔액비율법은 회계기말에 남아 있는 매출채권잔액 전체를 하나의 비율로 곱하여 기말 대손충당금 잔액을 구하는 방법이다. 다음의 **예제 7-9**를 통하여 재무상태표접근법 중 매출채권잔액비율법에 대해 살펴보자.

예제 7-9 재무상태표접근법 중 매출채권잔액비율법

(주)윤정은 성악관련 음반을 판매하는 회사로서 2014년 1월 1일에 설립된 회사이다. 2014년 한 해 동안 ₩5,000,000의 매출액을 기록하였으며 2014년 말 매출채권 잔액은 ₩2,000,000이다. 그리고 2015년 한 해 동안 ₩7,000,000의 매출액을 기록하였으며 2015년 말 매출채권 잔액은 ₩3,000,000이다.
(주)윤정이 각 기말의 매출채권잔액의 3%를 기말 대손충당금 잔액으로 추정하는 재무상태표접근법을 사용하고 있다고 가정하자. 각각의 회계기말의 대손추정 분개는 다음과 같다.

(2014년 말 대손추정 분개)

(차) 대손상각비	₩60,000	(대) 대손충당금	₩60,000

2014년 말 대손충당금 잔액 = 2,000,000 × 3% = ₩60,000

(2015년 말 대손추정 분개)

(차) 대손상각비	₩30,000	(대) 대손충당금	₩30,000

2015년 말 대손충당금 잔액 = 3,000,000 × 3% − 60,000 = ₩30,000

위의 **예제 7-9**에서 보는 바와 같이 재무상태표접근법은 기말 대손충당금 잔액(자산관련 항목)을 우선 결정하고 난 후에 당기의 대손상각비가 추후에 결정된다.

둘째로, 연령분석법은 전체의 매출채권을 하나로 보지 않고 연령별 매출채권에 각각의 대손추정률을 고려하여 당기말 대손충당금 잔액을 구하는 방법이다. 이 방법은 매출채권 각각의 대손가능성을 고려하므로 매출채권잔액비율법보다 좀더 체계적인 방법이다. 다음의 **예제 7-10**을 통하여 연령분석법에 대하여 살펴보자.

예제 7-10 재무상태표접근법 중 연령분석법

(주)정아는 교육관련 서비스를 제공하는 회사이다. 이 회사의 2014년 기말 매출채권 잔액은 ₩1,500,000이다. 회계부서에서 매출채권 잔액을 연령별로 분석한 자료는 다음과 같다.

경과기간	매출채권	회수가능성	대손추정액
1일~60일	₩100,000	98%	₩2,000
61일~120일	300,000	95%	15,000
121일~180일	400,000	93%	28,000
181일 이상	700,000	87%	91,000
합 계	₩1,500,000		₩136,000

(주)정아는 연령분석법으로 기말 대손충당금 잔액을 추정하고 있다. 전년도 말 대손충당금 잔액이 ₩0인 경우, ₩100,000인 경우 그리고 ₩200,000인 경우 각각의 회계처리는 다음과 같다.

① 전년도 말 대손충당금 잔액이 ₩0인 경우

(차) 대손상각비 ₩136,000 (대) 대손충당금 ₩136,000

② 전년도 말 대손충당금 잔액이 ₩100,000인 경우

(차) 대손상각비 ₩36,000 (대) 대손충당금 ₩36,000

당기말 추가 설정할 대손충당금 = 136,000 − 100,000 = ₩36,000

③ 전년도 말 대손충당금 잔액이 ₩200,000인 경우

(차) 대손충당금 ₩64,000 (대) 대손충당금환입 ₩64,000

당기말 환입할 대손충당금 = 200,000 − 136,000 = ₩64,000

재무상태표접근법하에서는 **예제 7-10**의 ③의 경우처럼 당기말에 설정하여야 할 대손충당금 금액보다 전기말 금액이 많은 경우에는 대손충당금환입을 하여야 한다. 이는 손익계산서상 영업외 수익 항목으로 보고된다.

(3) 대손금액의 회수

대손이 확실하다고 판단되면, 회사는 매출채권을 감액시키는 분개를 한다(제각분개). 그런데 이렇게 제각되었던 매출채권이 그 이후에 회수되는 경우가 있다. 이 경우 당기 대손확정분과 당기이전 대손확정분에 대한 구분 없이 동일하게 회계처리 하면 되는데 다음 **예제 7-11**을 통하여 설명하고자 한다.

예제 7-11 대손금액의 회수

(주)갑영은 인력개발프로그램을 판매하는 소프트웨어관련 회사이다. 2014년도에 이 회사는 대손이 확정되었다고 장부에서 제각시켰던 매출채권 ₩200,000을 현금으로 회수하였다. 이 경우 (주)갑영의 회계처리는 다음과 같다.

① 장부에서 제각시킨 대손의 취소

(차) 매출채권	₩200,000	(대) 대손충당금	₩200,000

② 위 채권의 회수

(차) 현 금	₩200,000	(대) 매출채권	₩200,000

제4절 기타의 수취채권

IFRS ACCOUNTING PRINCIPLES

수취채권에는 매출채권(외상매출금과 받을어음) 외에도 여러 가지가 있다. 이를 각각 살펴보자.

1. 미수금

기업의 일반적인 상거래상 발생하는 채권을 매출채권(외상매출금과 받을어음)이라 하며 이 이외의 거래에서 발생하는 채권을 미수금이라고 한다. 기업의 일반적인 상거래 이외의 거래 즉 토지 등 고정자산이나 투자자산을 매각하는 거래에서 발생한 채권을 미수금 계정으로 처리하게 된다.

그리고 미수금이 발생한 경우 그 거래 상대방 입장에서는 미지급금 계정이 발생하는데 유동부채 편에서 살펴보기로 한다.

다음의 **예제 7-12**를 통하여 미수금과 매출채권을 비교해 보자.

예제 7-12 미수금

(주)춘돌은 사회서적을 판매하는 출판업을 영위하는 회사이다. 이 회사는 2014년도에 ₩850,000의 외상거래를 하였다. 이 회사가 서적을 판매한 경우와 인쇄기계를 매각한 경우의 회계처리를 비교하면 다음과 같다.

(1) 서적을 판매한 경우(일반적인 상거래인 경우)

(차) 매출채권 ₩850,000 (대) 매 출 ₩850,000

(2) 인쇄기계를 판매한 경우(일반적인 상거래 이외의 거래인 경우)

(차) 미수금 ₩850,000 (대) 인쇄기계(비유동자산) ₩850,000

2. 선급금

기업이 일반적인 상거래를 영위하면서 상품 등을 매입할 때 상품 등을 인수받기 전에 거래상대방에게 대금의 일부나 전부를 미리 주는 경우가 있을 수 있다. 이 경우에는 선급금 계정을 사용한다. 이러한 선급금 계정은 미래에 재화나 용역 등을 공급받을 수 있는 권리이므로 채권에 속한다.

그리고 반대의 경우 즉 상품 등을 공급할 때 미리 대금의 일부나 전부를 미리 받는 경우에는 선수금 계정을 사용하며, 이것은 유동부채의 일부에 속한다.

다음의 **예제 7-13**을 통하여 선급금에 대하여 살펴보자.

예제 7-13 선급금

(주)형달은 고기를 백화점에 납품하는 회사이다. 2015년 1월 1일에 이 회사는 양돈업체로부터 2015년 6월 30일에 돼지고기 100kg을 ₩1,200,000에 매입하기로 약정하고 일부 금액인 ₩600,000을 미리 주었다. 이에 따른 회계처리는 다음과 같다.

(2015년 1월 1일)

(차) 선급금	₩600,000	(대) 현 금	₩600,000

(2015년 6월 30일)

(차) 매입(또는 상품)	₩1,200,000	(대) 선급금	₩600,000
		현 금	₩600,000

3. 미수수익

미수수익 계정은 회계기말에 당기의 수익으로 인식하여야 하나 그 대가를 아직 받지 못한 경우에 사용한다. 예를 들어 발생주의 관점에서 볼 때 회계기말에 ₩100의 수익을 인식하여야 하나 ₩30의 대가만 받은 경우 ₩70의 수익을 회계기말에 더 인식하여야 하는데 이 경우 미수수익 계정을 사용하게 된다. 이러한 디수이자나 미수임대료 등의 미수수익 계정은 유동자산의 일부로 포함된다.

그리고 반대의 경우 즉, 회계기말에 당기의 비용으로 인식하여야 하나 그 대가를 미지급한 경우에는 미지급비용으로 처리하여야 하며, 이는 유동부채 편에서 다시 살펴보기로 한다.

다음의 **예제 7-14**를 통하여 미수수익에 대하여 살펴보자.

예제 7-14 미수수익

2015년 초에 (주)대훈은 은행에 1억 원을 연리 12%로 예입하였다. 발생주의 관점에서 볼 때 2015년 12월 31일 기말에 (주)대훈은 은행으로부터 이자를 ₩12,000,000을 받아야 하나 은행으로부터 ₩10,000,000만을 받았다. 이 경우의 기말의 회계처리는 다음과 같다.

(차) 현 금	₩10,000,000	(대) 이자수익	₩12,000,000
미수이자(미수수익)	₩2,000,000		

4. 선급비용

선급비용 계정은 회계기말에 볼 때 차기의 비용으로 인식되어야 하나 그 대가를 미리 지급한 경우에 사용한다. 예를 들어 발생주의 관점에서 볼 때 회계기말에 ₩100의 비용을 인식하여야 하나 ₩160의 대가를 지급한 경우 ₩60의 비용을 덜 인식하여야 하는데 이 경우 선급비용 계정을 사용하게 된다. 즉 선급임차료나 선급보험료 등의 선급비용 계정은 유동자산의 일부이다.

그리고 이와 반대의 경우 즉 회계기말에 차기의 수익으로 인식되어야 되나 그 대가를 미리 받은 경우에는 선수수익으로 처리하여야 하며 이는 유동부채 편에서 다시 살펴보기로 한다.

다음의 **예제 7-15**를 통하여 선급비용에 대하여 살펴보자.

예제 7-15 선급비용

(주)종우는 항만업을 영위하는 회사로서 2015년 1월 1일에 3년치 보험료를 미리 ₩3,000,000을 지불하였다. 이 경우 2015년 초와 2015년 말의 회계처리는 다음과 같다.

(2015년 1월 1일)

(차) 선급보험료 ₩3,000,000 (대) 현 금 ₩3,000,000

(2015년 12월 31일)

(차) 보험료 ₩1,000,000 (대) 선급보험료 ₩1,000,000

보험료 = 3,000,000 × 1/3 = ₩1,000,000

그리고 2016년과 2017년 말 회계처리는 2015년 말 회계처리와 같다.

5. 대여금

대여금이란 자금을 융통해 줄 목적으로 돈을 빌려준 경우에 받은 증서나 어음을 의미한다. 일반적인 상거래 이외의 자금융통목적으로 타기업 등에 돈을 빌려줄 경우 대여금 계정을 사용하는 것이다.

그리고 이와 반대의 경우 즉 자금을 융통할 목적으로 돈을 빌릴 경우에는 차입금 계정을 사용하여야 하며 유동부채 편에서 공부할 것이다.

유동자산에 속하는 대여금이란 결산일(재무상태표일)로부터 대여기간이 1년 이내인 경우만을 말하며, 결산일로부터 1년 이상인 경우에는 장기대여금으로 투자자산으로 분류됨을 주의하여야 한다.

다음의 **예제 7-16**은 대여금에 대한 내용이다.

예제 7-16 대여금

2015년 3월 1일에 (주)문희는 여유자금 중 ₩5,000,000을 (주)태희에게 6개월 만기로 빌려주었다. 이때 연이자율을 12%로 하기로 약정하였다. 이 경우 (주)문희의 회계처리는 다음과 같다.

(2015년 3월 1일)

(차) 대여금 ₩5,000,000 (대) 현 금 ₩5,000,000

(2015년 8월 31일 만기시)

(차) 현 금	₩5,300,000	(대) 대여금	₩5,000,000
		이자수익	₩300,000

이자수익=5,000,000×12%×6/12=₩300,000

6. 가지급금

기업이 현금을 지출하였으나 이에 대한 상대 계정이 확실하지 않은 경우 가지급금 계정을 임시로 사용한다. 가지급금 계정은 미결산계정으로서 최종 재무상태표에는 표시할 수 없기 때문에 결산일까지는 확정된 계정과목으로 대체하여야 한다.

그리고 이와 반대의 경우 즉, 현금을 수취하였으나 이에 대한 상대 계정이 확실하지 않은 경우에는 가수금 계정을 임시로 사용한다.

다음의 **예제 7-17**을 가지고 가지급금의 회계처리를 살펴보자.

예제 7-17 가지급금

2015년 9월 1일 고려주식회사는 경리부장인 황경하 씨에게 4개월간 출장을 보내면서 ₩5,000,000을 지급하였다. 그리고 2015년 12월 31일에 황경하 씨는 회사에 다음의 출장자료를 제출하였다.

총지출액=교통비 800,000+접대비 2,000,000+숙박비 1,200,000
=₩4,000,000

현금반납액=5,000,000−4,000,000=₩1,000,000

이 경우 고려주식회사의 회계처리는 다음과 같다.

(2015년 9월 1일)

(차) 가지급금	₩5,000,000	(대) 현 금	₩5,000,000

(2015년 12월 31일)

(차) 현 금	₩1,000,000	(대) 가지급금	₩5,000,000
교통비	₩800,000		
접대비	₩2,000,000		
숙박비	₩1,200,000		

익힘문제

01 매출채권 및 매입채무와 기타의 채권, 채무를 구별하는 근거를 설명하시오.

02 대손을 추정하는 이유를 설명하시오.

03 대손의 추정방법에 대해 자세하게 설명하시오.

04 어음의 부도에 대한 회계처리를 설명하시오.

05 미수금과 대여금의 계정과목을 구분하시오.

연습문제

01 다음 거래를 분개하시오.

(1) 업무용 기계장치 1대를 구입하고 대금 ₩4,000,000은 월말에 지급하기로 하다.
(2) 회사보유 토지를 ₩5,000,000에 매각하고, 대금은 월말에 받기로 하다.
(3) 동현상회에 상품 ₩9,000,000을 매출하기로 하고, 그 계약금 명목으로 ₩400,000을 현금으로 받다.
(4) 상기의 상품을 인도하고 나머지 대금은 외상으로 추후에 받기로 하다.
(5) 약속어음을 받고, 현금 ₩200,000을 대여하다.

02 다음 계정을 보고 거래를 추정하시오.

선급금

3/2 현금 45,000	3/4 상품 45,000

선수금

3/12 상품 40,000	3/10 현금 40,000

미지급금

3/26 당좌예금 34,000	3/14 토지 34,000

미수금

3/17 계좌 430,000	3/25 현금 430,000

03 (주)희상의 거래는 다음과 같다.

7월 1일 만년대리가 대구에 3박 4일의 출장을 가게 되어 여비 ₩85,000을 현금으로 지급하다.
7월 2일 출장 중인 만년대리로부터 ₩800,000이 송금되어 왔는데 그 내역은 알 수가 없었다.
7월 4일 만년대리가 돌아와 여비를 정산한 결과 ₩10,000이 남아 현금으로 입금하였다. 또한 송금한 금액은 만년대리가 매출채권을 회수한 것으로 밝혀졌다.

요구사항

위의 거래를 분개하시오.

04 (주)태호의 2015년 12월 31일 현재의 매출채권에 관한 자료는 다음과 같다.

거래처	합 계	기일경과일수 1~30일	31~60일	61~90일	90일 초과
A상사	3,000,000	3,000,000			
B상사	2,000,000	2,000,000			
C상사	1,500,000	1,000,000	500,000		
D상사	4,500,000		1,000,000	2,000,000	1,500,000
E상사	3,600,000	600,000	500,000	1,500,000	1,000,000
계	14,600,000	6,600,000	2,000,000	3,500,000	2,500,000
대손경험률		0.1%	0.5%	3%	10%

한편, 2015년 12월 31일로 종료되는 회계연도의 매출액은 다음과 같다.

현금매출액	30,000,000
외상매출액	150,000,000
계	180,000,000

또한 회사는 기말에 위의 매출채권 중 90일 초과분에 해당하는 금액 가운데 ₩500,000은 회수가 불가능한 것으로 판단하였다.

요구사항

위의 자료를 이용하여 다음과 같은 방법으로 대손추산액을 계산하시오.

a. 매출채권잔액비율법: 기말 매출채권 잔액의 2%를 대손율로 정하다.

b. 연령분석법

05 다음은 (주)동균의 매출채권과 관련된 자료이다.

(1) 2015년 1월 1일 대손충당금 잔액은 ₩4,000이다.

(2) 2015년 5월에 작년에 설정한 매출채권 ₩3,000이 회수불가능한 것으로 판명되었다.

(3) 2015년 9월에 대손처리하였던 매출채권 ₩3,000이 회수되었다.

(4) 2015년 12월 31일 현재 기말 매출채권잔액은 다음과 같다.

경과일수	30일 미만	30~60일	61~90일	91~100일	100일 이상
금 액	255,000	75,000	45,000	10,000	15,000
회수가능성	98%	96%	90%	85%	0%

요구사항

위 자료에 대해 필요한 분개를 행하시오.

06 (주)유경은 2015년 5월 3일에 매출채권 ₩2,000을 회수불가능하다고 판단하여 대손처리하였다. 그러나 12월 1일에 ₩2,000을 현금으로 모두 회수하였다. 또한 기말 현재 회수가능성을 검토하기 전의 대손충당금 잔액은 ₩5,000이다. 그리고 연령분석법에 의한 차기 대손추정액은 ₩3,000이었다.

요구사항

₩1,000의 매출은 전기에 이루어졌으며, 나머지 ₩1,000은 당기에 이루어졌을 경우, 대손처리시와 회수시, 그리고 결산시의 분개를 하시오.

07 다음 거래를 분개하시오.

3월 1일 회사는 (주)미릉상사에 ₩72,000의 상품을 판매하고, 거래대금으로 60일 만기인 액면 ₩72,000의 어음을 받았다(이자율 10%).

4월 1일 회사는 받은 어음을 은행에서 할인하였다. 이때 받은 현금은 은행할인료 ₩700을 제외한 ₩71,300이었다.

4월 30일 은행으로부터 미릉상사의 어음이 부도라는 통지를 받고 어음의 대금으로 은행에 현금을 지급하였다. 회사는 미릉상사로부터 어음대금을 받을 수 있다고 확신하고 있다.

5월 2일 (주)현실에게 여유자금 ₩100,000을 3개월 만기로 빌려주었다. 이때 연 이자율을 12%로 하기로 약정하였다.

8월 2일 (주)현실에게 빌려준 금액을 이자를 포함하여 돌려받았다.

08 (주)정선의 7월 중 기타 채권, 채무에 관한 거래이다.

7월 1일 기타잔액

단기대여금	3,000,000
미 수 금	1,500,000
미지급금	3,000,000

5일 사채업자에게 대여해 준 어음 ₩1,550,000을 이자 ₩50,000과 함께 현금으로 회수하다.

10일 기계를 구입하고 지급하지 않은 채무잔액 ₩900,000을 현금으로 지급하다.

15일 자동차를 ₩1,500,000에 구입하고 대금은 1개월 후에 지급하기로 하다.
20일 사용하던 비품을 지난달에 매각하고 회수하지 않았던 대금 중 ₩600,000을 회수하다.

요구사항

위의 거래를 분개하시오.

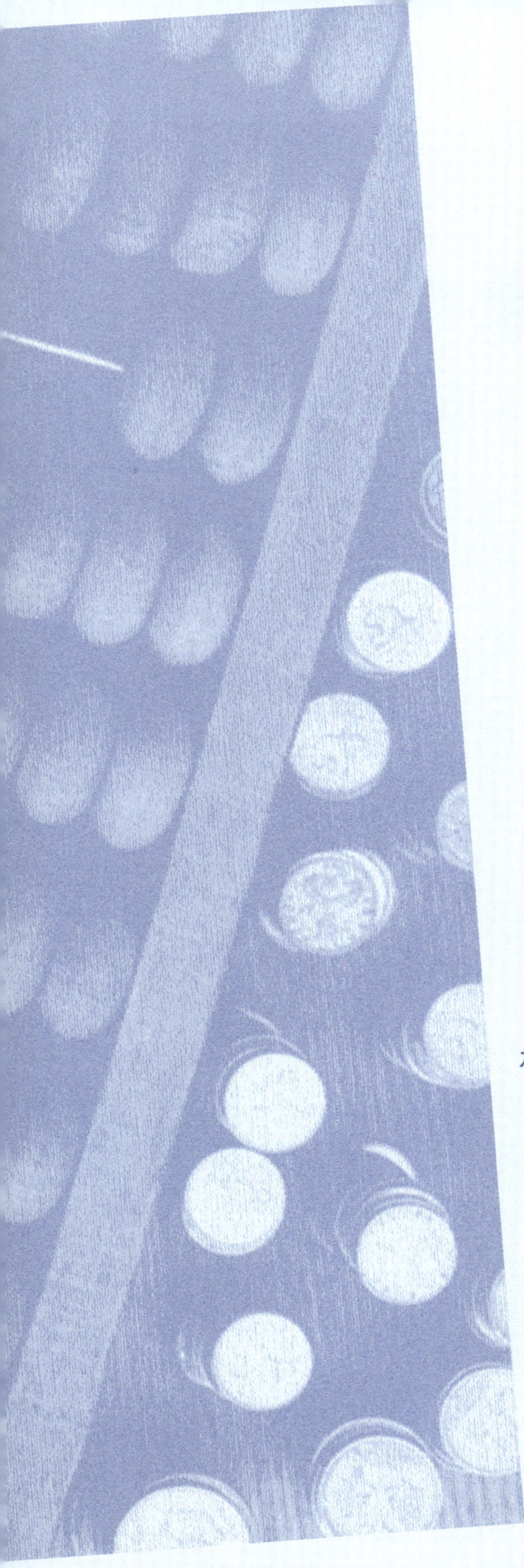

chapter 8

재고자산

학 습 목 표

1. 재고자산을 정의하고, 재고자산을 어떻게 회계처리하느냐에 따라 그 결과가 재무제표에 어떤 영향을 미치는가를 알아본다.
2. 재고자산으로 간주되어야 할 항목과 재고자산의 취득원가에 포함되어야 할 금액들을 알아본다.
3. 재고자산의 기록에 있어 계속기록법과 실지재고조사법에 대해 공부하고 두 방법 간의 차이점과 장단점을 알아본다.
4. 재고흐름에 대한 가정들에 대해 공부한다.
5. 매출원가와 기말재고액에 대한 산출이 재고자산의 기록방법과 재고흐름의 가정에 따라 어떻게 다른지를 살펴본다.

본 장에서는 기업의 매출과 매출원가에 직접적으로 영향을 미치는 항목인 재고자산에 대하여 알아보고자 한다. 제조업이나 소매업에서의 관심의 초점은 원가보다 높은 가격으로 재고자산을 판매하는 것이다. 따라서 정확한 재고자산의 원가결정은 기업의 재무상태와 경영성과의 평가에 있어서 아주 중요하다. 재고자산과 관련하여 중요한 문제는 크게 재고자산에 포함

표 8-1

고려주식회사
재무상태표
(2015년 12월 31일 현재)

I. 자　산		Ⅱ. 부　채	
1. 유동자산		⋮	
(1) 당좌자산			
⋮			
(2) 재고자산		Ⅲ. 자　본	
상　품		⋮	
제　품			
재 공 품			
원 재 료 등			
2. 비유동자산			
자산총계	×××	부채 및 자본총계	×××

될 항목의 결정, 재고자산의 취득원가 결정, 재고자산의 수량과 단가결정을 통한 재고자산의 원가배분(판매분의 매출원가와 미판매분의 기말재고자산액) 결정 등이 있다. 특히 재고자산과 관련된 수량과 단가 결정은 매출원가와 기말재고액의 정확한 산정에 절대적인 요소이므로 우리의 주의를 요한다. 이러한 재고자산의 문제들을 제1절에서 제5절까지 설명하고자 한다.

표 8-1은 재무상태표에서 재고자산이 어디에 속하는지를 보여준다. 재고자산은 보통 1년 이내에 혹은 차기 영업활동기간 이내에 소비되거나 판매를 통해 현금으로 전환되기 때문에 유동자산으로 분류된다. 그리고 매출채권보다는 유동성이 적기 때문에 재무상태표상에 매출채권계정 다음에 위치한다.

제1절 재고자산의 정의 및 포함될 항목

IFRS ACCOUNTING PRINCIPLES

1. 재고자산의 정의

재고자산이란 판매할 상품의 생산에 있어서 소비되거나 사용될 제품 또는 영업의 정상적인 과정에서 판매를 위해 보유하는 자산을 말한다. 기업회계기준에서는 재고자산을 상품, 제품, 반제품, 재공품, 원재료, 저장품, 기타의 재고자산으로 분류하고 있다. (주)신세계나 현대백화점 같은 상품판매기업의 경우에는 상품이 주요한 재고자산이 되나, (주)현대자동차 같은 제조기업의 경우에는 제조단계에 따라 제품, 재공품, 원재료가 주요한 재고자산이 된다. 각 재고자산의 유형별 정의는 다음과 같다.

① **상 품** 기업의 정상적인 영업활동과정에서 판매를 위해 보유하는 제품을 말하며, 대개 더 이상의 가공처리 없이 판매할 수 있도록 외부에서 완제품의 형태로 구입하여 보유하고 있는 것이다.

② **제 품** 기업에 의해 완전히 판매가능하게 제조된 제품, 즉 기업 내부에서 생산한 상품이라 할 수 있다.

③ **재공품** 생산공정상 제조과정에 있는 제품으로서 아직 완제품이 되지 않은 것을 말하며, 완성과 동시에 재공품은 완제품으로 재분류된다.

④ **원재료** 완제품으로 가공처리할 목적으로 구매한 원료 및 재료를 말한다. 생산에 투입되기 전까지는 원재료재고로 간주되다가 생산에

투입되면 노무비 및 제조간접비의 발생과 함께 재공품의 형태를 거쳐 완제품화된다.

동일한 자산이라 할지라도 회사의 보유목적이나 정상적인 영업활동이 무엇이냐에 따라 재고자산으로 분류되기도 하고 재고자산 외의 항목으로 분류되기도 한다. 예를 들면 토지는 부동산매매업의 경우 재고자산으로 분류되나 일반제조업의 경우 유형자산으로 분류된다. 즉 자산의 보유목적이나 회사의 정상적인 영업활동이 무엇이냐에 따라서 동일한 자산이 재고자산으로 분류되기도 하고 기타자산으로 결정되기도 한다.

2. 재고자산에 포함될 항목

상품의 매입거래와 매출거래는 연중 계속하여 발생하는데 결산일 전후에 발생한 매출·매입거래에 있어서는 어느 회계기간에 속하는 매출·매입거래인지를 결정하여야 정확한 매출액과 매출원가를 산출할 수 있다. 따라서 재고자산에 포함될 항목을 적절한 기간에 포함시켜야 정확한 기간손익(매출총이익)을 산출할 수 있고 올바른 당기순이익을 계산할 수 있다. 매입시점은 상품의 법적인 소유권(legal title)이 매입자에게 이전되는 시기가 언제인가가 주요 판단기준이 된다. 이러한 매입의 인식에 있어서 주의하여야 할 항목은 다음과 같다.

(1) 미착상품

미착상품이란 상품판매자의 수중을 떠나 구입자에게로 현재 운송 중에 있는 상품을 가리킨다. 이 미착상품은 판매자와 구입자 간의 소유권 문제를 발생시킨다. 미착품은 법적 책임과 위험 등의 전가여부에 따라 판매자의 소유가 되기도 하고 구입자의 소유가 되기도 한다. 이러한 소유권의 구분은 계약조건에 따라 다르게 되는데, 흔히 볼 수 있는 계약조건으로서 선적지인도계약과 도착지인도계약이 있다.

우선 선적지인도계약(F.O.B. shipping point)의 경우 소유권의 이전은 선적지에서 일어난다. 따라서 연말 현재 운송 중인 상품은 구입자의 재고자산에 포함시키며, 판매자의 기말재고자산에서 제외시킨다.

한편 도착지인도계약(F.O.B. destination)의 경우 소유권의 이전은 도착지에서 발생한다. 따라서 연말 현재 미착상품은 판매자의 재고자산에 포함시키며, 구입자의 기말재고자산에서 제외시켜야 한다.

(2) 적송품

자기(위탁자)의 상품을 타인(수탁자)에게 위탁하여 판매하는 경우에 이 상품을 적송품이라 하며 이것을 위탁판매라고 한다. 위탁상품의 소유권은 위탁자에게 있으며, 단지 수탁자가 대신 판매하는 것이다. 우리 주변에서 흔히 볼 수 있는 전자제품의 대리점들이 위탁판매의 대표적인 예이다. 즉 전자제품의 생산업체들(삼성전자나 LG전자)이 위탁자이고 시내 곳곳에 있는 대리점들이 수탁자이다. 이러한 위탁판매의 수익인식시점은 위탁자(전자회사)가 수탁자(대리점)에게 상품을 적송한 시점이 아니라, 수탁자가 위탁품을 판매한 날이다. 따라서 위탁자는 수탁자가 상품을 판매할 때까지 적송품을 자신(위탁자)의 저고자산으로 계상하여야 한다. 즉 결산일까지 판매되지 아니한 위탁품을 의탁자는 자신의 창고에 재고자산이 없다고 할지라도 기말재고자산에 포함시켜야 한다.

(3) 시용품

시용판매란 상품을 고객에게 인도하고 고객이 상품을 미리 시험적으로 사용한 후에 구입의사를 표시할 경우 매출을 인식하는 판매방법을 말한다. 이러한 시용품은 고객이 상품을 구입한다는 의사표시가 있기까지는 판매자의 재고자산에 포함되어야 한다. 따라서 고객의 매입의사표시가 없는 시용품은 기말시점에 회사가 보유하고 있지 않더라도 기말재고자산에 포함시켜야 한다.

제2절 재고자산의 취득원가결정

IFRS ACCOUNTING PRINCIPLES

일반적으로 자산의 취득원가는 자산의 구입가격과 구입에 따른 제비용을 말한다. 또한 그 자산을 취득하여 당해 목적에 사용할 때까지 소요된 모든 현금지출액을 포함시킨다. 따라서 재고자산의 취득원가에는 재고자산을 판매가능한 상태로 만들기까지 소요된 모든 지출액 즉 매입가액 외에 운반비, 매입수수료 등의 매입부대비용을 취득원가에 포함시켜야 한다. 더 나아가 정확한 재고자산의 취득원가(손익계산서상 매입액)를 결정하기 위해서는 다음에 설명하는 것들을 추가로 고려하여야 한다.

1. 매입에누리와 매입환출

매입한 재고자산에 파손이나 결함이 있거나 도착이 지연되는 등의 여러 가지 이유로 매입대금을 인하받거나 반품하는 경우가 있다. 이 경우에 상품대금의 일부를 인하받는 것을 매입에누리(purchase allowance)라고 하며, 매입한 상품의 일부를 반환하는 것을 매입환출(purchase returns)이라고 한다. 이러한 매입에누리와 매입환출은 매입원가에서 차감시켜야 한다. 따라서 손익계산서에 매입액을 나타낼 때에는 이러한 매입에누리와 매입환출을 차감한 후의 금액인 순매입액으로 나타내어야 한다. 다음의 **예제 8-1**을 가지고 재고자산의 취득원가 산정과 매출원가를 계산해 보자.

예제 8-1

안암상사는 남아공에 처음 진출한 회사로서 완구무역업을 주로 하고 있다. 이 회사의 최고경영자인 양창근 씨는 정확한 매출원가를 알고 싶어 한다. 다음은 안암상사의 재고자산과 관련된 자료이다.

기초상품 재고액	₩1,000,000
기말상품 재고액	2,000,000
당기매입상품의 총송장가격	25,000,000
운송회사로부터의 운반비청구액	1,200,000
매입환출액	500,000
매입에누리	300,000

이 경우에 당기매입원가와 매출원가는 각각 얼마인가?

풀이

당기매입액의 원가(순매입가격)

=매입가액+제비용−매입에누리−매입환출

=25,000,000+1,200,000−300,000−500,000

=₩25,400,000

매출원가=기초재고액+당기매입액−기말재고액

=1,000,000+25,400,000−2,000,000=₩24,400,000

2. 매입할인

상품거래에서 외상대금의 회수를 촉진시키기 위하여 할인기간 내에 대금지급이 이루어지는 경우에 일정률을 할인하여 주는 것을 현금할인이라고 한다. 이 경우 구매자가 조기에 매입채무를 지급한 경우 판매자가 현금을 할인해 주는 것을 매입할인(purchase discounts)이라 한다. 이렇게 매입할인이 가능한 송장(invoice)을 판매자로부터 받았을 때 구매자는 매입거래를 장부에 기록하면서 송장가격에서 매입할인을 차감한 금액으로 기록하기도 한다. 이를 순액법(純額法, net method)이라고 하는데 구매자 입장에서 매입할인의 기회를 가능한 한 이용할 의사가 있음을 시사하는 방법이다. 반면에 매입할인의 기회를 이용할 것인지 아닌지에 상관없이 송장가격 그대로를 매입거래로 장부에 기록하는 방법을 총액법(總額法, gross method)이라고 한다. 참고로 현금할인은 송장에 2/10, n/30의 형태로 표시되는데 이는 외상기간은 30일이지만 10일 이내에 대금을 지급하는 경우 판매액의 2%를 현금할인해 주겠다는 뜻이며, 10일이 지나고 30일 이전까지 사이에 대금을 지급하는 경우는 송장금액 그대로를 받겠다는 뜻이다. n/30에서의 n은 net의 약자이다. 기업회계기준에서는 매입할인에 대한 회계처리방법으로 총액법만을 사용하도록 하고 있으며, 매입할인도 매입에누리와 마찬가지로 매입의 차감항목으로 처리하도록 규정하고 있다.

다음의 **예제 8-2**를 가지고 회계처리를 살펴보자.

예제 8-2

(주)신촌은 국민건강을 위하여 바퀴벌레 제거서비스를 제공하는 용역회사이다. 최근에 유수의 연구기관에서 새로 개발한 획기적인 바퀴벌레 제거제를 구입하기로 계약을 체결하였는데 구입조건이 다음과 같다.

2014. 12. 25: (주)신촌은 구매가격 ₩1,500,000의 약품을 크리스마스 특별할인 조건인 2/10, n/30의 조건으로 외상 구입하였다.

2015. 1. 4: 전년도 12월 25일자 매입채무의 반을 구입회사에 지급하였다.

2015. 1. 15: 전년도 12월 25일자 매입채무의 나머지를 구입회사에 지급하였다.

위의 자료를 이용하여 총액법과 순액법으로 각각 회계처리를 하시오.

풀이

1. 총액법으로 회계처리시(기업회계기준)

일자	차변	금액	대변	금액
2014. 12. 25	(차) 매 입	1,500,000	(대) 매입채무	1,500,000
2015. 1. 4	(차) 매입채무	750,000	(대) 현 금	735,000
			매입할인	15,000
2015. 1. 15	(차) 매입채무	750,000	(대) 현 금	750,000

2. 순액법으로 회계처리시(거래발생시 할인액만큼 매입에서 차감)

일자	차변	금액	대변	금액
2014. 12. 25	(차) 매 입	1,470,000	(대) 매입채무	1,470,000
2015. 1. 4	(차) 매입채무	735,000	(대) 현 금	735,000
2015. 1. 15	(차) 매입채무	735,000	(대) 현 금	750,000
	할인기간경과손실	15,000 *		

* 이자비용과 같은 영업외 비용이다.

3. 기 타

두 종류 이상의 재고자산을 일괄하여 구입하는 경우에는 각각의 재고자산의 취득원가를 구별하여야 한다. 일괄구입시 개별적인 취득원가를 알 수 없다면 일괄구입원가를 각 재고자산의 상대적인 시장가치를 기준으로 배분하여야 한다. 이에 대한 구체적인 사례는 **예제 8-3**에서 설명한다.

예제 8-3

신림쌀집은 일반미 10가마와 정부미 20가마를 취득하면서 대금을 일괄하여 ₩2,700,000을 지급하였다. 현재 가락동농수산물시장의 시세는 일반미가 가마당 ₩200,000이고 정부미가 가마당 ₩50,000이다. 이 경우 일반미와 정부미의 재고자산가액을 구하시오.

풀이

일반미의 시장가치	=200,000×10가마=	₩2,000,000
정부미의 시장가치	= 50,000×20가마=	₩1,000,000
합 계		₩3,000,000

이러한 상대적인 시장가치를 기준으로 각각의 재고자산가액을 구하면, 다음과 같다.

일반미의 취득원가=2,700,000×2/3=₩1,800,000
정부미의 취득원가=2,700,000×1/3= ₩900,000

제3절 재고자산기록의 두 가지 방법

IFRS ACCOUNTING PRINCIPLES

정확한 기간손익을 계산하기 위해서는 재고자산의 원가를 매출원가(판매분)와 기말재고(미판매분)로 배분하여야 한다. 이러한 재고자산의 원가를 결정하기 위해서는 재고자산의 수량과 단가를 파악하여야 한다. 즉, 매출원가와 기말재고액은 "수량×단가"로 결정되므로 수량과 단가에 대한 결정방법은 아주 중요하다. 상품판매기업의 경우에는 매출액이나 매출원가가 차지하는 수익이나 비용이 기타 다른 수익이나 비용항목들보다 크기 때문에 매출액과 매출원가를 어떻게 계상하는가에 따라서 순이익의 수치는 상당히 달라지게 된다. 여기서는 매출원가를 어떻게 산정하는가에 대해서 살펴보기로 하자.

매출액은 한 회계기간 동안 판매된 상품수량에 단위당 판매가격을 곱하여 측정되는 반면에 매출원가는 한 회계기간 동안 판매된 상품수량에 단위당 취득원가를 곱하여 측정된다. 일반적으로 매출원가를 산정하는 문제는 다음과 같은 그림에 의해 설명될 수 있다.

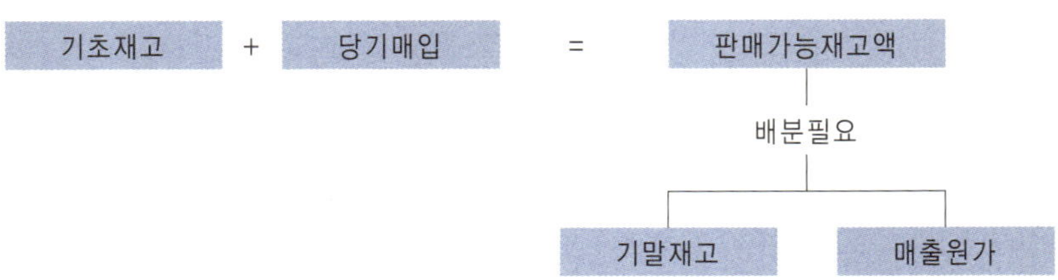

통상 기업은 어느 한 회계기간 초에 얼마의 재고상품을 지니고 있게 되

는데 이를 기초재고라 한다. 그리고 회계기간 말에는 판매되지 않고 남아 있게 되는 재고상품이 있는데 이를 기말재고라 한다. 이때 한 회계기간 말에 보유하게 되는 기말재고는 자동적으로 다음 회계기간의 기초재고가 된다. 그리고 위의 공식에서 기초에 보유하고 있던 상품액에다 당기매입한 상품액을 가산하면 이 금액은 당기에 판매하기 위해서 보유하게 되는 총상품액이 되는데 이를 판매가능재고액(goods available for sale) 또는 판매가능액이라 한다. 따라서 판매가능액은 회계기간 중에 판매된 부분과 기말까지 판매되지 않고 남아 있는 부분으로 나누어질 수 있는데 판매된 부분이 매출원가가 되고 기말에 남아 있게 되는 부분은 기말재고액이 된다. 그런데 재고자산의 매입과 매출원가를 기록·산출하는 방법에는 실지재고조사법(실사법)과 계속기록법의 두 가지가 있다. 이 두 가지에 대해서 알아보자.

1. 실지재고조사법(Periodic Inventory System)

E-마트 같이 소액의 다품종을 취급하는 기업의 경우 소비자가 매번 다양한 물건을 구입할 때마다 매출원가를 파악한다는 것은 매우 힘든 일이다. 그러므로 할인점이나 슈퍼마켓 같은 곳은 매출원가를 기말에 재고조사를 통하여 기말재고를 파악한 뒤에 판매가능액에서 이를 차감하여 매출원가를 산정하고 있다. 즉 이 방법은 상품매입시에는 매입계정에 기록하고 상품판매시에는 매출수익만 기록하며 매출원가에 대해서는 아무 기록도 하지 않고 있다가 기말에 판매되지 않고 남아 있는 기말재고상품을 실제로 조사하여 매출원가를 산출하는 방법이다. 상품매입시에 기록하는 매입계정은 상품에 대한 일종의 평가계정의 성격을 띠고 있으나 회계기간 말에는 수정분개를 통해 소멸되어야 하는 임시계정이다. 이 방법을 이용하면 회계기간 중에는 회계장부만 가지고서는 보유하고 있는 재고자산을 파악할 수 없고, 기말재고자산을 실제 조사하기 전까지는 매출원가도 산출할 수 없게 된다.

이와 같이 실사법에 의한 재고자산의 기록시스템은 기중에 판매거래가 발생할 때마다 판매된 상품의 원가를 파악하여 기록할 필요가 없으므로 기장업무가 간소화되지만 다음과 같은 단점이 있다. 첫째는 재무제표를 작성하기 위해서는 매 회계기간 말에 모든 재고자산의 수량 및 원가를 모두 파악해야 하는 업무가 필요하게 되고, 둘째는 기중에는 재고자산의 통제가 불가능하다는 것이다. 즉 기중에 도난이나 파손, 마모, 증발 등에 의한 재고자산의 감소분을 파악할 수 없고 이러한 금액이 모두 매출원가에 산입되게 된다. 따라서 대부분의 기업에서는 단가가 낮고 재고자산의 통제 필요성이 상대적으로 적은 품목에 대해서 실사법을 적용하여 기록하고 있다.

실사법을 적용할 경우의 매출원가를 산출하기 위한 모형은 다음과 같다.

모 형:	기초재고액	+	당기매입액	−	기말재고액	=	매출원가
	↓		↓		↓		↓
자료의 원 천	전기말의 상품재고액		매입계정의 기말잔액		기말에 실시한 재고자산의 실제조사		앞의 세 가지 자료로부터 계산됨

실사법을 적용하여 재고자산의 매매거래를 기록하는 절차는 다음과 같다.

(1) 모든 매입액을 매입계정에 기록한다.

회계기간 중에 매입한 상품의 원가는 매입계정을 이용하여 기록한다. 예를 들면 서촌주식회사가 2002년도 한 해 동안에 외상으로 구입한 상품이 모두 ₩55,000이라면 다음과 같이 분개된다.

(차) 매 입 55,000 (대) 매입채무 55,000

(상품을 외상으로 매입)

(2) 모든 매출액을 매출계정에 기록한다.

회계기간 중의 상품의 판매거래가 발생하였을 경우에는 매출수익만을 기록하고 매출원가는 기록하지 않는다. 예를 들면 서촌주식회사가 2002년도 한 해 동안에 외상으로 ₩80,000의 상품을 판매하였다면 다음과 같이 분개된다.

(차) 매출채권 80,000 (대) 매 출 80,000
(상품을 외상으로 판매)

(3) 매입환출이나 매입할인, 매입에누리가 발생하면 매입의 차감적 평가계정인 매입환출 및 에누리계정에 그리고 매입운임이 발생하면 매입의 부가적 평가계정인 매입운임계정에 기록한다.

매입운임의 기록:
(차) 매입운임 ××× (대) 현 금 ×××

매입환출 및 에누리의 기록:
(차) 매입채무(또는 현금) ××× (대) 매입환출 및 에누리 ×××

이들 계정은 임시계정인 매입에 대한 보조계정이므로 이들 역시 임시계정이다. 따라서 회계기말에는 이들의 잔액을 없애주는 마감분개가 필요하다.

(4) 기말에 상품재고액을 창고와 매장에 나가 실제로 조사하여 매출원가의 기록과 상품계정의 조정을 위한 수정분개를 실시한다.

실사법을 적용할 경우 상품계정의 잔액은 전기 말에 나타난 기말재고액으로 계상되어 있다. 왜냐하면 기중에는 상품계정에 상품의 증감액을 기록하지 않기 때문이다. 따라서 기말에 재무제표를 작성하기 위해서는 기말재고액을 실제로 조사하여야 한다. 이와 같이 기말재고액을 실제로 조사한 후에는 다음과 같이 매출원가를 산정하고 재무상태표의 상품계정을 수정한다. 기말재고액이 파악되면 재고방정식을 이용하여 매출원가를 산출한다. 예를 들어 기초재고액이 ₩40,000이고 당기매입액이 ₩55,000, 기말재고액이 ₩35,000으로 파악되면 매출원가는 ₩40,000 + ₩55,000 − ₩35,000 = ₩60,000이 된다.

예제 8-4

서촌주식회사는 회계기말에 상품과 관련된 계정을 검토한 바 다음과 같은 계정잔액이 있음을 발견하였다.

	차 변	대 변
상 품(기초잔액)	₩40,000	
매 입	55,000	
매입운임	5,000	
매입환출 및 에누리		₩4,000

실사결과 매입운임과 매입환출 및 에누리를 고려한 후의 기말상품재고액은 ₩35,000이었다. 회계기말에 필요한 분개를 하시오.

풀이

기말의 수정분개 및 마감분개를 하는 방법에는 여러 가지가 있을 수 있다. 여기서는 다음의 두 단계로 나누어서 분개를 한다.

1단계: 매입의 평가계정인 매입운임과 매입환출 및 에누리계정을 매입계정에 대체한다.

(차) 매 입	5,000	(대) 매입운임	5,000

(매입운임을 매입계정에 대체)

(차) 매입환출 및 에누리	4,000	(대) 매 입	4,000

(매입환출 및 에누리를 매입계정에 대체)

2단계: 상품계정을 기말잔액으로 수정하고 매출원가를 기록한다.

제1단계에서의 분개 후 매입운임과 매입환출 및 에누리계정은 잔액이 ₩0이고 매입계정의 잔액은 ₩56,000(55,000+5,000−4,000)이다.

(차) 상품(기말)	35,000	(대) 상품(기초)	40,000
매출원가	61,000	매 입	56,000

(매출원가의 인식)

위의 분개는 물론 다음과 같은 분개로 요약될 수 있다.

(차) 매출원가	61,000	(대) 상 품	5,000
		(대) 매 입	56,000

이 분개를 통해 차변잔액을 가지고 있던 매입계정의 잔액은 ₩0이 되고 매출원가는 적절하게 기록되며 상품계정의 잔액은 실사잔액과 일치하게 된다.

2. 계속기록법(Perpetual Inventory System)

이는 상품의 매매거래가 발생할 때마다 순서대로 상품의 증감과 매출원가를 산정하여 계정에 기록하는 시스템이다. 예를 들어 자전거 판매영업을 하는 회사의 경우 매출시마다 어느 모델이 몇 대가 팔리고, 또 팔린 대수의 매출원가는 얼마인가를 그때그때 장부에 기록하는 시스템이다. 팔릴 때뿐만 아니라 자전거의 구입시에도 그때마다 구입내역을 장부에 표시해 나가는 시스템이다.

이 시스템하에서는 재고자산에 대한 상세한 기록을 항상 업데이트해 가며 유지할 수 있기 때문에 어느 시기에도 장부만 보면 보유하고 있는 재고자산과 그때까지 발생한 매출원가를 파악할 수 있게 된다. 즉 재고통제에 매우 유용한 시스템이다. 그러나 이 시스템을 사용하면 상품의 종류마다 재고계정 하나씩을 유지해야 하는 관계로 기장업무가 많아지기 때문에 비용과 시간이 많이 소요된다. 특히 거래 빈도가 많은 재고자산을 기록하는 데에는 많은 시간이 소요된다. 그러나 근래에는 컴퓨터를 회계시스템에 이용할 수 있기 때문에 이러한 단점이 보완되고 있다.

계속기록법을 사용할 경우 재고자산의 증감을 기록하는 장부를 상품시재장이라 하는데 상푼시재장을 사용하여 재고자산의 증감을 기록하는 방법을 예를 통해서 보도록 하자.

예제 8-5

2015년 1월 1일	기초재고	8단위	단위당 원가	₩5,000
2015년 7월 14일	매 입	11단위	단위당 원가	₩5,000
2015년 11월 30일	매 출	13단위	단위당 판매가	₩8,000
2015년 12월 31일	매출환입	1단위		

상품시재장

일자			거래내역	입고			출고			잔액		
년	월	일		수량	단가	금액	수량	단가	금액	수량	단가	금액
2015	1	1	기초재고액							8	5,000	40,000
2015	7	14	매입	11	5,000	55,000				19	5,000	95,000
2015	11	30	매출				13	5,000	65,000	6	5,000	30,000
2015	12	31	매출환입				(1)	5,000	(5,000)	7	5,000	35,000
총매입액				11		55,000						
매출원가							12	5,000	60,000			
기말재고액										7	5,000	35,000

이제 계속기록법을 적용하여 재고자산의 매매거래를 기록하는 절차를 알아보자.

(1) 모든 매입액을 상품계정에 기록한다.

기중에 매입된 상품의 원가는 상품계정에 기록된다. 예를 들면 2015년 7월 14일 원가 ₩55,000의 상품을 외상으로 매입한 경우의 분개는 다음과 같다.

(차) 상 품 55,000 (대) 매입채무 55,000

(2) 모든 매출액을 매출계정에 기록하고 매출거래시마다 매출원가에 관한 분개도 동시에 행한다.

예를 들면 2015년 11월 30일 원가 ₩65,000의 상품을 ₩104,000에 외상으로 판매하였다면 다음과 같이 분개한다.

(차) 매출채권 104,000 (대) 매 출 104,000

(매출수익에 대한 분개)

(차) 매출원가 65,000 (대) 상 품 65,000

(매출원가에 대한 분개)

(3) 매출환입에 대한 기록

회계기간 중에 매출환입이 발생했을 경우에는 매출환입에 대한 분개와 아울러 매출원가를 수정하기 위한 분개를 동시에 실시한다. 예를 들면 2015년 12월

31일 원가 ₩5,000의 상품이 환입되어 온 경우 그것의 판매가격이 ₩8,000이었다면 다음과 같이 분개한다.

(차) 매출환입	8,000	(대) 매출채권	8,000
(매출환입에 대한 분개)			
(차) 상 품	5,000	(대) 매출원가	5,000
(매출원가 수정에 대한 분개)			

(4) 매입환출 및 에누리는 상품의 감소로, 그리고 매입운임은 상품의 증가로 직접 상품계정에 기록한다.

(5) 기말에는 매출원가와 상품계정의 잔액으로부터 재무제표를 작성한다. 이 경우에는 실사법에서와 같은 매출원가 산정을 위한 수정분개가 필요 없게 된다. 왜냐하면 기중에 이미 매출원가계정과 상품계정이 모든 상품매매거래를 반영하고 있기 때문이다.

위에서는 계속기록법을 설명함에 있어서 실사법과 비교하기 위해서 기말에 재고자산을 실제로 조사하지 않는 것처럼 설명하였다. 그러나 계속기록법을 사용하는 경우에도 보다 완벽한 재고자산의 통제와 정확한 매출원가 및 재고자산의 측정을 위해서 기말에 실제로 재고자산을 조사하는 것이 일반적이다. 이때 실제로 조사된 기말재고액이 장부상의 기말재고액보다 적을 경우에는 그 차액만큼이 기중에 도난이나 감손으로 감소된 재고자산이므로 이에 대한 적절한 회계기록이 필요하게 된다. 만일 기업의 영업활동을 위해서 필요불가결하게 발생되는 재고자산의 감소이면 이는 매출원가에 계상되고 그렇지 않고 재고자산의 통제를 소홀히 하여 발생된 재고자산의 감소이면 재고자산감모손실이라는 계정의 영업외 비용으로 처리한다.

예를 들면 서촌주식회사의 장부상에는 기말재고상품이 ₩35,000인데 실제 조사한 결과 ₩30,000의 재고상품밖에 없었고 이는 재고상품의 통제를 잘못하여 도난된 것이라면 다음과 같이 분개된다.

(차) 재고자산감모손실 5,000 (대) 상 품 5,000
(재고자산감모손실의 인식)

제4절 재고자산의 가격결정

IFRS ACCOUNTING PRINCIPLES

일반적으로 제조기업이나 상품판매기업에 있어서 재고자산의 제조, 구입 그리고 판매는 기업의 중심업무가 된다. 이 경우 재고자산의 원가를 결정하는 것이 회계담당자의 중요한 역할이다. 개념적으로 볼 때 각 제품이나 상품의 종류별로 취득한 원가를 그대로 그 제품이나 상품이 판매되었을 때 매출원가로 대응시켜 재고자산에서 차감하여 기말재고자산의 원가를 구하는 것이 가장 이상적인 회계처리 방법이라고 생각할 수 있으나, 기중 재고자산에 대한 거래가 많고 재고자산의 종류도 다양한 현실에 비추어보면 실무에 적용이 어렵거나 불가능할 경우가 대부분이다. 따라서 회계담당자는 원가흐름에 대해 조직적이고 합리적인 가정(원가흐름의 가정: Cost Flow Assumption)을 도입하여 이를 계속적으로 사용하는 것이 바람직하다. 이 경우 원가흐름에 대한 가정이 반드시 재고자산이 물적 흐름과 일치할 필요는 없으나 그 대신 한번 선택한 가정은 계속해서 체계적으로 적용해야 한다. 그 이유는 회계담당자가 원가흐름의 가정을 임의로 자주 변경할 경우 손익조작의 가능성이 있기 때문인데 이에 대해서는 이 절의 후반부에서 설명하기로 한다.

재고자산에 대한 회계처리를 통하여 기말재고의 원가와 매출원가를 결정하는 것은 무척 중요하다. 이 경우 기초의 재고자산원가와 당기에 매입한 재고자산의 원가의 합이 당기에 매출한 재고자산의 원가와 기말에 남아 있는 재고자산 원가의 합과 일치해야 한다는 다음의 재고자산 방정식을 이용할 수 있다.

| 재고자산 방정식 |

기초재고원가 + 순매입액 = 판매가능액 = 매출원가 + 기말재고원가

위 식에서 좌측에 있는 항목들은 당기에 투입된 총재고자산원가(판매가능상품원가)를 나타내며 우측에 있는 항목들은 총투입된 재고자산을 매출된 부분과 기말에 회사에 재고로 남아 있는 부분으로 분류해 놓은 것이다. 이 경우에 좌측에 있는 두 항목 중 기초재고원가의 경우는 전기 말에 이미 계산된 전기말재고원가이고 순매입액은 재고자산을 매입할 때마다 기록하면 쉽게 알 수 있는 항목이다. 즉 쉽게 알 수 있는 총투입원가를 매출원가와 기말재고원가로 배분하는 것이 중요한데 이때 매출원가나 기말재고원가 중 하나만 결정되면 나머지 한 항목은 자동적으로 결정되는 것이다. 여기에서 각 원가흐름의 가정을 이용하여 기말재고자산을 결정하여 총투입원가에서 차감해주면 매출원가를 구할 수 있다.

원가흐름의 가정은 기본적으로 크게 4가지로 나눌 수 있는데 개별법, 평균법, 선입선출법, 후입선출법이 있다. 이러한 원가흐름의 가정을 각각 적용할 때 재고자산의 가격(원가)결정이 어떻게 달라지는지를 동일한 예제를 통하여 알아보자.

1. 개별법

개별법은 판매된 상품(제품)의 구입가격(원가)을 실제로 건건별로 추적하여 각 상품에 대해 개별적으로 매출원가를 측정하고 기말재고자산원가도 동일하게 측정하는 방법이다. 따라서 개별법에 의해 원가를 측정하게 되면 특별한 원가흐름의 가정을 도입할 필요가 없고, 물량흐름과 원가흐름이 일치하므로 가장 이상적인 원가측정방법이라고 할 수 있다. 그러나 전술한 바와 같이 현실적으로 개별상품에 대한 원가측정은 어렵거나 불가능하므로 개별상품에 대한 식별이 확실하게 가능한 고가품인 자산을 취급하는 경우, 예를 들면 귀금속, 자동차, 선박, 건물, 항공기 등에 제한적으로 적용할 수 있는 방법이다.

예제 8-6

다음은 동대문주식회사의 2015년도의 재고자산 거래내역이다.

일 자	매입 수 량	매입 단 가	판매 수 량	잔고 수 량
2015. 1. 1(기초재고)	300개	₩30		300개
3. 3	500	40		800
4. 5			400개	400
6. 9	200	46		600
9. 8			300	300
12. 25	100	50		400
12. 31(기말재고)				400

물음 동대문주식회사의 12월 31일의 기말재고 중 3월 3일 매입분이 300개, 12월 25일 매입분이 100개로 되었을 경우 2015년도의 동대문주식회사의 기말재고원가와 매출원가를 구하라.

풀이

1. 판매가능원가＝300개×@30＋500×40＋200×46＋100×50＝₩43,200
2. 기말재고원가＝300개×@40＋100×50＝₩17,000
3. 매출원가＝43,200－17,000＝₩26,200

2. 평균법

평균법은 재고자산을 평가함에 있어 기말재고자산원가와 매출원가에 해당기간 동안 발생한 재고자산의 원가를 모두 반영한다는 관점에 입각하여 평가하는 방법이다. 이 방법은 기초재고자산원가와 당기매입원가 즉 판매가능액을 평균하여 재고자산원가를 계산한다는 것이다. 특히 재고자산을 계속기록법으로 기록하는 경우에는 재고수준이 변할 때마다 새로운 평균단가가 계산되기 때문에 이를 이동평균법(Moving-average cost method)이라 부르며, 실지재고조사법으로 기록하는 경우에는 재고수준의 변화와는 관계없이 당기에 판매가능했던 재고량을 통틀어 평균단가를 계산하기 때문에 이를 총평균법(Weighted-average cost method)이라 부른다.

예제 8-7

앞의 **예제 8-6**의 자료를 보고 물음에 답하여라.

물음 동대문주식회사가 총평균법과 이동평균법을 이용할 경우 2015년도의 기말재고 원가와 매출원가를 구하라.

풀이

1. 총평균법을 적용할 경우
   (1) 단위당 총평균원가＝판매가능원가÷판매가능수량
   ＝43,200÷1,100개＝@39.27
   (2) 기말재고액＝400개×@39.27＝₩15,708
   (3) 매출원가＝43,200－15,708＝₩27,492≒700개×@39.27
2. 이동평균법을 이용할 경우

	매 입			판 매			잔 액		
일자	수량	단가	총계	수량	단가	총계	수량	단가	총계
1/1	300개	@30	9,000				300개	@30	9,000
3/3	500	40	20,000				800	@36.25	29,000
4/5				400개	@36.25	14,500	400	@36.25	14,500
6/9	200	46	9,200				600	@39.5	23,700
9/8				300	39.5	11,850	300	@39.5	11,850
12/25	100	50	5,000				400	@42.125	16,850
합계	1,100		43,200	700		26,350			

기말재고원가＝₩16,850

매출원가＝₩26,350

위의 예제에서와 같이 총평균법의 경우에는 매출원가와 기말재고원가의 계산이 기말에만 이루어지게 된다. 즉 기말의 재고수량에 평균단가를 곱하여 기말재고를 계산하게 되고, 판매된 수량에 평균단가를 곱하여 매출원가를 계산하게 되는 것이다. 이때의 평균단가는 기초재고의 단가와 당기에 매입된 재고자산의 단가가 가중평균된 값이다.

이에 비교하여 이동평균법의 경우 상품이 판매될 때마다 매출원가의 계산이 이루어지며 상품구입시마다 새로운 평균단가를 계산하여야 한다. 상품을 매입할 때마다 평균단가가 변동한다는 점이 총평균법과 차이가 나는 부분이다.

3. 선입선출법

선입선출법(First-in, First-out: FIFO)은 원가흐름의 가정을 먼저 매입된 재고자산이 먼저 매출된다고 보고 재고자산을 평가하는 방법이다. 이 경우 입고된 재고자산순으로 매출원가를 계산하게 되므로 재고자산의 가격이 상승 중에 있다면 매출원가가 낮은 가격으로 평가되며 기말재고자산은 기말에 가장 근접하는 높은 가격으로 평가된다.

예제 8-8

앞의 **예제 8-6**의 자료를 보고 물음에 답하여라.

물음 동대문주식회사가 선입선출법을 이용할 경우 2015년도의 기말재고원가와 매출원가를 구하라.

풀이

1. 실지재고조사법하의 선입선출법

(1) 기말재고원가* = 100개 × @50 + 200 × @46 + 100 × @40 = ₩18,200

(2) 매출원가 = 판매가능원가 − 기말재고원가

= 43,200 − 18,200 = ₩25,000

* 기말에 남아 있는 400개는 가장 최근에 입고된 것들로 구성되었다고 봄.

2. 계속기록법하의 선입선출법

	매입			판매			잔액		
일자	수량	단가	총계	수량	단가	총계	수량	단가	총계
1/1	300개	@30	9,000				300개	@30	9,000
3/3	500	40	20,000				300	30	9,000
							500	40	20,000
4/5				300개	@30	9,000			
				100	40	4,000	400	40	16,000
6/9	200	46	9,200				400	40	16,000
							200	46	9,200
9/8				300	40	12,000	100	40	4,000
							200	46	9,200
12/25	100	50	5,000				100	40	4,000
							200	46	9,200
							100	50	5,000
합계	1,100개		43,200	700개		25,000	400개		18,200

기말재고원가 = 4,000 + 9,200 + 5,000 = ₩18,200

매출원가 = 43,200 − 18,200 = 9,000 + 4,000 + 12,000 = ₩25,000

위 예제처럼 선입선출법하에서는 실지재고조사법을 사용할 경우와 계속기록법을 사용할 경우의 기말재고자산의 원가와 매출원가의 결과가 일치함을 알 수 있다. 이는 선입선출법을 이용하는 때에는 먼저 입고된 자산이 먼저 판매된다는 가정을 사용하므로 회계기말에 한 번만 재고자산원가와 매출원가를 계산하든 입고, 출고시마다 그 시점의 재고자산원가와 매출원가를 계산하든지 간에 그 결과는 같아질 수밖에 없다.

이렇게 선입선출법에 의해 재고자산을 평가하게 되면 계속기록법하에서나 실지재고조사법하에서나 결과가 동일하다는 점과 기말재고자산의 원가가 가장 최근의 원가로 기록되므로 기말재무제표상의 재고자산 평가액이 현행원가에 가깝다는 장점이 있다. 이 밖에도 일반적으로 기업들은 먼저 구입한 재고자산을 먼저 판매하므로 선입선출법의 원가흐름가정이 재고자산의 물량흐름과 비슷한 경우가 많다.

4. 후입선출법[1)]

후입선출법(Last-in, First-out: LIFO)이란 원가흐름의 가정을 가장 나중에 매입된 재고자산이 먼저 매출된다고 보고 재고자산을 평가하는 방법이다. 이러한 경우는 석탄채굴회사의 경우에서 쉽게 찾아볼 수 있는데 나중에 채탄된 석탄이 먼저 판매되고 먼저 채탄된 석탄이 석탄무더기의 가장 밑에 깔려 뒤에 판매된다는 예로 쉽게 이해가 될 수 있다. 이 경우 입고된 재고자산의 역순으로 매출원가를 계산하게 되므로 재고자산의 가격이 상승 중에 있다면 매출원가가 높은 가격으로 평가되며, 기말재고자산은 상대적으로 과거의 낮은 가격으로 평가된다.

예제 8-9

앞의 **예제 8-6**의 자료를 보고 물음에 답하여라.

물음 동대문주식회사가 후입선출법을 이용할 경우 2015년도의 기말재고원가와 매출원가를 구하라.

풀이

1. 실지재고조사법하의 후입선출법
   (1) 기말재고원가* = 300개 × @30 + 100개 × @40 = ₩13,000
   (2) 매출원가 = 판매가능원가 − 기말재고원가
   = 43,200 − 13,000 = ₩30,200

* 기말에 남아 있는 400개는 가장 오래전에 입고된 것들로 구성되었다고 봄.

1) 국제회계기준에서는 인정하지 않는 방법이나 최근까지 많이 사용되던 방법이라 여기 소개한다. 독자들은 참고만 하기 바란다.

2. 계속기록법하의 후입선출법

	매 입			판 매			잔 액		
일자	수량	단가	총원가	수량	단가	총원가	수량	단가	총원가
1/1	300개	@30	9,000				300개	@30	9,000
3/3	500	40	20,000				300 500	30 40	9,000 20,000
4/5				400개	@40	16,000	300 100	30 40	9,000 4,000
6/9	200	46	9,200				300 100 200	30 40 46	9,000 4,000 9,200
9/8				200 100	46 40	9,200 4,000	300	30	9,000
12/25	100	50	5,000				300 100	30 50	9,000 5,000
합계	1,100개		43,200	700개		29,200	400개		14,000

기말재고원가＝₩9,000＋₩5,000＝₩14,000

매출원가＝43,200－14,000＝16,000＋9,200＋4,000＝₩29,200

예제 8-9의 결과를 살펴보면 후입선출법하에서는 실지재고조사법을 사용할 경우와 계속기록법을 사용할 경우의 기말재고자산의 원가와 매출원가에 있어서 두 방법의 결과가 앞의 선입선출법과는 달리 일치하지 않음을 알 수 있다. 이러한 이유는 실지재고조사법을 이용할 경우 당해 기간 동안 구입한 총액에 판매한 총액을 대응시켜 후입선출법을 적용시키며, 계속기록법을 이용할 경우 판매직전에 구입한 금액에 판매한 금액을 대응시키는 방식으로 후입선출법을 적용하기 때문이다. 따라서 재고자산의 원가가 계속하여 상승하고 있는 경우에는 일반적으로 실지재고조사법을 이용하여 후입선출법을 적용시키는 경우가 계속기록법하의 후입선출법보다 매출원가를 더 많이 계상하게 되며 기말재고원가는 더 적게 계상하게 된다.

이상의 결과를 통하여 재고자산의 원가가 계속 상승중인 경우 매출원가와 기말재고자산의 금액을 각각의 재고자산 가격결정방법과 비교해 보면 다음과 같다.

가격상승시 각 방법의 비교

매출원가금액	선입선출법〈이동평균법〈총평균법〈계속기록법하의 후입선출법〈실지재고조사법하의 후입선출법
기말재고금액	실지재고조사법하의 후입선출법〈계속기록법하의 후입선출법〈총평균법〈이동평균법〈선입선출법

따라서 가격이 상승하는 인플레이션 기간에는 선입선출법이 가장 순이익이 높게 계상되며 후입선출법은 순수익이 가장 적어 법인세를 적게 부담하게 된다.

Case: 왜 많은 기업이 법인세 절감효과가 있는데 선입선출법을 사용할까?

미국의 경우, 선입선출법(FIFO)이 타방법보다 더 많이 쓰이고 있으며 한 회사가 보통 두 개 이상의 다양한 방법을 사용하는 경우가 많다. 미국공인회계사가 조사한 자료를 보면 다음과 같다.(1997, Accounting Trends and Techniques)

	회사수		
	1996	1995	1994
선입선출법(FIFO)	417	411	417
후입선출법(LIFO)	332	347	351
총 평균법(Average)	181	185	192

만약 재고자산의 원가가 계속 하락중인 경우 위와는 반대의 결과가 된다. 한편, 후입선출법의 경우에 당해 기간 재고자산의 판매가 급증하여 기중에 구입한 재고자산을 초과하여 판매하게 되면 기초재고보다 기말재고가 줄어들게 된다. 이 경우 기초재고의 일부가 매출원가에 포함되게 되는데 후입선출법에 의한 매출원가가 다른 방법으로 재고자산가격을 결정하는 것보다 낮아지는 현상이 발생할 수 있는데 이러한 현상을 후입선출청산

(LIFO liquidation)이라고 한다.

5. 추정에 의한 재고평가

실사법을 채용하고 있는 경우, 기업은 필요에 따라 재고자산을 추정해야 할 때가 있다. 재고자산을 추정에 의해서 파악하는 것이 일반적인 업종은 백화점이나 슈퍼마켓과 같이 상품의 종류가 많고 가격이 다양하여 재고자산의 종류 하나하나에 대하여 원가를 추적하기 어려운 업종이다. 그리고 기업에서 중간재무보고가 필요하거나 또는 기타 목적상 임시적으로 재무제표를 작성해야 할 경우, 이 시점에서 재고실사를 하는 것보다는 추정을 하는 것이 바람직할 때가 있을 것이다. 또한 재해발생시 재고자산이 소실되어 실사가 불가능한 경우 보험청구를 위해 재고손실액을 산정할 수도 있다. 이때 주로 사용되는 방법이 소매재고법이다.

▶ 소매재고법

소매업을 전문으로 하는 백화점이나 슈퍼마켓과 같은 유통업의 경우 재고자산의 종류가 너무 다양하여 필요할 때마다 재고의 원가를 실사를 통하여 파악하기가 매우 번거롭다. 한편 이러한 유형의 기업은 보통 개별상품에 정찰가격을 표시하여 진열하고 있으며, 기업에서 보관하는 장부상에는 구입한 상품의 매입원가와 여기에 일정률을 가산하여 결정한 매출(소매)가격이 동시에 기록되어 있다. 따라서 전기에 계산된 매출가격기준 기초재고에 당기 장부상에 나타난 매출가격기준 매입액을 가산하여 매출가격기준의 판매가능액을 파악하고 이로부터 당기의 매출액을 차감함으로써 기말재고액을 매출가격으로 파악할 수 있다. 매출가격으로 파악된 기말재고액에 원가율을 곱하면 원가기준의 기말재고액이 계산되는데, 이러한 방법을 소매재고법(retail inventory method) 또는 매출가격환원법이라 한다. 이때 원가율(cost-to-retail ratio)은 원가기준 판매가능액을 매출(소매)가격기준 판매가능액으로 나누어 계산한다.

소매재고법에 의해 기말재고를 산출하는 절차를 요약하면 **표 8-2**와 같다.

표 8-2 소매재고법의 기말재고자산 산출공식

원가기준 기말재고액 = 매출가격기준 기말재고액 × 원가율

단, 매출가격기준 기말재고액 = 매출가격기준 판매가능액 − 당기매출액

$$원가율 = \frac{원가기준\ 판매가능액}{매출가격기준\ 판매가능액}$$

또한 기업은 실사를 통해 기말재고를 개별상품에 부착된 정찰가격기준에 의해 파악하고 여기에 단순히 원가율을 곱함으로써 기말재고를 원가기준으로 파악할 수 있다. 이 경우 기말재고의 취득원가를 일일이 조사하지 않고 기말재고의 정찰가격만 파악함으로써 많은 시간과 노력을 줄일 수 있다는 것이 소매재고법의 특징이다.

소매재고법에서는 기말재고로 보관되어 있는 각종 상품의 서로 다른 판매마진 혼합률이 실제 판매가능상품(기초재고+당기매입)에 존재했던 혼합률과 서로 일치하고 있다는 가정에서 출발한다. 따라서 소매재고법에 의해 계산된 기말재고의 정확성 여부는 기본적으로 제 상품간의 혼합률 및 마진율이 어느 정도 일정하게 유지되고 있느냐에 달려 있다. 다음의 예로 소매재고법의 적용방법을 알아보자.

예제 8-10

2015년 10월 이문백화점의 재고자산 관련자료는 다음과 같다.

	원가기준	매출가격기준
기초재고	₩200,000	₩360,000
당기매입	1,000,000	1,140,000
판매가능액	1,200,000	1,500,000
매 출 액		1,100,000

이 경우 원가율과 기말재고를 구하시오.

풀이

원가율: $\frac{1,200,000}{1,500,000} = 80\%$

기말재고: 매출가격 기말재고×원가율

$= (1,500,000 - 1,100,000) \times 80\%$

$= 320,000$

제5절 재고자산의 평가

IFRS ACCOUNTING PRINCIPLES

1. 순실현가능가액과 재고자산평가손실

이제까지 설명된 재고자산의 수량 및 가격결정방법에 따라 평가된 기말재고자산은 어느 방법을 선택하든 간에 취득원가를 기준으로 하여 표시된다. 그러나 회계기말에 재무제표를 작성하는 시점에서는 재고자산의 순실현가능가액이 취득원가보다 하락하였을 경우에는 순실현가능가액을 기준으로 재고자산을 평가하여야 한다(제5장 **표 5-1** 참조). 재고자산의 순실현가능가액(net realizable value)이란 재고자산의 추정판매가격에서 판매시까지 정상적으로 발생하는 추정판매비용을 차감한 가액이다. 이렇게 취득원가와 순실현가능가액 중 낮은 가액으로 재고자산을 평가하는 방법을 저가기준(LCM: Lower of Cost or Market)이라 한다. 이 경우에 순실현가능가액과 취득원가의 차액은 재고자산평가손실(loss from decline in value of inventory)로서 매출원가에 가산하고 재무상태표상에 재고자산의 차감계정(재고자산평가충당금계정)에 나타낸다. 그러나 순실현가능가액이 원가보다 상승되었을 때는 평가이익을 인식하지 않는다는 점에 유의할 필요가 있다. 다음의 예제를 통하여 저가기준에 의한 재고자산평가방법을 살펴보기로 한다.

예제 8-11 저가기준에 의한 재고자산평가

고려주식회사는 선입선출법으로 기말재고자산의 원가를 평가한 결과 ₩1,120으로 판명되었다. 한편, 동 재고자산과 유사한 기능을 가진 신제품이 최근에 저렴한 가격으로 개발되어 시판됨에 따라 기말시점에서 동 재고자산의 판매가격이 ₩750으로 하락하게 되었고, 추정판매비는 ₩30이다. 이 경우 고려주식회사가 저가기준을 적용하면 다음과 같은 회계처리를 하게 된다.

(차) 재고자산평가손실 400* (대) 재고자산평가충당금** 400

* 1,120 − (₩750 − ₩30) = ₩400
** 재고자산계정에 직접 차감하기도 함.

(1) 종목별기준

재고자산을 저가로 평가할 때에는 종목별기준을 적용한다. 종목별기준이란 재고자산의 종목별로 취득원가와 순실현가능가액을 비교하여 낮은 가액으로 재고자산을 평가하는 것이다. 다음의 예제를 통해 종목별기준을 검토해 보자.

예제 8-12 저가평가의 종목별기준

고려주식회사는 기말 현재 두 가지 종류의 재고자산을 보유하고 있는데, 이 재고자산의 취득원가 및 순실현가능가액에 대한 자료는 다음과 같다.

		단가		재고자산가액		
종류	수량	취득원가	순실현가능가액	취득원가	순실현가능가액	저가(LCM)
A	400	₩40	₩30	₩16,000	₩12,000	₩12,000
B	300	₩60	₩70	18,000	₩21,000	18,000
				₩34,000	₩33,000	₩30,000

저가기준을 종목별로 적용하면 A제품은 순실현가능가액인 ₩12,000이 저가가 되고, B제품은 취득원가인 ₩18,000이 저가가 되어, 이 둘을 합한 금액 ₩30,000이 저가기준으로 평가된 재고자산가액이 된다. 따라서 재고자산평가손실이 ₩4,000이 된다. 이 평가손실은 '재고자산평가충당금'이라는 재고자산의 차감계정으로 표시하고, 당기의 매출원가에 가산한다.

(2) 재고자산가격의 상승

재고자산을 저가기준으로 평가할 때 재고자산평가손실은 재고자산평가충당금이라는 재고자산의 차감계정에 표시한다. 따라서 저가기준에 의해 평가된 가격이 재고자산의 새로운 장부가액이 된다. 그리고 차기 이후에 판매가격이 상승하여 순실현가능가액이 회복되어 평가손실을 초래했던 상황이 해소되는 경우에는 최초의 장부가액을 초과하지 않는 범위 내에서 평가손실을 재고자산평가충당금 계정을 통해 환입하고 그만큼을 매출원가에서 차감한다.

원가대비 재고자산의 시가 하락시:

매출원가	×××	재고자산평가충당금	×××

재고자산의 시가 회복시(원가범위 내에서):

재고자산평가충당금	×××	매출원가	×××

2. 수량부족과 재고자산감모손실

재고자산의 분실, 도난, 파손 혹은 증발 등으로 인하여 실제의 기말재고수량이 장부상의 재고수량보다 감소되었을 경우에는 이를 재고자산감모손실(loss from inventory shortage or shrinkage)로 회계처리하여야 한다. 재고자산감모손실은 정상적으로 발생한 감모손실의 경우는 매출원가에 가산하고, 비정상적으로 발생한 감모손실은 영업외 비용으로 분류한다.

종합예제

어느 회사가 10월 한 달 중 행한 재고자산 관련 거래는 다음과 같다.

		수 량	단 가
10/1	기초재고	2개	₩10
10/10	매 입	2개	₩14
10/20	매 출	3개	₩25
10/25	매 입	1개	₩22

실사법하의 평균법, 선입선출법, 후입선출법과 계속기록법하의 평균법, 선입선출법, 후입선출법을 적용할 때의 10월 매출원가와 기말재고를 구하시오.

풀이

1. 실사법

(1) 평균법(총평균법)

10월 한 달간의 판매가능재고는 총 5개로 아래와 같이 그림으로 나타낼 수 있다(안에 있는 숫자는 매입단가를 나타낸다).

따라서 이 5개의 총평균단가는 (10+10+14+14+22)÷5=14가 된다. 그러므로 팔려나간 3개의 매출원가는 ₩14×3=₩42이고 남아 있는 2개의 기말재고는 ₩14×2=₩28이다.

(2) 선입선출법

순서대로 그려진 5개의 10월 중 판매가능재고 중 선입선출법으로 인해 팔려나간 물건은 앞의 3개이고, 남은 2개는 뒤의 2개가 된다.

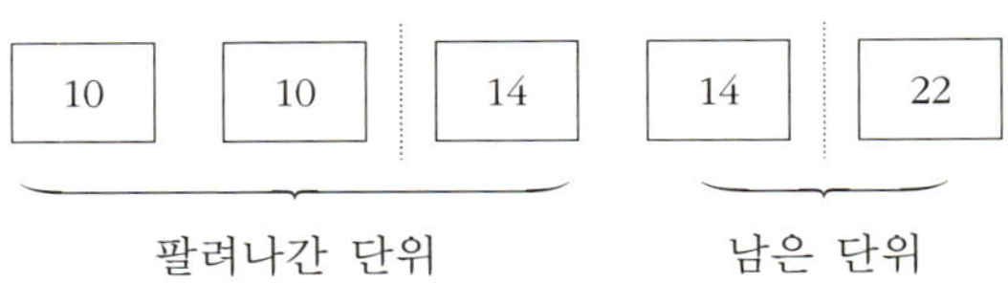

따라서 매출원가는 10+10+14=₩34이고, 기말재고는 14+22=₩36이다.

(3) 후입선출법

후입선출법에서는 가장 최근에 구입된 단위가 먼저 나가고 가장 오래된 단위가 재고로 남는다. 따라서 다음과 같은 그림이 성립된다.

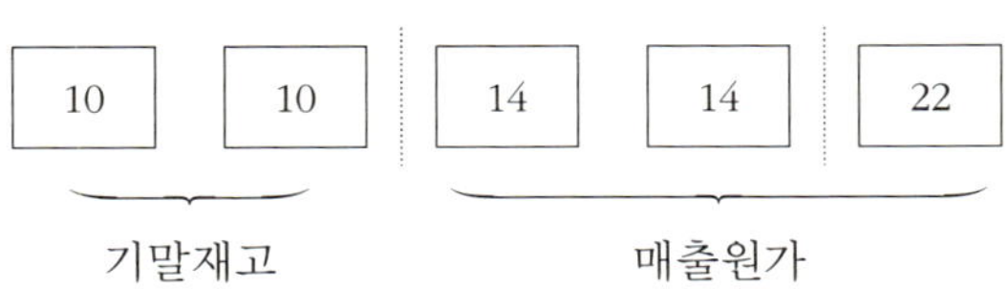

따라서 매출원가는 22+14+14=₩50이고, 기말재고는 10+10=₩20이다. 한 가지 재미있는 사실은 ₩22짜리 1단위는 20일날 3개가 팔려나가는 시점에는 입고되지도 않았었는데 팔린 것으로 간주된다는 점이다.

2. 계속기록법

(1) 평균법(이동평균법)

위의 거래에 대한 재고카드를 만들면 다음과 같은 것이다.

날짜	입 고			출 고			잔 액		
	수량	단가	금액	수량	단가	금액	수량	단가	금액
10/1							2	@10	₩20
10/10	2	@14	₩28				4	@12	₩48
10/20				3	@12	₩36	1	@12	₩12
10/25	1	@22	₩22				2	@17	₩34

∴ 매출원가＝₩36 기말재고＝₩34

(2) 선입선출법

날짜	입 고			출 고			잔 액		
	수량	단가	금액	수량	단가	금액	수량	단가	금액
10/1							2	@10	₩20
10/10	2	@14	₩28				2 2	@10 @14	₩20 ₩28
10/20				2 1	@10 @14	₩20 ₩14	1	@14	₩14
10/25	1	@22	₩22				1 1	@14 @22	₩14 ₩22

∴ 매출원가＝₩34 기말재고＝₩36

(3) 후입선출법

날짜	입 고			출 고			잔 액		
	수량	단가	금액	수량	단가	금액	수량	단가	금액
10/1							2	@10	₩20
10/10	2	@14	₩28				2 2	@10 @14	₩20 ₩28
10/20				2 1	@14 @10	₩28 ₩10	1	@10	₩10
10/25	1	@22	₩22				1 1	@10 @22	₩10 ₩22

∴ 매출원가＝₩38 기말재고＝₩32

익힘문제

01 재고흐름과 재고원가배분의 관계를 설명하시오.

02 재고자산을 평가하는 데 있어 저가기준을 적용하는 이유를 설명하시오.

03 실지재고조사법과 계속기록법을 비교하여 설명하시오.

04 인플레이션하에서 각각의 원가흐름의 가정들의 결과를 비교설명하시오.

05 위탁판매와 시용판매에 대해 설명하시오.

연습문제

01 다음의 거래를 실지재고조사법에 의해 분개하시오.

12월 1일 상품 전기 이월액은 150,000이다.

4일 길호상사에서 다음 상품을 매입하고 대금 중 4,000,000은 현금으로 지급하고, 잔액은 외상으로 하였다. 이때 운반비 10,000이 발행하였다.

* A상품 750개×@8,000＝6,000,000

10일 길호상사에서 구입한 상품 중 파손품이 있어 200,000을 에누리받다.

12일 만진상사에서 상품 3,900,000을 매입하기로 하고 계약금조로 1,000,000을 지급하였다.

15일 만진상사에서 상품을 인도받고 잔액 2,900,000을 현금으로 지급하다.

20일 우정상사에 상품 4,500,000(원가 3,300,000)을 외상으로 매출하다.

22일 우정상사로부터 원가 300,000의 상품을 파손을 이유로 되돌려 받았다.

31일 기말상품재고액은 360,000이다.

02 다음의 거래를 실지재고조사법과 계속기록법에 의해 분개를 하시오(단, 원가흐름가정은 선입선출법이다).

일자	구분	단위당가격	단위당부대비용	수량	매입	매출
5/1	기초재고	300,000	2,000	4		
5/2	매 입	300,000	3,000	10	3,030,000	
5/3	환 출	300,000	3,000	1	(−)303,000	

5/10	매 출	350,000	2,000	5		1,750,000
5/15	매 입	310,000	3,000	2	626,000	
5/20	매 출	370,000	2,000	4		1,480,000

03 다음은 (주)병진의 재고관련 자료이다.

일자	구분	수량	단위당가격	금액
5/1	기초재고	200	15,000	3,000,000
5/2	매 입	400	16,000	6,400,000
5/4	매 출	390	17,000	6,630,000
5/9	매 입	370	18,000	6,660,000
5/12	매 출	390	17,000	6,630,000
5/15	매 입	650	18,000	11,700,000
5/21	매 출	350	20,000	7,000,000
5/25	매 입	550	17,000	9,350,000
5/28	매 출	720	20,000	14,400,000

요구사항

실지조사기말재고가 320단위이고 실지재고조사법을 적용한다고 할 때 다음에 답하시오.

a. 선입선출법을 이용하여 기말재고액과 매출원가를 계산하시오.

b. 총평균법으로 a에 다시 답하시오.

04 다음은 (주)현대의 기말재고에 관한 자료이다.

종류	수량	단위당원가	단위당시가
A	100	3,000	2,900
B	90	2,600	2,700
C	110	1,500	1,200
D	80	2,000	2,100
E	70	2,000	1,800

요구사항

종목별 기준으로 기말재고액을 평가하고 이에 대한 분개를 행하시오.

05 다음은 (주)망치의 재고관련 자료이다.

(1) 기초재고

상품	수량	단위당원가
A	200	1,000
B	100	2,000
C	40	2,500

당기매입: A, B, C 상품을 합쳐 4,000,000이라고 가정한다.

(2) 기말재고의 장부재고액과 시가는 다음과 같다.

상품	수량	단위당원가	판매단가	추정판매비
A	1,000	1,000	1,500	400
B	400	2,000	2,400	600
C	500	2,500	3,000	800

요구사항

기말수정분개를 하시오.

06 다음의 거래를 분개하시오.

8월 3일 (주)성애는 영은상사에게 위탁판매를 위해 A상품 300개(단위당 원가 5,000)를 적송하였다. 이때 운임료 60,000이 발생하여 현금으로 지급했다.

8월 23일 영은상사로부터 다음과 같은 계산서와 함께 현금 1,630,000을 받았다.

계 산 서

총매출액		1,800,000
제비용: 잡비(8월 22일 발생)	40,000	
보관비(8월 22일 발생)	30,000	
위탁수수료	100,000	170,000
송금액		1,630,000

요구사항

(주)성애와 영은상사의 입장에서 위의 거래를 분개하시오.

07 다음 질문에 ○, ×를 표시하고, 간략히 설명하시오.

(1) 기중의 물가가 계속 상승하고 있으며 재고자산도 꾸준히 증가할 경우, 당기매출원가액은 후입선출법 > 평균법 > 선입선출법 순으로 크다.

(2) 선입선출법은 물가상승시 현재수익에 과거의 원가가 대응되므로 높은 이익을 계상하게 되어 실물자본유지를 어렵게 한다.

(3) 선입선출법에서는 계속기록법과 실지재고조사법에서의 금액이 다르다.

(4) 후입선출법을 적용하면 어떤 상황에서든지 최근에 구입한 상품의 원가가 매출원가로 계상되기 때문에 이익조작목적으로 회계기말에 재고자산의 불합리한 구매를 억제시킨다.

(5) 재고자산의 순실현가능액이 취득원가보다 하락한 경우에는 순실현가능액을 재무상태표가액으로 한다.

08 세리소매점의 2015년 1월달 재고자산 관련자료는 다음과 같다.

	단 위	단 가	총 액
기초재고액(2015. 1. 1)	2,000	₩9.775	₩19,550
매 입			
2015. 1. 6	1,500	₩10.30	₩15,450
2015. 1. 26	3,400	₩10.75	₩36,550
매 출			
2015. 1. 7	1,800		
2015. 1. 31	3,200		

요구사항

a. 세리회사가 계속기록법하의 평균법을 쓰고 있다고 할 때, 1월 말 재고는 얼마가 되겠는가?(소수점 이하는 반올림할 것)

b. 세리회사가 실사법하의 평균법을 쓴다면 1월 말 재고는 얼마인가?

09 2015년 9월 1일 수미(주)는 화재를 당하여 재고의 60%를 소실하였다. 당시까지의 자료는 다음과 같다.

매출	1. 1~9. 1	₩75,000
매입	1. 1~9. 1	70,000
기초재고(1. 1)		20,000
매출총이익률		20%

요구사항

화재로 잃은 재고를 추정하면 얼마인가?

10 필상(주)는 11월 중 기초재고로 단가 ₩48인 상품을 1,300개 소유하고 있다. 11월 중 매입 및 매출거래는 다음과 같다.

	단가	매입수량	매출수량
11월 3일			500
8일	@54	1,200	
13일			1,500
19일	@60	1,600	
23일	@62	900	
28일			800

요구사항

a. 필상(주)가 실사법을 사용한다고 가정하고 다음의 평가방법에 따라 11월의 매출원가와 기말재고액을 계산하시오.

① 선입선출법 ② 총평균법 ③ LIFO

b. 필상(주)가 계속기록법을 사용한다고 가정하고 다음의 평가방법에 따라 11월 매출원가와 기말재고액을 계산하시오.

① 선입선출법 ② 이동평균법 ③ LIFO

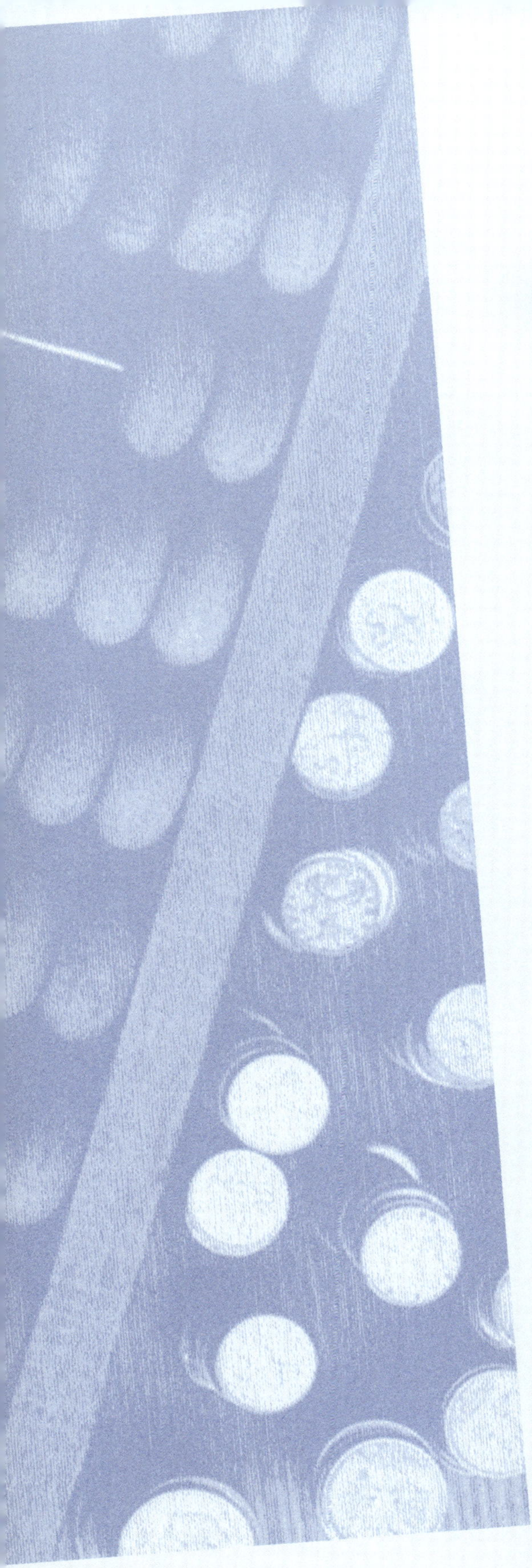

chapter 9

투 자 자 산

제1절 주요 투자자산

제2절 기타의 투자자산

학 습 목 표

1. 매도가능금융자산과 관계기업투자주식에 대해 정의해 보고, 이들의 회계처리에 대하여 알아본다.
2. 기타의 투자자산들에는 어떤 것들이 있는가를 알아본다.

우리나라의 기업회계기준에서는 비유동자산을 투자자산, 유형자산, 무형자산으로 분류하고 있는데(기준 제16조), 본 장에서는 비유동자산 중 투자자산에 대해서 살펴보기로 한다. 투자자산은 기업의 영업상 목적이 아니라 다른 기업을 지배 혹은 통제하거나 장기적인 투자이윤을 얻기 위해 보유하는 자산을 말한다. 그러므로 투자자산은 기업 고유의 영업상 목적을 달성하는 것과는 직접적인 관련이 없다는 점에서 유형자산과는 다르며, 장기적으로 보유한다는 점에서 유동자산에 속하는 단기매매금융자산이나 단기성예금 등과도 다르다. 즉 유형자산과는 자산보유목적이라는 측면에서, 또 자산보유기간이라는 측면에서 차이가 있다는 것을 알 수 있다. 투자자산에는 매도가능금융자산을 비롯하여 장기성 매출채권, 장기대여금, 장기금융상품, 투자부동산, 보증금, 출자금 등이 있다. 이 중 관계기업투자주식, 출자금 등은 다른 기업을 지배 또는 통제하기 위해 보유하는 것으로 볼 수 있으며, 만기보유금융자산, 장기금융상품, 투자부동산 등은 장기적인 투자이윤을 획득하기 위해 보유하는 것으로 볼 수 있다. 투자자산 중 가장 큰 비중을 차지하고 있는 자산은 관계기업투자주식과 투자사채가 있는데, 사채라는 것은 매입자의 입장에서는 투자자산이지만 사채 발행자의 입장에서 보면 비유동부채에 해당되는 것이므로 비유동부채에서 일괄적으로 다루기로 하고 본 장에서는 관계기업투자주식을 중심으로 설명하기로 한다.

제1절 주요 투자자산

IFRS ACCOUNTING PRINCIPLES

1. 투자자산으로서의 매도가능금융자산과 만기보유금융자산

기업이 증권형 금융자산을 보유하는 목적은 크게 두 가지로 나누어 볼 수 있다. 하나는 소극적 투자대상(passive investments)으로서 기업이 자금의 여유가 있을 때 금융자산을 매입하여 단기 또는 장기 투자수익을 얻고자 하는 경우이고, 다른 하나는 적극적 투자대상(active investments)으로서 다른 기업의 경영권에 대하여 영향력을 행사할 목적으로 구입하는 경우이다.

소극적 투자대상으로 구입한 증권형 금융자산은 취득 후 보유목적에 따라 다시 단기매매금융자산, 매도가능금융자산 및 만기보유금융자산으로 분류된다. 적극적 투자대상으로서 증권형 금융자산은 피투자기업의 경영권에 중대한 영향력을 행사하는 경우를 말하는데, 투자기업이 피투자기업의 발행주식 중에서 20% 이상의 주식을 취득하면 특별한 사유가 없는 한 중대한 영향력이 있는 것으로 보고 관계기업투자주식으로 분류한다.

단기매매금융자산은 6장에서 이미 설명한 대로 주로 단기간 내의 매매차익을 목적으로 취득한 유가증권으로서 매수와 매도가 적극적이고 빈번하게 이루어지는 것을 말하며, 만기보유금융자산은 만기가 확정된 채무형 금융자산으로서 해당 증권을 만기까지 보유할 적극적인 의도와 능력이 있는 증권을 말한다. 매도가능금융자산은 단기매매금융자산이나 만기보유금융자산으로 분류되지 않는 유가증권을 말한다.

표 9-1

고려주식회사
재무상태표
(2015년 12월 31일 현재)

자산	금액	부채 및 자본	금액
I. 자 산		II. 부 채	
1. 유동자산		1. 유동부채	
(1) 당좌자산		(1) 매입채무	
		(2) 단기차입금	
(2) 재고자산			
		2. 비유동부채	
2. 비유동자산		(1) 사 채	
(1) 투자자산		(2) 장기차입금	
① 장기금융상품		부채총계	×××
② 매도가능금융자산			
③ 만기보유금융자산			
④ 관계기업투자주식			
⑤ 장기대여금			
⑥ 장기성 매출채권			
⑦ 투자부동산			
⑧ 보증금			
(2) 유형자산		III. 자 본	
건 물		1. 자본금	
(3) 무형자산		2. 자본잉여금	
		3. 이익잉여금	
		4. 자본조정	
		자본총계	×××
자산총계	×××	부채 및 자본총계	×××

매도가능금융자산은 공정가액으로 평가한다. 즉 해당 증권의 취득 후 공정가액의 변화에 따른 평가손익을 계상하여야 한다. 다만, 단기매매금융자산의 평가손익은 손익계산서에 반영하는 반면 매도가능금융자산의 평가손익은 자본조정으로 계상한다. 만기보유금융자산은 취득원가로 계상한 후 유효이자율법에 의하여 상각하고 상각액을 취득원가에 가감한 금액으로 보고한다.

투자자산으로 분류된 매도가능금융자산의 공정가액이 취득원가(또는 평가직전의 장부가액)보다 상승하면 공정가액과 취득원가(또는 평가직전의 장부가액)와의 차이는 매도가능금융자산평가이익으로 계상하고 매도가능금융자산의 장부가액을 직접 증가시킨다. 반면에 공정가액이 취득원가(또는 평가직전의 장부가액)보다 하락하면 매도가능금융자산평가손실을 계상하고 매도가능금융자산의 장부가액을 감소시킨다. 매도가능금융자산평가손익은 재무상태표상의 자본조정항목으로 보고한다. 다음의 **예제 9-1**은 매도가능금융자산에 대한 회계처리를 예시하고 있다.

예제 9-1

서초(주)가 2013년 12월 1일 취득한 방배(주)의 주식은 취득시 매도가능금융자산(투자자산)으로 분류되어 2015년이 된 지금에도 서초(주)가 계속 보유하고 있다. 방배(주) 주식의 공정가액이 다음과 같이 변화하였다면 서초(주)는 2013년 말과 2014년 말에 어떤 수정분개를 행하였겠는가?

		공정가액	
	취득원가(2013. 12. 1)	2013년 말	2014년 말
방배(주) 주식	₩800,000	₩750,000	₩820,000

풀이

① 2013년 말: 방배(주) 주식의 공정가액이 하락하였으므로 ₩50,000만큼의 평가손실을 계상하고 장부가액을 감소시킨다.

(차) 매도가능금융자산평가손실 ₩50,000 (대) 매도가능금융자산 ₩50,000
(자본조정)

② 2014년 말: 2013년 말에 비하여 방배(주) 주식의 공정가액이 상승하였으므로 매도가능금융자산평가이익을 계상하고 장부가액을 증가시킨다.

(차) 매도가능금융자산 ₩70,000 (대) 매도가능금융자산평가이익 ₩70,000*
(자본조정)

* 전년도에 인식했던 매도가능금융자산평가손실 ₩50,000을 제거하고, 매도가능금융자산평가이익 ₩20,000을 인식해도 된다. 어떻게 하든 재무상태표상의 자본조정금액의 순잔액은 동일하기 때문이다.

2. 관계기업투자주식

관계기업투자주식은 기업 고유의 사업상 목적이 아니라 다른 회사를 지배하거나 통제하기 위하여 투자한 주식으로 매도가능금융자산으로 분류되지 않은 것을 말한다. 기업이 장기적으로 주식에 투자하는 이유는 배당 수익이나 주가상승으로 인한 매매차익을 얻기 위한 것뿐만 아니라, 피투자기업의 경영에 직접 참여함으로써 투자기업의 경영환경을 유리하게 조성하고자 하는 것이다. 피투자기업을 관계기업으로 분류할 수 있기 위해서는 투자기업이 피투자기업에 중대한 영향력을 행사할 수 있어야 한다. 중대한 영향력(significant influence)은 일반적으로 투자기업이 피투자기업의 재무정책과 영업정책에 관한 의사결정에 참여할 수 있는 능력을 일컫는다. 예를 들어, 투자기업이 피투자기업에 대하여 중대한 영향력을 갖고 있으면 피투자기업의 사장과 임원을 임명할 수 있거나 피투자기업의 거래처를 결정할 수 있는 등의 영향력을 행사할 수 있다. 중대한 영향력의 행사여부를 결정함에 있어서 투자기업이 직접 또는 간접으로 피투자기업의 의결권 있는 주식을 20% 이상 보유하고 있는 경우에는 피투자기업에 대하여 중대한 영향력을 행사할 수 있는 것으로 본다.

더욱 적극적인 기업은 피투자기업의 경영에 중대한 영향력을 행사하는 것에 만족하지 않고 피투자기업의 경영권을 직접적으로 지배·통제하기를 원한다. 이와 같은 직접적인 지배·통제는 피투자기업의 의결권 있는 주식의 50% 이상을 보유함으로써 가능하다. 이 경우 투자기업을 지배회사(parent company)라 하고, 피투자기업을 종속회사(subsidiary company)라고 하는데, 두 기업의 재무정보는 개별적으로 보고될 때에 비하여 하나의 경제실체로서 연결하여 보고될 때에 더욱 유용한 정보가 될 것이다. 이와 같이 지배·종속관계에 있는 여러 기업의 재무정보를 하나의 경제실체의 입장에서 작성·보고하는 보고서를 연결재무제표(consolidated financial statements)라고 한다. 국제회계기준에서는 이러한 연결재무제표를 주재무제표로 삼고 있는데, 그 작성은 회계원리의 수준을 넘는 주제로서 고급회계에서 상세히 다룬다.

(1) 관계기업투자주식의 취득

관계기업투자주식의 취득원가는 매입가액에 관계기업투자주식 매입과 관련하여 지출한 수수료, 증권거래세 등의 취득부대비용을 포함한 금액으로 한다. 만약 일시에 취득하지 않고 여러 단계에 걸쳐 취득했을 경우에는 종목별로 총평균법이나 이동평균법을 적용하여 단위당 취득원가를 산출한다.

예를 들어 스포츠용품 제조회사인 (주)재호가 제1기 초에 유통업체인 (주)성호의 발행주식 25%에 해당하는 주식 10,000주를 주당 ₩5,000에 현금 매입하였을 때 (주)재호의 주식 매입과 관련한 회계처리는 다음과 같다.

(차) 관계기업투자주식 ₩50,000,000 (대) 현 금 ₩50,000,000

(2) 지분법 회계처리

지분형 금융자산을 취득한 후 회계처리를 하는 방법에는 투자기업이 투자주식 보유로 인하여 피투자기업의 경영에 중대한 영향력을 행사하느냐의 여부에 따라 달라진다.

피투자기업의 경영에 중대한 영향력을 미치지 않는 경우에는 앞에서 설명한 바와 같이 지분형 금융자산을 단기매매금융자산이나 매도가능금융자산으로 분류하고 취득원가로 계상한 후 재무제표 작성시점에 공정가치로 평가하면 된다. 반면에 피투자기업의 경영에 중대한 영향력을 미치는 경우에는 해당 지분형 금융자산을 관계기업투자주식(지분법투자주식이라고도 부른다)으로 분류하여 인식하고, 취득 후에는 피투자기업의 순자산가치 변동에 연계하여 평가하는 회계처리방법으로서 지분법을 적용케 하고 있다.

지분법(equity method)은 투자자산을 최초에 원가로 인식하고, 취득시점 이후 발생한 피투자기업의 순자산변동액 중 투자기업의 지분을 해당 투자자산에 가감하여 보고하는 회계처리방법이다. 예를 들어, 피투자기업이 당기에

순이익을 보고하면 피투자기업의 순자산금액이 그만큼 증가하므로 순이익 중 투자기업의 지분율만큼 관계기업투자이익(share of associates' profit)을 계상하는 동시에 관계기업투자주식의 장부금액을 증가시킨다. 피투자기업이 순손실을 보고하면 피투자기업의 순자산금액이 그만큼 감소하므로 순손실 중 투자기업이 부담해야 하는 지분만큼 관계기업투자손실(share of associates' loss)을 계상하고 동시에 관계기업투자주식의 장부금액을 감소시킨다. 또한 피투자기업으로부터 배당금을 수령하게 되면, 이 배당은 피투자기업의 이익잉여금과 이에 따른 순자산금액을 감소시키므로 수령한 배당금만큼 관계기업투자주식의 장부금액을 감소시켜야 한다.

예제 9-2

고려주식회사는 연세주식회사의 제1기 초에 발행주식의 25%인 100주를 주당 ₩5,000에 취득하였다. 제1기 말 연세주식회사는 당기순이익 ₩400,000을 보고하였으며, 주주에게 배당금 ₩120,000(주당 ₩300)을 지급하였다. 제2기에 연세주식회사는 영업활동의 부진으로 당기순손실 ₩200,000을 보고하였다.

| 요구사항 |

① 고려주식회사의 투자주식에 대한 회계처리를 표시하시오.

② 각 연도 말 재무상태표상 투자주식의 변동상황과 손익계산서상 손익 항목을 나타내시오.

풀이

① i) 제1기 초 투자주식 취득시

(차) 관계기업투자주식 ₩500,000 (대) 현 금 ₩500,000

ii) 제1기 말 당기순이익 보고시

(차) 관계기업투자주식 ₩100,000 (대) 관계기업투자이익 ₩100,000*

* 400,000 × 25% = ₩100,000

iii) 배당금 수령시

(차) 현 금 ₩30,000 (대) 관계기업투자주식 ₩30,000**

** 120,000 × 25% = ₩30,000

iv) 제2기 말 당기순손실 보고시

(차) 관계기업투자손실 ₩50,000 (대) 관계기업투자주식 ₩50,000***

*** 200,000 × 25% = ₩50,000

② i) 재무상태표

	지 분 법
취득원가	₩500,000
(+) 제1기 순이익	100,000
(−) 제1기 배당금	30,000
제1기 말 관계기업투자주식	570,000
(−) 제2기 순손실	50,000
제2기 말 관계기업투자주식	520,000

ii) 손익계산서

제1기: 관계기업투자이익 ₩100,000(영업외 이익)

제2기: 관계기업투자손실 ₩50,000(영업외 비용)

(3) 관계기업투자주식의 처분

투자주식을 처분하게 되면 처분시점의 장부금액과 처분금액의 차이를 관계기업투자처분손익으로 보고한다. 즉, 장부금액보다 큰 금액으로 처분하면 관계기업투자처분이익으로, 장부금액보다 작은 금액으로 처분하면 관계기업투자주식처분손실로 보고한다.

(1) 장부금액 〈 처분금액

(차) 현 금 (대) { 관계기업투자주식 / 관계기업투자주식처분이익 }

(2) 장부금액 〉 처분금액

(차) { 현 금 / 관계기업투자주식처분손실 } (대) 관계기업투자주식

관계기업투자주식을 매각하게 되어 피투자기업에 대한 중대한 영향력을 상실한 경우에는 지분법적용을 중단하고 해당 투자주식을 단기매매금융자산이나 매도가능금융자산으로 재분류하고 공정가치로 평가한다.

예제 9-3

고려주식회사는 제3기 초에 연세주식회사 주식 50주를 주당 ₩3,000에 매각하였다. **예제 9-2**를 참고하여 연세주식회사 주식의 매각과 관련한 회계처리를 표시하시오.

풀이

(차) 현 금	₩150,000	(대) 관계기업투자주식	₩260,000
관계기업투자주식처분손실	₩110,000		

3. 만기보유금융자산

만기보유금융자산이란 주로 타회사가 발행한 회사채를 만기까지 보유할 목적으로 취득한 것을 달한다. 이렇게 타사발행 회사채를 보유하고 있으면 일정기간마다 이자를 수취하게 되어 이자수익이 발생된다. 한편 사채의 취득시 취득원가와 액면가액 간에 차이가 있었을 경우에는 이 차액을 만기일까지의 기간에 걸쳐 유효이자율법을 사용하여 상각하여야 한다. 상각방식과 절차에 관한 자세한 회계처리 방법은 제12장의 비유동부채를 배우고 나면 잘 이해될 줄로 믿는다. 제12장에서 다루는 내용은 회사채를 발행한 입장에서의 회계처리이지만 만기보유금융자산은 그 반대의 입장이라는 점을 독자들이 감안하면 될 것이다.

제2절 기타의 투자자산

IFRS ACCOUNTING PRINCIPLES

투자주식이나 만기보유금융자산 등을 제외한 투자자산으로는 장기대여금, 장기성 매출채권, 장기성 예금, 특정현금과 예금, 장기미수금, 출자금, 투자부동산, 보증금, 부도채권 등이 있다.

① **장기대여금** 상환기간이 재무상태표일로부터 1년 이상인 대여금을 말한다. 만약 상환기간이 1년 이내에 도래하는 대여금이라면 유동자산 중 당좌자산으로 분류되어야 한다.

② **장기성 매출채권** 영업활동 중에 발생한 매출채권 중 만기가 재무상태표일로부터 1년 이후에 도래하는 것을 말한다.

③ **장기미수금** 일상적인 영업활동 이외의 거래, 예를 들면 유형자산의 매각과 같은 거래에서 발생한 채권으로서 만기가 재무상태표일로부터 1년 이후에 도래하는 것을 말한다. 기업회계기준에서는 위 ①②③과 같은 장기성 채권의 경우 명목상의 가액과 현재가치의 차이가 중요한 경우에는 현재가치로 평가하도록 규정하고 있는데 이에 대한 자세한 내용은 제 10 장에서 언급하도록 한다.

④ **장기금융상품** 유동자산 중 단기금융상품에 속하지 않는 것으로서 장기적 자금운용목적으로 소유하거나 기한이 1년 이후에 도래하는 것으로서 사용이 제한되어 있는 예금에 대해서는 그 내용을 주석으로 공시해야 한다.

⑤ **출자금** 주식회사 이외에 합명회사, 합자회사, 유한회사, 조합 혹은 기타 단체에 자본을 출자하는 경우에 사용되는 계정이다.

⑥ **투자부동산** 기업이 장기적인 투자목적 또는 비업무용으로 보유하고 있는 토지나 부동산을 말한다. 기업이 고유의 영업 혹은 생산활동 목적으로 사용하기 위하여 보유하고 있는 부동산은 유형자산으로 분류되어야 한다. 투자부동산은 원칙적으로 감가상각 대상이 아니며, 자산의 진부화, 물리적인 손상, 시장가치의 급격한 하락 등으로 가치가 하락할 경우 필요하다면 이를 투자자산감액손실로 기록하여야 할 것이다.

⑦ **보증금** 전세권, 전신전화가입권, 임차보증금 및 영업보증금을 말한다. 전세권이란 전세금을 지급하고 타인의 부동산을 사용할 수 있는 권리이며, 전신전화가입권은 특정한 전신 또는 전화를 소유하고 사용하는 권리이다. 그리고 임차보증금이란 타인의 재산을 월세 등의 조건으로 임차하여 사용하기 위하여 지급한 보증금을 말하며, 영업보증금이란 영업을 목적으로 제공한 거래보증금, 입찰보증금 등을 의미한다.

익힘문제

01 투자자산의 정의를 내리고, 투자자산의 종류를 설명하시오.

02 기업회계기준에서는 투자주식의 평가방법을 투자회사가 피투자회사에게 중대한 영향력을 행사할 수 없는 경우와 행사할 수 있는 경우로 나누어 규정하고 있다. 중대한 영향력을 행사할 수 없는 경우의 투자주식 평가방법에 대해 설명하시오.

03 투자회사가 피투자회사에게 중대한 영향력을 행사할 수 있는 경우 기업회계기준상의 투자주식 평가방법에 대해서 설명하시오.

연습문제

01 다음은 (주)희경의 2015년 12월 31일 현재의 투자유가증권과 관련된 자료이다.

종 목	원 가	공정가액	비 고
(주)대유	₩300,000	–	비상장주식
(주)현대	₩400,000	₩300,000	상장주식

(주)대유의 2015년 12월 31일 현재 순자산가액은 ₩1,000,000이며, (주)대유에 대한 (주)희경의 지분율은 10%이다. (주)대유는 2015년 말 현재 당좌거래의 정지처분 중에 있다. 한편, (주)희경은 2016년 중에 보유하고 있던 (주)현대 주식의 50%를 ₩150,000에 처분하였다.

요구사항

2015년 12월 31일과 2016년 (주)현대 주식의 처분시에 필요한 회계처리를 하시오.

02 (주)CPA는 2015년 1월 1일 (주)에드버킷이 발행한 보통주식의 40%를 ₩400,000에 구입하였다. 구입 당시 (주)에드버킷의 장부상 순자산가액은 ₩1,000,000이었으며, 장부가액과 공정시가와의 차이는 없었다. 2015년 말 (주)에드버킷은 당기순이익 ₩300,000을 보고하였으며, 주주에게 배당금 ₩100,000을 지급하였다. 2016년 말 (주)에드버킷은 영업활동의 부진으로 당기순손실 ₩150,000을 보고

하였으며, 배당금 지급은 없었다.

요구사항

(주)CPA의 입장에서 다음 각 일자의 회계처리를 하시오.

(1) 2015년 1월 1일

(2) 2015년 말

(3) 2016년 말

03 (주)엘쥐는 투자주식을 다음과 같이 투자하고 있다. 2015년도와 2016년도의 관련자료는 다음과 같다.

주 식	주식수	취득원가	2015년 공정가액	2016년 말 공정가액
(주)티스	300주	5,000,000	4,700,000	1,300,000
(주)말보루	200주	3,000,000	2,900,000	3,100,000

(주)티스 주식은 비상장주식으로 공정가액은 순자산가액이며, 2016년 말의 순자산가액의 하락은 회복가능성이 없는 것으로 평가되었다. 한편 (주)말보루 주식은 상장주식으로 소유지분율이 15%이다.

(주)엘쥐는 2017년 1월 5일에 (주)말보루 주식을 ₩3,200,000에 처분하였다.

요구사항

(주)엘쥐의 입장에서 다음 각 일자의 회계처리를 하시오.

a. 2015년 말

b. 2016년 말

c. 2017년 1월 5일

04 (주)회계는 2015년 1월 1일에 (주)원리의 주식 40%를 ₩500,000에 매입하였다. (주)원리의 순자산가액은 ₩1,250,000이었으며, 공정시가와 불일치하는 항목은 없었다. 2015년 말 (주)원리는 당기순이익으로 ₩500,000을 보고하였으며, 배당금으로 ₩100,000을 주주들에게 지급하였다. 2016년 1월 5일에 (주)회계는 (주)원리의 주식을 ₩540,000에 매각하였다.

요구사항

(주)회계의 입장에서 다음 각 일자의 회계처리를 하시오.

a. 2015년 1월 1일

b. 2015년 말

c. 2016년 1월 5일

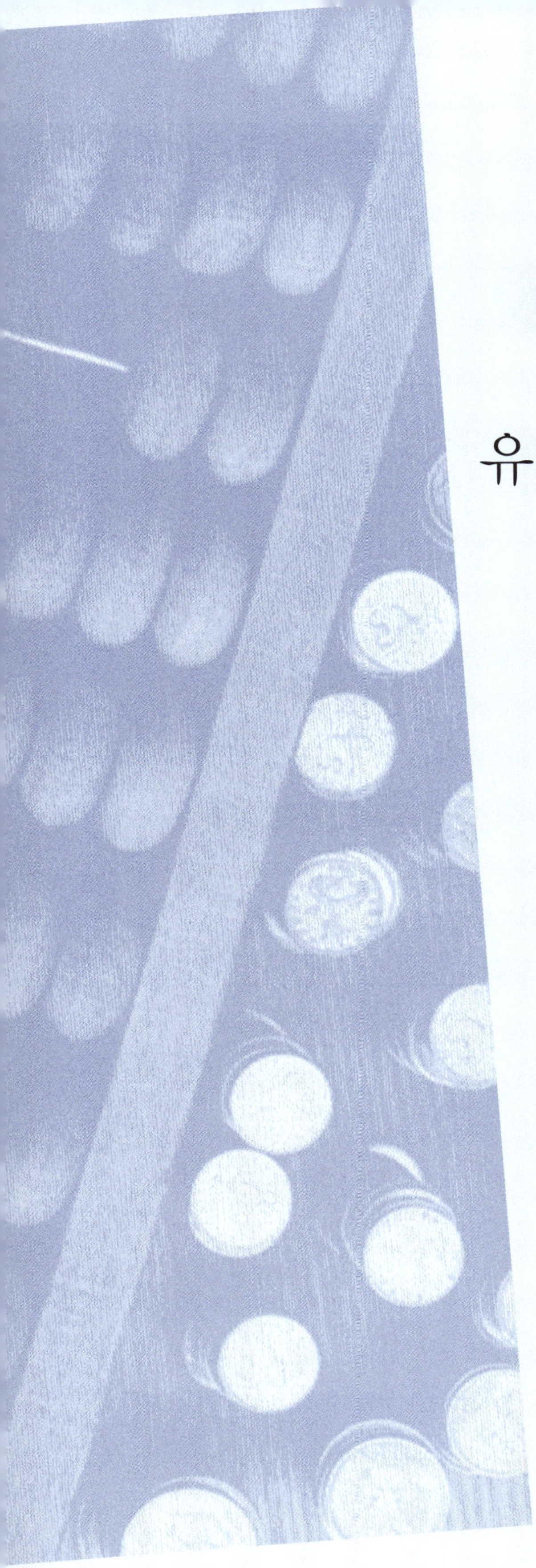

chapter 10

유형자산과 무형자산

학 습 목 표

1. 유형자산에 대해 정의해 보고, 유형자산의 취득유형별로 취득원가 산정에 대해 알아본다.
2. 유형자산의 취득 후 추가적으로 지출하는 경우로서 수익적 지출과 자본적 지출의 차이에 대해서 살펴본다.
3. 다양한 감가상각방법과 유형자산의 처분시 회계처리에 대해서 알아본다.
4. 유형자산의 평가에 있어 원가모형과 재평가모형에 대해 알아본다.
5. 무형자산의 정의와 그 종류 및 평가방법에 대해서 알아본다.

비유동자산에는 투자자산과 유형자산 그리고 무형자산이 있는데, 본 장에서는 유형자산과 무형자산에 대해서 살펴보기로 한다.

표 10-1

고려주식회사
재무상태표
(2015년 12월 31일 현재)

차변	대변
Ⅰ. 자 산	Ⅱ. 부 채
1. 유동자산	1. 유동부채
Ⅱ. 비유동자산	⋮
1. 투자자산	Ⅱ. 비유동부채
	⋮
2. 유형자산	
(1) 토 지	
(2) 건 물	
(3) 기계장치	
(4) 차량운반구	자 본
⋮	⋮
3. 무형자산	
(1) 영 업 권	
(2) 산업재산권	
(3) 광 업 권	
(4) 어 업 권	
(5) 차 지 권	
(6) 개 발 비	
(7) 창 업 비	

유형자산은 판매나 처분을 목적으로 하지 않고 비교적 장기간 기업의 정상적인 영업활동과정에서 재화의 생산, 판매 및 용역을 제공하기 위한 수단으로 보유하고 있는 유체물을 말한다. 예를 들면, 토지나 건물, 구축물, 기계장치, 선박, 차량운반구 등이 유형자산에 해당된다. 그러나 투자를 목적으로 하는 토지나 건물 등의 자산은 투자자산으로 분류하여야 하며, 건설회사가 아파트신축분양사업을 위하여 구입한 토지는 재고자산으로 분류하여야 한다. 본 장에서는 유형자산의 다양한 취득방법과 취득한 후 수리·개량의 목적으로 추가적으로 지출된 금액인 수익적 지출 또는 자본적 지출, 유형자산의 원가배분과정으로서 여러 가지 감가상각방법 및 유형자산의 기말 평가에 대하여 자세하게 공부한다.

무형자산은 기업이 장기간 영업활동에 사용할 목적으로 보유하고 있는 물리적 실체가 없는 자산을 말하는데, 물리적 실체가 없다는 점에서 유형자산과 구별된다. 무형자산의 예로는 경제적 권리인 영업권, 법적권리인 산업재산권·광업권·어업권·차지권, 기타의 무형자산으로 개발비와 창업비를 들 수 있다. 본 장에서는 무형자산에 대한 주요 회계문제인 취득원가의 결정문제와 자산상각문제에 대해서 살펴본다.

제1절 유형자산의 의의

IFRS ACCOUNTING PRINCIPLES

유형자산(tangible assets)이란 판매나 처분을 목적으로 하지 않고 비교적 장기간 기업의 정상적인 영업활동과정에서 재화의 생산, 판매 및 용역제공을 위한 수단으로 보유하고 있는 유체물을 말한다. 현행 기업회계기준상 유형자산은 다음과 같이 분류하도록 규정하고 있다.

① 토지: 대지, 임야, 전답 등(단, 매매목적용 토지나 비업무용 토지는 제외한다)
② 건물: 건물과 냉온방, 조명, 통풍 및 기타의 건물부속설비
③ 구축물: 교량, 부교, 굴뚝 등
④ 기계장치: 기계장치와 운송설비(콘베어, 기중기 등) 및 기타 부속설비
⑤ 선박: 선박과 기타의 수상운반구
⑥ 차량운반구: 철도차량 및 기타의 육상운반구
⑦ 기타의 유형자산: 공기구, 비품 등

이렇게 기업의 유형자산으로 인식되기 위해서는 첫째, 자산으로부터 발생하는 미래의 경제적 효익이 기업에 유입될 가능성이 높을 것, 둘째, 자산의 원가를 신뢰성 있게 측정할 수 있을 것 등의 요건을 충족시켜야 한다.

이와 같은 유형자산과 관련된 회계처리문제는 크게 다섯 가지로 나누어 생각할 수 있다.

① 취득원가의 결정문제
② 취득일 이후 사용하는 과정에서 유형자산과 관련하여 지출한 비용(주

로 유지 및 개량을 위한 지출)의 처리문제

③ 유형자산의 감가상각문제

④ 유형자산의 평가문제

⑤ 유형자산의 처분에 관한 문제

제2절 유형자산의 취득

IFRS ACCOUNTING PRINCIPLES

유형자산은 원칙적으로 취득원가(acquisition cost)를 기준으로 기록한다. 그리고 유형자산을 취득하여 의도하는 용도대로 사용되기까지 지출한 부대(附帶)비용도 유형자산의 취득원가에 포함하여야 한다. 부대비용의 예로는 자산 취득시 발생하는 취득세, 등록세 등의 세금과 시운전비 등이 있다. 한편, 유형자산은 취득원가로 장부에 기록되므로 그 유형자산의 사용기간 중 가격변동 등으로 인해 그 가치에 변동이 있더라도 역사적 원가주의에 기초를 둔 현행회계제도하에서는 그 변동액을 유형자산에 반영해서는 안 되며 처음 기록된 취득원가 그대로 유지해야 한다. 다만, 우리나라에서는 당해 자산의 진부화, 물리적인 손상 및 시장가치의 급격한 하락 등의 원인으로 인하여 가치가 하락한 경우 가치하락분을 손실로 처리하도록 하고 있으므로 이 규정에 의하여 유형자산의 기록금액이 변동될 수 있다.

유형자산의 취득원가는 취득유형별로 유의해야 할 사항들이 있으므로 지금부터는 그 사항들을 살펴보기로 한다.

1. 구입의 경우

유형자산을 외부에서 구입하는 것은 가장 보편적인 유형자산의 취득형태이다. 구입의 경우 유형자산의 취득원가는 구입대금과 부대비용으로 구성된다. 구입대금은 유형자산 자체를 구입하기 위해 직접적으로 지급한 금액을 말한다. 부대비용은 그 자산의 본래의 기능을 수행하기까지 발생한 비용으로서 매입수수료, 운송비, 하역비, 설치비, 시운전비, 취득세, 등록세, 토지정지비용, 배수로 설치비 등이 있다.

(1) 현금구입

예를 들어 건물을 ₩10,000,000의 현금을 지급하고 구입하였다면 다음과 같이 분개한다.

(차) 건 물	10,000,000	(대) 현 금	10,000,000

만약, 건물 구입대금의 절반을 1개월 후에 지급하기로 하였다면 다음과 같이 분개한다.

(차) 건 물	10,000,000	(대) 현 금	5,000,000
		미지급금	5,000,000

위의 경우 주의해야 할 것은 미지급금을 매입채무로 기록해서는 안 된다는 것이다. 매입채무란 회사의 주된 영업과 관련한 상거래에 의하여 미래에 지급하기로 한 금액을 기록하는 계정이므로 건물의 구입이 회사의 주된 상거래가 아니라면 매입채무로 기록해서는 안 된다.

(2) 장기할부구입

유형자산의 구입대금을 현금으로 일시에 지급하지 않고 장기간에 걸쳐 분할하여 지급하기로 한 경우에는 유형자산의 취득원가는 '미래에 지급할 금액을 적절한 이자율로 할인한 가액'으로 기록되어야 한다. 이를 예제를 통해 살펴보자.

예제 10-1 적정한 이자율로 할인하는 경우

(주)샤론은 2015년 1월 1일 건물을 구입하였다. 건물의 구입대금은 2015년 12월 31일부터 3년간 ₩5,000,000씩 지급하기로 계약하였다. 이 건물의 구입당시 시장이자율은 12%이었다.(단, 3년 12% 연금현가계수: 2.4018)

풀이

① 미지급금의 현재가치 계산

5,000,000×2.4018=₩12,009,000

② 분 개

(차) 건 물	₩12,009,000	(대) 장기미지급금	₩15,000,000
현재가치할인차금	₩2,991,000		

[참고 I] 현재가치할인차금

현재가치할인차금 계정은 명목상 가치와 공정한 가치(또는 적정한 이자율로 할인한 가액)와의 차액을 기록하는 평가계정이다. 즉 위의 **예제 10-1**에서 명목상 가치인 ₩5,000,000×3=15,000,000과 적정한 이자율로 할인한 가치인 ₩12,009,000의 차액 ₩2,991,000이 현재가치할인차금이 되는 것이다. 이러한 현재가치할인차금은 재무상태표상의 미지급금에서 차감하는 형식으로 기록된다.

재무상태표

자 산	부 채		
I. 유동자산	I. 유동부채		
II. 비유동자산	II. 비유동부채		
⋮	⋮		
	장기미지급금	₩15,000,000	
	현재가치할인차금	(2,991,000)	₩12,009,000

[참고 II] 현재가치할인차금의 상각

예제 10-1에서 현재가치할인차금을 상각하는 방법에는 유효이자율법과 정액법이 있다. 기업회계기준은 현재가치할인차금을 유효이자율법을 적용하여 상각하고, 이를 이자비용의 과목으로 계상하도록 규정하고 있다.

1. 정액법

정액법은 현재가치할인차금을 분할상환기간 동안 균등하게 인식하자는 방법이다. 즉, **예제 10-1**에서 현재가치할인차금 ₩2,991,000을 상환기간인 총 36개월로 안분하여 상각하는 방법이다.

[분개]

(2015. 12. 31, 2016. 12. 31, 2017. 12. 31)

(차) 이자비용 ₩997,000 (대) 현재가치할인차금 ₩997,000*

* ₩2,991,000×12/36=997,000

2. 유효이자율법

현재가치할인차금 상각표

일 자	미지급금 장부가액	유효이자액 (12%)	현금가치할인 차금상각액	현재가치할 인차금잔액	할 부 금 상환금액
2015. 1. 1	₩12,009,000	—	—	₩2,991,000	
2015. 12. 31	8,450,080**	₩1,441,080*	₩1,441,080	1,549,920	₩5,000,000
2016. 12. 31	4,464,090****	1,014,010***	1,014,010	535,910	5,000,000
2017. 12. 31	0	535,910*****	535,910	0	5,000,000

* 12,009,000×12%=1,441,080

** 12,009,000−(5,000,000−1,441,080)=8,450,080

*** 8,450,080×12%=1,014,010

**** 8,450,080−(5,000,000−1,014,010)=4,464,090

***** 4,464,090×12%=535,691이 계산되나, 현재가치할인차금 잔액이 535,910이 남아 있으므로 단수차이를 조정.

위 표에 의거하여 분개를 하면 다음과 같다.

2015. 1. 1	(차) 건 물	₩12,009,000	(대) 장기미지급금	₩15,000,000
	현재가치할인차금	₩2,991,000		
2015.12.31	(차) 장기미지급금	₩5,000,000	(대) 현 금	₩5,000,000
	이자비용	₩1,441,080	현재가치할인차금	₩1,441,080
2016.12.31	(차) 장기미지급금	₩5,000,000	(대) 현 금	₩5,000,000
	이자비용	₩1,014,010	현재가치할인차금	₩1,014,010
2017.12.31	(차) 장기미지급금	₩5,000,000	(대) 현 금	₩5,000,000
	이자비용	₩535,910	현재가치할인차금	₩535,910

2. 자가제조 또는 자가건설

기업은 필요한 유형자산을 스스로 제조 또는 건설하여 유형자산을 취득하는 경우도 있다. 이러한 경우 어떻게 취득원가를 결정하여 유형자산의 취득원가를 기록할 것인가? 자가제조 또는 자가건설시 유형자산의 취득원가는 그 유형자산을 완성하기 위해 투입되는 모든 비용을 유형자산의 취득원가로 계산하면 될 것이다.

이때 제작기간이 장기적이며 건설이 진행되는 도중에 제반원가가 발생하는 경우에는 건설 중인 자산(construction-in-process) 계정에 원가를 집합하고, 건설이 완료되면 이를 해당 유형자산으로 대체시킨다. 이러한 자가제조 또는 건설시 취득원가 결정에 있어서 고려해야 할 중요한 사항으로서 건설자금이자가 있다. 건설자금이자란 자가제조를 위해 자금을 차입한 경우 이 차입한 자금에 대해 발생하는 이자비용을 의미하는데, 이러한 이자비용은 유형자산의 취득원가에 가산해야 한다. 이는 수익·비용 대응의 원칙에 근거한 개념으로서 유형자산을 완성하여 본래의 용도대로 사용하여 수익을 창출하기도 전에 그 유형자산의 제조를 위해 차입한 자금에 대한 이자비용을 비용으로 즉시 인식해서는 안 된다는 것이다. 그보다는 차후 유형자산이 완성된 후 실제로 그 유형자산이 수익창출활동에 기여하는 시점부터 제조와 관련된 차입금의 이자비용을 비용으로 인식하자는 것이다. 건설자금이자에 대한 상세한 내용은 회계원리 수준을 벗어나는 것이므로 여기서는 생략하기로 한다.

3. 주식발행에 의한 자산의 구입

기업이 자산을 취득하고 그 대가를 그 기업의 주식을 발행하여 교부하는 경우도 있다. 이를 간단히 현물출자(investment in kind)라고 말한다. 즉, 자산을 제공받은 기업의 입장에서는 기업이 자산을 취득하고 주식을 교부한 것이지만 자산을 제공한 자의 입장에서는 그 기업에 현금으로 투자하여 주식을 취득한 것이 아니라 현물로 투자하여 주식을 취득한 것이므로 이를 현물출자라고 한다.

이론적으로 이러한 현물출자의 경우 자산의 취득원가는 취득한 자산의 공정가치와 발행한 주식의 공정가치 중에서 보다 명확한 것을 기준으로 결정한다. 그러나 기업회계기준에서는 '교환, 증여, 기타 무상으로 취득한 자산의 공정한 평가액을 당해 자산의 취득원가로 한다'고 규정하고 있다. 즉, 유형자산을 취득한 대가로 교부된 주식의 발행가액이 아닌 취득한 자산의 공정한 평가액을 취득원가로 한다는 것이다.

예제 10-2

(주)방원은 기계장치를 취득하고 주식 100주를 교부하였다. 기계장치의 시가는 ₩1,000,000이고 당시의 주식의 발행가액은 주당 ₩8,000이며 액면가액은 ₩5,000이다. 이 거래에 대한 분개를 하시오.

풀이

① 취득자산의 공정한 평가액 기준(기업회계기준)

(차) 기계장치	₩1,000,000	(대) 자 본 금	₩500,000*
		주식발행초과금	₩500,000

* ₩5,000(액면가액) × 100주 = ₩500,000

② 주식의 발행가액 기준

(차) 기계장치	₩800,000	(대) 자 본 금	₩500,000*
		주식발행초과금	₩300,000**

* ₩5,000(액면가액) × 100주 = ₩500,000

** ₩800,000 − ₩500,000(자본금) = ₩300,000

(위의 분개는 제13장 자본에 대한 공부를 한 후 다시 검토해보면 더 이해하기가 쉬울 것이다.

4. 교환에 의한 취득

기업이 현재 소유하고 있는 유형자산을 다른 유형자산으로 교환한 경우 교환으로 취득한 유형자산의 취득원가는 어떻게 결정할 것인가? 교환거래에서의 기본적인 회계처리지침은 취득한 자산의 공정가치를 거래의 가치로 간주한다는 것이다. 따라서 취득한 자산의 공정가치가 교환거래로 제공되는 자산의 처분가치가 된다. 그러나 교환거래에 상업적 실질이 결여되어 있거나, 교환대상 자산의 공정가치를 모두 신뢰성 있게 측정할 수 없는 경우에는 취득한 자산의 원가는 제공되는 자산의 장부금액으로 기록한다.

예제 10-3

(주)발렌타인은 장부가액 ₩9,000,000인 기계장치A를 (주)시바스의 시가 ₩10,000,000인 기계장치B와 교환했다. 이 거래에 대한 (주)발렌타인의 분개를 하시오.

풀이

(차) 기계장치B	₩10,000,000	(대) 기계장치A	₩9,000,000
		유형자산처분이익	₩1,000,000*

* (주)발렌타인이 기계장치A와의 교환으로 취득한 (주)시바스의 기계장치

B의 공정한 평가액이 ₩10,000,000이므로 취득자산의 공정한 평가액과 처분자산의 장부가액의 차액 ₩1,000,000을 유형자산처분이익으로 인식한다. 만일 기계장치B의 공정한 평가액이 ₩7,000,000이라면 다음과 같이 유형자산처분손실을 인식한다.

(차) 기계장치B	₩7,000,000	(대) 기계장치A	₩9,000,000
유형자산처분손실	₩2,000,000		

5. 증여 또는 무상취득

기업은 주주나 정부 또는 지방자치단체 등으로부터 유형자산을 증여받

는 경우가 있다. 이 경우에 취득과 관련하여 발생하는 원가는 소유권이전 비용이나 양도비용 정도가 전부일 것이나 취득한 유형자산의 취득원가는 증여받은 시점에서의 그 자산의 공정한 평가액에 그 취득에 필요한 부대비용을 가산한 금액으로 기록해야 한다.

예제 10-4

(주)활빈당은 사장인 홍길동의 무능으로 인해 본사건물을 채권자에게 압류당하여 근처 초등학교에서 임시로 사업을 하던 중 이를 측은히 여긴 정부로부터 건물을 증여받았다. 이 건물의 공정가액은 ₩50,000,000이며 소유권이전비용으로 ₩1,000,000을 지출했다. 위의 사건에 대한 (주)활빈당의 분개를 하시오.

풀이

(차) 건 물	₩51,000,000	(대) 자산수증이익*	₩50,000,000
		현 금	1,000,000

* 자산수증이익은 무상으로 자산을 취득한 경우 발생하는 계정으로서 손익계산서상에 특별이익으로 보고된다. 보다 자세한 내용은 제13장 자본에서 살펴보게 될 것이다.

제3절 유형자산의 유지

IFRS ACCOUNTING PRINCIPLES

기업이 유형자산을 취득한 후 영업과 관련하여 사용하는 과정에서 이 유형자산에 대하여 수리·개량 등의 이유로 추가적으로 지출해야 하는 경우가 발생하게 된다. 예를 들어 건물의 페인트를 새로 칠하게 된다든지, 파손된 유리를 교환하거나 난방시설 또는 온방시설을 하는 경우 등이 있겠다. 그렇다면, 이렇게 추가적으로 지출되는 금액을 당기의 비용으로 처리해야 할 것인가? 아니면 유형자산의 취득원가에 가산하여야 할 것인가? 당기의 비용으로 처리하는 추가적 지출을 '수익적 지출(revenue expenditure)'이라고 하며 자산의 취득원가에 가산하는 추가적 지출을 '자본적 지출(capital expenditure)'이라 하는데 지금부터 이에 대해 살펴보기로 한다.

1. 수익적 지출

수익적 지출(revenue expenditure)이란 유형자산과 관련하여 추가적으로 지출된 원가가 미래의 기간 동안에 효익을 제공하지 못하고 단지 유지·보수에 해당하는 효익을 제공하는 지출로서 이는 당기의 비용으로 인식한다. 수익적 지출로는 다음과 같은 경우가 있다.

(1) 원상회복 또는 능력유지를 위한 경상적인 지출(ordinary repairing costs)

일정한 기간마다 자산의 능력의 원상복구를 위한 지출이나 고장 등으로 인한 수선을 통해 능률유지를 하려고 추가적인 지출을 하는 경우 이는 수익적 지출로 처리해야 한다. 건물에 페인트 칠을 새로 한다든지 기계의 마모된 나사를 바꿔 낀다든지 하는 것이 좋은 예가 될 것이다.

(2) 일정액 이하의 소액지출(immaterial expense)

비록 추가적인 지출이 차기 이후에도 계속적인 효익을 제공한다 할지라도 그 금액이 크지 않아 회사가 공표하는 재무제표에 큰 영향을 미치지 아니한다면 이를 수익적 지출로 보아 당기의 비용으로 인식해야 할 것이다. 이는 회계관습 중의 하나인 중요성(materiality)에 근거한 것으로서 그 금액, 수량 등이 회계정보이용자의 의사결정에 중요한 영향을 미치지 아니한다면 상세하게 보고할 필요가 없으므로 소액지출은 수익적 지출로 처리하게 된다. 예를 들어 영업용 자동차의 브레이크 등 하나를 교체했다면 그 금액은 자동차 자체의 가치나 기업전체 재무제표에 미치는 영향이 미미하므로 당기 비용으로 처리하면 될 것이다. 그러나 영업용 자동차의 성능을 향상시키기 위해 엔진을 더 큰 배기량의 엔진으로 교환하였다면 이를 단지 당기의 비용으로 처리할 것인가 또는 자동차의 취득원가에 가산할 것인가의 문제는 중요성 기준의 관점에서 신중히 고려되어야 한다.

2. 자본적 지출

자본적 지출(capital expenditure)이란 유형자산과 관련된 추가적 지출이 그 유형자산의 장부가액을 증가시키는 지출을 의미한다. 이러한 자본적 지출은 차기 이후에도 효익을 창출할 수 있을 것으로 예상되므로 그 지출을 자산가액에 더하게 되는 것이다. 자본적 지출로 분류될 수 있는 대표적 유형은 다음과 같다.

(1) 내용연수를 연장시키는 지출

추가적 지출로 당해 자산의 내용연수가 기존의 예상된 내용연수보다 증가될 경우 이를 자본적 지출로 처리한다.

(2) 미래에 제공할 서비스의 양이나 질을 향상시키는 지출

추가적 지출이 당해 유형자산에 의해 생산되는 용역의 질을 향상시키거나 제품의 수량 또는 질을 향상시키는 경우 이 지출은 자본적 지출로 인식한다.

예제 10-5

다음의 사건에 대한 분개를 하시오.

1. (주)저팔계는 기계장치의 생산능력을 증대시키기 위해 추가적 지출 ₩3,000,000을 하였다.

풀이

(차) 기계장치 ₩3,000,000 (대) 현 금 ₩3,000,000

2. (주)사오정은 장부가액 ₩800,000,000인 건물의 파손된 유리 2장을 ₩40,000을 주고 교환했다.

풀이

(차) 수선비용 ₩40,000 (대) 현 금 ₩40,000

3. 자본적 지출과 수익적 지출의 회계적 의미

앞에서 말한 바와 같이 유형자산에 대한 추가적 지출을 자본적 지출과 수익적 지출로 분류하는 의미는 무엇일까? 이러한 분류는 수익·비용 대응의 원칙에 근거한 것으로 추가적 지출로 인해 자산의 능률이나 내용연수가 증가하였다면 이러한 지출은 미래에도 계속적인 효익창출활동이 이루어질 수 있으므로 미래에 발생할 수익에 대응시켜 비용으로 인식하기 위해 당해 유형자산의 장부가액에 그 추가적 지출금액을 가산하여 자본적 지출로 처리하게 된다. 만일 이러한 자본적 지출을 당기의 비용으로 처리한다면 미래의 수익에 대응되어야 할 비용이 전부 당기에 비용화됨으로써 당기의 이익은 줄어들고 미래의 이익은 상대적으로 증가되는 결과를 가져와 회계정보이용자들의 합리적 의사결정에 나쁜 영향을 미치게 된다. 따라서 자본적 지출과 수익적 지출의 구분은 중요한 의미를 가지며 뒤에서 설명할 감가상각비에 직접적인 영향을 미치므로 이익조작의 방지를 위해서도 신중한 분류가 이루어져야 할 것이다.

제4절 유형자산의 평가

IFRS ACCOUNTING PRINCIPLES

1. 유형자산의 재평가

유형자산을 처음 취득한 때에는 취득원가로 인식한다. 그런데 일단 취득원가로 기록한 이후에는 유형자산을 원가모형이나 재평가모형 중에서 어느 한 방법을 선택하여 평가할 수 있다. 원가모형(cost model)이란 앞서 우리가 살펴본 대로 구입가격에 부대비용을 더하고 또한 여기에 보유 중에 발생한 자본적 지출을 합하여 유형자산의 원가를 결정하는 방법이다. 재평가모형(revaluation model)이란 원가모형과 다르게 유형자산을 공정가치로 평가하는 방법이다. 공정가치(fair value)란 합리적인 판단력과 거래의사가 있는 사람들 간에 자산이 거래되어 결정된 가격으로, 일반적으로 활성화된 시장에서 형성된 시장가격과 유사한 금액이다. 예를 들어, 2005년 초에 ₩100,000에 취득한 토지를 소유하고 있는데 2016년 말에 토지의 공정가치가 ₩150,000이 되었다고 하자. 만약 원가모형에 따라서 토지를 평가하면 재무상태표에 토지의 장부금액이 ₩100,000으로 표시되고, 재평가모형에 의하면 토지가 ₩150,000으로 표시된다. 재평가모형은 유형자산을 공정가치로 평가하여 유형자산의 경제적 실질을 잘 나타낼 수 있고, 투자자의 경제적 의사결정에 목적적합한 회계정보를 제공할 수 있다는 장점이 있다.

기업이 재평가모형을 채택한 경우에는 개별 자산별로 원가모형과 재평가모형을 선택적으로 적용할 수 없다. 즉, 토지, 기계장치, 차량운반구, 비품 등과 같이 어느 한 종류의 유형자산 분류 속에서 개별 자산별로 평가방법을 선택적으로 적용할 수 있는 것이 아니라, 해당 분류에 속하는 모든 개별 자산들에 대하여 재평가모형을 적용해야 한다. 그리고 일단 재평가모형을 적용한 이후에는 다시 원가모형으로 자산의 평가방법을 변경할 수 없고 계속 일관성 있게 재평가모형을 사용해야 한다.

재평가모형을 적용하여 자산을 공정가치로 평가하면 원가로 표시된 기존의 장부금액과 차이가 발생한다. 이 차이를 재평가차액(revaluation difference)이라고 한다. 공정가치가 장부금액보다 크면 재평가로 인하여 자산의 장부금액이 증가하고 재평가증가액(revaluation increment)이 생길 것이다. 이 경우의 회계처리는 차변에 자산을 기록하여 해당 자산의 장부금액을 증가시키고, 대변에는 자산재평가잉여금(asset revaluation reserve)을 기록한다. 자산재평가잉여금은 손익계산서의 수익항목이 아니고 재무상태표의 자본항목 중에서 기타포괄손익의 한 항목이므로 당기손익에 영향을 주는 항목이 아님을 주의해야 한다. 한편, 공정가치가 장부금액보다 작으면 재평가로 인하여 자산의 장부금액이 감소하고 재평가감소액(revaluation decrement)이 생긴다. 이 경우에는 일반적으로 차변에 자산재평가손실을 기록하고 대변에는 해당 자산을 기록하여 자산의 장부금액을 감소시킨다. 자산재평가손실은 손익계산서의 비용항목으로 당기순이익을 감소시킨다. 재평가증가액은 당기손익에 반영하지 않고 재평가감소액은 당기손익에 반영하는 회계처리는 회계관습인 보수적 회계처리(또는 보수주의)의 한 예이다.

시간이 지나면서 좀 더 복잡한 상황이 생겼을 때를 생각해 보자. 자산재평가로 자산의 장부금액이 증가하는 자산이 과거의 자산재평가시에는 자산재평가손실을 인식했을 수 있다. 이러한 경우에는 재평가증가액 중에서 이전에 인식한 재평가손실만큼은 당기의 이익으로 처리해야 한다. 이는 이전에 손실로 이미 인식한 금액을 다시 반전시키는 회계처리이므로 해당 금액을 기타포괄손익이 아닌 당시손익으로 처리하는 것이다. 반대로, 자산재평가로 자산의 장부금액이 감소하는 자산이 이전 재평가시에는 자산재평가잉여금을 인식한 자산일 수 있다. 이때에는 재평가감소액을 한도로 이미 인식한 자산재평가잉여금을 감소시키고, 이후에도 재평가감소액이 남으면 이 잔액을 자산재평가손실로 손익계산서에 인식한다.

자산재평가를 실시할 때에는 재평가 시점까지 해당 자산의 감가상각을 실시하여 정확한 자산의 장부금액을 먼저 계산해야 한다. 그리고 자산재평가 이후에는 재평가한 새로운 장부금액을 기준으로 감가상각을 실시한다.

예제 10-6

① 재평가증가액이 발생한 경우

고려병원은 2014년 초에 ₩150,000을 지급하고 로봇 수술기를 구입하였다. 2015년 말 재무제표를 작성하는 시점에서 이 로봇 수술기의 감가상각누계액은 ₩10,000이고, 공정가치는 ₩170,000이다. 2016년도 초에 고려병원이 처음 재평가모형으로 로봇 수술기를 평가하여 재무보고를 하고자 하는 경우 회계처리는 다음과 같다.

풀이

(차) 감가상각누계액	₩10,000*	(대) 로봇 수술기	₩10,000
(차) 로봇 수술기	₩30,000**	(대) 자산재평가잉여금	₩30,000

* 2015년 말까지 누적된 감가상각누계액을 제거하고 같은 금액만큼 장부금액을 감소시킨다.

** 2016년 초 공정가치 ₩170,000－2016년 초 장부금액 ₩140,000＝₩30,000

이러한 회계처리로서 재무상태표상의 로봇 수술기의 장부금액은 ₩170,000이 된다.

만약 고려병원이 이전에 재평가모형으로 평가한 적이 있고, 자산재평가손실을 ₩20,000 인식했다면 재평가증가액 중에서 이전에 인식한 자산재평가손실만큼의 금액을 당기의 이익으로 인식한다.

(차) 감가상각누계액	₩10,000	(대) 로봇 수술기	₩10,000
(차) 로봇 수술기	₩30,000	(대) { 자산재평가이익	₩20,000
		자산재평가잉여금	₩10,000

② 재평가감소액이 발생한 경우

앞의 예제에서 2016년 초 로봇 수술기의 공정가치가 ₩120,000인 경우의 회계처리는 다음과 같다.

풀이

(차) 감가상각누계액 ₩10,000 (대) 로봇 수술기 ₩10,000
(차) 자산재평가손실 ₩20,000 (대) 로봇 수술기 ₩20,000

만약 고려병원이 이전에 재평가모형으로 평가한 적이 있고, 자산재평가잉여금이 ₩10,000 기록되어 있는 경우에는 재평가감소액을 한도로 이미 인식한 재평가잉여금을 감소시키고, 차액이 남으면 재평가손실로 인식한다.

(차) 감가상각누계액 ₩10,000 (대) 로봇 수술기 ₩10,000
(대) { 자산재평가잉여금 ₩10,000 (대) 로봇 수술기 ₩20,000
자산재평가손실 ₩10,000

2. 유형자산의 손상차손

유형자산을 취득한 이후 원가모형을 적용하여 회계처리하는 경우에, 유형자산의 가치가 크게 감소되고 단기간 내에 회복될 수 없다면 유형자산의 장부금액을 감소시키고 이를 손상차손으로 인식해야 한다. 회사는 손상차손을 계산함에 있어서 해당 유형자산을 계속 사용하거나 처분한다고 할 때 예상되는 미래현금흐름액을 추정하여 회수가능액을 결정한다. 회수가능액(recoverable amount)은 자산의 순공정가치와 사용가치 중에서 큰 금액이다. 순공정가치(net fair value)란 합리적인 판단력과 거래의사가 있는 거래당사자간에 결정된 공정가치에서 해당 자산의 처분부대원가를 차감한 금액이고, 사용가치(value in use)란 자산이 벌어들일 미래현금흐름을 현재가치로 환산한 금액을 의미한다. 기업의 경영자는 순공정가치와 사용가치를 정확하게 추정할 수 있도록 노력해야 할 것이다.

만약, 회수가능액이 장부금액에 미달하는 경우에 그 차액을 유형자산손상차손(loss on impairment)이라는 비용항목으로 손익계산서에 인식한다. 동시에 같은 금액만큼 재무상태표의 자산의 장부금액을 감소시키든지 아니면 손상차손누계액이라는 자산의 차감계정을 인식하여 자산의 장부금액을 회수가능액으로 감소시킨다. 손상차손누계액계정을 사용한 경우에는 재무상태표상 유형자산의 장부금액은 취득원가에서 감가상각누계액 및 손상차손누계액을 차감한 금액으로 계상된다. 그리고 자산의 감가상각비는 원래 원가가 아닌 회수가능액으로 수정된 자산의 원가를 기준으로 다시 계산해야 한다.

그러나 차기 이후에 해당 유형자산의 가치가 증가하여 새로운 회수가능액이 이미 하향조정된 장부금액을 초과하는 경우에는 그 초과액을 유형자산손상차손환입이라는 당기이익 항목으로 처리하고 그 초과액만큼 장부금액을 상향조정한다. 다만, 이 경우에 상향조정할 자산의 장부금액은 과거기간에 손상차손을 인식하지 않았다면 현재 기록되어 있을 장부금액(감가상각 후의 금액)을 초과하여 증가시킬 수는 없다.

제5절 유형자산의 감가상각

IFRS ACCOUNTING PRINCIPLES

1. 감가상각의 본질

유형자산은 시간이 경과함에 따라 마멸, 부식 등으로 인해 점차 그 가치가 떨어지게 되어 그 효익창출능력의 감소를 가져오게 된다. 유형자산의 수익창출은 그 유형자산의 내용연수 전기간에 걸쳐 이루어지므로 수익·비용 대응의 원칙에 입각하여 볼 때 각 회계연도에 발생하는 수익에 대해 적절한 비용을 대응시킬 필요가 있다. 따라서 유형자산의 장부가액을 적절히 감액하여 당해 자산의 내용연수 동안 배분시키는 것이 필수적인 회계절차인데 이를 감가상각(depreciation)이라고 한다. 즉 감가상각이란 유형자산의 취득원가에서 잔존가액을 차감한 잔액을 그 자산의 경제적 효익이 발생하는 기간(추정내용연수) 동안 체계적이고 합리적으로 배분하는 과정으로 정의된다. 이러한 정의에 비추어 볼 때 감가상각은 자산의 시장가치 감소분을 인식하는 과정이 아니라 원가의 배분과정으로 보아야 할 것이다.

2. 감가상각의 요소

회계기간별로 감가상각비를 결정하는 요소에는 ① 감가기초가액, ② 내용연수, ③ 감가상각방법이 있다. 이 중 감가상각방법은 뒤에서 언급하겠다.

(1) 감가기초가액

감가기초가액(depreciation base)이란 취득원가에서 추정잔존가치를 차감한 것으로 당해 자산을 수익획득과정에 이용하는 기간 동안에 인식할 총감가상각비를 의미한다.

감가기초가액 = 취득원가 − 추정잔존가치

잔존가치(salvage value)란 유형자산의 내용연수가 끝나는 시점에서 자산을 폐기하거나 처분할 때 획득될 것으로 추정되는 금액에서 처분비용을 차감한 금액을 의미한다.

(2) 내용연수

내용연수(useful life)란 유형자산을 수익창출을 위한 영업활동에 사용할 수 있을 것으로 기대되는 기간을 말한다. 내용연수는 마멸이나 파손 등의 물리적 요인과 부적응 또는 진부화 등의 기능적 요인을 함께 고려하여 결정하게 된다.

3. 감가상각비의 회계처리와 감가상각방법

(1) 감가상각비의 회계처리

감가상각비는 회계연도 말에 계상하는 것이 일반적이며 감가상각비 계상시 그 분개는 아래와 같다.

(차) 감가상각비	×××	(대) 감가상각누계액	×××

여기서 차변에 나타나는 감가상각비는 제품의 제조 등과 관련한 기계장치 등의 경우에는 제조원가로 보고되고, 제품의 제조와 관련이 없는 영업소 건물이나 비품 등의 경우에는 손익계산서상에 판매비와 관리비로 보고

된다.

감가상각누계액은 유형자산계정의 차감적 평가계정으로서 재무상태표에 유형자산 취득원가에 차감하는 형식으로 기록한다.

재무상태표

자 산			부 채
Ⅰ. 유동자산			
Ⅱ. 비유동자산			
1. 투자자산			자 본
2. 유형자산			
건 물	×××		
감가상각누계액	(×××)	×××	
⋮			

(2) 감가상각방법

감가상각방법의 종류는 다양하며 따라서 기업은 자산의 종류별로 한 가지 방법을 선택하여 특별한 사유가 없는 한 계속적으로 그 방법을 사용해야 한다. 감가상각방법에는 아래와 같은 것들이 있다.

① 정액법
② 체감잔액법: 정률법, 이중체감법
③ 비례법: 생산량비례법

그러면 각각의 감가상각방법에 대해 살펴보기로 한다.

1) **정액법**(straight-line method)

정액법은 내용연수 동안 균등하게 감가상각하는 방법으로서 매기의 감가상각비는 다음과 같이 계산된다.

$$\text{매기 감가상각비} = \frac{\text{취득원가} - \text{잔존가치}}{\text{내용연수}}$$

예제 10-7

(주)만득은 2015년 초에 기계장치를 ₩2,000,000에 취득하였다. 이 기계장치의 내용연수는 3년이고, 잔존가치는 ₩200,000으로 추정된다.
위의 자료를 통해 2015년부터 2017년까지의 감가상각비를 정액법으로 계산하시오.

풀이

연 도	계산근거	감가상각비	감가상각누계액	장부가액
취득시				₩2,000,000
2015년	(2,000,000 − 200,000) × 12/36	₩600,000	₩600,000	1,400,000
2016년	(2,000,000 − 200,000) × 12/36	600,000	1,200,000	800,000
2017년	(2,000,000 − 200,000) × 12/36	600,000	1,800,000	200,000
합 계		₩1,800,000		

2) 체감잔액법

체감잔액법(declining balance) 또는 가속상각법(accelerated depreciation method)은 내용연수 초기에 감가상각비를 많이 계산하고 내용연수 후반에 갈수록 감가상각비를 적게 인식하는 방법이다. 가속상각법에는 정률법과 이중체감법이 있다.

① 정률법

정률법(fixed-rate method)은 기초의 미상각잔액, 즉 취득원가에서 감가상각누계액을 차감한 장부가액에 매기 동일한 상각률을 곱하여 감가상각비를 계상하는 방법이다. 정률법은 정액법과는 달리 감가기초가액을 '기초장부가액'으로 한다는 점에 주의하기 바란다.

$$\text{매기 감가상각비} = \text{장부가액}(= \text{취득원가} - \text{감가상각누계액}) \times \text{상각률}$$

$$\text{단, 상각률} = 1 - \sqrt[n]{\frac{\text{잔존가치}}{\text{취득원가}}} \quad (n: \text{내용연수})$$

예제 10-8

(주)칠득은 2015년 초에 기계장치를 ₩2,000,000에 취득하였다. 이 기계장치의 내용연수는 3년이고, 잔존가치는 ₩200,000으로 추정된다.
위의 자료를 통해 2015년부터 2017년까지의 감가상각비를 정률법으로 구하시오.

풀이

연 도	계산근거	감가상각비	감가상각누계액	장부가액
취득시				₩2,000,000
2015년	2,000,000×0.536 *	₩1,072,000	₩1,072,000	928,000
2016년	928,000×0.536	497,408	1,569,408	430,592
2017년	430,592×0.536	230,592 **	1,800,000	200,000
합 계		₩1,800,000		

* 상각률 $= 1 - \sqrt[3]{\frac{200,000}{2,000,000}} = 0.536$

** 단수차이조정

② **이중체감법(정액법의 배법)**

이중체감법(double declining balance method)은 감가기초가액을 취득원가에서 감가상각누계액을 차감한 잔액으로 하는 것은 정률법과 동일하지만 상각률에 있어서는 정액법에 의한 상각률의 두 배를 적용한다.

> 매기 감가상각비 = 장부가액(취득원가 − 감가상각누계액) × 상각률
> 단, 상각률 $= \frac{1}{\text{내용연수}} \times 2$

이중체감법은 기초의 장부가액에 상각률을 곱하여 구하므로 감가상각비 계산과정에서 정률법과 같이 잔존가치를 고려할 필요가 없다.

예제 10-9

(주)기린은 2015년 초에 기계장치를 ₩2,000,000에 취득하였다. 이 기계장치의 내용연수는 3년이고, 잔존가치는 ₩200,000으로 추정된다.
위의 자료를 통해 2015년부터 2017년까지의 감가상각비를 이중체감법으로 구하시오.

풀이

연 도	계산근거	감가상각비	감가상각누계액	장부가액
취득시				₩2,000,000
2015년	2,000,000×0.667 *	₩1,334,000	₩1,334,000	666,000
2016년	666,000×0.667	444,222	1,778,222	221,778
2017년	221,778−200,000	21,778	1,800,000	200,000
합 계		₩1,800,000		

* 상각률$=\frac{1}{3}\times 2 = 0.667$

3) 비례법

비례법은 생산량이나 사용량 등에 따라 감가상각하는 방법으로서 감가상각은 자산의 물리적 사용과 비례해야 한다는 가정하에 특정기간에 사용된 자산의 조업도를 기준으로 그 기간의 감가상각비를 계산하는 게 된다.

■ 생산량비례법

생산량비례법은 생산 또는 채굴량에 비례하여 가치가 소멸되는 유형자산에 적용되는 방법으로서 산림, 유전, 광산과 같은 천연자원의 감가상각비를 계산하는 데 유용한 방법이다. 생산량비례법에 의한 매기 감가상각비는 다음과 같이 계산된다.

$$\text{매기 감가상각비} = (\text{취득원가} - \text{잔존가액}) \times \frac{\text{당기 생산량}}{\text{총 생산 가능량}}$$

예제 10-10

(주)지하는 2015년 초에 기계장치를 ₩2,000,000에 취득하였다. 이 기계장치의 내용연수는 3년이고, 잔존가치는 ₩200,000으로 추정되며, 총생산단위는 250,000개로 추정된다. (주)지하는 2015년에 80,000개의 제품을 생산하였으며 2016년에는 100,000개의 제품을 생산하였고, 2017년에는 70,000개의 제품을 생산하였다. 위의 자료를 통해 2015년부터 2017년까지의 감가상각비를 생산량비례법으로 구하시오.

풀이

연 도	계산근거	감가상각비	감가상각누계액	장부가액
취득시				₩2,000,000
2015년	1,800,000×80,000/250,000	₩576,000	₩576,000	1,424,000
2016년	,800,000×100,000/250,000	720,000	1,296,000	704,000
2017년	1,800,000×70,000/250,000	504,000	1,800,000	200,000
합 계		₩1,800,000		

4. 감가상각과 관련한 특수문제

(1) 기중 구입한 유형자산의 감가상각

앞의 감가상각방법을 설명하는 예제에서는 자산을 기초에 취득하여 상각하는 경우만을 보여주고 있다. 그러나 기업의 실무에 있어서 자산의 구입은 기중에 이루어지는 경우가 대부분이다. 이러한 경우 당해 취득연도의 감가상각비의 계상액을 1년치로 할 것인지(연할기준), 회계연도의 상반기 중 자산을 구입하면 1년분 전액을 당기의 감가상각액으로 계상하고, 하반기 중 자산을 구입하면 6개월분만 계상할 것인지(반년기준), 한 달을 기준으로 상각할 것인지(월할기준), 하루를 기준으로 상각할 것인지(일할기준)의 문제가 발생하게 된다. 기업실무 또는 세법상 다양한 기준이 적용되고 있으나 이러한 상각방법 중에서 반년기준이 가장 보편적인 방법이라 하겠다.

예제 10-11

(주)제크는 2015년 5월 1일에 기계장치를 구입하였다. 기계장치의 내용연수는 5년이고 그 구입대금은 ₩5,400,000이며 그에 따른 부대비용 ₩600,000이 발생하였으며 그 잔존가치는 ₩600,000으로 추정된다. 2015년과 2016년의 감가상각비를 정액법과 정률법으로 구하시오(단, 월할기준을 사용하여 상각하기로 한다).

풀이

1. 정액법

(1) 2015년 감가상각비

(₩5,400,000 + 600,000 − 600,000) × 1/5 × 8/12 = 720,000

(2) 2016년 감가상각비

(₩5,400,000 + 600,000 − 600,000) × 1/5 × 12/12 = 1,080,000

2. 정률법

$$상각률 = 1 - \sqrt[n]{\frac{잔존가치}{취득원가}} = 1 - \sqrt[5]{\frac{600,000}{6,000,000}} = 0.369$$

(1) 2015년 감가상각비

₩6,000,000 × 0.369 × 8/12 = 1,476,000

(2) 2016년 감가상각비

(₩6,000,000 − 1,476,000) × 0.369 × 12/12 = 1,669,356

(2) 감가상각과 회계변경

기업이 사용하는 자산에 대한 내용연수나 잔존가치 등은 합리적인 예측에 의한 추정치이므로 자산의 사용 중 그 추정치의 변경이 있다면 그 추정치를 변경해야 할 것이다. 또한 산업환경의 변동 등에 의해 유형자산이 조기에 진부화되는 등 기업 내·외부의 원인에 의해 기존의 감가상각방법이 더 이상 합리적이지 않다면 이를 변경해야 할 것이다. 이와 같이 기존의 추정치를 합리적인 추정치로 변경시키거나 기존의 회계처리방법을 합리적인 방법으로 변경시키는 것을 회계추정의 변경이라고 한다.

이때의 회계처리는 과거기간의 재무보고 숫자는 그대로 두고, 당기 및 당기 이후의 기간에 대해서만 새로운 추정을 적용하면 된다(전진법).

(3) 자본적 지출과 감가상각

사용 중인 유형자산에 대해 자본적 지출이 발생할 경우에 여러 가지 문제가 발생하게 된다.

첫째, 자본적 지출로 인해 내용연수가 증가하거나 잔존가치가 증가하는 경우가 있다. 이러한 경우 자본적 지출이 발생한 이후의 감가상각은 수정된 내용연수나 잔존가치에 의해 행해져야 할 것이다.

둘째, 자본적 지출이 기중에 발생한 경우 이 자본적 지출액에 대해서만 월할상각을 할 것인지 아니면 자본적 지출액을 유형자산의 장부가액에 가산한 전체를 상각해야 할 것인지의 문제가 발생하게 된다. 이러한 경우에는 자본적 지출액만을 월할상각하지 말고 기존의 자산과 동일하게 상각해야 할 것이다. 왜냐하면 자본적 지출에 대해서만 따로 월할상각을 한다면 기존의 유형자산과 별개의 유형자산을 인식하는 결과가 되기 때문이다.

예제 10-12

(주)참새는 2015년 초 내용연수 10년, 잔존가치가 없는 기계장치를 ₩5,000,000에 구입하여 정액법으로 감가상각을 해오던 중 2016년 초에 기계장치의 성능을 증진시킬 목적으로 ₩1,000,000의 비용을 들여 개조하였다. 이러한 지출로 인해 내용연수는 2년이 더 증가하였고, 잔존가치는 ₩400,000으로 추정되었다. 2015년과 2016년의 감가상각비를 구하시오.

풀이

1. 2015년

(차) 감가상각비	₩500,000 *	(대) 감가상각누계액	₩500,000

* ₩5,000,000×1/10=₩500,000

2. 2016년

(차) 감가상각비	₩463,636	(대) 감가상각누계액	₩463,636

** (5,000,000 − 500,000 + 1,000,000 − 400,000)×1/(12−1) = ₩463,636

(500,000: 2015년 감가상각비, 1,000,000: 자본적 지출액, 400,000: 잔존가치)

제6절 유형자산의 처분

IFRS ACCOUNTING PRINCIPLES

기업은 유형자산이 더 이상의 효익을 제공하지 못한다고 판단되는 경우 등의 이유로 인해 유형자산의 내용연수가 다하기 전에 처분하는 경우가 발생하게 된다. 이러한 유형자산의 처분에 있어서 장부가액(취득원가-감가상각누계액)과 처분가액의 차액이 발생할 수 있는데 그 차액은 유형자산처분이익 또는 유형자산처분손실로 인식하여 손익계산서에 당기 영업외 손익으로 보고되어야 한다. 유형자산의 처분과 관련한 분개에 있어서 주의해야 할 것은 처분하는 회계연도의 기초시점부터 처분시점까지의 감가상각비를 반드시 계상해야 하고, 처분하는 유형자산의 취득원가 전액을 대변에 기록하고 차감적 평가계정인 감가상각누계액은 차변에 기록함으로써 처분하는 유형자산과 관련한 모든 계정을 장부에서 제거해야 된다는 것이다. 다음과 같은 예제를 통해 위의 사항을 살펴보자.

예제 10-13

(주)세리는 취득원가 ₩60,000,000이고 잔존가치는 없으며 내용연수 10년인 건물을 2015년 초에 추득하여 사용하던 중 기업의 자금압박으로 인해 2016년 5월 1일에 ₩40,000,0C0을 받고 처분하였다. (주)세리는 이 건물에 대해 정액법으로 감가상각하고 있었다. 2015년과 2016년의 분개를 하시오.

풀이

1. 2015년

① 2015년 초

(차) 건　물 ₩60,000,000 (대) 현　금 ₩60,000,000

② 2015년 12월 31일

(차) 감가상각비 ₩6,000,000 (대) 감가상각누계액 ₩6,000,000

2. 2016년

① 2016년 1월 1일부터 5월 1일까지의 감가상각비 계상

(차) 감가상각비 ₩2,000,000* (대) 감가상각누계액 ₩2,000,000

* ₩60,000,000 × 1/10 × 4/12 = ₩2,000,000

② 건물처분에 대한 분개

(차) 현　금 ₩40,000,000 (대) 건　물 ₩60,000,000

감가상각누계액 ₩8,000,000

유형자산처분손실 ₩12,000,000

제7절 무 형 자 산

IFRS ACCOUNTING PRINCIPLES

1. 무형자산의 의의

무형자산(intangible assets)이란 기업이 장기간 영업활동에 사용할 목적으로 보유하고 있는 물리적 실체가 없는 자산을 말한다. 기업회계기준에서는 영업권, 산업재산권, 컴퓨터 소프트웨어, 저작권 그리고 개발비 및 창업비 등을 무형자산으로 규정하고 있다.

무형자산은 식별가능성 여부에 따라서 둘로 나눌 수 있다. 식별가능성이란 해당 자산을 다른 자산과 분리할 수 있거나 계약상 또는 법적 권리로부터 발생하는 것을 의디한다. 대부분의 무형자산은 식별가능하다. 예를 들면, 산업재산권, 라이선스와 프랜차이즈, 개발비, 임차권리금, 지적재산권 등이 식별가능한 무형자산들이다. 한편 식별가능성이 없는 무형자산은 영업권이다.

유형자산의 경우와 마찬가지로 재무상태표에 무형자산으로 인식되기 위해서는 첫째, 자산으로부터 발생하는 미래의 경제적 효익이 기업에 유입될 가능성이 높을 것, 둘째, 자산의 취득원가를 신뢰성 있게 측정할 수 있을 것 등의 요건을 만족해야 한다. 대부분의 무형자산은 독점적·배타적으로 일정기간 동안 특정 권리나 효익을 향유할 수 있는 법률적·경제적 권리로서 다음과 같은 특징을 갖고 있다.

첫째, 물적 실체(physical substance)가 없는 자산이다. 즉 구체적인 형태를 갖고 있지 않은 자산으로서 그 가치는 기업에 귀속되는 권리 및 기대되는 효익에 따른다.

둘째, 미래의 경제적 효익에 대해서 고도의 불확실성이 존재한다. 무형자산도 다른 자산과 마찬가지로 자산의 요건을 갖추고 있어 미래효익을 창출할 것으로 생각되지만 미래효익에 관한 불확실성이 매우 높은 자산이다.

셋째, 대체적인 용도로의 사용이 불가능하다. 유형자산의 경우에는 처음에 의도했던 목적대로 사용할 수 없게 된다면 다른 용도에 사용하든가 매각이 가능하지만 무형자산의 경우 대체적인 용도로 사용하는 것이 불가능하다.

넷째, 대부분의 무형자산은 기업 또는 기업의 물적 재화와 분리될 수 없다. 즉 무형자산은 기업의 유형자산과 결합됨으로써 비로소 가치를 갖게 되는 것이 보통이다.

무형자산에 대한 회계문제로는 ① 취득원가의 결정문제, ② 자산상각문제 등이 있는데, 이는 유형자산에 대한 회계문제와 거의 유사하다.

2. 무형자산의 평가

(1) 취득원가의 결정

무형자산의 취득원가를 결정하는 문제는 크게 무형자산을 외부에서 구입하는 경우와 기업자체에서 개발한 경우로 구분할 수 있다. 외부로부터 구입한 무형자산은 그 구입대금에 그에 따른 부대비용, 즉 등록비 및 제세공과금과 법률수수료 등을 합한 금액을 취득원가로 계상해야 한다. 그리고 무형자산을 기업자체에서 개발한 경우에는 그 자산의 미래의 경제적 효익을 합리적으로 예측할 수 있고 그 무형자산의 개발에 소요된 원가를 합리적으로 식별할 수 있는 경우에 한하여 그 소요된 원가를 무형자산으로 보아 취득원가로 계상하며, 미래의 경제적 효익을 기대하기 어렵거나 그 무형자산에 소요된 원가를 식별할 수 없다면 이는 당기의 비용으로 처리해야 한다.

(2) 상 각

유형자산의 상각을 감가상각(depreciation)이라고 일컫는 반면 무형자산의 상각은 감가상각이라고 하지 않고 상각(amortization)이라고 일컬어진다. 무형자산을 자산으로 계상하는 이유는 그 자산이 미래에도 경제적 효익을 제공하기 때문이므로 자본화한 무형자산의 원가도 유형자산과 같이 그것의 내용연수를 합리적으로 결정하여 상각처리해야 한다. 무형자산을 상각할 경우에는 일반적으로 정액법과 생산량비례법만이 사용되며, 잔존가치는 없는 것으로 본다. 또, 유형자산은 감가상각누계액을 설정하여 유형자산에 차감하는 형식으로 기록하나 무형자산은 그 상각액을 그 무형자산의 가액에서 직접 차감하는 것이 보다 일반적이다. 이를 분개로 나타내면 다음과 같다.

(차) 무형자산 상각비	×××	(대) 무형자산	×××

한편 무형자산의 상각은 무형자산의 내용연수가 유한한지 아니면 유한하게 한정할 수 없는지에 따라서 다르다. 내용연수가 유한하다면 내용연수 동안 무형자산을 상각한다. 무형자산의 내용연수는 관계법령이나 계산상으로 정해지는 경우에는 내용연수가 해당 기간을 초과할 수 없지만, 자산의 예상사용기간에 따라서 더 짧을 수도 있다. 그리고 내용연수는 기간으로 표시될 수도 있고 자산을 사용하여 생산할 수 있는 총생산가능량으로 나타낼 수도 있다.

내용연수가 불확실하거나 유한하게 추정되지 않으면 이를 비한정 내용연수(indefinite life)를 갖는 무형자산으로 분류하고 상각하지 않는다. 이러한 무형자산은 상각하지 않는 대신, 무형자산의 손상을 시사하는 징후가 있을 때 혹은 매보고기간 말에 자산손상검사를 실시하고, 자산이 손상되었으면 손상차손을 인식해야 한다.

무형자산을 재무상태표에 최초로 인식한 이후에는 유형자산과 같이 원가모형이나 재평가모형을 선택하여 자산을 평가할 수 있다. 그러나 무형자산은 유형자산과 달리 활성화된 시장이 없는 경우가 많기 때문에 공정가치를 파악하기 어려워서 대부분 원가모형을 채택한다. 일단 선택한 평가모형은 계속 일관성 있게 적용한다.

예제 10-14

(주)오공은 2015년 초 자체개발한 투시망원경을 특허출원하려 하였으나 여론의 반대에 부딪쳐 특허권 취득이 좌절되었다. 그러나 (주)오공의 사장인 전씨는 특허청에 각종 향응 및 뇌물을 제공하여 결국은 2015년 4월 1일에 특허권을 취득하였다. 이 투시망원경의 개발을 위해 ₩150,000,000이 소요되었으며 특허권을 취득하기 위한 수수료 등에 ₩10,000,000이 소요되었다. 이 투시망원경에 대한 특허권의 효력은 4년으로 예상되며 잔존가치는 없다. 그러나 2016년 12월 31일에 계속된 여론의 악화로 인해 결국은 투시망원경의 생산이 중단 되었으며 특허권이 말소되었다.
이 투시망원경과 관련한 2015년, 2016년의 분개를 하시오(단, 무형자산의 상각방법은 정액법으로 하며, 한 회계연도는 1월 1일부터 12월 31일까지이다).

풀이

1. 2015년
   ① 4월 1일
   (차) 특허권 ₩160,000,000 (대) 현 금 ₩160,000,000
   ② 12월 31일
   (차) 무형자산 상각비 ₩30,000,000* (대) 특허권 ₩30,000,000
   (특허권 상각비)

   * 160,000,000 × 1/4 × 9/12 = ₩30,000,000

2. 2016년
   ① 12월 31일
   (차) 무형자산 상각비 ₩130,000,000 (대) 특허권 ₩130,000,000

   * 특허권이 말소되어 무형자산으로서의 가치를 상실하였으므로 잔액을 모두 상각한다.

3. 무형자산의 종류

(1) 영업권

영업권(goodwill)이란 우수한 경영진, 뛰어난 판매조직, 기업의 좋은 이미지 등 동종의 타기업과 비교하여 특별히 유리한 사항들을 집합시킨 무형의 자원을 말한다. 이러한 영업권은 다소 추상적인 개념으로서 그 가치를 객관적으로 측정하기란 어려운 일이다. 따라서 이러한 영업권의 추상성으로 인해 기업회계기준에서는 합병이나 영업양수 등 유상으로 취득한 경우에만 이를 영업권으로 인정하고 있다. 즉 기업이 스스로 자신의 강점을 영업권으로 계상하는 것을 기업회계기준에서는 인정하지 않고 있다. 그러나 기업의 강점은 그 가치를 측정하기 어려운 면은 있으나 실질에 있어서는 가치를 가지고 있는 자산이므로 차후 많은 연구를 통해 이를 자산으로 계상하는 방법이 고려되어야 할 것이다. 영업권은 내용연수를 결정하기 어려운 비한정 내용연수를 가진 무형자산이다. 따라서 상각을 실시하지 않고 손상징후가 있을 때 손상검사를 실시하고, 적어도 매 회계보고기간 말에 손상여부를 검토하여 손상차손을 인식한다.

(2) 산업재산권

산업재산권이란 특허권, 실용신안권, 의장권, 상표권을 포함한다. 특허권(patent)이란 특정 발명이 특허법에 의해 등록되어 일정기간 동안 독점적·배타적으로 이용할 수 있는 권리를 말한다. 실용신안권은 특정 고안이 실용신안법에 의해 등록된 것이며, 의장권은 특정 의장이 의장법에 의해 등록된 것이고, 상표권은 특정 상표가 상표법에 의해 등록된 것을 말한다. 이들의 취득원가 결정 및 상각은 앞에서 언급한 무형자산의 취득원가 결정과 상각에 따르면 된다.

(3) 개발비

연구개발비(research and development cost)란 신제품 또는 신기술의 연구 및 개발활동과 관련하여 발생한 비용을 말한다. 기업회계기준에 의하면 연구개발비를 연구비와 개발비로 구분하여 기초연구 및 응용연구활동과 관련된 비용은 연구비로 계상하여 발생한 기간의 비용으로 처리하고, 개발활동과 관련된 비용 중 일정한 요건을 충족시키는 것은 개발비과목으로 하여 무형자산으로 계상하고 이를 충족시키지 않는 개발비용은 발생한 기간에 경상개발비로 계상하여 비용으로 처리하도록 규정하고 있다. 한편 연구비와 개발비(개발비 상각액 포함) 중 제조와 관련된 비용은 관련제품의 제조원가에 반영하며, 제조 이외의 판매, 관리 등에 관련된 비용은 판매비와 관리비로 처리한다.

기업회계기준에 의하면 무형자산으로 계상한 개발비도 유한한 내용연수가 있으면 그 기간 동안 상각하고, 내용연수가 한정되지 않으면 상각하지 않고 매 보고기간 말에 손상여부를 검토하여 손상차손을 인식한다.

예제 10-15

(주)코리아는 국내에서 가스보일러를 생산하는 회사이다. 2015년도에 인공지능 센서를 장착한 보일러의 개발을 위해 ₩200,000,000을 투자하여 이러한 신제품의 개발에 성공하였다. 또 (주)코리아는 기존의 조직체계가 비능률적이라고 파악하여 신경영조직의 도입을 위해 Y대학 조직개발 전공 교수에게 의뢰하여 신경영조직 개발을 위한 비용으로 ₩50,000,000을 지출하였으나 실패로 끝났다. 한편, 부설 연구소의 경상적인 연구활동과 관련하여 ₩150,000,000의 지출이 있었다. (주)코리아는 연구개발비를 5년간 상각하기로 했다.
위와 같은 연구개발활동과 관련하여 2015년의 분개를 하시오.

풀이

1. 2015년도 중

(차) 개발비	₩200,000,000	(대) 현 금	₩400,000,000
경상연구비*	₩150,000,000		

조직개발비** ₩50,000,000

* 연구개발활동과 관련하여 각 회계연도마다 경상적으로 지출되는 비용은 '경상 연구개발비'라는 계정과목으로 기록하여 전액 당기의 비용으로 처리한다.
** 신시장 개척이나 신경영조직의 채택을 위하여 지출된 비용은 '시장개척비' 또는 '조직개발비'란 계정과목으로 전액 당기 비용 처리한다.

2. 2015년 12월 31일

(차) 개발비상각비 ₩40,000,000* (대) 개발비 ₩40,000,000
(무형자산 상각비)

* $₩200,000,000 \times \frac{1}{5} = ₩40,000,000$

(4) 기타의 무형자산

기타의 무형자산 중에서 가장 대표적인 것으로는 프랜차이즈를 들 수 있다. 프랜차이즈(franchise)란 특정지역 내에서 독점적·배타적으로 사업을 영위할 수 있는 권리나 계약을 말한다. 그 예로는 현재 우리나라 및 전세계에 퍼져있는 맥도널드 등 패스트푸드 점포를 들 수 있으며, 시내버스 운송권이나 해상운송 노선권 등도 있다.

익힘문제

01 유형자산과 무형자산의 취득원가결정방법에 대하여 설명하시오.

02 감가상각(depreciation)이란 무엇이며, 감가상각방법의 종류를 설명하시오.

03 유형자산의 감가상각(depreciation)과 무형자산의 상각(amortization)에 대한 회계처리를 비교하시오.

04 자본적 지출과 수익적 지출의 차이점을 비교하시오.

05 영업권에 대하여 상술하시오.

06 연구개발비의 회계처리방법에 대하여 기술하시오.

연습문제

01 다음은 (주)금강산의 2015년의 거래를 발췌한 자료이다.

(1) 공장건물을 건설하기 위해 토지를 ₩2,000,000에 구입하고 그 대금은 어음을 발행하여 교부하였으며 동 토지의 취득과 관련하여 등록세 ₩50,000과 취득세 ₩30,000을 현금으로 지급하였다. 또 토지정지비용 ₩20,000과 부동산중개수수료 ₩10,000이 발생하여 현금으로 지급하였다.

(2) 사무용 컴퓨터를 ₩1,200,000에 수표를 발행하여 구입하였다.

(3) 사무용 책상과 의자를 ₩500,000에 현금구입하였다.

(4) 기계장치를 현금 ₩500,000에 구입하였고, 이 기계장치의 설치비용 ₩10,000과 시운전비용 ₩5,000을 현금으로 지급하였다.

요구사항

위의 사항들을 분개하시오.

02 다음은 (주)서울의 2015년의 거래 중 일부이다.

(1) 회사 건물을 증축했으며 ₩5,000,000의 수표를 발행하여 그 대금을 지급하였다.

(2) 공장 건물의 외벽에 도장공사를 하기 위해 ₩150,000을 현금으로 지출하였다.

(3) 회사 건물에 엘리베이터 설치를 위한 공사비로 ₩3,000,000을 현금으로 지출하였다.

(4) 기계장치에 대해 ₩1,000,000을 현금지출하였는데 이 중 ₩700,000은 기계장치의 내용연수를 연장시켰고, 나머지는 능률유지를 위한 지출이었다.

요구사항

위의 거래에 대한 분개를 하시오.

03 (주)안암은 2015년 7월 1일에 기계를 ₩2,000,000으로 매입하였다. 이 기계는 내용연수 5년, 잔존가치는 ₩200,000으로 추정되며, 총 생산단위는 250,000개, 총 작업시간은 50,000시간으로 추정된다. (주)안암은 2015년에 기계를 12,500시간 사용하여 60,000개의 제품을 생산하였으며, 2016년에 기계를 20,000시간 사용하여 96,000개의 제품을 생산하였다.

요구사항

a. 위의 자료를 이용해 다음의 감가상각방법으로 2015년과 2016년의 감가상각비를 계산하시오.
① 정액법
② 정률법(정률 35%)
③ 이중체감법
④ 생산량비례법

b. 위의 결과 2015년도의 당기순이익을 최대화할 수 있는 감가상각방법과 최소화할 수 있는 감가상각방법은 무엇인가?

04 (주)제주는 2015년 10월 1일에 내용연수 5년, 잔존가치 ₩100,000의 기계장치를 ₩1,000,000에 취득하여 사용하여 왔다.

요구사항

a. 정액법으로 감가상각을 할 경우 2015년과 2016년의 감가상각비를 계산하고, 2016년 말에 재무상태표에 기계장치가 어떻게 표시될 것인지 약식재무상태표를 작성하시오.

b. 이중체감법으로 감가상각을 할 경우 요구사항 a에 답하시오.

05 12월 31일 결산법인인 (주)다우는 2015년 1월 1일 건물을 ₩10,000,000의 현금을 주고 구입하였다. 이 건물의 내용연수는 10년이며 잔존가치는 없는 것으로 추정된다. 회사는 감가상각방법으로 정액법을 사용하고 있다. 2016년 5월 1일에 건물에 대해 ₩1,000,000이 현금으로 추가적 지출되었는데 이 중 ₩720,000

은 냉난방시설의 설치를 위한 것이고 ₩280,000은 파손된 유리의 대체를 위한 것이다.

요구사항

이 건물과 관련된 2016년의 모든 회계처리를 하시오.

06 (주)백두는 2015년 7월 1일 기계장치를 ₩6,000,000에 구입하였다. 이 기계의 잔존가치는 ₩1,000,000이며 내용연수는 5년이다. 회사는 이 기계장치를 2016년 4월 1일에 외상으로 ₩3,500,000에 처분하였다. 이 회사의 결산일은 12월 31일이며 감가상각비는 월할계산한다.

요구사항

a. 정액법으로 2015년과 2016년의 감가상각비를 구하고, 처분시의 회계처리를 하시오.
b. 정률법으로 2015년과 2016년의 감가상각비를 구하고, 처분시의 회계처리를 하시오.
c. 위의 결과를 토대로 정액법과 정률법에 의한 감가상각비와 유형자산처분손익이 2015년과 2016년의 손익에 미치는 영향을 비교설명하시오.

07 (주)이도는 2015년 7월 1일 (주)현도로부터 신제품 제조특허권을 ₩2,000,000에 현금매입하였다. 이 특허권의 매입과정에서 등록비용 ₩200,000과 공증료 및 수수료를 포함한 제비용 ₩300,000이 발생하였다. 특허권의 내용연수는 5년으로 추정된다.

요구사항

2015년의 특허권 구입시점과 2015년 결산시점의 회계처리를 하시오.

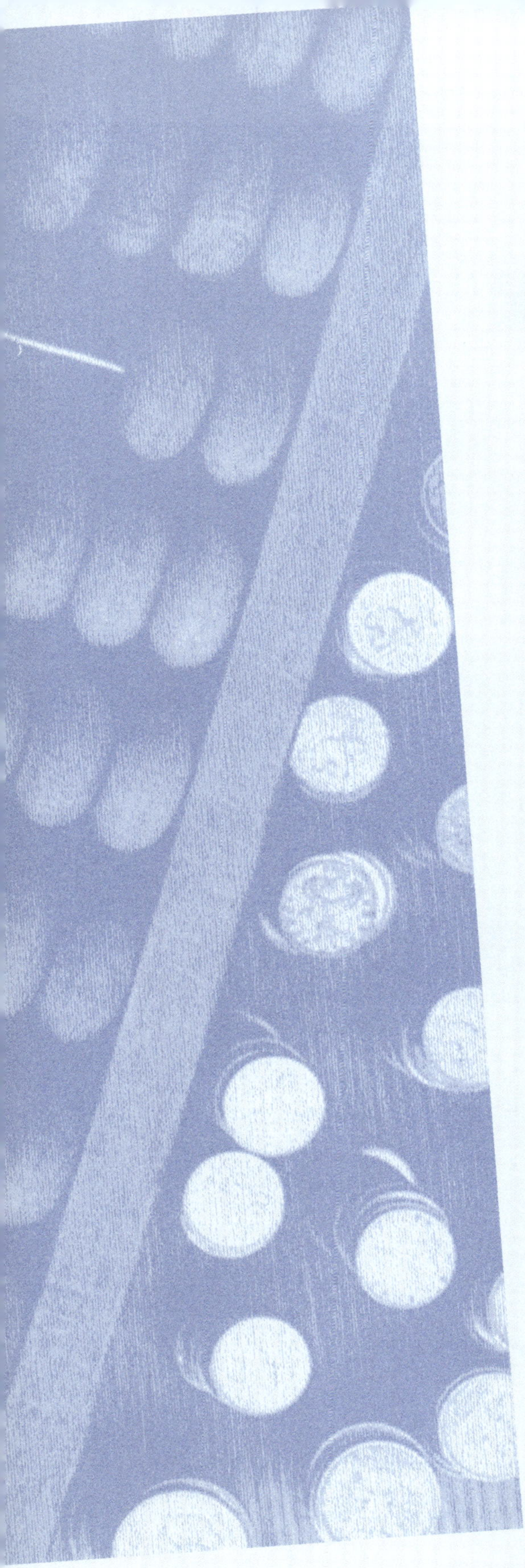

chapter 11

유동부채

제1절 매입채무

제2절 기타의 유동부채

학 습 목 표

1. 매입채무(외상매입금과 지급어음)와 관련한 여러 가지 회계처리를 설명한다.
2. 매입채무를 제외한 기타 유동부채의 성격과 회계처리를 설명한다.

기업은 영업활동을 수행하면서 여러 종류의 채무를 부담하게 된다. 기업이 부담하게 되는 채무를 일컬어 부채라고 하지만 이러한 단순한 정의만 가지고는 복잡한 경제 상황에서 발생하는 여러 종류의 부채를 설명하기란 불가능하므로 좀더 일반적인 부채의 정의에 대해 알아볼 필요가 있다.

부채란 과거의 거래나 사건의 결과로서 미래에 회사가 다른 회사에게 자산을 이전하거나 용역을 제공해야 하는 현재의 의무로부터 발생하는 미래의 경제적 효익의 희생이다. 즉 부채는 ① 과거에 발생한 거래의 결과이어야 하고, ② 미래에 현금, 상품, 서비스 등을 제공해야 할 의무가 현재 존재하여야 하며, ③ 그러한 현재의 의무를 회피하는 것이 불가능하도록 어느 정도의 강제성이 있어야 한다는 것이다. 이러한 부채는 상환될 때까지의 기간에 따라 유동부채와 비유동부채로 나누는 것이 일반적이다. 우리나라 기업회계기준에서는 재무상태표일로부터 1년 이내에 만기가 도래하는 것은 유동부채, 1년 이후에 만기가 도래하는 것은 비유동부채라고 하고 있다. 유동부채는 부채의 실재성과 금액의 불확실성 정도에 따라 확정유동부채와 우발채무로 구분되지만 우발채무에 대한 설명은 중급회계에서 다루어지므로 여기서는 확정유동부채에 대해서만 설명하기로 한다.

본 장에서는 유동부채를 설명하고, 비유동부채는 다음 장에서 다룰 것이다. 한편 유동자산에서 다루었던 수취채권과 유동부채에서 설명할 지급채무의 회계처리는 거의 동일한 논리적 흐름을 가지고 있다는 점에 유의할 필요가 있다. 재화나 용역을 공급하는 입장에서 보면 채권이 발생하고, 매입하는 입장에서 보면 채무가 발생하게 되므로 채무는 채권과 정반대의 입장에서 회계처리하면 되는 것이다. 그러므로 앞에서 공부했던 수취채권과 잘 연결해서 이해하기 바란다.

제1절 매입채무

IFRS ACCOUNTING PRINCIPLES

지급채무는 기업이 영업활동을 수행하는 과정에서 재화나 용역을 외상으로 매입하거나 자금을 차입하여 미래에 현금이나 재화 혹은 용역을 제공해야 할 의무를 지칭한다. 이 중에서 특히 기업의 일상적인 상거래와 관련하여 상품이나 원재료 혹은 용역을 매입하는 과정에서 발생하는 채무를 매입채무라고 한다. 우리나라 기업회계기준에서는 외상매입금과 지급어음을 매입채무로 규정하고 있다.

표 11-1

고려주식회사
재무상태표
(2015년 12월 31일 현재)

Ⅰ. 자 산		Ⅱ. 부 채	
1. 유동자산		**1. 유동부채**	
(1) 당좌자산		**(1) 매입채무**	
재고자산		**(2) 단기차입금**	
		2. 비유동부채	
		(1) 사 채	
2. 비유동자산		(2) 장기차입금	
(1) 투자자산		부채총계	×××
투자유가증권		Ⅲ. 자 본	
(2) 유형자산		1. 자본금	
건 물		2. 자본잉여금	
(3) 무형자산		3. 이익잉여금	
		4. 자본조정	
		자본총계	×××
자산총계	×××	부채 및 자본총계	×××

1. 외상매입금

외상매입금이란 일상적인 상거래에서 발생한 채무로서 어음상의 채무가 아닌 것을 말한다. 만약 고객에게 판매하기 위해 다른 기업으로부터 상품을 외상으로 매입했다면, 그 매입원가는 매입이라는 계정의 차변과 외상매입금 계정의 대변에 기입되어야 한다.

예를 들어 2015년 9월 1일 광복상사가 상호상사에 TV 10대를 한 대당 ₩5,000에 외상으로 판매하였다고 하자. 광복상사와 상호상사는 이 거래와 관련하여 다음과 같은 분개를 할 것이다.

광복상사－판매회사		상호상사－구매회사	
(차) 외상매출금	₩50,000	(차) 매　　입	₩50,000
(대) 매　　출	₩50,000	(대) 외상매입금	₩50,000

이러한 회계처리에서 특기할 만한 사항이 두 가지가 있는데 그것은 다음과 같다.

첫째, 매출계정은 대출수익으로서 손익계산서에 반영되고, 매입계정은 매출원가를 산정하기 위해 손익계산서에 반영되어 매출총이익을 산출하게 되는데, 매출계정과 머입계정은 순이익을 산출하는 데 사용되는 임시계정으로서 회계기말에 마감되어야 한다는 것이다.

둘째, 상품의 판매나 구매에 의한 상품의 증감 상황이 회계기간 중에는 재고자산 계정에 전혀 반영되지 않으므로(실사법을 사용하는 경우이므로) 관련되는 자산계정이 기말에 수정되어야 한다는 것이다.

여기서 주의해야 할 것은 고객에게 다시 판매하기 위하여 상품을 구입했을 경우에만 매입계정을 이용한다는 점이다. 만일 기업에서 업무수행을 위해 비품을 외상으로 구입했다면 다음과 같이 미지급금으로 회계처리한다. 즉 매입이나 외상매입금 계정을 이용하지 않는다는 점에 유의하기 바란다.

(차) 비 품 ××× (대) 미지급금 ×××

(1) 매입환출과 매입에누리

일반적으로 상품매입시 구입한 상품에 결함이 있거나 운송 중에 파손되어 있는 경우가 종종 있다. 이때 구매자는 그 상품을 판매자에게 되돌려 보낼 수 있는데, 이처럼 구입한 상품을 판매자에게 되돌려 보내는 것을 매입환출이라 한다(판매자의 입장에서는 매출환입이 될 것이다). 이런 경우 구매자는 해당 금액만큼을 환급받거나 또는 원래의 가격에서 이를 차감하고 지급하게 된다. 그러나 상품의 결함이 경미한 경우 구매자는 적당한 에누리를 받는 조건으로 해당 상품을 그대로 인수하는 것이 보통이다. 이러한 것을 매입에누리라고 하는데, 매입환출 또는 에누리가 발생하게 되면 매입으로 기록했던 금액을 감소시켜야 한다. 이 경우 매입계정에서 직접 차감하지 않고 매입에누리와 환출이라는 별도 계정을 이용하여 기록한다. 즉 매입에누리와 환출계정은 매입계정의 차감계정이 되는 것이며, 당기의 총매입액에서 매입에누리와 환출액을 차감한 금액이 바로 당기 순매입액이 되는 것이다.

앞의 예에서 상호상사가 광복상사로부터 구입한 라디오를 검사해 보니 두 개가 파손되어 있어 이를 되돌려 보냈다고 한다면, 광복상사와 상호상사는 각각 다음과 같은 분개를 하게 된다.

광복상사－판매회사		상호상사－구매회사	
(차) 매출에누리와 환입	₩10,000	(차) 외상매입금	₩10,000
(대) 외상매출금	₩10,000	(대) 매입에누리와 환출	₩10,000

이와 같이 매입에누리나 매입환출이 발생했을 때 매입계정에서 직접 차감하지 않고 매입에누리와 환출과 같은 별도의 계정을 이용하면 총매입액과 반품된 상품이나 에누리의 발생액을 모두 알 수 있다는 이점이 있다. 또한 구매회사의 입장에서 구입된 상품을 반품하게 되면 추가적인 시간과 비용을 소모하게 된다는 것을 의미하므로 매입에누리나 환출의 과다한 발

생은 곧 구매담당부서에 비능률이 존재함을 나타내거나, 보다 믿을 만한 상품의 공급자를 확보할 필요성이 있음을 시사하는 것이다. 매출에누리와 환입계정 및 매입에누리와 환출계정은 모두 임시계정으로서 회계기말에 마감되어야 한다.

(2) 매입할인

오늘날에는 상품 인도 즉시 현금을 주고받는 현금 거래보다 외상으로 거래를 하는 것이 보통이다. 판매자는 외상으로 판매할 때 특정 기간 내에 현금으로 결제해야 하는 신용기간을 정하고 그 기간보다 조기에 대금을 결제하는 경우에는 현금 할인의 혜택을 주는 신용조건을 부여한다. 예를 들면 2/10, n/30이라는 신용조건은 만약 10일 내에 대금을 지급하면 2% 할인해 주고, 30일 내에 지급하면 할인 혜택 없이 전액을 지급해야 한다는 것을 의미한다. 이러한 신용조건에 따라 구매자가 할인 혜택을 받았다면 판매자의 입장에서는 매출할인이 되는 것이지만, 구매자의 입장에서는 매입할인이 되는 것이다.

매입할인 또는 매출할인에 대한 회계처리 방법에는 총액법과 순액법이 있다. 상품 매입시 매입액을 송장가격 총액으로 기록하고, 실제 할인을 받았을 때 이를 반영하는 방법을 총액법이라고 하는데, 이것이 기업회계기준에 규정되어 있는 방법이다. 반면에 구매자가 매입액을 회계장부에 기록할 때 할인을 미리 예상하고 처음부터 송장가격에서 할인액을 공제한 금액으로 기록하고, 구입했던 상품에 대한 매입에누리나 매입환출이 발생하면 해당 현금할인을 공제한 금액으로 기록할 수도 있는데, 이러한 방법을 순액법이라고 한다. 순액법으로 기록하는 경우 구매자가 예상했던 대로 할인기간 내에 상품대금을 지급하면 장부에 기입된 금액 전액을 지급하면 되기 때문에 매입할인이라는 계정이 필요없다. 그러나 만일 구매자가 상품구입대금을 할인기간 내에 지급하지 않으면 현금할인을 받지 못하게 되므로 장부에 기록된 금액 이상을 지급해야 한다. 이 초과 금액은 할인기간을 경과하여 대금을 지급함으로 인해 발생한 손실이기 때문에 '할인기간경과손실(또는 매입할인손실)' 계정의 차변에 기록되는데, 손익계산서에서 매출원가를 산정할 때 당기매입액에 가산되는 것이 일반적이지만, 판매비와 관리비의 일부로 취급되기도 한다. 순액법은 할인기간 내에 상품매입대금을 지급하지 못해서 추가적인 비용이 얼마만큼 발생했는지 별도로 파악할 수 있다는데 큰 장점이 있다. 만약 이러한 추가 비용이 과다하게 발생했다면 경영자는 이에 대하여 적절한 조치를 취해야 하는 것을 의미한다.

기업회계기준에서는 매입할인을 매입에누리와 매입환출과 같이 매입계정의 차감계정으로 규정하고 있으며, 마찬가지로 매출할인은 매출계정의 차감계정으로 규정하고 있다.

(3) 대금 결제시의 회계처리

최종적으로 구매자가 판매자에게 약정 대금을 지급하고, 판매자와 구매자의 장부에 기록됨으로써 상품매매거래는 완료된다. 상품매매거래를 시작할 때부터 대금 지급시까지의 회계처리를 다음의 예제를 통해 알아보자.

예제 11-1

(주)쉬리의 한 달 간의 거래가 다음과 같다.

9/1 (주)유령으로부터 라디오를 한 대당 ₩5,000에 2/10, n/30 조건으로 10대를 매입하다.

9/2 운임회사에 매입운임 ₩1,000을 지급하다.

9/5 구입한 라디오 2대의 결함이 발견되어 (주)유령에 반품하다.

9/10 (주)유령에 구입 대금의 50%를 지급하다.

9/30 (주)유령에 나머지 구입대금을 지급하다.

| 요구사항 |

1. 기업회계기준에 따라 총액법으로 회계처리를 하시오.
2. 순액법으로 회계처리를 하시오.

	총 액 법		순 액 법	
(1) 9/1	(차) 매 입	₩50,000	(차) 매 입	₩49,000*
	(대) 매입채무	₩50,000	(대) 매입채무	₩49,000

* 50,000×(1−0.02)=₩49,000

(2) 9/2	(차) 매입(또는 매입운임)	₩1,000	(차) 매입(또는 매입운임)	₩1,000
	(대) 현 금	₩1,000	(대) 현 금	₩1,000
(3) 9/5	(차) 매입채무	₩10,000	(차) 매입채무	₩9,800
	(대) 매입에누리와 환출	₩10,000	(대) 매입에누리와 환출	₩9,800*
			* 10,000×(1−0.02)=₩9,800	

(4) 매입채무 지급

(a) 할인기간 내에 지급하다.(9월 10일 이내)

(차) 매입채무	₩20,000	(차) 매입채무	₩19,600
(대) 매입할인	₩400*	(대) 현 금	₩19,600***
현 금	₩19,600**		

* 40,000×0.02×50%=₩400
** 40,000×(1−0.02)×50% =19,600

*** 40,000×(1−0.02)×50% =₩19,600

(b) 할인기간 경과 후에 지급하다.(9월 30일 이내)

(차) 매입채무	₩20,000	(차) 매입채무	₩19,600
(대) 현 금	₩20,000	할인기간경과손실	₩400
		(대) 현 금	₩20,000

2. 지급어음

기업이 영업활동을 수행하면서 상품이나 원재료를 매입하고 그 대가로 약속어음을 발행하는 경우가 많은데, 이렇게 일반적 상거래에서 발생한 어음상 채무를 지급어음이라고 한다. 물론 판매자의 입장에서는 받을어음이 될 것이다. 재무상태표에는 지급어음은 매입채무의 일부로 보고되는데, 평소에는 효율적인 어음 관리를 위해서 지급어음기입장이라는 보조장부를 많이 이용한다. 지급어음기입장은 지급어음을 발생 순서에 따라 기입하되, 거래 내용과 금액, 어음 종류, 수취인 등 명세를 기입하는 장부인데, 이들 보조장부로부터 총계정원장만으로는 구할 수 없는 자료들을 쉽게 찾을 수 있는 것이다.

한편 어음은 그 권면에 이자가 표시되어 있는가에 따라 이자부어음과 무이자부어음으로 나눌 수 있다. 이자부어음은 발행인(채무자)이 만기일에 액면가액 이외에 이자를 별도로 지급할 것을 약정하는 어음이고, 무이자부어음은 발행인이 만기일에 단지 액면가액만을 지급할 것을 약정하는 어음이다. 따라서 무이자부어음의 경우에는 액면가액에 어음기간 동안의 이자까지 포함되는 것이 보통이다.

만약 액면가액 ₩100,000, 이자율 12%, 90일 만기 약속어음이 있다고 한다면, 이 어음의 발행인이 만기일에 지급해야 하는 이자는 다음과 같다.

$$
\begin{aligned}
\text{이자비용} &= \text{액면가액} \times \text{연이자율} \times (\text{어음기간}/360) \\
&= ₩100{,}000 \times 0.12 \times 90/360
\end{aligned}
$$

어음의 이자율은 연이자율로 표시되는데, 이자 계산시에는 상관습상 1년을 360일로 간주하여 계산한다.

한편 기업의 상거래와는 무관하게 기업이 순수하게 자금을 차입하기 위해 발행하는 어음을 금융어음 또는 융통어음이라고 한다. 기업회계기준에서는 금융어음을 발행하여 현금을 차입하는 경우에는 이를 상거래에서 발생하는 지급어음 계정과 구별하여 차입금 등과 같은 별도의 계정을 사용하여 보고하도록 규정하고 있다.

만약 지급어음이 결산일로부터 1년 이후에 그 만기일이 도래할 경우에는 장기성지급어음으로서 비유동부채로 분류되는데, 이것은 다음 장에서 설명하기로 한다.

(1) 어음의 발행

기업이 상품 구매의 대가로 어음을 발행했다면 유동부채인 지급어음으로 기록하여야 한다. 이때 기록해야 할 금액은 어음의 액면가액을 기준으로 하는데, 무이자부어음의 경우 액면가액에 이자가 포함되어 있다고 하더라도 마찬가지로 액면가액을 기준으로 한다. 어음의 만기일 전에 결산일이 도래하면 수정분개를 통하여 발행일부터 결산일까지의 발생이자를 당기의 이자비용으로 계상해야 하는데 회계처리는 다음과 같다.

(차) 이자비용 ××× (대) 미지급이자 ×××

(2) 어음의 결제

어음의 만기일이 도래하면 지급인은 수취인 혹은 어음소지인에게 대금을 지급하게 된다. 무이자부어음일 경우에는 액면가액을, 이자부어음일 경우에는 액면가액과 관련이자를 동시에 지급하게 될 것이다.

예제 11-2

(주)성식은 2015. 12. 1 (주)기필로부터 계산기를 ₩100,000에 매입하고 90일 만기 이자부약속어음을 발행하였다. 연이자율은 12%이며, 만기시 이자는 별도로 지급한다. 만기에 (주)기필은 (주)성식으로부터 받은 어음을 거래 은행인 고려은행에 추심의뢰하였고, 어음은 정상적으로 결제되었다.

| 요구사항 |

(주)성식과 (주)기필의 입장에서 어음 발행시와 결제시의 회계처리를 보이시오.

	어음수취인((주)기필)		어음발행인((주)성식)	
1. 어음 발행시	(차) 받을어음 (매출채권)	100,000	(차) 매 입	100,000
			(대) 지급어음 (매입채무)	100,000
	(대) 매 출	100,000		
2. 결 산 일(12/31)	(차) 미수이자	1,000*	(차) 이자비용	1,000
	(대) 이자수익	1,000	(대) 미지급이자	1,000
3. 대금 결제시	(차) 현 금	103,000	(차) 지급어음 (매입채무)	100,000
	(대) 받을어음 (매출채권)	100,000	미지급이자	1,000
	미수이자	1,000	이자비용	2,000
	이자수익	2,000	(대) 현 금	103,000

* 100,000×12%×1/12개월=1,000

한편 만기일에 어음 소지인이 지급인에게 지급을 위하여 어음을 제시했으나 지급인의 지급거절 혹은 지급불능으로 인하여 부도가 발생한 경우 이러한 어음을 부도어음이라고 하는데 부도어음에 대한 회계처리는 수취채권 편에서 설명한 바 있다.

제2절 기타의 유동부채

IFRS ACCOUNTING PRINCIPLES

1. 단기차입금

차용증서나 어음 등을 주고 현금을 차입하였을 경우에는 차입금계정에 기록한다. 기업회계기준에서는 정상적인 상거래 과정에서 어음을 수취하거나 발행하는 경우에는 받을어음 혹은 지급어음계정을 사용하지만, 자금을 융통할 목적으로 어음을 발행하는 경우에는 차입금 혹은 대여금계정을 사용하도록 규정하고 있다.

재무상태표일로부터 차입기간이 1년 이내인 경우에는 단기차입금으로 구분하고, 1년 이상인 경우에는 장기차입금계정을 사용하여 표시하는데 장기차입금은 비유동부채로 분류된다. 어음의 만기일 이전에 결산일이 도래하면 수정분개를 통하여 발생이자를 당기의 이자비용으로 계상해야 한다.

예제 11-3

(주)명훈은 2015. 12. 1에 어음을 발행하여 (주)성수로부터 2개월 만기, 연이자율 12%로 현금 ₩200,000을 차입하였다. 한편 2개월 후 (주)명훈은 (주)성수에 원금과 이자를 현금으로 상환하였다.

| 요구사항 |

(주)명훈과 (주)성수의 입장에서 회계처리를 하시오.

	어음발행인((주)명훈)		어음수취인((주)성수)	
1. 차입시점(2015. 12. 1)				
	(차) 현 금	200,000	(차) 단기대여금	200,000
	(대) 단기차입금	200,000	(대) 현 금	200,000
2. 결산일(2015. 12. 31)				
	(차) 이자비용	2,000*	(차) 미수이자	2,000
	(대) 미지급이자	2,000	(대) 이자수익	2,000*
	* 200,000×12%×1/12개월=2,000			
3. 상환시점(2016. 1. 31)				
	(차) 단기차입금	200,000	(차) 현 금	240,000
	미지급이자	2,000	(대) 단기대여금	200,000
	이자비용	2,000**	미수이자	2,000
	(대) 현 금	240,000	이자수익	2,000**
	** 200,000×12%×1/12개월=2,000			

2. 미지급금

상거래와 관련해서 발생하는 채무에 대해서는 외상매입금이나 지급어음과 같은 매입채무계정을 사용하지만, 그 이외의 거래에서 발생하는 채무는 미지급금계정에 기록한다. 토지, 건물과 같은 비유동자산이나 유가증권의 취득과 관련하여 발생하는 채무를 그 대표적인 예로 들 수 있다. 1년 이내에 회수할 목적인 미수금은 유동자산 중 당좌자산으로 분류하는 것처럼 1년 이내에 지급하여야 할 미지급금은 유동부채로 분류한다. 재무상태표일로부터 만기가 1년 이후에 도래하는 것은 장기미지급금이라는 계정과목으로 하여 비유동부채로 분류한다.

3. 미지급비용

미지급비용은 일정기간이 경과함에 따라 계속적으로 발생하는 비용에 대해 수익비용 대응의 개념에 의해 당기 비용으로 보고되었으나 아직 지급기일이 도래하지 않아 그 대가가 지급되지 않고 있는 비용이다. 미지급비용은 결산시점에서 당기의 비용을 인식하는 과정에서 주로 발생된다. 미지급비용으로는 미지급이자, 미지급급여 등이 있다.

4. 선수금

상품이나 원재료 등을 인도하기 전에 대금의 일부를 미리 받은 경우 선수금 계정 대변에 기입한다. 선수금은 재화를 공급해야 할 의무로서 유동부채의 일부로 분류한다.

5. 선수수익

기업이 일정기간 동안 계속적으로 용역을 제공하기로 약정하고 수취한 수익 중 실현주의 개념에 비추어 볼 때 차기 이후에 속해야 하는 금액이지만 그 대가를 미리 받은 경우에는 선수수익으로 기록한다. 선수이자나 선수집세 등이 선수수익의 대표적인 예이다.

6. 가수금

기업이 현금을 수령하였지만 거래가 완결되지 않았거나 용도가 불분명하여 이를 처리할 계정이 확정되지 않은 경우 또는 계정은 확정되었지만 처리할 금액이 확정되지 아니한 경우에는 임시로 가수금계정에 기록한다. 따라서 계정이나 금액이 확정되는 시점에서는 가수금계정을 적절한 해당계정으로 대체한다. 기업회계기준에서는 가수금과 같은 미결산계정은 결산시까지는 반드시 그 성질을 나타내는 적절한 과목으로 대체하여 표시하도록 규정함으로써 최종 재무제표에는 이러한 미결산계정을 사용할 수 없도록 하고 있다.

7. 예수금

예수금은 궁극적으로는 기업이 제3자에게 지급하여야 할 금액을 거래처나 종업원으로부터 미리 받아 일시적으로 보관하는 경우에 사용되는 유동부채 계정이다. 예를 들면 종업원에게 급여를 지급할 때 종업원의 근로소득세 등을 기업이 미리 원천징수하였다가 세무서에 대신 납부하게 되는데, 이때 예수금계정이 사용된다.

예를 들어 (주)태희가 2015년 9월의 총급여액 ₩20,000,000 중에서 갑근세 ₩1,400,000을 원천공제한 후 종업원에게 18,600,000을 현금으로 지급하였다면 (주)태희는 급여 지급 시점에서 다음과 같은 분개를 하여야 한다.

(차) 급 여	₩20,000,000	(대) 현 금	₩18,600,000
		갑근세예수금	₩1,400,000

(주)태희가 10월 중 관할 세무서에 갑근세를 납부하였다면 다음과 같은 분개를 하여야 한다.

(차) 갑근세예수금	₩1,400,000	(대) 현 금	₩1,400,000

8. 단기 외화부채

국내 기업이 외국기업이나 외국은행과 거래를 하면 외화로 표시된 채무인 외화부채가 발생할 수 있다. 이들을 원화로 기록하기 위해서는 외화를 원화로 환산하는 절차가 필요하다. 그런데 환율은 수시로 변동하므로 외화부채를 상환할 때와 재무제표에 표시할 때 환산의 문제가 발생하는 것이다. 외화부채의 상환기일이 1년 이내이면 단기외화부채로, 1년 이상이면 장기외화부채로 분류하는데, 장기외화부채는 비유동부채로 분류한다.

외화부채 중 평가나 상환시 문제가 되는 것은 화폐성외화부채이다. 이 중 단기화폐성외화부채의 상환시에는 외환차익과 외환차손이 발생하게 되는데 외환차익은 영업외 수익이고 외환차손은 영업외 비용이다. 또한 결산일에는 결산일 현재의 환율로 단기화폐성외화부채를 평가하게 되는데 이 때에는 외화환산이익과 외화환산손실이 발생하게 되며 이것도 역시 영업외 수익 및 영업외 비용으로 보고된다. 장기화폐성외화부채에 대해서는 비유동부채에서 설명하도록 한다.

예제 11-4

① (주)이화는 2015년 9월 1일에 $20,000를 차입했는데, 상환시점은 2016년 1월 31일이다. 차입 당시 환율은 $1=₩1,000이었다.
② 2015년 12월 31일 현재 환율은 $1=₩1,100이다.
③ 상환시 환율은 $1=₩1,200이다.

| 요구사항 |

각 시점에 대해 분개를 하라.

풀이

① (차) 현 금 20,000,000 (대) 단기외화차입금 20,000,000*

* $20,000×1,000=20,000,000

② (차) 외화환산손실 2,000,000 (대) 단기외화차입금 2,000,000*

* $20,000×(1,100−1,000)=2,000,000

③ (차) 단기외화차입금 22,000,000* (대) 현 금 24,000,000**
외환차손 2,000,000

* 20,000,000+2,000,000=22,000,000
** $20,000×1,200=24,000,000

익힘문제

01 매입채무, 미지급금, 차입금의 계정과목의 차이점을 설명하시오.

02 지급어음과 융통어음을 구분하여 설명하시오.

03 매입에누리 및 환출, 매입할인을 구분하고, 계정과목의 성격에 대해 설명하시오.

04 외화환산손익과 외환차손익을 구분하여 설명하시오.

연습문제

01 다음 거래를 분개하고 총계정원장에 전기하시오.

2015. 1. 1 (주)고려에서 상품 ₩100,000을 매입하고, ₩20,000은 현금으로 지급하고, 잔액은 외상으로 하였다.
1. 5 (주)안암에서 상품 ₩90,000을 외상으로 매입하였다.
1. 20 (주)안암의 외상매입금 ₩40,000을 갚기 위해 약속어음을 발행하여 교부하였다.
1. 25 (주)고려의 외상매입금 ₩80,000을 현금으로 지급하였다.

02 다음 거래를 분개하시오.(단, 매입할인 회계처리는 총액법으로)

2015. 2. 1 복사기 판매업체인 (주)크림슨은 (주)블루로부터 복사기를 한 대당 ₩10,000에 2/10, n/30 조건으로 10대를 외상으로 매입하였다.
2. 2 매입운임 ₩5,000을 운송업체에 지급하였다.
2. 5 구입한 복사기 중 2대에서 결함이 발견되어 반품하였다.
2. 10 구입대금 중 ₩50,000을 지급하였다.
2. 15 나머지 대금을 지급하였다.

03 다음 거래를 분개하시오.

(1) 비품을 ₩1,000,000에 구입하였는데, ₩400,000은 현금으로 지급하고, 나머지는 외상으로 하였다.
(2) 2015. 10. 1 어음을 발행하여 은행으로부터 6개월 만기로 현금 ₩2,000,000을 차입했는데, 이자율은 12%이다(매년 12. 31이 결산일이다).

(3) (1)의 비품 대금에 대한 잔금을 지급하였다.

(4) 2016. 4. 1 (2)의 차입금에 대한 원금과 이자를 현금으로 상환하였다.

04 다음 거래를 분개하시오.

(1) 대표이사의 급료 ₩2,000,000 지급시 갑종근로세 ₩300,000과 의료보험료 ₩50,000을 차감하고 잔액을 현금으로 지급하였다.

(2) (1)의 소득세 예수금과 의료보험료를 해당 기관에 납부하였다.

(3) 출장 사원으로부터 내용 불명의 수표 ₩1,000,000을 받았는데, 출장 사원이 귀사하여 확인 결과 외상매출금의 회수액임이 밝혀졌다.

05 다음은 (주)호랑이의 2015년과 2016년의 외화거래이다. 각각의 분개를 하시오.

2015. 7. 1 미국 TIGER사로부터 $2,000의 상품을 외상으로 수입하였다. 당시 환율은 ₩1,000/$이었다.

2015. 9. 1 미국의 은행으로부터 $10,000를 차입하였다. 차입 당시 환율은 ₩1,100/$이었다(이자는 없는 것으로 가정한다).

2015. 12. 31 환율은 ₩900/$이었다.

2016. 2. 1 상품 수입 대금 $2,000를 지급하였다. 지급일의 환율은 ₩950/$이었다.

2016. 3. 1 차입금 $10,000를 상환하였다. 상환일의 환율은 ₩1,200/$이었다.

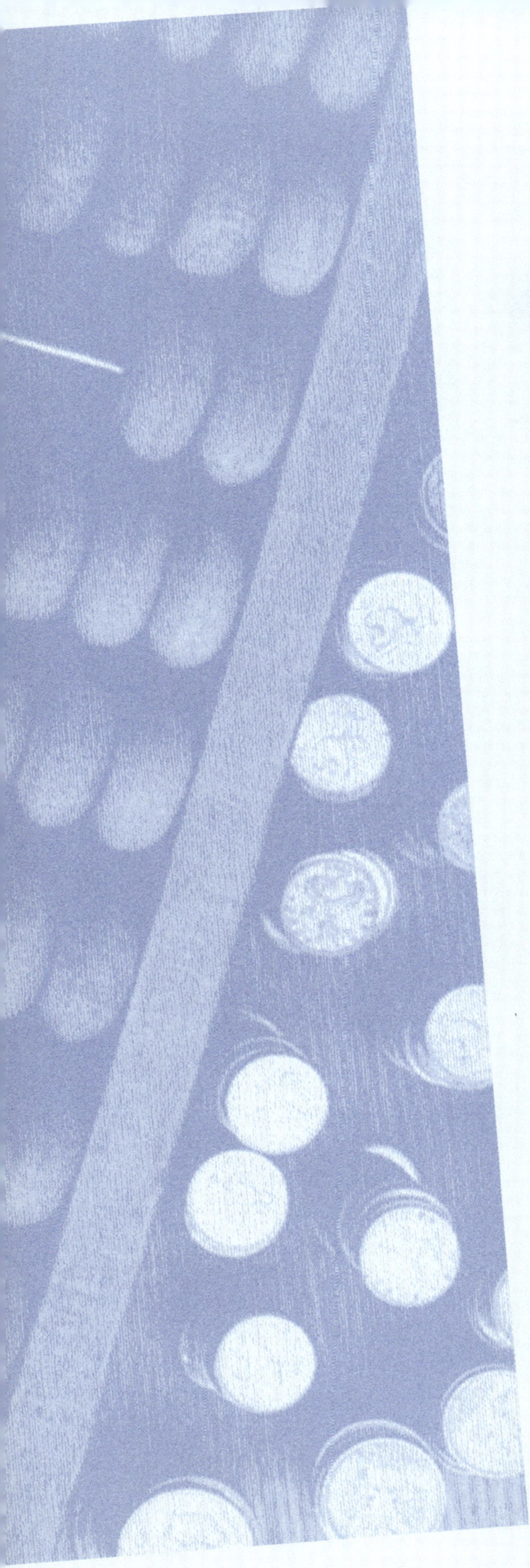

chapter 12

비 유 동 부 채

학 습 목 표

1. 화폐의 시간가치에 대해 알아본다.
2. 사채의 성격을 발행회사와 매입회사의 입장에서 각각 살펴본다.
3. 액면이자율과 시장이자율의 관계에 따라 할증·할인·액면 발행할 때 계상되는 계정과목의 성격을 파악한다.
4. 사채발행차금의 상각과 사채이자비용(수익)의 회계처리를 학습한다.
5. 사채발행차금 상각시 유효이자율법의 원리와 특성을 파악한다.
6. 기타의 비유동부채를 알아본다.

앞 장에서 설명한 바와 같이 비유동부채라는 것은 재무상태표일로부터 1년 이후에 만기가 도래하는 부채를 말하는 것이다. 그러나 비유동부채라 하더라도 시간이 흐름에 따라 재무상태표일로부터 1년 이내에 만기가 도래하게 되었다면 유동성장기부채라는 유동부채로 분류하여야 한다는 것에는 주의를 기울일 필요가 있다.

일반적으로 비유동부채는 기업의 설비투자 등과 같은 장기적인 자금을 조달하는 중요한 수단이다. 그러므로 비유동부채는 거액인 경우가 많으며, 그에 따라 원금과 이자 부담도 커지기 때문에 적정한 수준을 유지하도록 해야 하는 것이다. 이러한 비유동부채의 예로는 사채, 장기차입금, 장기성 매입채무, 부채성충당금, 장기미지급금 등을 들 수 있는데, 이 중 가장 중요한 것은 역시 사채라고 할 수 있다. 그러므로 본 장에서는 사채를 중심으로 다루기로 한다.

제1절 화폐의 시간가치

IFRS ACCOUNTING PRINCIPLES

1. 현재가치와 미래가치

오늘의 ₩1은 미래의 ₩1보다 그 가치가 크다. 그 이유는 오늘의 ₩1을 어느 곳에든 투자하면 이에 대한 투자수익을 올릴 수 있기 때문이다. 이렇게 화폐(돈)는 시간이 경과함에 따라 돈(투자수익)을 벌게 되는데 이런 현상을 화폐의 시간가치라고 부른다.

알기 쉽게 간단한 예를 들어보자. 3년 후에 ₩10,000을 받게 되는 투자기회가 있다고 하자. 당신은 오늘 이 투자안에 ₩10,000을 지급하겠는가? 당연히 그렇지 않다. 왜냐하면 오늘 ₩10,000을 투자해서 3년 후에 같은 ₩10,000을 받는다면 아무런 투자수익도 올리지 못하는 꼴이 되어 버리기 때문이다. 즉, 화폐의 시간가치가 가져다 주는 혜택을 받지 못하는 것이다. 그렇다면 이 투자안에 당신은 오늘 얼마를 지불하려 하겠는가? 이에 대한 답은 당연히 ₩10,000보다는 작을 것이고, 대략 ₩7,500이면 만족할만한 가격이라고 당신이 답했다면, 이 ₩7,500이 당신에겐 3년 후에 받을 ₩10,000의 현재가치가 된다. 반대로 3년 후에 받을 ₩10,000은 오늘 지불한 ₩7,500의 미래가치이다.

미래에 받을 금액에 대한 정확한 현재가치를 계산하기 위해서는 ① 미래의 금액과, ② 미래시점까지의 기간과, ③ 현재부터 미래시점까지의 기간에 적용할 이자율을 알아야 한다. 예를 들어 어떤 투자를 함으로써 3년 후에 ₩10,000의 현금유입을 기대할 수 있다고 가정하자. 만약 이 투자자가 연간 10%의 수익(복리로 계산되는)을 기대한다고 하면, 현재 ₩7,513을 투자할 용의가 있을 것이다. 이는 다음의 계산을 통해 알 수 있다.

$$x \times (1+0.1)^3 = 10,000$$
$$\therefore\ x = 10,000/(1+0.1)^3$$
$$= 7,513$$

이 계산에서 보듯이 3년 후에 받게 되는 ₩10,000의 현재가치는 ₩7,513이고, 현재의 ₩7,513에 대한 3년 후의 미래가치는 ₩10,000이 된다.

2. 현재가치표와 미래가치표

위의 예에서와 같이 복리계산을 통해서 현재가치와 미래가치를 계산할 수도 있지만 보다 간편한 방법은 본서의 부록에 제시되어 있는 현재가치표와 미래가치표를 활용하는 것이다.

(1) ₩1의 현재가치표와 미래가치표

부록에 제시되어 있는 〈표 2〉의 단일금액 1원의 현재가치는 여러 가지 할인율에 따라 미래 n기간 후의 ₩1을 현재가치로 환산한 표이며, 〈표 1〉 단일금액 1원의 미래가치는 현재의 ₩1을 n기간 후의 미래가치로 환산한 표이다.

이 표를 통하여 앞에서 계산한 3년 후 ₩10,000의 현재가치를 이자율이 10%일 때로 상정하여 다시 계산해 본다면, 〈표 2〉의 10% 컬럼의 n=3일 때의 값을 찾아(0.7513) ₩10,000을 곱하면 된다.

₩10,000 × 0.7513 = ₩7,513

반대로 현재금액 ₩7,513의 3년 후 미래가치를 이자율 10%로 가정하여 계산하면, 〈표 1〉의 10% 컬럼에서 n=3일 때의 값(1.3310)을 찾아 곱해주면 된다.

₩7,513 × 1.3310 = ₩10,000

표를 이용함에 있어서 한 가지 유의할 점은 n기간이 반드시 n년을 의미하지는 않는다는 사실이다. n기간은 경우에 따라서는 반년 단위 혹은 1개월 단위로 나타낼 수도 있는데, 복리를 계산하는 기준단위의 의미를 갖고 있다. 만약 연 복리기준의 연간 이자율이 10%라면 n은 n년을 뜻하며 해당 이자율은 10%가 된다. 그러나 6개월 복리기준의 연간 이자율이 10%라면, n은 2n이 되고 이자율은 10%의 반인 5%로 조정되어야 한다.

(2) 연금의 현재가치표와 미래가치표

어떤 현금흐름이 매 기간 말 일정한 금액으로 n기간 동안 계속 나타난다면 이러한 현금흐름을 우리는 정상연금(ordinary annuity)이라 부른다. 이런 현금흐름에 대한 현재가치나 미래가치를 계산할 때는 연금의 현금가치표나 미래가치표를 이용하면 편리하다. 예를 들어 액면 ₩100,000인 사채를 매입한 투자자가 앞으로 3년 동안 매년 10%의 이자를 매년 말마다 3년 동안 받기로 한다면 이렇게 받은 이자수입에 대한 현재가치는 부록의 〈표 4〉를 이용하면 간단히 구해진다. 즉, 부록에 있는 〈표 4〉 정상연금 1원의 현재가치에 가보면 이자율이 10%인 경우에 ₩1에 대한 3년간의 연금현재가치는 ₩2.4868로 나와 있다. 따라서 매년 ₩10,000의 유입에 대한 현재가치는 다음과 같이 계산하면 된다.

$$₩10,000 \times 2.4868 = ₩24,868$$

마찬가지로 동일한 연금흐름의 미래가치는 〈표 3〉 정상연금 1원의 미래가치에서 3.3100을 찾아내어 ₩10,000에 곱해주면 된다.

$$₩10,000 \times 3.3100 = ₩33,100$$

제2절 사　채

IFRS ACCOUNTING PRINCIPLES

1. 사채의 의의

사채란 기업이 장기적으로 거액의 자금을 조달하기 위해 만기일(사채의 상환일)에 사채권면에 표시된 액면가액(원금)을 지급하며, 정기적으로 표시된 이자율에 따라 일정한 이자를 지급할 것을 약정한 채무증권을 말한다. 이런 면에서 사채는 장기성지급어음과 유사하기는 하지만, 장기성지급어음은 특정인으로부터 자금을 조달하기 위해 발행되는 것에 비해 사채는 일반대중으로부터 차입하기 위해 발행된다는 점에서 차이가 있다.

사채권면에는 액면가액, 이자율, 이자지급일 및 만기일이 표시되어 있다. 액면가액은 만기일에 사채 발행회사가 지급해야 하는 원금을 말하며, 이자율은 발행회사가 정기적으로 지급해야 하는 액면가액 기준의 연간이자율을 말하는데, 이것을 즈로 액면이자율 혹은 표시이자율이라고 부른다. 이자 지급일은 사채 발행회사가 표시이자율에 따라 이자를 지급해야 하는 날을 말하는데, 연 1회 혹은 2회나 4회 등으로 구분하여 표시한다. 만기일은 발행회사가 사채의 원금을 지급해야 하는 날을 말하는데, 10년 이상이 되는 경우도 있다.

사채는 발행회사의 입장에서 보면 비유동부채에 해당하지만, 매입회사의 입장에서 보면 만기보유금융자산이 된다. 물론 매입회사가 장기이윤을 얻기 위해 구입한 것이 아니라 일시적인 자금 운용 목적으로 구입했다면 투자자산이 아니라 유동자산인 단기매매금융자산이 되는 것은 당연한 것이다. 그러므로 발행회사의 입장에서 사채의 발행가액은 매입회사의 입장에서는 만기보유금융자산의 취득원가가 되는 것이며, 발행회사의 입장에서 이자비용은 매입회사의 입장에서는 이자수익이 된다. 여기서는 주로 비유동부채로서의 사채에 대해서 설명하고 필요에 따라서는 매입회사의 관점에서 만기보유금융자산에 대한 회계처리도 함께 언급할 것이다.

표 12-1

고려주식회사
재무상태표
(2015년 12월 31일 현재)

차변		대변	
I. 자 산		II. 부 채	
1. 유동자산		1. 유동부채	
(1) 당좌자산		(1) 매입채무	
재고자산		(2) 단기차입금	
		2. 비유동부채	
		(1) 사 채	
2. 비유동자산		**(2) 장기차입금**	
(1) 투자자산			
만기보유금융자산			
		부채총계	×××
(2) 유형자산			
건 물		III. 자 본	
(3) 무형자산		1. 자본금	
		2. 자본잉여금	
		3. 이익잉여금	
		4. 자본조정	
		자본총계	×××
자산총계	×××	부채 및 자본총계	×××

2. 사채의 종류

사채 발행시에 사채권에는 여러 가지 조건이 있을 수 있는데, 이렇게 사채권에 표시되는 조건에 따라 다음과 같이 구분할 수 있다.

① **상환 조건에 따른 구분**

㉠ 조기상환가능사채(수의상환사채): 발행회사가 만기일 이전이라도 임의로 상환이 가능한 사채

㉡ 연속상환사채: 회사가 일시에 사채를 상환하면 많은 부담이 따르므로 그 부담을 줄이기 위해 순차적으로 상환할 수 있는 사채

㉢ 만기상환사채: 특정 만기일에 모든 사채의 상환이 완료되는 사채

② **주식으로의 전환 가능성에 따른 구분**

㉠ 전환사채(Convertible Bonds: CB): 보통주식으로의 전환을 청구할 수 있는 권리를 갖고 있는 사채

㉡ 전환불가능사채: 그 외의 일반 사채

㉢ 신주인수권부사채(Bonds with Warrants: BW)

③ **담보에 따른 구분**

㉠ 담보부사채: 회사가 담보를 제공하고 발행하는 사채

㉡ 무담보부사채: 회사가 담보 없이 발행하는 사채

3. 사채의 발행과 취득

(1) 사채의 발행가액

앞에서 설명한 바와 같이 사채에는 액면가액과 액면이자율이 있으므로, 액면이자율에 액면가액을 곱하면 이자비용이 결정된다. 하지만 액면이자율이 시장에서 결정되는 시장이자율과 같은 것은 아니므로 사채매입자의 입장에서 볼 때 액면이자율이 다른 자산에 투자함으로써 얻을 수 있으리라 기대되는 투자수익률(시장이자율)보다 낮을 경우에는 사채에 투자하는 것보다 다른 자산에 투자하는 것을 선호하게 된다. 그러므로 액면가액 전액을 지급하고는 그 사채를 매입하려고 하지 않을 것이다. 이러한 경우에는 사채발행자가 사채를 액면가액 이하로 할인해서 발행할 수밖에 없으므로 사채발행가액은 액면가액보다 낮아지게 된다. 반대로 액면이자율이 다른 자

산에 투자하여 얻을 수 있는 수익률(시장이자율)보다 높다고 판단된다면 사채매입자는 액면가액 이상을 지급하고도 그 사채를 매입하려고 할 것이므로 사채발행자는 액면가액 이상으로 발행가액을 결정할 것이다. 결국 사채의 발행가액은 액면이자율과 시장이자율을 비교하여 결정된다는 것을 알 수 있다. 즉 사채발행자의 입장에서 보면 액면이자율과 시장이자율과의 차이만큼을 투자자에게 보상해 주기 위하여 사채를 할인 혹은 할증발행하는 것이다. 여기서 사채발행자가 실질적으로 부담하게 되는 이자율은 액면이자율이 아니라 시장이자율이라는 것을 알 수 있는데, 이러한 이유로 시장이자율을 유효이자율 혹은 실질이자율이라고 한다. 이를 요약하면 다음과 같다.

① 액면이자율＝시장이자율: 액면발행
② 액면이자율＜시장이자율: 할인발행
③ 액면이자율＞시장이자율: 할증발행

따라서 사채 발행가액은 결국 시장이자율과 액면이자율의 관계에 따라 결정되는데, 투자자(매입자)의 입장에서는 사채에 투자함으로써 미래에 회수하게 될 현금유입액을 현재가치로 환산한 금액을 사채 발행자에게 지급하려 할 것이다. 즉 사채의 발행가액은 사채의 만기에 지급받을 원금의 현재가치와 정기적으로 지급받게 될 사채이자의 현재가치를 합한 금액이 될 것이다.

예제 12-1

고려주식회사가 2015년 초에 액면가액 ₩100,000, 액면이자율 연 10%, 3년 만기의 사채를 발행하였다고 하자. 이자는 매년도 말에 지급한다고 한다.

| 요구사항 |

시장이자율이 12%, 8%, 10%일 경우로 나누어 사채의 발행가액을 계산하시오.

① 시장이자율이 12%일 경우(할인발행의 경우)

만기에 회수할 액면 ₩100,000(원금)에 대한 현재가치	₩71,180*
3년간 매년 지급하는 이자 ₩10,000의 현재가치	(+) 24,018**
원금 및 이자의 현재가치 합계	₩95,198

* ₩100,000×0.7118(원금의 현재가치)

또는 ₩100,000×$[1/(1+0.12)^3]$

** ₩10,000×2.4018(연금의 현재가치)

또는 ₩10,000 × $[1/(1+0.12)+1/(1+0.12)^2+1/(1+0.12)^3]$

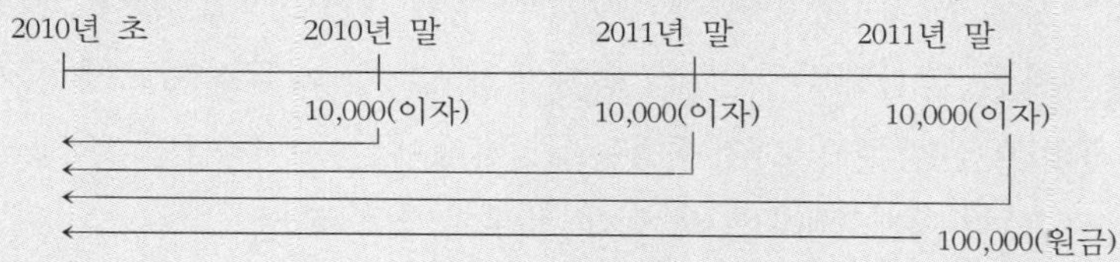

② 시장이자율이 8%일 경우(할증발행의 경우)

만기에 회수할 액면 ₩100,000(원금)의 현재가치	₩79,380*
3년간 매년 지급하는 이자 ₩10,000의 현재가치	(+) 25,771**
원금 및 이자의 현재가치 합계	₩105,151

* ₩100,000×0.7938 (원금의 현재가치)

또는 ₩100,000×$[1/(1+0.08)^3]$

** ₩10,000×2.5771 (연금의 현재가치)

또는 ₩10,000 × $[1/(1+0.08)+1/(1+0.08)^2+1/(1+0.08)^3]$

③ 시장이자율이 10%일 경우(액면발행의 경우)

만기에 회수할 액면 ₩100,000(원금)의 현재가치	₩75,131*
3년간 매년 지급하는 이자 ₩10,000의 현재가치	(+) 24,869**
원금 및 이자의 현재가치 합계	₩100,000

* ₩100,000×0.75131 (원금의 현재가치)

또는 ₩100,000×$[1/(1+0.1)^3]$

** ₩10,000×2.48685 (연금의 현재가치)

또는 ₩10,000×$[1/(1+0.1)+1/(1+0.1)^2+1/(1+0.1)^3]$

(2) 사채발행시의 회계처리

사채를 발행하게 되면 사채계정은 만기에 상환해야 할 액면가액으로 기록한다. 할인 및 할증발행일 경우에 액면가액과 발행가액과의 차이는 사채할인발행차금 계정 혹은 사채할증발행차금 계정을 사용하여 표시한다. 사채할인발행차금은 사채의 차감적 평가계정으로 차변잔액을 가지지만 재무상태표에 공시할 때는 사채의 차감항목으로 표시하는데, 사채 액면가액에서 사채할인발행차금을 차감한 잔액을 사채의 장부가액이라고 한다. 반면에 사채할증발행차금은 사채의 부가적 평가계정으로서 재무상태표에 공시할 때에는 사채의 가산항목으로 기재하는데, 이때에는 사채 액면가액과 사채할증발행차금을 가산한 금액이 사채의 장부가액이 된다.

앞의 고려주식회사의 경우를 사용하여 사채 발행 당시의 발행회사 및 매입회사의 분개를 살펴보면 다음과 같다.

발행회사(고려주식회사)		매입회사	
1. 사채의 액면발행시			
(차) 현　금	₩100,000	(차) 만기보유금융자산	₩100,000
(대) 사　채	₩100,000	(대) 현　금	₩100,000
2. 사채의 할인 발행시			
(차) 현　금	₩95,198	(차) 만기보유금융자산	₩95,198
사채할인발행차금	₩4,802		
(대) 사　채	₩100,000	(대) 현　금	₩95,198
3. 사채의 할증발행시			
(차) 현　금	₩105,151	(차) 만기보유금융자산	₩105,151
(대) 사　채	₩100,000	(대) 현　금	₩105,151
사채할증발행차금	₩5,151		

사채를 발행한 직후 발행회사인 고려주식회사의 재무상태표를 작성하면 사채계정은 다음과 같이 보고될 것이다.

	사채의 할인발행시		사채의 할증발행시	
사　채	₩100,000		₩100,000	
사채할인(할증)발행차금	(−)4,802	₩95,198	(+)5,151	₩105,151

한편 사채를 매입하는 회사는 취득시 취득원가를 만기보유금융자산계정에 기록하면 되므로 사채할인(할증)발행차금과 같은 평가계정을 이용하지 않는다.

(3) 이자기산일 이후에 사채를 발행(매입)한 경우

지금까지는 기초에 사채를 발행(매입)한 경우의 회계처리에 대해서 알아보았다. 그러나 현실적으로는 기중에 사채를 발행하거나 매입하는 경우가 대부분이라고 할 수 있으므로 이럴 경우의 회계처리에 대해 알아볼 필요가 있다. 우선 이자기산일과 이자지급일에 대해 알아야 하는데, 사채의 이자기산일이라 함은 사채에 대한 이자계산이 시작되는 날을 말하며, 사채의 이자지급일은 사채이자비용이 실제로 지급되는 날을 말한다. 예를 들어 2015년 1월 1일부터 12월 31일까지의 기간에 대한 사채이자비용을 2016년 1월 1일에 지급한다면 이자기산일은 2015년 1월 1일이 되며 이자지급일은 2016년 1월 1일이 된다. 결국 이자지급일은 다음 기의 이자기산일과 일치함을 알 수 있다.

만약 사채를 발행하는 회사가 이자기산일 이후(예를 들면 2015년 4월 1일)에 사채를 발행했다면, 사채발행시에 발행회사가 매입회사로부터 받는 금액에는 순수한 발행가액뿐만 아니라 2015년 1월 1일부터 3월 31일까지에 해당하는 이자도 포함되어 있으므로 총수취금액에서 기간경과분 이자만큼을 차감한 금액을 발행가액으로 계산하여야 한다. 왜냐하면 발행회사는 2015년 4월 1일에 사채를 발행했다고 하더라도, 2015년 1월 1일부터 계산된 1년분의 이자를 2016년 1월 1일에 지급하여야 하기 때문에 사채발행시 기간경과 부분만큼의 이자를 포함한 금액을 매입회사에 요구할 것이기 때문이다. 또한 매입회사의 입장에서는 매입시점에 관계없이 당해 전기간 동안의 이자수익을 지급받게 될 것이므로 매입하기 이전의 기간에 해당하는 이자부분만큼을 사채취득원가에 가산하여 매입대금을 지급할 것이다. 결국 매입회사의 입장에서 볼 때에도 당기의 진정한 이자수익은 사채보유시점 이후분만을 계상하는 것이 논리적으로 타당한 것이다.

예제 12-2

안암주식회사는 2015년 4월 1일에 액면가액이 ₩100,000, 3년 만기의 사채를 연이자율 10%로 액면발행하였다. 그러나 이자기산일은 매년 1월 1일이기 때문에 만기는 2017년 12월 31일이 되며, 매년 12월 31일에 이자를 지급한다. 연희주식회사가 동 사채를 2015년 4월 1일 안암주식회사로부터 ₩102,500에 매입하였다.

| 요구사항 |

안암주식회사와 연희주식회사의 입장에서 2015년 4월 1일과 12월 31일의 분개를 하시오.

풀이

발행회사(안암주식회사)		매입회사(연희주식회사)	
1. 사채의 발행시(4월 1일)			
(차) 현　금	₩102,500	(차) 만기보유금융자산	₩100,000
(대) 사　채	₩100,000	미수이자	₩2,500
미지급이자	₩2,500	(대) 현　금	₩102,500
2. 이자의 지급시(12월 31일)			
(차) 미지급이자	₩2,500	(차) 현　금	₩10,000
이자비용	₩7,500	(대) 미수이자	₩2,500
(대) 현　금	₩10,000	이자수익	₩7,500

발행회사인 안암주식회사의 손익계산서에 표시되는 2015년도 사채이자비용은 기산일로부터 3개월 동안의 이자 ₩2,500(₩100,000×10%×3/12)을 차감한 ₩7,500이 될 것이며, 매입회사인 연희주식회사도 실제 보유기간인 9개월분의 이자분 ₩7,500을 순수한 이자수익으로 계상하게 된다.

4. 사채발행차금의 상각과 사채이자비용

사채발행회사가 사채를 할인발행하였다고 해도 만기에는 액면가액만큼을 전액 상환해야 한다. 그러므로 발행가액과 액면가액의 차이를 상환기간 동안 조정해 주는 회계처리가 필요하다. 할증발행의 경우도 역시 사채발행시의 현금유입액보다 만기에 상환해야 하는 액면가액이 적으므로 그 차이를 조정해 주는 회계처리가 필요하다. 그러므로 사채의 발행가액과 액면가액의 차이를 나타내는 사채할인(할증)발행차금을 매기 일정한 방법으로 점차 감소시킴으로써 사채의 장부가액을 증가(감소)시켜 만기 상환시에는 액면가액과 사채의 장부가액을 일치시켜야 하는 것이다. 이렇게 사채할인(할증)발행차금을 감소시키는 것을 상각이라고 한다. 발행(취득)한 사채에 관련된 사채할인발행차금이나 사채할증발행차금의 상각액은 이자비용(혹은 이자수익)이라는 계정을 사용하여 분개하고, 이를 영업외 비용(혹은 영업외 수익)으로 보고해야 한다. 결국 발행회사가 계상하게 되는 이자비용은 매입자에게 매기 현금으로 지급하는 액면이자와 사채할인(할증)발행차금 상각

그림 12-1 사채할인(할증) 발행과 할인(할증)발행차금의 상각

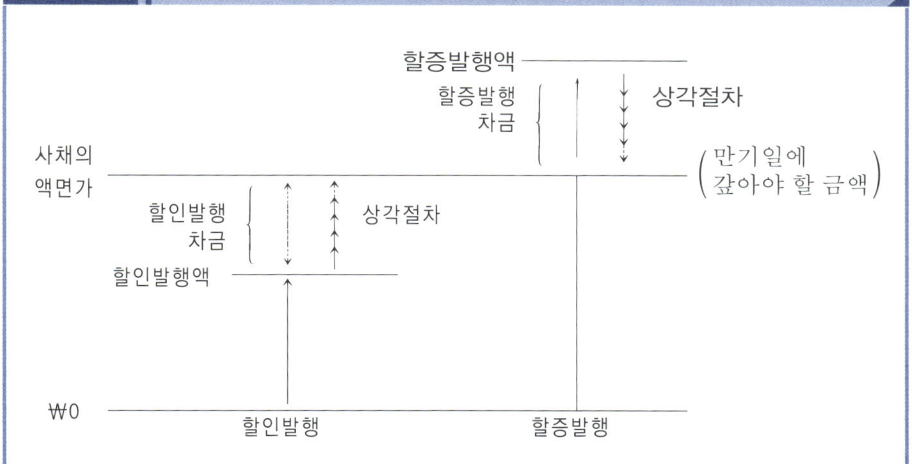

액을 가산(차감)한 것이다. 사채할인(할증)발행차금은 엄밀한 의미에서 보면 시장의 실질이자율에 접근시키기 위한 이자의 추가보상(혹은 상쇄)적인 성격이라 할 수 있으므로 이자비용에서 가감하도록 하고 있는 것이다. **그림 12-1**이 이상의 설명을 요약해주고 있다.

사채발행차금의 상각방법으로는 유효이자율법을 사용한다.

(1) 유효이자율법

유효이자율법은 사채의 장부가액에 매년 일정한 이자율, 즉 사채발행 당시의 시장이자율(유효이자율)을 곱하여 총이자비용을 계산하고, 액면가액에 액면이자율을 곱해서 계산된 이자비용과의 차액을 상각시키는 방법이다. 여기서 유효이자율이란 사채의 현재가치(발행가액)를 사채에서 나타나는 미래현금흐름(액면가액과 이자)과 일치시키는 이자율이다. 즉 매년 말 액면이자 ₩10,000을 지급하는 액면가액 ₩100,000, 3년 만기 사채의 경우 사채의 현재가치는 다음과 같은 식으로 구할 수 있는데, 이때의 r이 바로 유효이자율인 것이다.

$$\text{사채의 현재가치(발행가액)} \\ = 10,000/(1+r) + 10,000/(1+r)^2 + 110,000/(1+r)^3$$

결국 유효이자율은 사채권자(매입회사)가 사채를 취득할 때 실질적으로 이자수익을 얼마나 얻을 수 있는가를 보여주는 이자율로서, 사채발행 당시 관련시장에서 형성되는 동종 또는 유사한 채권의 시장이자율에 기초하여 산정된다. 그러므로 편의상 시장이자율과 유효이자율을 같은 의미로 사용하는 경우가 많다.

참고로 할인발행의 경우 1차년도 말과 2차년도 말의 유효이자율을 구해보면 다음과 같다.

$$\text{1차년도의 유효이자율} = 11,424 \div 95,198 = 0.1200$$
$$\text{2차년도의 유효이자율} = 11,595 \div 96,622 = 0.1200$$

액면이자율 10%인 3년 만기 사채를 ₩95,198에 할인발행했을 경우와 ₩105,151로 할증발행했을 경우 유효이자율법에 따른 상각표를 작성하면 아래의 **표 12-2**, **표 12-3**과 같다.

유효이자율법으로 상각하는 경우 실질적인 사채이자비용은 기초 장부가액에 사채발행 당시의 시장이자율을 곱한 금액이 되며, 실제 현금으로 지급하는 이자액은 액면가액에 액면이자율을 곱한 금액이 된다. 이 두 금액의 차이가 바로 당기의 사채발행차금 상각액이다. 따라서 유효이자율법은 매기말의 장부가액과 사채이자비용이 동시에 변동하므로 유효이자율은 매기 일정하게 나타나게 되는 것이다.

표 12-2 사채할인발행차금 상각표

연도	사채비용이자		사채할인발행차금		장부가액(E) (연도말) [액면가액-(D)]
	유효이자 (A)	현금이자 (B)	당기상각액(C) [(A)-(B)]	미상각잔액(D) [(전기(D)-(C)]	
발행시				₩4,802	₩95,198
1	₩11,424	₩10,000	₩1,424	3,378	96,622
2	11,595	10,000	1,595	1,783	98,217
3	11,783	10,000	1,783	0	100,000

표 12-3 사채할증발행차금 상각표

연도	사채비용이자		사채할인발행차금		장부가액(E) (연도말) [전기(E)-(C)]
	유효이자 (A)	현금이자 (B)	당기상각액(C) [(A)-(B)]	미상각잔액(D) [(전기(D)-(C)]	
발행시				₩5,151	₩105,151
1	₩8,412	₩10,000	₩1,588	3,563	103.,563
2	8,285	10,000	1,715	1,848	101,848
3	8,152	10,000	1,848	0	100,000

≪요 약≫

• 유효이자율법 상각

현금지급이자: 일정 ─┐
사채할인발행차금 상각액 ├→ 사채이자 증가
=기초 장부가액×유효이자율(일정): 증가 ─┘
↓
사채할인발행차금 잔액: 감소
↓

장부가액＝액면가액－사채할인발행차금 잔액: 증가
※ 할증발행의 경우: 장부가액 감소

유효이자율법으로 사채발행차금을 상각할 때 분개는 다음과 같다.

발행회사		매입회사	
1. ₩95,198으로 할인발행한 경우			
i) 1차년도			
(차) 이자비용	₩11,424	(차) 현 금	₩10,000
(대) 현 금	₩10,000	만기보유금융자산	₩1,424
사채할인발행차금	₩1,424	(대) 이자수익	₩11,424
ii) 2차년도			
(차) 이자비용	₩11,595	(차) 현 금	₩10,000
(대) 현 금	₩10,000	만기보유금융자산	₩1,595
사채할인발행차금	₩1,595	(대) 이자수익	₩11,595
iii) 3차년도			
(차) 이자비용	₩11,783	(차) 현 금	₩10,000
(대) 현 금	₩10,000	만기보유금융자산	₩1,783
사채할인발행차금	₩1,783	(대) 이자수익	₩11,783
2. ₩105,151으로 할증발행한 경우			
i) 1차년도			
(차) 이자비용	₩8,412	(차) 현 금	₩10,000
사채할증발행차금	₩1,588	(대) 이자수익	₩8,412
(대) 현 금	₩10,000	만기보유금융자산	₩1,588
ii) 2차년도			
(차) 이자비용	₩8,285	(차) 현 금	₩10,000
사채할증발행차금	₩1,715	(대) 이자수익	₩8,285
(대) 현 금	₩10,000	만기보유금융자산	₩1,715
iii) 3차년도			
(차) 이자비용	₩8,152	(차) 현 금	₩10,000
사채할증발행차금	₩1,848	(대) 이자수익	₩8,152
(대) 현 금	₩10,000	만기보유금융자산	₩1,848

5. 사채의 상환

(1) 만기상환

사채는 만기일에 액면가액으로 현금상환한다. 사채할인(할증)발행차금은 이미 상각이 완료되어 잔액이 영이므로 상환시 회계처리에는 이들 계정이 나타나지 않는다. 발행회사는 차변에 사채계정, 대변에 현금계정을 액면가액으로 기록하여 사채계정을 제거시키면 된다.

(2) 조기상환

사채는 만기일 이전의 시점에서 조기상환될 수도 있다. 만약 사채를 조기상환하는 경우에는 사채발행차금계정 잔액이 남아 있고, 반드시 장부가액대로 상환되지 않는 경우도 많으므로 만기상환에 비해 회계처리가 조금 복잡해진다. 사채의 조기상환시 회계처리 절차는 다음과 같다.

① 상환일 현재의 사채발행차금계정의 잔액을 정리한다.
② 상환되는 사채계정과 관련 사채발행차금계정을 제거시킨다(즉 장부가액을 제거시킨다).
③ 상환가액과 장부가액의 차이를 사채상환손익으로 인식한다.

이때 사채상환손익(투자자의 입장에서는 만기보유금융자산처분손익)은 손익계산서에 영업외 손익으로 보고한다.

예제 12-3

2015년 초에 (주)문희는 액면 ₩100,000, 3년 만기인 사채를 ₩95,198에 발행하였다. 이 사채는 액면이자율 10%, 이자는 매년 말 지급하는 것으로 되어 있다. 할인발행차금은 유효이자율법으로 상각하고 있다. (주)문희는 2016년 초에 이 사채를 ₩95,000에 조기상환하였다.

| 요구사항 |

상환시까지의 회계처리를 보이시오.

풀이

발행회사〈(주)문희〉	매입회사
1. 2015년 초 발행시	
(차) 현 금 ₩95,198	(차) 만기보유금융자산 ₩95,198
사채할인발항차금 ₩4,802	(대) 현 금 ₩95,198
(대) 사 채 ₩100,000	

2. 2015년 말 이자지급시			
(차) 이자비용	₩11,424	(차) 현 금	₩10,000
(대) 현 금	₩10,000	만기보유금융자산	₩1,424
사채할인발행차금	₩1,424	(대) 이자수익	₩11,424
3. 2016년 초 사채상환시			
(차) 사 채	₩100,000	(차) 현 금	₩95,000
(대) 사채할인발행차금	₩3,378	투자사채처분손실	₩1,622
현 금	₩95,000	(대) 만기보유금융자산	₩96,622
사채상환이익	₩1,622		

종합예제

2015년 1월 1일 (주)숙향전자는 액면가액 ₩100,000, 표시이자율 연 10%, 만기 3년인 사채를 발행하였다. 시장이자율은 12%, 이자는 연 1회 지급하며, 사채할인발행차금은 유효이자율법으로 상각한다. 결산일은 12월 31일이다.

| 요구사항 |

1. 사채의 발행가액을 구하시오.
2. 사채할인발행차금 상각표를 작성하시오.
3. (주)숙향전자의 입장에서 사채에 관한 회계처리를 보이시오.
4. 사채매입자의 입장에서 분개하시오.
5. 2015년 12월 31일 (주)숙향전자의 재무상태표상에 사채계정을 표시하시오.

풀이

1. 이자의 현재가치 = ₩10,000 × 2.40183(12%, 3년 연금현가) = ₩24,018
   원금의 현재가치 = ₩100,000 × 0.71178(12%, 3년 현가) = ₩71,178
   ₩95,196

2.

연 도	사채이자비용		사채할인발행차금		장부가액(E) (연도 말) [액면가액(D)]
	유효이자 (A)	현금이자 (B)	당기상각액 [(A) − (B)]	미상각잔액(D) [전기(D) − (C)]	
발행시				₩4,802	₩95,198
2015년 말	₩11,424	₩10,000	₩1,424	3,378	96,622
2016년 말	11,595	10,000	1,595	1,783	98,217
2017년 말	11,783	10,000	1,783	0	100,000

3. (1) 2015년 1월 1일

(차) 현　금	₩95,196	(대) 사　채	₩100,000
사채할인발행차금	₩4,804		

(2) 2015년 12월 31일

(차) 이자비용	₩11,424	(대) 현　금	₩10,000
		사채할인발행차금	₩1,424

(3) 2016년 12월 31일

(차) 이자비용	₩11,595	(대) 현　금	₩10,000
		사채할인발행차금	₩1,595

(4) 2017년 12월 31일

(차) 이자비용	₩11,783	(대) 현　금	₩10,000
사　채	₩100,000	사채할인발행차금	₩1,783
		현　금	₩100,000

4. (1) 2015년 1월 1일

(차) 만기보유금융자산	₩95,196	(대) 현　금	₩95,196

(2) 2015년 12월 31일

(차) 현　금	₩10,000	(대) 이자수익	₩11,424
만기보유금융자산	₩1,424		

(3) 2016년 12월 31일

(차) 현　금	₩10,000	(대) 이자수익	₩11,595
만기보유금융자산	₩1,595		

(4) 2017년 12월 31일

(차) 현　금	₩10,000	(대) 이자수익	₩11,783
만기보유금융자산	₩1,783	만기보유금융자산	₩100,000
현　금	₩100,000		

5. 재무상태표

	(비유동부채)	
	사　채	100,000
	사채할인발행차금	(3,378)
		96,622

제3절 기타의 비유동부채

IFRS ACCOUNTING PRINCIPLES

1. 장기성 매입채무와 장기미지급금

장기성 매입채무는 재무상태표일로부터 1년 이상이 경과한 후에 지급기일이 도래하는 장기외상매입금과 장기성지급어음을 말하고, 장기미지급금은 토지, 건물 등 매입과 같은 본래의 상거래 이외의 거래에서 발생된 채무 중 재무상태표일로부터 1년 이후에 지급기일이 도래하는 부채를 말한다. 기업회계기준에서는 이러한 장기성 매입채무와 장기미지급금에 대해서는 미래에 지급해야 할 명목상 가액과 현재가치의 차이가 중요한 경우에는 현재가치로 평가하고, 명목가액과 현재가치의 차이는 현재가치할인차금이라는 계정으로 처리하도록 규정하고 있는데, 사채발행차금과 같이 유효이자율법으로 상각처리하여 이자비용으로 인식하도록 한다. 구체적인 회계처리절차는 제10장을 참조하기 바란다.

2. 장기차입금

장기차입금은 금융기관 등으로부터 자금을 차입한 것 중 재무상태표일로부터 1년 이후에 상환하게 되어 있는 차입금을 말한다. 만약 장기차입금 중 그 상환기일이 1년 이내로 도래한 것은 유동성장기부채로 재분류하여 이를 유동부채의 일부로 보고해야 한다.

3. 퇴직급여충당금

종업원이 퇴직할 때 받는 퇴직금은 과거 근무에 대한 보상의 성격을 갖는다. 따라서 실제 지출은 종업원의 퇴직시 이루어지지만, 종업원의 근무기간 동안에 이를 급여의 일부로서 당기 수익에 대응시키는 것이 합리적이라고 할 수 있는 것이다. 그러므로 회사는 매기 일정 금액을 퇴직급여라는 비용계정에 기록하고, 동시에 퇴직급여충당금이라는 부채계정을 설정하게 된다. 기말에 설정해야 할 퇴직급여충당금은 당기말에 모든 종업원이 퇴직했을 경우에 지급하여야 할 퇴직금에 상당하는 금액이다. 우리나라에서는 기업의 비유동부채에서 퇴직급여충당금이 차지하는 비중이 매우 높고 노사간에 직접적인 이해관계가 얽혀 있기 때문에 기업의 퇴직급여규정과 근로기준법 등 관계법령에서 퇴직급여에 대해 상세하게 규정하고 있다.

예제 12-4

(주)향기의 전기 말 퇴직급여충당금 잔액은 ₩5,000,000이었다. 기중에 세 명의 종업원이 퇴직하였는데 이들에게 지급한 퇴직금은 ₩900,000이었다. 한편 당기말 현재 재직하는 종업원 전원이 일시에 퇴직할 경우에 지급해야 할 퇴직금에 상당하는 금액은 ₩6,500,000이다.

| 요구사항 |

퇴직급여충당금에 관계된 회계처리를 보이시오.

풀이

① 기중 세 명의 종업원에게 퇴직급여 지급시

(차) 퇴직급여충당금 ₩900,000 (대) 현 금 ₩900,000

② 기말 퇴직급여충당금 설정시

(차) 퇴직급여 ₩2,400,000* (대) 퇴직급여충당금 ₩2,400,000

* ₩6,500,000 − (₩5,000,000 − ₩900,000)

4. 충당부채

충당부채는 과거사건이나 거래의 결과에 의한 현재의무로서, 지출의 시기 또는 금액이 불확실한 부채를 말한다. 충당부채는 다음의 인식요건을 모두 충족하는 경우에 인식한다.

(가) 과거사건이나 거래의 결과로 현재의무가 존재한다.
(나) 당해 의무를 이행하기 위하여 자원이 유출될 가능성이 매우 높다.
(다) 그 의무의 이행에 소요되는 금액을 신뢰성 있게 추정할 수 있다.

현재의무의 존재여부가 분명하지 않은 경우에는 모든 이용가능한 증거를 고려하여 의무의 존재 가능성을 판단해야 하며, 재무상태표일 현재의무의 존재 가능성이 매우 높다고 판단되면, 과거사건이 현재의무를 발생시킨 것으로 본다. 충당부채의 종류에는 제품보증충당부채, 하자보수충당부채, 경품충당부채, 마일리지충당부채 등이 있다.

(1) 제품보증충당부채

제품보증약정은 기업이 판매한 제품이나 서비스의 품질이나 성능에 결함이 발생할 경우 판매 후 일정기간 동안 무상으로 수리 또는 교환해 주는 약정을 말한다. 특히 보증을 약속한 기간이 2년 이상일 경우 장기적인 법적 의무가 발생하게 되므로 이에 대한 최선의 추정치를 충당부채로 인식하고, 동일한 금액을 판매가 일어난 당기의 비용으로 처리한다. 건설형 공사계약에서의 하자보수에 대한 보증이 좋은 예이다. 제품판매시의 분개는

(차) 제품보증비 ××× (대) 제품보증충당부채 ×××

제품보증을 위한 실제 지출이 생겼을 때의 분개는 다음과 같다.

(차) 제품보증충당부채 ××× (대) 현 금 ×××

(2) 경품충당부채

기업은 상품의 판매시마다 고객에게 경품권을 제공하고, 고객이 경품권을 제시하는 경우 경품과 교환하여 주는 판매기법을 사용하기도 한다. 항공사가 이를 이용하는 고객에게 제공하는 마일리지제도나 커피전문점에서 멤버십 카드를 발행해 일정한 양의 거래를 축적한 고객에게는 한 잔을 무료로 주는 것 등이 좋은 예이다.

이렇게 경품을 제시했을 경우, 상품의 판매라는 과거사건으로 인하여 미래에 현금유출 가능성이 높고, 금액도 상당한 신뢰성을 가지고 추정할 수 있으므로 경품권 회수시 제공할 경품금액을 추정하여 경품충당부채로 인식한다.

(3) 마일리지충당부채 또는 포인트 적립

최근 기업의 판매촉진수단으로 포인트 적립 또는 마일리지제도가 널리 사용되고 있다. 회사는 자사의 제품이나 상품을 구매하는 고객에게 구매금액이나 구매수량에 따라서 일정한 포인트나 마일리지를 부여한다. 그리고 고객의 포인트나 마일리지 점수에 따라서 상품 구매시에 가격을 할인해 주거나 사은품을 제공하는 정책을 사용하고 있다.

포인트 적립 또는 마일리지제도를 운영하는 경우 일반적으로 고객이 상품이나 제품을 구매하는 시점에 포인트(또는 마일리지)를 부여하게 되는데, 회사는 부여한 포인트(또는 마일리지)가 충당부채의 인식요건을 충족하는 경우에는 이를 포인트적립충당부채 또는 마일리지충당부채로 인식해야 한다. 이때 충당부채와 관련하여 인식하는 비용은 그 성격에 따라서 매출원가, 판매비, 관리비 또는 기타비용 등으로 분류한다. 그리고 충당부채는 그 사용시기에 따라 유동부채 또는 비유동부채로 표시하는데, 사용시기를 합리적으로 예측할 수 없을 때에는 비유동부채로 표시한다.

예제 12-5

콩다방은 판매촉진전략의 한 가지 방법으로 음료를 구입하는 모든 고객에게 구매금액의 0.1컵에 상당하는 마일리지 포인트를 부여하고 있다. 해당 고객은 그 후 당해 마일리지 포인트 비율로 음료를 무료로 제공받을 수 있다. 콩다방은 마일리지 포인트를 매출에누리로 회계처리하고 있다.

콩다방의 2017년 초 마일리지충당부채는 ₩30,000이었고, 2017년도 총매출액은 ₩5,000,000이었다. 2017년 중에 콩다방의 고객이 사용한 마일리지 금액은 ₩20,000이었다. 마일리지충당부채와 관련된 거래를 분개해 보시오.

풀이

〈마일리지 부여시점〉

(차)	현 금	5,000,000	(대)	매 출	5,000,000*
	매출에누리	500,000		마일리지충당부채	500,000

* ₩5,000,000 × 10% = ₩500,000

〈마일리지 사용시점〉

(차)	마일리지충당부채	20,000	(대)	매 출	20,000

5. 장기화폐성외화부채

기업이 외화표시 자산이나 부채를 보유하고 있는 경우 회계기말에 이를 적정한 환율로 환산하여야 한다. 이렇게 외화환산이 필요한 자산과 부채는 화폐성외화자산과 외화부채이다. 화폐성외화자산은 현금과 예금, 매출채권, 대여금과 같이 미래에 받을 수 있는 외화금액이 확정되어 있는 자산을 의미하고, 화폐성외화부채란 매입채무, 차입금과 같은 부채를 의미한다. 이러한 화폐성외화자산과 부채는 재무상태표일 현재의 환율로 환산해야 하는데, 장부상 금액과의 차이는 외화환산손익으로 하여 당기의 손익으로 처리한다. 여기서 화폐성 외화자산, 부채란 현금과 현금성자산이나 매출채권, 매입채무와 같은 화폐가치의 변동과 상관없이 부채의 금액이 계약 기타에 의하여 일정액의 화폐액으로 고정되어 있는 경우의 당해 부채를 말한다.

다만, 유가증권과 같이 화폐성, 비화폐성의 양면적 성격을 동시에 가지고 있는 자산, 부채는 당해 자산, 부채의 보유상의 목적 또는 성질에 따라 구분한다. 이때 주식의 경우에는 일시적 여유자금으로 단기적 보유를 목적으로 취득한 경우에는 화폐성 항목이 되지만, 피투자회사를 지배할 목적 또는 장기적 투자를 목적으로 취득한 경우에는 비화폐성 항목이 된다.

익힘문제

01 유동부채와 비유동부채를 구분하고, 유동성장기부채에 대해서 설명하시오.

02 사채의 발행가액 결정을 액면이자율과 시장이자율과의 관계에 따라 설명하시오.

03 사채발행차금의 계정 성격과 상각방법을 설명하시오.

04 충당부채의 정의와 종류에 대해 설명하시오.

연습문제

01 (주)현지는 다음과 같은 조건의 사채를 발행하였다. 발행일과 각 이자지급일 및 상환일의 회계처리를 하시오(사채할인발행차금의 상각은 유효이자율법을 사용한다).

사채 액면 ₩100,000, 만기 3년
표시이자율: 연 8%, 시장이자율: 10%
사채 발행일: 2015. 1. 1
이자지급: 매년 12월 31일(1회 지급)
결산일: 12월 31일

02 (주)현주는 다음과 같은 조건의 사채를 발행하였다. 발행일과 각 이자지급일 및 상환일의 회계처리를 하시오(사채할증발행차금의 상각은 유효이자율법을 사용한다).

사채 액면 ₩100,000, 만기 3년
표시이자율: 연 12%, 시장이자율: 10%
사채 발행일: 2015. 1. 1
이자지급: 매년 12월 31일(1회 지급)
결산일: 12월 31일

03 (주)현진은 다음과 같은 조건의 사채를 발행하였다. 발행일과 각 이자지급일 및 상환일의 회계처리를 하시오(사채할인발행차금의 상각은 유효이자율법을 사용한다).

사채 액면 ₩100,000, 만기 2년
표시이자율: 연 8%, 시장이자율: 10%
사채 발행일: 2015. 1. 1
이자지급: 매년 6월 30일, 12월 31일(연 2회 지급)
결산일: 12월 31일

04 위 문제 **03**번의 사채를 (주)진현이 만기보유목적으로 매입하였을 때의 회계처리를 하시오.

05 (주)RED는 다음과 같은 사채를 발행하였다. 각 일자의 회계처리를 하시오(사채할인발행차금의 상각은 유효이자율법을 사용한다).

사채 액면 ₩100,000, 만기 3년
표시이자율: 연 8%, 시장이자율: 10%
이자지급: 매년 3월 31일
사채 발행일: 2015. 4. 1
결산일: 12월 31일
① 2015년 4월 1일
② 2015년 12월 31일
③ 2016년 3월 31일

06 (주)설성은 다음과 같은 조건으로 사채를 발행하였으며, (주)번개는 그 사채를 만기보유목적으로 매입하였다. (주)설성과 (주)번개의 사채발행시점과 2015년 12월 31일의 회계처리를 하시오(사채할인발행차금의 상각은 유효이자율법을 사용한다).

액면가액 ₩100,000, 만기 3년
액면이자율: 8%, 시장이자율: 10%
이자기산일: 1월 1일(이자지급: 12월 31일)
사채발행일: 2015. 4. 1

07 2015년 초에 (주)IBN은 액면가액 ₩100,000의 사채를 ₩95,026에 발행하였다. 이 사채의 만기는 2017년 12월 31일이며, 표시이자율은 연 8%, 이자는 매년 12월 31일에 지급하기로 되어 있으며, 시장이자율은 10%이다. (주)IBN은 2016년 1월 1일에 유휴자금으로 이 사채의 50%를 ₩49,000에 상환하였다. 2016년 1월 1일 사채 상환시의 회계처리를 하시오(사채할인발행차금의 상각은 유효이자율법을 사용한다).

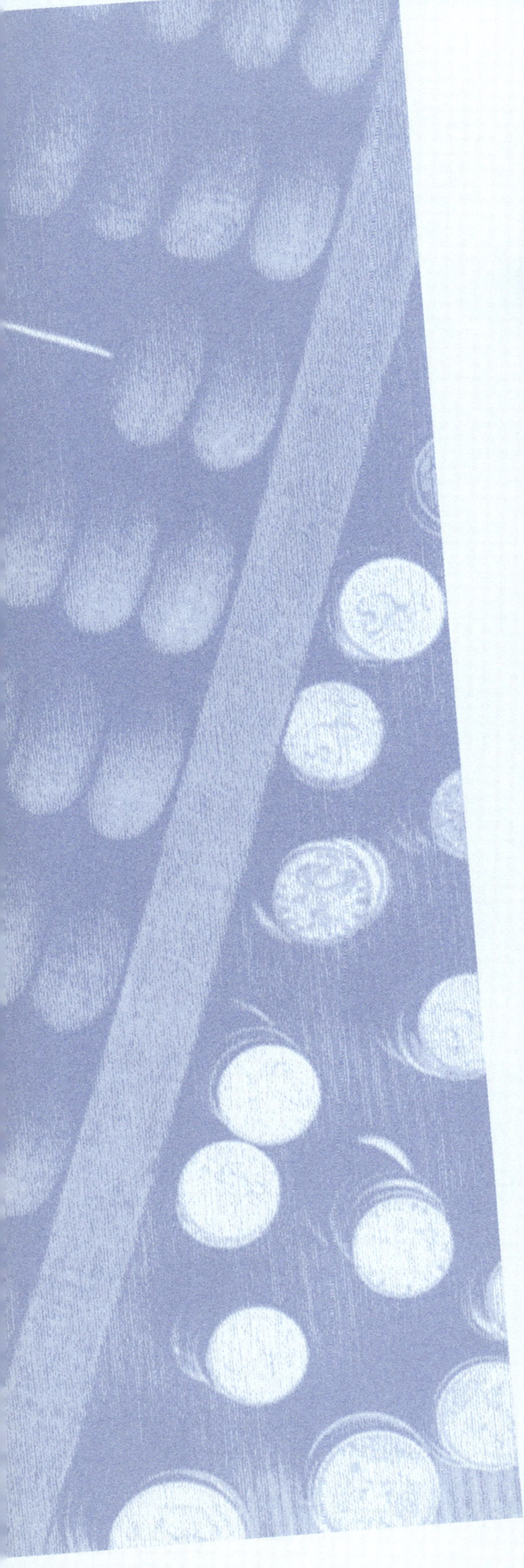

chapter 13

자 본

제1절 개 요

제2절 이익잉여금

학 습 목 표

1. 자본의 구성에 대해서 살펴보고, 주식발행의 회계처리절차를 알아본다.
2. 자기주식을 취득하는 목적과 이것이 기업의 자본에 미치는 영향을 설명한다.
3. 자본의 구성항목인 자본잉여금과 이익잉여금의 세부항목들을 알아보고, 이들의 차이를 공부한다.
4. 자본변동표의 작성 및 주당순이익의 계산에 대하여 알아본다.

기업이 영업활동을 하는 데 있어서 많은 경제적 자원이 소요되는데, 이는 채권자와 소유주(주주)를 통해서 조달될 수 있다. 채권자에 의해 조달되는 경제적 자원을 부채라 하고, 소유주에 의해 조달되는 경제적 자원을 자본이라 한다. 우리는 11장과 12장에서 부채인 유동부채와 비유동부채에 대하여 공부한 바 있다. 따라서 본 장에서는 재무상태표의 대변항목 중의 하나인 자본에 대하여 알아본다. 자본은 자산이나 부채처럼 측정하는 것이 아니라 자산과 부채를 측정한 후 그 차액으로 계산되는 것이며 주주들에게 귀속되는 지분을 말하는 것으로 주주지분 또는 잔여지분이라고도 말한다. 이러한 자본은 그 발생원인에 따라 자본금, 자본잉여금, 이익잉여금, 기타포괄손익누계액, 자본조정으로 분류된다. 자본금은 발행한 주식의 액면총액을 의미하는 것이며, 자본잉여금은 자본적 거래의 결과 증가한 자본을 말한다. 한편 이익잉여금은 기업의 영업활동의 결과로 증가한 자본을 말하며, 자본조정은 자본거래의 결과로 감소한 자본을 표시하거나 자본거래나 손익거래 어디에도 포함시키기 어려운 항목들을 임시적으로 처리하기 위한 계정이다. 이 중 본 장에서는 주식발행에 따른 회계처리와 이익잉여금에 대해서 중점적으로 공부하고, 보론에서 자본잉여금에 대하여 살펴본다.

제1절 개 요

IFRS ACCOUNTING PRINCIPLES

1. 자본의 성격과 분류

기업의 영업활동에 필요한 경제적 자원의 조달원천은 채권자들이 제공하는 부채와 소유자(주주)들이 제공하는 자본으로 구성된다.

표 13-1

신도주식회사
재무상태표
(2015년 12월 31일 현재)

I. 자 산		Ⅱ. 부 채	
1. 유동자산		1. 유동부채	
(1) 당좌자산		(1) 매입채무	
-		(2) 단기차입금	
(2) 재고자산		2. 비유동부채	
		(1) 사 채	
2. 비유동자산		(2) 장기차입금	
(1) 투자자산			
만기보유금융자산			
(2) 유형자산		부채총계	×××
건 물			
(3) 무형자산		Ⅲ. 자 본	
		1. 자본금	
		2. 자본잉여금	
		3. 이익잉여금	
자산총계	×××	4. 자본조정	
		자본총계	×××
		부채 및 자본총계	×××

기업은 이들 경제적 자원의 대가로 채권자들에게는 이자를, 주주에게는 배당을 지급하게 된다. 소유주인 주주가 기업에 대하여 갖는 몫인 자본(capital), 즉 소유주지분(owner's equity)은 자산에서 채권자 지분인 부채를 차감한 금액인 순자산이다. 따라서 자본을 다른 말로 잔여지분이라고도 한다. 앞에서 배운 회계등식에 의하면 자산=부채+자본이므로,

자본=자산−부채

자본은 법률적 관점과 경제적 관점에서 분류할 수 있다.

법률적 관점에서 보면 자본은 법정절차를 거치지 않고는 임의로 변경시킬 수 없는 법정자본(legal capital) 즉 자본금이라 불리는 것과 그 이외의 소유주 지분, 즉 잉여금으로 나눌 수 있다. 또한 자본은 경제적 관점에서 보면 주주가 불입한 불입자본과 기업의 영업활동에 의하여 획득한 이익 중에서 사내에 유보된 유보이익으로 나눌 수 있다.

불입자본은 법정자본금과 법정자본금 이외의 주주가 불입한 자본, 즉 자본잉여금의 합계액을 말한다. 다시 말하면 불입자본은 주주와의 자본거래에서 발생한 것이며, 유보이익은 손익거래에서 발생한 것이다.

위의 설명을 기초로 한 기업회계기준의 분류는 아래와 같다.

자본거래
- 자본금(법정자본금)
- 자본잉여금(주식발행초과금, 합병차익, 감자차익, 기타의 자본잉여금 등)

손익거래 — 이익잉여금

자본을 구성하는 각 항목들을 이해하기 위해, 예를 들면 (주)신도가 액면가 5,000인 주식을 8,000원에 10주 발행하여 회사를 설립하고, 제1회계연도에 1,000원의 당기순이익을 보고하여 200원의 배당을 지급하였다면 자본은 다음과 같이 구성되게 된다.

자본금 : ₩5,000×10주=₩50,000

주식발행초과금 : (₩8,000−₩5,000)×10주=₩30,000

이익잉여금 : ₩1,000−₩200=₩800

참고로 자본을 일시적으로 증가 또는 감소시킬 수 있는 조정항목들로 자본조정이라는 것이 있다. 자본조정이란 특정 거래에서 발생하는 미실현손익항목을 손익계산서에 반영하는 대신 직접 자본에 가감하는 것을 말한다. 즉, 손익계산서에 포함되어 기간손익에 영향을 미치고, 자본변동표를 거쳐 재무상태표의 자본계정으로 옮겨지는 것이 아니라, 바로 자본계정으로 구분되는 방식을 일컫는다. 비유동자산에 속하는 매도가능증권의 평가손익이나, 주식할인발행차금, 자기주식 등이 자본조정에 속하는 항목들이다.

2. 주식의 종류

오늘날 대부분의 기업들은 주식회사의 형태를 취하고 있다. 따라서 지금부터의 설명은 대표적 기업형태인 주식회사의 경우를 가지고 설명하기로 한다. 위에서 설명한 것과 같이 자본은 처음에 주주의 납입자본, 즉 법정자본금(또는 법정자본금과 주식발행초과금)으로 구성되므로, 주주의 납입과 관계된 주식에 대한 이해가 필요하다.

주식회사는 자본을 조달키 위하여 여러 종류의 주식을 발행하게 된다. 따라서 우리가 관심을 가지고 있는 자본회계의 대상은 주식의 회계처리가 주가된다고 할 수 있다.

주식의 종류로는 크게 보통주와 우선주로 구분될 수 있다.

(1) 보통주

보통주(common stock)는 여러 종류 주식 중 기본이 되며 가장 흔한 형태의 주식을 말한다.

일반적인 주식발행은 보통주에 의한 주식발행을 의미한다. 보통주식을 소유한 주주들은 일반적으로 임원의 선임 및 정관에서 정하는 기타사항들에 대해 지분소유비율만큼 의결권을 행사할 수 있으며, 배당을 통하여 이익잉여금을 분배받을 권리가 있다. 또한 신주를 발행할 때는 이를 우선적으로 인수할 수 있는 권리를 부여받으며, 회사의 청산시에는 채무 및 우선주를 변제하고 남는 잔여재산에 대한 청구권이 인정된다.

(2) 우선주

우선주(preferred stock)는 미리 약정된 사항에 대해 보통주에 비해 우선적 지위를 가지는 주식을 말한다. 그 우선적 지위의 내용에 따라 아래에서 설명할 이익배당우선주, 상환우선주, 전환우선주 등으로 구분될 수 있다.

따라서 이들 우선주는 특정사항에 우선적 지위를 가짐으로 인하여 경영참가권인 의결권이 배제되고 추가적인 이익배당에 참여할 권리도 배제되는 것이 일반적이다.

1) 이익배당우선주

이익배당우선주란 보통주의 주주가 이익배당을 받기 전 일정률의 배당을 우선적으로 받을 수 있는 주식을 말한다. 또한 이는 이익배당에 참가하는 형태에 따라 다음의 두 가지 형태로 구분될 수 있다.

① **누적적 우선주** 이는 특정연도에 배당을 받지 못하였거나 미달되었을 경우 이를 누적해 놓았다가 그 이후의 연도에 함께 배당을 받을 수 있는 주식이다. 또한 그렇지 못한 주식을 비누적적 우선주라 한다.

② **참가적 우선주** 이는 일정률의 배당을 만족한 우선주가 같은 해 보통주에 대한 배당이 우선주의 배당률을 초과하는 경우, 추가로 배당에 참여할 수 있는 권리를 가진 주식을 말한다.

2) 상환우선주(Callable Preferred Stock)

이는 주식발행회사가 미리 약정한 가격으로 우선주를 상환할 수 있는 선택권을 갖고 있는 주식을 말한다. 즉 일정한 요건하에서 이익으로 소각할 수 있는 주식이다.

상환우선주를 발행하는 주된 이유는 자금조달이 곤란할 경우 우선주를 통하여 자금을 용이하게 조달하며 또한 일정기간 후 상환할 수 있게 함으로써 무리한 배당압력을 회피하고 기업의 자금운용을 원활히 할 수 있는 장점을 상환우선주가 가지고 있기 때문이다.

3) 전환우선주(Convertible Preferred Stock)

이는 우선주 주주의 의사에 따라 보통주로 전환될 수 있는 전환권을 부여받은 주식을 말한다.

3. 주식의 발행

기업은 설립시에 주식을 발행하지만 설립 후에 필요에 따라 주식을 추가적으로 발행할 수도 있고, 또한 여러 종류의 주식을 발행할 수도 있다. 따라서 재무상태표의 자본계정에는 발행한 주식의 종류별로 각각 구분표시를 하여야 한다. 또한 회사가 발행할 주식총수, 1주의 금액 및 발행한 주식의 수와 당해 회계연도 중에 증자, 감자, 주식배당, 또는 기타의 사유로 자본금이 변동한 경우에는 그 내용을 주석으로 기재하여야 한다.

아래에서는 주식이 발행되는 각각의 상황에 대한 상세한 설명을 하고자 한다.

(1) 현금발행

상법에서는 보통주 1주의 금액은 100원 이상으로 균일하여야 한다고 규정하고 있으며 회사의 설립시에 발행하여야 하는 주식의 총수는 회사가 발행할 주식총수의 4분의 1 이상이어야 한다고 규정하고 있다.

만약 주식의 발행가격이 액면가액보다 큰 경우 그 차액은 주식발행초과금으로서 자본잉여금항목이 된다. 상법에서는 할인발행을 금하고 있으나 일정요건을 갖추어 할인발행할 경우에는 주식할인발행차금의 차변기입이 이루어진다. 이때 주식할인발행차금은 자본조정항목으로 분류되는데 주식발행초과금과 상계시켜서는 안 되며 주주의 추가출자나 이익잉여금의 자본화 및 관련주식의 소각에 의하여 제거될 수 있다. 또한 이는 자본에서 차감하는 형식으로 기재한다.

예제 13-1

(주)고려의 주식은 액면가 ₩5,000원이며 10주를 발행키로 하였다.

1. 액면발행: 발행가 ₩5,000

(차) 현 금	₩50,000	(대) 자본금	₩50,000

이때의 (주)고려의 자본은 ₩50,000

2. 할증발행 : 발행가 ₩6,000

(차) 현 금	₩60,000	(대) 자본금	₩50,000
		주식발행초과금	₩10,000

이때의 (주)고려의 자본은 ₩60,000

3. 할인발행 : 발행가 ₩4,000

(차) 현 금	₩40,000	(대) 자본금	₩50,000
주식할인발행차금	₩10,000		

이때의 (주)고려의 자본은 ₩40,000

(2) 청약에 의한 주식발행

위의 회계처리는 주식대금전액이 일시에 납입되고 이와 동시에 주식을 발행 교부한다는 가정하에서의 회계처리이다. 그러나 보다 일반적인 경우는 아래의 예제와 같은 청약에 의한 발행이다. 청약자는 계약금을 회사에 지불하고 나머지 매입가를 미래의 정해진 기일에 지급할 것을 약정한다.

예제 13-2

(주)한라는 2015년 8월 1일 보통주 100주를 청약받았다. 청약조건은 청약시 30%를 납입하고 9월 1일 나머지를 납입하는 조건이다. (주)한라 주식의 액면가가 5,000원, 청약 가격 7,000원일 때 각각의 분개를 하라.

8월 1일

(차) 현 금	₩210,000*	(대) 신주청약 증거금	₩210,000

* ₩7,000 × 100주 × 30% = ₩210,000

9월 1일

(차) 신주청약 증거금*	₩210,000	(대) 자본금	₩500,000
현 금	₩490,000	주식발행 초과금	₩200,000

* 만약 주식청약자가 신주청약계약에 따라서 주식매입대금 잔액을 납부하지 않아서 신주청약 계약이 해약된 경우, 계약상 신주청약증거금을 주식청약자에게 반환해야 한다면 부채로서, 반환하는 것이 아니라 계약불이행에 대한 벌금으로서 회사에 남아 있게 된다면 자본잉여금 계정의 대변에 기입한다.

(3) 주식의 일괄발행(lump sum sale)

일반적으로 기업이 증권을 발행하는 경우 보통주와 우선주, 사채 등을 따로따로 구분하여 발행하므로 각 종류별 발행가를 쉽게 결정할 수 있다.

그러나 이를 혼합하여 발행할 경우 각 증권별 발행가를 결정하여야 한다. 보통 각 증권의 시가를 알 수 있는 경우 이를 이용하여 상대적 시장가치법에 따라 배분하면 되고, 일부의 주식만 시가가 형성된 경우에는 그 증권에 시가만큼 배분하고 잔액을 시가가 형성되지 않는 주식에 배분하는 방법을 쓰도록 한다.

예제 13-3

주원회사는 2015년 10월 1일 액면가액 ₩5,000인 보통주 100주와 액면가액 ₩5,000인 우선주 100주를 ₩1,800,000에 발행하였다.

1. 보통주 시가 ₩7,000, 우선주 시가 ₩8,000인 경우 회계처리

(차) 현 금 ₩1,800,000 (대) 보통주 자본금 ₩500,000
보통주 주식발행초과금 ₩340,000
우선주 자본금 ₩500,000
우선주 주식발행초과금 ₩460,000

- 보통주 자본 $1,800,000 \times \frac{(7,000 \times 100)}{7,000 \times 100 + 8,000 \times 100} = 840,000$
- 보통주 주식발행초과금 $840,000 - 500,000 = 340,000$

2. 보통주 시가 ₩8,500, 우선주 시가를 모를 경우의 회계처리

(차) 현 금 ₩1,800,000 (대) 보통주 자본금 ₩500,000
보통주 주식발행초과금 ₩350,000
우선주 자본금 ₩500,000
우선주 주식발행초과금 ₩450,000

(4) 현물출자에 의한 주식발행

보통 기업의 주식발행은 현금으로 이루어진다. 그러나 특수한 경우 현금 이외의 비화폐성 자산을 수취한 대가로 주식을 발행하는 경우가 있다. 이 경우 평가문제가 발생하게 되는데 일반적인 원칙은 수취한 자산(또는 용역)의 공정한 시장가치와 주식의 공정시장가치 중 보다 명확한 것으로 회계처리하는 것이 일반적이다. 만약, 두 가지가 모두 명확할 경우 금액에는 별차

예제 13-4

(주)고려는 주주인 백모씨로부터 건물을 출자받고 액면가액 ₩5,000인 주식을 500주 발행하였다. 각각의 경우 회계처리를 하라.

1. 주식의 공정시가가 ₩7,000인 경우(단, 건물의 공정시가를 모를 경우)

(차) 건 물 ₩3,500,000 (대) 자본금 ₩2,500,000
주식발행초과금 ₩1,000,000

2. 건물 공정시가가 ₩2,700,000인 경우(단, 주식공정시가는 모름)

(차) 건 물 ₩2,700,000 (대) 자본금 ₩2,500,000
주식발행초과금 ₩200,000

이가 없을 것이므로 어느 기준을 적용하더라도 결과는 동일할 것이다. 그러나 기업회계기준에서는 취득한 자산의 공정한 평가액(공정가치)을 주식의 발행가액으로 하도록 규정하고 있다.

4. 주식의 재취득(자기주식회계처리)

기업은 자본의 감소를 염두에 두고 미리 정해진 절차에 따라 주식을 소각키 위해 또는 재취득한 주식을 일시적으로 보유(담보물의 취득, 단주의 처리)하고 있다가 재발행하기 위해 자기주식을 보유하게 되는 경우가 있다.

이러한 거래는 정상적인 기업의 영업적 활동이라기보다 자본거래에 속하는 것으로 이를 통해 발생된 이익이나 손실은 자본계정의 변동으로 처리되어야 할 것이다. 왜냐하면 회사는 자기주식의 거래를 통해 경영자의 당기순이익 조작 가능성이 있기 때문이다.

따라서 우리나라 상법에서는 원칙적으로 자기주식의 취득을 금하고 있으며, 주식의 소각 등 특수한 경우 외에는 이를 인정치 아니하고 있다. 먼저 자기주식의 회계처리에 관하여 살펴보고, 주식의 소각에 대하여도 살펴보기로 한다.

(1) 자기주식의 회계처리

자기주식의 회계처리 방법에는 원가법과 액면가액법의 두 가지가 있다. 기업회계기준에서는 약간의 차이는 있으나, 원가법을 그 근간으로 하고 있기에 아래에서는 원가법을 위주로 설명하여 보겠다.

원가법(cost method)에서는 주식의 취득과 매각은 일련된 한 거래의 개념으로 본다. 즉 취득은 재발행에 앞서 행하여진 거래로 보는 것이다.

① **취득시** 매각을 전제로 한 거래이기에 자기주식의 취득은 총자본의 일시적 감소를 의미하며 따라서 자기주식계정은 그 취득원가로 차기되며 총 주주지분에서 차감하는 형식으로 기재된다.

(차) 자기주식 ××× (대) 현 금 ×××

또한 자기주식의 취득이 서로 다른 가격으로 여러 번에 걸쳐 이루어졌다면 그 원가를 결정키 위하여 재고자산의 경우와 마찬가지로 평균법·선입선출법·개별법 등 원가흐름을 가정하며 가격을 결정하여야 한다.

② **재발행시** 재발행시 그 처분가격을 취득원가와 비교하여 그 초과액은 자기주식자본잉여금(기타자본잉여금)으로 부족액은 자기주식자본잉여금이 있을 경우 그것으로 충당하고 모자란 부분은 이익잉여금으로 충당한다.

ⅰ) 재발행가격 〉 취득원가

(차) 현금(재발행가액) ××× (대) 자기주식(취득원가) ×××
자기주식자본잉여금 ×××
(기타자본잉여금)

ⅱ) 재발행가격 〈 취득원가

(차) 현금(재발행가액) ××× (대) 자기주식(취득원가) ×××
자기주식자본잉여금 ×××
(기타자본잉여금)
이익잉여금 ×××

③ **소각시** 자기주식을 소각하는 경우에는 해당 주식의 최초발행가액과 자기주식의 취득가액을 비교하여 최초발행가액이 자기주식 취득가액보다 클 경우 그 차액을 자기주식자본잉여금으로 처리하며, 그 반대의 경우는 그 차액을 이익잉여금계정(자기주식자본잉여금이 있으면 거기에 우선 대응)에 차기한다.

ⅰ) 최초발행가액 〉 취득가액

(차) 자본금(액면가액) ××× (대) 자기주식(취득가액) ×××
주식발행초과금 ××× 자기주식자본잉여금 ×××
(기타자본잉여금)

ii) 최초발행가액 〈 취득가액

(차) 자본금(액면가액) ××× (대) 자기주식(취득가액) ×××
주식발행초과금 ×××
이익잉여금 ×××

④ **재무상태표 표시방법** 자기주식이 취득가액으로 표시되었으므로 자본계정에서 차감하는 형식으로 기재한다. 즉 기업은 자기주식을 보유하여 자본을 감소시켰으므로 자본을 차감하는 자본조정 항목이 된다. 예를 들어 갑이 100을 출자하여 A기업을 설립한 후 갑이 가진 A기업의 주식 100을 A기업이 다시 사들인다면, A기업은 실질적인 자본이 없는 빈 껍데기뿐의 회사에 불과하기 때문이다.

예제 13-5

2014년 5월 1일 (주)영지는 회사를 설립하면서 주당 ₩6,000에 액면가액 ₩5,000인 주식을 1,000주 발행하였다. 2015년 1월 1일 현재 이익잉여금은 750,000이며 설립 후 추가증자는 없었다(단, 자기주식의 원가흐름은 선입선출법에 의한다).

| 추가자료 |

2015년 자본거래와 관련된 사항은 다음과 같다.

5. 6 자기주식 50주를 주당 ₩5,500에 취득하였다.
5. 8 자기주식 20주를 주당 ₩7,000에 취득하였다.
5. 10 자기주식 30주를 ₩6,000에 재발행하였다.
5. 16 자기주식 20주를 소각하였다.
5. 22 자기주식 20주를 주당 ₩6,000에 취득하였다.
5. 24 자기주식 30주를 주당 ₩5,000에 재발행하였다.
5. 30 자기주식 5주를 소각하였다.

| 요구사항 |

원가법에 따라 자기주식거래에 대한 회계처리를 하고 약식 재무상태표에 주주지분을 공시하시오.

5/6 (차) 자기주식 ₩275,000 (대) 현 금 ₩275,000(50주×5,500)
5/8 (차) 자기주식 ₩140,000 (대) 현 금 ₩140,000(20주×7,000)

5/10 (차) 현 금 ₩180,000 (대) 자기주식 ₩165,000
(30주×5,500)
자기주식자본잉여금 ₩15,000
5/16 (차) 자본금 ₩100,000 (대) 자기주식 ₩110,000
(20주×5,500)
주식발행초과금 ₩20,000 자기주식자본잉여금 ₩10,000
5/22 (차) 자기주식 ₩120,000 (대) 현 금 ₩120,000
5/24 (차) 현 금 ₩150,000 (대) 자기주식 ₩200,000
자기주식자본잉여금 ₩25,000 (20주×7,000+10주×6,000)
이익잉여금 ₩25,000
5/30 (차) 자본금 ₩25,000 (대) 자기주식 ₩30,000
주식발행초과금 ₩5,000 (5주×6,000)

재무상태표상(주주지분)

자 본 금:	4,875,000	
주식발행초과금:	975,000	
이 익 잉 여 금:	725,000	
소 계:	₩6,575,000	
자 기 주 식:	(30,000)	… 자본조정
계 :	6,545,000	

제2절 이익잉여금

IFRS ACCOUNTING PRINCIPLES

1. 이익잉여금의 의의와 구성항목

이익잉여금(Retained Earnings)은 기업의 영업활동과 재무활동 등의 이익창출활동에 의해 축적된 이익 중에서 배당 등의 사외유출항목과 자본전입된 부분을 제외한 금액을 의미하는 것으로 이는 크게 기처분이익잉여금과 미처분이익잉여금으로 분류된다.

기업회계기준에서는 아래와 같이 이익잉여금을 분류하고 있다.

표 13-2

- 이익잉여금
  - 기처분이익잉여금
    - 법정적립금
      - 이익준비금
      - 기업합리화적립금
      - 재무구조개선적립금
      - 기타법정적립금 등
    - 임의적립금
  - 미처분이익잉여금

위에서 처분이라는 용어를 설명하여 보면 기업회계기준에서는 사업연도 종료일을 기준으로 주주총회에 제출될 자본변동표를 작성하게 되어 있는데 이는 다음과 같이 처분된다.

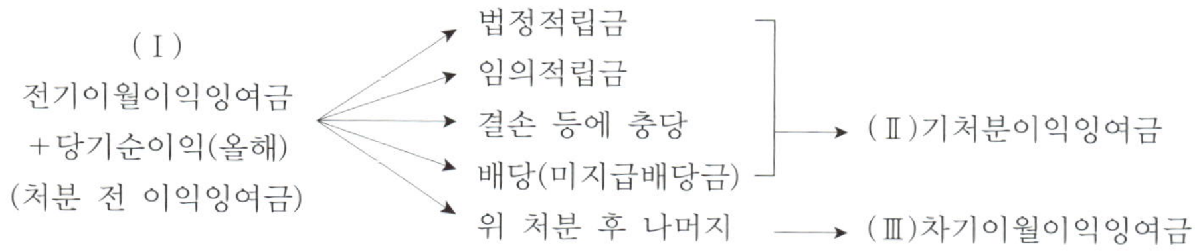

즉 이익잉여금처분은 (Ⅰ)을 (Ⅱ)와 (Ⅲ)으로 구분하여 주는 것이며 이 과정이 자본변동표에 나타난다.

다음은 **표 13-2**에서 열거된 항목별로 분석하여 보겠다.

(1) 기처분이익잉여금

1) 이익준비금

상법에 "회사는 자본금의 1/2에 달할 때까지 매기 결산시의 금전에 의한 이익배당액의 1/10 이상의 금액을 이익준비금으로 적립하여야 한다"라고 규정되어 있어 회사는 의무적으로 이를 행하여야 한다. 이익준비금은 결손을 보전하거나 자본금의 전입목적 이외에 다른 용도로 처분될 수 없다.

예를 들어 A기업의 자본금이 ₩500일 경우 이익준비금 적립액이 ₩250이 될 때까지는 매기 현금배당액의 1/10씩 이익준비금으로 적립하여야 한다. 그러므로 A기업의 이익준비금 적립액이 ₩100이고 당기순이익이 ₩110일 경우 A기업의 최대현금배당가능액은 ₩100이고 나머지 ₩10은 이익준비금으로 적립하여야 한다.

2) 기타법정적립금

조세특례제한법에서는 영구적으로 법인세혜택을 지속시키는 소득공제, 세액공제, 세액감면 등을 받는 경우 그 법인세 혜택액에 해당하는 금액을 기업합리화적립금으로 적립하도록 규정되어 있다. 또 상장법인 재무관리규정에 의한 재무구조 적립금도 의무적립금 중의 하나이다. 이 적립금은 결손을 보전하거나 자본전입의 목적 이외에는 사용될 수 없다.

예제 13-6 **법정적립금의 자본전입(이익잉여금 처분의 예)**

대팔회사는 이익준비금의 70%는 자본전입에, 30%는 결손보전에 충당키로 하였다. 현재 이익준비금 100,000이다. 처분분개를 하라.

풀이

(차) 이익준비금	100,000	(대) 자본금	70,000
		결손금	30,000

3) 임의적립금

회사가 일정목적을 위하여 정관의 규정 혹은 주총결의 등에 의하여 적립하는 금액을 의미하며 이는 소극적 적립금인 배당평균적립금, 결손보전 적립금 등과 적극적 적립금인 감채적립금, 사업확장적립금 등이 있다.

자세한 설명과 회계처리는 상급과목으로 미루고자 한다.

(2) 차기이월이익잉여금

이는 이익잉여금 처분계산서에 의해 처분된 후 마지막으로 남아 차기로 이월되는 금액을 의미하며 차기에 당기순손익과 합쳐 처분될 금액을 의미한다.

2. 자본변동표의 의미와 양식

기업회계기준서에서는 자본변동표를 손익계산서, 재무상태표, 현금흐름표와 더불어 기본 재무제표 중의 하나로 규정하고 있다. 자본변동표는 한 회계기간 동안 발생한 소유주지분인 자본의 변동을 표시한다. 따라서 자본변동표에는 자본을 구성하고 있는 자본금, 자본잉여금, 자본조정, 기타포괄손익누계액, 이익잉여금(또는 결손금) 각각의 변동을 나타내게 된다.

기업회계기준서에 따르면 자본변동표 양식은 **표 13-3**과 같다.

표 13-3 자본변동표의 표준방식

자본변동표
(주) 고 려
2014. 1. 1~2014. 12. 31

구 분	자본잉여금	자본조정	기타포괄손익누계액	이익잉여금	총 계
2014. 1. 1(보고금액)	₩90,000	–	₩50,000	₩835,000[1]	₩1,075,000
회계정책변경누적효과				45,000	45,000
전기오류수정이익				10,000	10,000
수정후이월이익잉여금				890,000[2]	1,130,000
기타이익잉여금처분액				(200,000)	(200,000)
처분후이월이익잉여금				690,000	930,000
중간배당				(50,000)	(50,000)
유상증자	20,000				70,000
당기순이익				60,000	60,000
자기주식취득		(10,000)			(10,000)
매도가능증권평가차익			25,000		25,000
2014. 12. 31	₩110,000	(₩10,000)	₩75,000	₩700,000[3]	₩1,025,000

* 1) 수정된 전기말(2013. 12. 31) 재무상태표에 보고된 기말잔액
2) 수정된 전기말 재무상태표에 이익잉여금
3) 당기말(2014. 12. 31) 재무상태표에 보고된 기말잔액
(참고) 기업이 공시하는 정식 자본변동표는 전년도와 비교하는 형식으로 작성한다.

(1) 자본변동표의 내용 및 구성항목

표 13-3에 나타난 자본변동표의 양식과 구성내용을 살펴보자. 가장 윗줄의 '2014. 1. 1(보고금액)'에는 전기말(2013. 12. 31) 재무상태표에 보고된 자본의 기말잔액들이 표시된다. '수정후이월이익잉여금'이란 전기말 재무상태표에 보고된 이익잉여금의 기말잔액에서 당년도에 회계정책변경누적효과나 전기오류수정을 가감한 잔액이 기재된다. 그리고 가장 아랫줄의 '2014. 12. 31.'에는 당기말 재무상태표에 보고되는 기말잔액이 표시된다. 그러면 자본 각 항목의 변동을 살펴보자.

1) 자본금의 변동

자본금의 변동은 유상증자나 무상증자 또는 주식배당에 의해서 발생한다. **표 13-3**에는 유상증자의 경우가 표시되어 있다. 만약 기업이 우선주를 발행하였다면 보통주자본금과 우선주자본금을 구분하여 표시한다.

2) 자본잉여금의 변동

자본잉여금은 유·무상증자 또는 결손금의 처리 등에 의해서 발생한다. 구체적으로는 주식발행초과금, 감자차익, 기타자본잉여금의 변동이 있다. **표 13-3**에서는 유상증자로 인하여 주식발행초과금이 증가한 것을 나타내고 있다.

3) 자본조정의 변동

자본조정 항목은 여러 가지이다. 예를 들면, 자기주식, 주식할인발행차금 등이 있다. **표 13-3**에는 자기주식취득 ₩10,000이 표시되어 있다.

4) 기타포괄손익누계액

기타포괄손익누계액은 매도가능증권평가차손익, 해외사업환산차손익 등이 있다. **표 13-3**에는 매도가능증권의 기말평가로 인한 평가차익 ₩25,000 표시되어 있다.

5) 이익잉여금의 변동

이익잉여금의 변동은 먼저 전기말 재무상태표상의 이익잉여금을 당기에 발생한 회계정책변경누적효과와 전기오류수정손익을 반영하여 수정후이월이익잉여금을 구한다. 다음으로 전기의 이익잉여금 처분사항을 기재한다. 앞서 설명한 바와 같이 이익잉여금처분은 이익준비금 및 기타법정적립금을 적립하고, 그 다음으로 배당금 혹은 임의적립금 등으로 주주총회의 결의에 의해서 처분한다. 그리고 임의적립금이입액이나 주식할인발행차금의 상각분 등도 '기타이익잉여금 처분액'에서 표시한다. 이러한 사항들을 반영하면 자본변동표상의 처분후이월이익잉여금이 계상된다.

처분후이월이익잉여금이 계산되면 당기중에 이사회의 결의로 지급된 중간배당금을 차감하고 당기순손익을 가감하여 당기말의 이익잉여금을 구한다.

6) 이익잉여금처분계산서

상법에서는 이익잉여금의 변동을 나타내는 별도의 재무보고서인 이익잉여금처분계산서를 작성하도록 요구하고 있다. 이는 이익잉여금이 특히 주주에게 배당과 관련된 중요한 정보를 제공하기 때문이다. 그러나 자본변동표에는 이익잉여금의 변동에 관한 정보가 상세하게 보고되기 때문에 별도로 재무제표의 하나로서 이익잉여금처분계산서를 공시할 필요는 없다. 기업회계기준서에는 이익잉여금처분계산서를 자본변동표의 주석으로 공시하도록 규정하고 있다.

3. 주당순이익(Earning Per Share: EPS)

주당순이익은 주식 1주에 귀속되는 당기순이익으로서 이는 기업의 당기순이익을 발행유통주식수로 나누어 계산된다.

$$\text{주당순이익} = \frac{\text{보통주에 귀속되는 당기순이익(즉, 당기순이익}-\text{우선주 배당금)}}{\text{가중평균유통보통주식수}}$$

주당순이익은 당기순이익을 당해 회계기간의 가중평균유통브통주식수로 나누어 산출한다. 만약 기업이 우선주를 발행하였다면 당기순이익에서 위식에서 보는 것과 같이 우선주 배당액을 차감한 금액을 분자로 하여야 한다.

또한 기업회계기준에서는 주당순이익과 더불어 주당경상이익을 규정하고 있다. 주당경상이익의 기본산식도 주당순이익을 구하는 산식과 동일하다. 다만 그 분자에 당기순이익 대신 경상이익을 사용한다는 차이가 있을 뿐이다. 즉 경상이익은 특별항목을 가감하기 전 금액으로서 보통주순이익에서 특별이익을 차감하고 특별손실을 가산하는 구조로 계산된다.

그리고 주당순이익과 경상이익을 구함에 있어 분모에 들어가는 가중평균유통보통주식수의 계산은 유통보통주식수의 유통기간을 회계기간으로 나눈 분수에 해당 기간 동안의 유통보통주식수를 곱하여 이를 모두 합산하여 구하여진다. 예를 들어 1월 1일에 회사가 20,000주를 가지고 있고, 7월 1일에 추가적으로 10,000주를 증자하였다고 하면 가중평균유통보통주식수는 20,000주×6/12+30,000×6/12=25,000으로 계산된다.

예제 13-7

(주)경성의 2015년 당기순이익은 1,000,000이며 우선주 배당금은 200,000이다. 특별이익은 700,000이며 특별손실은 200,000이다. 법인세비용은 없다. 단 가중평균유통보통주식수는 50,000주이다.

① 보통주 주당순이익을 구하라.

② 주당경상이익을 구하라.

풀이

① (1,000,000−200,000)÷50,000=16

② (1,000,000−200,000−700,000+200,000)÷50,000=6

주당이익은 기업의 경영성과를 평가하는데 당기순이익보다 더 유용한 정보를 제공한다. 당기순이익은 기간별 비교가능성과 기업간 비교가능성의 측면에서 주당이익보다 유용한 정보를 제공하지 못한다.

예를 들어 A기업이 B기업보다 당기순이익을 많게 보고하여도 A기업의 발행주식수가 B기업에 비해 현저히 많을 경우, 투자자 입장에서는 B기업이 더 유망한 투자대상이 되기 때문이다. 따라서 기업회계기준에서는 주당순이익과 주당경상이익을 손익계산서에 주석으로 기재하도록 하고 있다.

보 론 I 자본잉여금

자본잉여금은 증자활동, 감자활동 혹은 주주와의 자본거래 등에서 발생한 잉여금을 의미하는 것으로 손익거래에서 발생한 이익잉여금과 구분되는 것이다. 아래 표는 기업회계기준에 의한 분류를 나타내고 있다.

표 13-4

- 자본잉여금
  - 자본준비금
    - 주식발행초과금
    - 감자차익
  - 기타자본잉여금
    - 자본보전목적의 자산수증이익
    - 자본보전목적의 채무면제이익
    - 자기주식자본잉여금
    - 기타

아래에서는 위 표의 구성항목들을 개략적으로 설명하고 자세한 내용은 중급회계에서 다루기로 한다.

1. 자본준비금

아래의 자본준비금은 누적된 결손에 대한 보전목적으로 이월결손금과 대체 혹은 자본금 전입목적 이외에는 사용할 수 없는 법정준비금으로서 상법과 기업회계기준에 규정되어 있다.

(1) 주식발행초과금

주식발행초과금은 증자시 액면가액 이상으로 발행하였을 경우 그 초과액을 의미하는 것으로 이는 자본준비금으로 분류된다. 이와 대비되는 것으로는 주식할인발행차금이 있는데 이는 자본조정 항목으로 분류된다.

(2) 감자차익

감자차익은 실질적 감자와 형식적 감자시 발생하는데 실질적 감자시에는 자기주식취득의 예에서 살펴본 바와 같이 주식매입에 소요되어 소각된 주식의 액면가액보다 주주지급액(환급액)이 더 적을 때 발생한다.

또한 형식적 감자는 결손보전에 충당한 금액이 소각된 주식액면가액보다 적을 경우 발생한다.

(3) 기타자본잉여금

① **자산수증이익** 회사의 주주 혹은 제3자로부터 결손보전 혹은 자본보전의 목적으로 특정자산을 무상으로 증여받을 경우 그 가액을 공정시가로 평가한 것을 말한다. 그리고 그 금액이 그 이외의 목적으로 증여받았을 경우에는 당기의 특별이익으로 처리한다.

② **채무면제이익** 회사가 상환해야 할 채무 등을 전부 혹은 일부에 대해 자본보전 혹은 결손보전의 목적으로 면제받았을 경우 이를 채무면제이익이라 하고 자본잉여금으로 처리한다. 그 이외 채무의 소멸시효완성 등 기타 사유로 인하여 발생한 경우에는 당기 특별이익으로 처리한다.

③ **자기주식자본잉여금** 자기주식을 처분할 때 그 취득가액을 초과하여 처리하였을 경우 그 초과금액을 자기주식자본잉여금이라 하고 그 예는 자기주식처리의 예에서 살펴보았다.

④ **기타의 자본잉여금** 상환할증조건이 부착된 전환사채나 신주인수권사채의 전환시 발생하는 것으로 이는 중급회계 특수사채편에서 자세히 다루어질 것이다.

보론Ⅱ 배 당

배당기업은 주주에게 기업에 대한 투자의 대가로 배당을 실시하는데 이에는 현금배당과 주식배당이 있다.

현금배당의 경우는 앞에서 본대로 처분 전 이익잉여금과 임의적립금 이입액을 합한 처분가능한 이익잉여금을 주주에게 지급함으로써 이루어지게 된다.

주식배당의 경우는 임의적립금과 차기이월이익잉여금을 자본잉여금으로 적립하며, 주주에게 회사가 주식을 발행하여 지급함으로써 이루어지게 된다. 이 경우 회사의 자본총액은 변하지 않으나 이익잉여금과 자본잉여금과의 계정대체가 발생하게 된다.

그림 13-1 주식배당의 효과

이익잉여금이 납입자본금화되는 것을 제외하고는 주식배당 전후로 자본의 총금액에는 변화가 없다

익힘문제

01 자본의 구성항목을 설명하시오.

02 자기주식의 취득이 기업의 자본에 미치는 영향에 대해 논하시오.

03 자본변동표의 양식을 보이시오.

04 주당순이익을 산출하는 방법과 주당순이익의 유용성에 대해 논하시오.

05 유상증자와 무상증자, 주식배당의 공통점과 차이점을 논하시오.

연습문제

01 자기주식

(주)주원은 2015년 3월 5일 액면가 ₩5,000인 자기회사의 보통주식 50주를 주당 ₩7,000에 취득했다. 5월 5일 자기주식 중 30주를 주당 ₩9,000에 처분했고, 7월 7일 나머지 20주를 ₩6,000에 매각했다.

요구사항

(주)주원이 3월 5일, 5월 5일, 7월 7일에 해야 할 분개를 행하시오.

02 배당금

(주)대팔은 2015년 12월 31일 보통주 1주당 ₩500의 배당금을 지급하기로 결의했다. 배당지급일은 2016년 3월 28일이고, 2015년 말 현재 발행 보통주식수는 50,000주이다.

요구사항

2015년 12월 31일과 2016년 3월 28일에 해야 할 분개를 행하시오.

03 주당순이익(EPS)

(주)홍팔의 2015년 당기순이익은 ₩3,000,000이고 우선주 배당금이 ₩1,500,000, 유통보통주식수는 500주일 때, 주당순이익을 구하시오.

04 주당경상이익

(주) 두봉의 보통주는 25,000주, 보통주 당기순이익 ₩11,050,000, 특별이익 ₩2,000,000일

때, 주당경상이익을 구하시오. 단, 세율은 25%이다.

05 주식할증발행

(주)성진은 보통주(액면가액 ₩5,000) 100주를 ₩5,500에, 우선주(액면가 ₩5,000) 50주를 ₩6,000에 발행했다. 발행시의 분개를 제시하시오.

06 자본금 감소

(주) 찬섭의 2015년 1월 1일 현재 발행보통주식수는 200주(액면 ₩5,000)이다. 1월 19일 자기주식 5주를 주당 ₩7,500에 취득했고, 3월 1일 자기주식 중 2주를 소각했다. 각 날짜의 분개를 제시하시오.

07 종합예제 – 자본금

(주)광팔의 2014년 재무상태표상 주주지분의 내역이다.

Ⅰ. 자본금		
보통주 자본금(액면 ₩5,000×600주)	₩3,000,000	
우선주 자본금(액면 ₩5,000×300주)	₩1,500,000	
신주청약증거금 보통주	₩1,000,000	₩5,500,000
Ⅱ. 자본잉여금		
주식발행초과금		
보통주	₩660,000	
우선주	₩150,000	₩810,000
Ⅲ. 이익잉여금		
이익준비금	₩1,200,000	₩1,200,000
Ⅳ. 자본총계		₩7,510,000

보통주 100주를 주당 ₩25,000에 발행하기로 하고 주당 ₩10,000의 청약금을 납입받다. 청약잔액은 2015년 2월 4일까지 받기로 약정했다.

요구사항

a. 보통주의 평균 발행가는? (청약신주 포함)

b. 우선주의 평균 발행가는?

c. 납입 자본금 총계는? (신주청약증거금 포함)

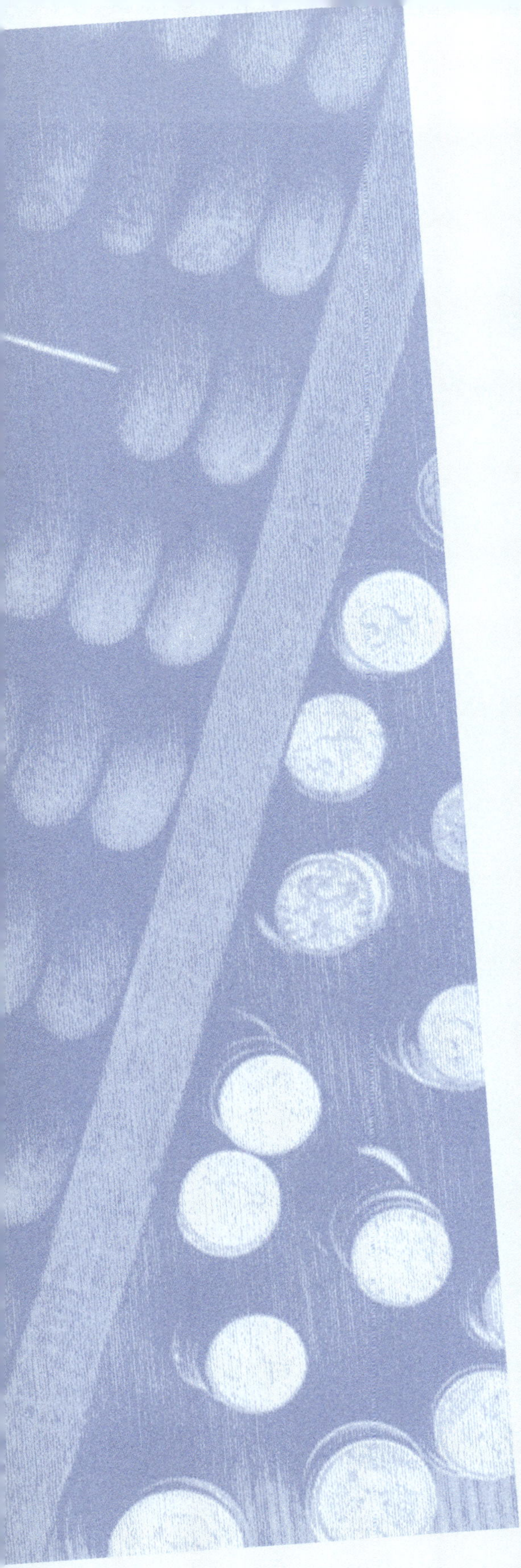

chapter 14

현금흐름표

학 습 목 표

1. 현금주의와 발생주의의 차이를 비교해 보고, 현금흐름표의 유용성에 대해 알아본다.
2. 기업의 활동을 영업활등, 투자활동, 재무활동으로 구분해 보고, 이들 활동으로 인한 현금흐름의 계산방법을 살펴본다.
3. 활동별 현금흐름을 바탕으로 현금흐름표를 작성하는 절차에 대하여 알아본다.

기업회계기준에서 규정하고 있는 바에 의하면 재무제표는 손익계산서, 자본변동표, 재무상태표, 현극흐름표로 구성된다. 우리는 앞에서 손익계산서, 자본변동표, 재무상태표에 대하여 여러 장을 할애하여 공부하였다. 그러므로 본 장에서는 재무제표의 나머지 하나인 현금흐름표에 대해서 공부해 보고자 한다.

현금흐름표는 일정기간 동안 현금의 변동내용을 설명하는 보고서를 말한다. 이는 발생주의에 의하여 작성되는 재무상태표나 손익계산서와는 달리 현금주의에 의하여 작성되며 기업의 활동을 영업활동, 투자활동, 재무활동 세 가지로 구분하여 현금의 흐름에 관한 정보를 제공함으로써 손익계산서의 기능을 보완하고, 기업의 자산, 부채 및 자본의 변동에 관한 정보를 제공함으로써 재무상태표의 기능 또한 보완한다. 그러나 한 가지 주의해야 할 점은 현금흐름표가 다른 재무제표보다 우월한 것으로 이해해서는 안 된다는 점이다. 본 장에서는 현금흐름표를 작성하기에 앞서 현금주의와 발생주의의 차이를 이해하고, 각 활동별로 현금흐름을 계산하여 현금흐름표의 작성방법에 대해서 구체적으로 설명해 본다.

제1절 현금주의와 발생주의

IFRS ACCOUNTING PRINCIPLES

지금까지 우리는 회계와 관련한 많은 부분들을 공부했다. 그러나 앞에서 공부한 많은 내용들에 비해 이 장에서 공부할 현금흐름표는 처음 회계학을 공부하는 학생들에게는 접근하기가 가장 난해한 부분이 아닌가 생각된다. 그러나 차근차근 원리를 따져 보고 이해를 해보면 그리 어려운 것만도 아닐 것이다.

우선 현금흐름표에 대해 직접적으로 공부하기 전에 기초를 쌓는 의미에서 현금주의와 발생주의에 관하여 생각해 보자. 발생주의(accrual basis)란 직접적인 현금의 유입이나 유출과는 무관하게 현금의 유입이나 유출을 일어나게 하는 원초적인 경제적 사건이 발생한 시점에서 수익과 비용을 인식하자는 방법이다. 이에 반해 현금주의(cash basis)는 현금을 수취한 시점에서 수익을 인식하고 현금을 지출한 시점에서 비용을 인식하는 방법이다. 그러나 현행 회계에서는 현금주의를 인정하지 않고 있는데 그 이유는 획득한 수익과 수익을 창출하는 데 발생된 비용이 적절히 대응되지 않아 정확한 기간손익의 계산이 이루어지지 않기 때문이다.

예제 14-1

다음은 (주)노을의 2015년도의 모든 거래를 정리한 것이다.

2015년 5월 1일: 2015년도에 유일하게 원가 ₩300,000인 상품을 ₩500,000에 외상매출 하였다.

2015년 12월 31일: 2015년도분 이자비용 ₩150,000을 미지급하였다.

위의 거래에 대해 발생주의에 의해 분개하고, 발생주의와 현금주의에 의한 당기순이익을 각각 구하시오.

풀이

1. 분 개

(1) 2015년 5월 1일

(차) 매출채권	₩500,000	(대) 매 출	₩500,000
매출원가	₩300,000	상 품	₩300,000

(2) 2015년 12월 31일

(차) 이자비용	₩150,000	(대) 미지급비용	₩150,000

2. 발생주의에 의한 당기순이익

매 출	₩500,000
매출원가	300,000
매출총이익	200,000
이자비용	150,000
당기순이익	50,000

3. 현금주의에 의한 당기순이익

(주)노을의 2015년의 모든 거래에서 직접적으로 현금의 유입이나 유출이 있는 거래가 없으므로 현금주의에 의한 당기순이익은 0이다.

위의 예제에서 볼 수 있는 바와 같이 발생주의와 현금주의는 그 수익과 비용의 인식관점에 차이가 있다.

이 장에서 공부할 현금흐름표는 현금주의에 의한 수익과 비용을 인식하고자 하는 것이다. 그러나 여기에서 다음과 같은 것들을 생각해 보자. 위의 예제처럼 한 회계기간 동안에 발생한 거래가 몇 가지 되지 않는 경우에는 현금주의에 의하여 수익과 비용을 파악하는 것이 무척이나 쉬울 것이다. 한 회계기간 동안의 발생주의에 의한 분개를 직접 살펴봄으로써 현금의 유입과 유출이 한눈에 파악될 수 있기 때문이다. 그러나 실무에 있어서 기업의 한 회계기간 동안의 거래는 적게는 수천 개에서 많게는 수만 개의 분개가 이루어지고 있다. 이러한 수천수만 개의 분개를 일일이 파악하여 현금주의에 의한 수익과 비용을 구하는 것이 경제적인 일인가? 분명히 그 대답은 '비경제적인 것입니다'이다. 그렇다면 어떠한 방법으로 현금주의에 의한 이익을 계산할 수 있을까? 그 해답은 우리가 지금까지 공부해온 발생주의 회계에 있다. 이 책의 처음부터 지금까지 공부한 것은 발생주의 회계에 근거한 것으로서 한 회계기간 동안의 모든 거래에 대한 분개는 손익계산서, 자본변동표 및 재무상태표로 요약된다. 바로 이 세 가지의 발생주의에 의해 작성된 재무제표와 몇 가지의 참고사항이 있다면 이러한 발생주의에 의해 작성된 재무제표를 이용해 현금주의에 의한 이익을 구할 수 있으며 이는 곧 현금흐름표의 작성을 의미하게 된다. 우리는 이제 발생주의로 작성된 손익계산서, 자본변동표 및 재무상태표를 이용해 현금주의에 의한 현금흐름표를 작성하는 방법에 대해 살펴보기로 한다.

제2절 현금흐름표의 의의

IFRS ACCOUNTING PRINCIPLES

1. 재무제표의 의의

재무제표는 손익계산서, 자본변동표, 재무상태표, 현금흐름표가 있다. 이러한 재무제표 중에서 기업이 회계정보이용자에게 보고하기 위해 작성하는 일반 목적의 재무제표로서 재무상태표와 손익계산서가 중요시되어 왔다. 물론, 이들 두 재무제표인 재무상태표와 손익계산서는 지금도 여전히 그 중요성을 유지하고 있으나, 두 재무제표는 발생주의에 의한 이익의 보고만을 보여줌으로써 급변하는 경제상황 속에서의 현금동원능력 및 현금의 투자내역 등에 대한 직접적인 현금의 움직임을 보여주지 못하는 단점을 가지고 있다. 아무리 당기순이익을 많이 창출해내는 기업이더라도 만기가 도래한 차입금이나 사채의 원금과 이자비용을 현금으로 지급하지 못한다면 그 기업은 부도를 맞게 될 것이며, 이러한 부도는 기업의 존속을 위태롭게 하는 사건이 될 것이다. 따라서 현재의 재무제표에는 기업에 대한 현금의 움직임을 한눈에 파악할 수 있는 현금흐름표를 포함하고 있으며 이 현금흐름표는 기업이 작성하여 공시해야 할 필수 재무제표가 되었다.

현금흐름표(cash flow statement)란 기업의 일정기간 동안에 발생한 현금의 유출과 유입 내역을 조정하게 표시한 것이다. 현금흐름표는 회계정보이용자들 중 투자자에 대한 배당금 지급능력이나 채권자에 대한 원금의 상환 및 이자지급능력 등을 보여줌으로써 보다 신뢰할 수 있는 회계정보의 창출에 기여하고 있는 재무제표이다.

2. 현금흐름표의 유용성

현금흐름표는 회계정보이용자들에게 다음과 같은 정보를 제공한다.

첫째, 기업의 미래 현금의 창출능력에 관한 정보를 제공한다. 즉 영업활동으로 인한 현금의 흐름과 투자나 재무활동에 의한 현금흐름에 관한 정보를 제공함으로써 회계정보이용자들에게 미래의 현금흐름에 대한 예측을 가능하게 한다는 것이다.

둘째, 기업의 부채상환능력, 배당금지급능력, 외부자금조달의 필요성에 관한 정보를 제공한다.

셋째, 영업활동에서 조달된 순현금흐름과 발생주의에 의한 당기순이익 간의 차이 및 그 이유에 관한 정보를 제공한다. 즉 손익계산서상에는 당기순이익이 높게 산출되었는데도 불구하고 실제 현금은 당기순이익에 비해 상당히 적게 유입된 원인을 제공하고, 반대로 당기순이익은 미미하나 현금의 유입이 많은 이유를 밝혀주게 된다. 이러한 당기순이익과 현금흐름과의 상관관계를 이익의 질(quality of earning)이라 하는데 동일한 당기순이익에 대해 현금의 순유입이 많은 것을 이익의 질이 더 좋다라고 말한다.

제3절 활동별 현금흐름의 계산

IFRS ACCOUNTING PRINCIPLES

1. 현금흐름표의 양식

기업회계기준에 의하면 현금흐름표는 다음과 같은 양식으로 작성하도록 하고 있다.

현금흐름표
(2015. 1. 1~2015. 12. 31)

(주) ××

Ⅰ. 영업활동으로 인한 현금흐름		×××
⋮		
Ⅱ. 투자활동으로 인한 현금흐름		×××
1. 투자활동으로 인한 현금유입액	×××	
2. 투자활동으로 인한 현금유출액	×××	
Ⅲ. 재무활동으로 인한 현금흐름		×××
1. 재무활동으로 인한 현금유입액	×××	
2. 재무활동으로 인한 현금유출액	×××	
Ⅳ. 현금의 증가		×××
Ⅴ. 기초의 현금		×××
Ⅵ. 기말의 현금		×××

지금부터는 현금흐름표에 대한 기본적인 이해를 위주로 설명해 보자. 위의 현금흐름표상에서의 현금이란 우리가 일반적으로 생각하는 현금인 지

폐나 동전만을 의미하는 것이 아니라 예금과 현금등가물을 포함한 개념을 의미한다. 즉 현금흐름표상의 현금이란 '재무상태표상의 유동자산인 현금 및 현금성자산'을 의미하는 것이다. 현금성자산(cash equivalent)이란 현금의 단기적 운용을 목적으로 한 유동성이 높은 유가증권으로서, 첫째 큰 거래비용이 없이 현금으로의 전환이 용이하고, 둘째 이자율 변동에 따른 가치변동의 위험이 중요하지 않은 것 등의 조건을 충족하는 것을 말하며, 기업회계기준에 의한 그 예는 다음과 같다.

① 취득 당시의 만기가 3개월 이내에 도래하는 채권
② 취득 당시 상환일까지의 기간이 3개월 이내인 상환우선주
③ 3개월 이내의 상환조건인 환매채

기업의 활동은 크게 영업활동, 투자활동 및 재무활동으로 나눌 수 있는데 재무상태표에서 이를 분류해보면 **표 14-1**과 같다.

표에서 보는 바와 같이 재무상태표의 차변계정들은 대부분이 영업활동과 투자활동과 관련된 계정들이며, 재무상태표 대변계정들은 모두 영업활동과 재무활동과 관련된 계정들이다.

영업활동이란 일반적인 상거래와 관련한 활동으로서 제품의 생산, 상품 및 용역의 구매와 판매활동 등을 그 예로 들 수 있겠다. 투자활동이란 현금의 대여·회수, 유가증권·투자자산의 취득과 처분 등 영업활동과 관련이 없는 자산의 증가·감소활동을 의미한다. 재무활동이란 현금의 차입이나 상환활동, 신주발행이나 배당금의 지급 등 영업활동과 관련이 없는 부채와 자본의 증가 또는 감소와 관련된 활동을 의미한다.

영업활동·투자활동·재무활동의 분류와 관련하여 주의해야 할 것들이 있는데 이는 이자의 수입과 배당금의 수입 및 이자지급, 배당금지급은 어떤 활동으로 분류할 것인가에 관한 것이다. 우선, 이자의 수입은 자금의 대여, 즉 차변계정인 대여금 계정과 관련한 것으로서 영업과 직접 관련이 없는 것이므로 투자활동으로 보는 것이 타당할 것이고, 배당금수입은 유가증권 또는 투자유가증권과 관련한 차변계정에 의해 발생한 것이므로 투자활

동으로 보는 것이 타당할 것이다. 그러나 현행 기업회계기준에서는 이자수입과 배당금수입은 모두 영업활동으로 분류한다. 또 이자의 지급은 자금의 차입으로 인해 발생하는 차입금과 관련한 대변계정에 의해 발생하는 활동으로서 자금의 차입이 기업의 주 상거래가 아니므로 재무활동으로 분류되어야 할 것이나, 현행 기업회계기준에서는 영업활동으로 분류하고 있다. 배당금의 지급은 주식의 발행으로 인한 것으로 대변계정인 자본계정과 관련하여 발생한 것이고 주식의 발행이 일반 기업의 주 영업활동이 아니므로 재무활동으로 분류되는 것이 타당하며 기업회계기준도 재무활동으로 분류하고 있다.

표 14-1

자 산				부채와 자본			
계정과목	영업활동	투자활동	재무활동	계정과목	영업활동	투자활동	재무활동
Ⅰ. 유동자산				Ⅰ. 유동부채			
현금 및				매입채무	○		
현금성자산				선수금	○		
단기매매금융자산		○		미지급비용	○		
매출채권	○			선수수익	○		
단기대여금		○		미지급 법인세	○		
미수금	○			미지급 배당금			○
미수수익	○			단기차입금			○
선급금	○			미지급금	○		
선급비용	○			Ⅱ. 비유동부채			
재고자산	○			사 채			○
Ⅱ. 비유동자산				장기차입금			○
(1) 투자자산				장기성지급어음	○		
매도가능금융자산		○		퇴직급여충당금	○		
장기성받을어음	○			제품보증충당금	○		
기 타		○		Ⅲ. 자본금			○
(2) 유형자산		○		Ⅳ. 자본잉여금			○
(3) 무형자산		○		Ⅴ. 이익잉여금	○		
				Ⅵ. 자본조정			○

〈이자 및 배당의 기업회계기준에 의한 분류〉

이 자 수 입	영 업 활 동
배당금 수입	
이 자 지 급	
배당금 지급	재 무 활 동

2. 현금흐름표의 기본 틀

현금흐름표에 어떤 내용이 담기는가는 우리가 이미 잘 알고 있는 회계등식을 가지고도 쉽게 설명될 수 있다. 다시 한 번 회계등식을 나타내 보면,

자산 = 부채 + 자본

이다. 이것을 이제까지 배운 지식으로 조금 확장해보자. 자산을 크게 두 부분으로 나누면 유동자산과 비유동자산으로 나눌 수 있다. 마찬가지로 부채도 크게 둘로 나누면 유동부채와 비유동부채로 나누어진다. 자본을 두 부분으로 나눈다면 납입자본금과 이익잉여금으로 또한 나눌 수 있을 것이다. 따라서 위의 회계등식은 아래와 같이 다시 나타낼 수 있다.

$$\underbrace{\text{유동자산}+\text{비유동자산}}_{\text{자산}}=\underbrace{\text{유동부채}+\text{비유동부채}}_{\text{부채}}+\underbrace{\text{납입자본금}+\text{이익잉여금}}_{\text{자본}}$$

여기서 현금은 어디에 속해 있을까? 물론 유동자산에 속해 있다. 그러므로 위 식의 첫 항목인 유동자산을 현금과 현금을 제외한 나머지 기타유동자산으로 나누어 보자. 그 이유는 현금흐름표가 한 회계기간 동안 현금이 어떻게 증가(또는 감소)했는가를 나타내 주는 표이므로 현금의 증감은 어떤 요소들에 의해 영향을 받나를 분석해 보고자 함이다. 따라서 위의 식은 다

음과 같이 다시 나타낼 수 있다.

현금+기타유동자산+비유동자산=유동부채+비유동부채+납입자본금+이익잉여금

이제 이 식을 다시 정리해 보자. 즉 현금항목만 왼쪽에 놔두고, 다른 항목들은 등호의 오른쪽으로 모아보자. 그러면 결과는 다음과 같다.

현금=유동부채+비유동부채+납입자본금+이익잉여금−기타유동자산−비유동자산

즉 왼쪽에 있는 현금의 증감은 오른쪽의 여섯 개 항목들의 증감에 따라 영향을 받는다는 얘기가 된다. 예를 들어, 기초의 유동부채계정의 잔액에 비해 기말의 유동부채잔액이 늘면 그만큼 현금은 증가하게 된다는 말이다. 유동부채의 대표적인 계정인 매입채무계정을 놓고 볼 때, 기초잔액 대비 기말잔액이 늘었다면 그만큼 갚을 외상이 늘어난 것이고, 남한테 외상을 더 졌다면 그만큼 기초에 비해 현금상태는 증가한 것이다. 또 다른 유동부채계정인 미지급계정의 잔액증가도 마찬가지이다. 기초에 비해 기말의 미지급금 잔액이 늘었다면, 그만큼 현금상태가 좋아졌다는 말이다. 바유동부채에 속한 계정들도 이와 같은 결과를 가져온다. 비유동부채의 대표적인 계정인 회사채계정을 놓고 볼 때, 기초에 비해 기말의 잔액이 증가했다면, 이는 당해 회계연도 동안 발생한 회사채의 규모가 만기가 되어 갚은 회사채의 규모보다 크다는 뜻이고, 그 차이만큼 기초에 비해 현금이 증가했다는 얘기가 된다. 납입자본금의 증가도 현금의 증가에 기여하는 것이고, 이익잉여금의 증가도 현금의 증가에 도움이 된다. 기타유동자산과 비유동자산에 속한 계정들의 경으는 앞의 경우와 정반대이다. 앞에 마이너스 부호가 자리잡고 있기 때문에 이들에 속한 계정들은 기초에 비해 기말잔액이 줄어야 현금의 증가를 가져다 준다. 기타유동자산에 속한 계정의 예로 매출채권계정을 들어보면, 기초에 비해 기말의 잔액이 작아야 그만큼 고객들로부터 외상을 더 회수했다는 얘기이고, 결국 그만큼 현금이 증가했다는 말이 된다. 비유동자산에 속한 계정도 기초에 비해 기말잔액이 줄어야 현

금의 증가를 가져온다. 예를 들어 토지나 빌딩계정들의 잔액이 기초에 비해 줄어야 그만큼 순처분이 있었다는 얘기이고, 그래야 현금이 그만큼 증가되기 때문이다.

이와는 반대로 해당 회계연도 중 유동부채의 감소, 비유동부채의 감소, 납입자본금의 감소, 이익잉여금의 감소, 기타유동자산의 증가, 비유동자산의 증가는 현금의 감소를 가져다 준다. 이를 앞의 식에 화살표를 이용해 표시하면 다음과 같다(각 항목의 왼쪽에 위치한 화살표는 현금의 증가를, 오른쪽 화살표는 현금의 감소를 뜻한다).

현금	=	유동부채	+	비유동부채	+	납입자본금	+	이익잉여금	−	기타유동자산	−	비유동자산
↑↓		↑↓		↑↓		↑↓		↑↓		↓↑		↓↑

일단 현금의 증감에 영향을 미치는 요소들에 대해 분석이 끝나고 이해가 되었으면, 이제 그 증감을 현금흐름표상의 어디에(영업활동, 투자활동, 재무활동 중) 보고하느냐를 알게 되면 현금흐름표 작성에 대한 요령은 거의 터득했다고 할 수 있다. 위의 식의 오른쪽에 있는 항목들이 어떻게 처리되나 알아보자.

첫째, 유동부채와 기타유동자산에 속한 계정들의 변화는 영업활동에서 처리해 준다. 단, 이들에 속한 계정이라 할지라도 그 성격상 영업활동과 거리가 있는 계정들의 변화는 예외이다. 예를 들어 단기매매금융자산 계정은 기타유동자산에 속하는 계정이지만 그 계정의 성격상 그 증감이 영업활동의 결과라고 보기보다는 투자활동으로 간주하는 것이 타당할 것이다. 또 단기차입금 계정은 유동부채에 속하는 계정이지만 차입금을 단기로 빌려오거나 갚는 행위는 영업활동이기보다는 재무활동으로 보아야 한다. 이런 몇 개의 예외적인 계정들을 제외하고는 영업활동에서 이들에 속한 계정들의 증감을 처리한다.

둘째, 비유동자산에 속한 계정들의 변화는 투자활동에서 처리한다. 대부분의 비유동자산에 속한 계정들이 기업의 투자활동과 관련되어 있기 때문이다.

셋째, 비유동부채와 납입자본금에 속한 계정들의 변화는 재무활동으로 인한 현금흐름에서 처리한다.

넷째, 이제 위 등식에서 하나 남은 항목이 이익잉여금인데, 이익잉여금의 변화는 당기순이익과 현금배당에 의해 야기된다. 여기의 당기순이익은 영업활동으로 인한 현금흐름속의 첫 번째 항목으로 쓰인다. 그리고 배당금의 지급은 재무활동으로 인한 현금흐름에서 처리된다.

이상의 이해를 바탕으로, 하나의 예제를 가지고 현금흐름표를 만들어보자. 참고로 이제까지 설명한 현금흐름표의 작성방법을 간접법이라고 부른다. 간접법이라 부르는 이유는 당기순이익을 포함하여 기타유동자산과 유동부채에 속한 계정들의 변화를 가지고 영업활동으로 인한 현금흐름을 도출해 내기 때문이다(또 다른 방법인 직접법에 대해서는 곧 설명이 뒤따를 것이다).

기본예제

다음은 (주)비젼의 2013년 및 2014년도의 재무상태표와 2014년도의 손익계산서이다.

재무상태표

(주)비젼

자산	2013년 말	2014년 말	부채 및 자본	2013년 말	2014년 말
현금과예금	₩150,000	₩115,000	매입채무	₩3,100,000	₩3,500,000
매출채권	2,160,000	3,060,000	미지급영업비	6,000	8,000
단기매매금융자산	300,000	110,000	선수수수료	2,000	1,000
상품	1,500,000	2,100,000	미지급법인세	30,000	150,000
선급보험료	6,000	3,000	단기차입금	200,000	300,000
차량운반구	1,000,000	1,100,000	장기차입금	500,000	758,000
감가상각누계액	(240,000)	(157,000)	자본금	1,000,000	1,400,000
영업권	24,000	18,000	이익잉여금	62,000	232,000
	₩4,900,000	₩6,349,000		₩4,900,000	₩6,349,000

손익계산서
(2014. 1. 1~2014. 12. 31)

(주)비전

Ⅰ. 매 출 액		₩9,415,000
Ⅱ. 매출원가		7,600,000
Ⅲ. 매출총이익		1,815,000
Ⅳ. 판매비와 관리비		
1. 영 업 비	1,300,000	
2. 보 험 료	52,000	
3. 감가상각비	117,000	1,469,000
Ⅴ. 영업이익		346,000
Ⅵ. 영업외 수익		
1. 수수료 수익	70,000	
2. 단기매매금융자산처분이익	50,000	
3. 단기매매금융자산평가이익	10,000	130,000
Ⅶ. 영업외 비용		
1. 이자비용	40,000	
2. 무형자산상각비	6,000	
3. 유형자산처분손실	60,000	106,000
Ⅷ. 경상이익		370,000
Ⅸ. 법인세비용		200,000
Ⅹ. 당기순이익		170,000

| 추가자료 |

① 장부가액 ₩200,000의 단기매매금융자산을 ₩250,000에 처분하였다. 기초 및 기말의 유가증권에 현금등가물은 없다.

② 취득원가 ₩700,000, 감가상각누계액 ₩200,000의 차량을 ₩440,000에 처분하였다.

③ 취득원가 ₩800,000의 차량을 구입하였다.

④ 당기분 감가상각비는 ₩117,000이다.

⑤ 단기차입금 ₩200,000을 상환하고 ₩300,000을 차입하였다.

⑥ 장기차입금 ₩258,000을 차입하였다.

⑦ ₩400,000의 유상증자를 실시하였다.

⑧ 전기와 당기에 이익처분은 없었다.

우선 위의 자료를 보면 기초의 현금보유액은 ₩150,000이었고, 기말의 현금보유액은 ₩115,000으로 보고하고 있다. 즉 이 회계연도 동안에 현금이 ₩35,000만큼 줄어들었다. 따라서 우리가 작성하려고 하는 당해 연도 현금흐름표의 맨 밑의 결론은 현금의 감소 ₩35,000이 될 것이다. 이렇게 현금흐름표를 작성함에 있어서 우리는 완성된 현금흐름표의 결론은 알고 출발하게 된다. 열심히 현금흐름표를 작성했는데 그 결론이 현금의 감소 ₩35,000이 아니라면, 어디선가 오류가 있었다는 얘기이다. 자, 이제 본격적으로 현금흐름표를 작성해보자.(간접법으로)

손익계산서를 보면 당기순이익이 ₩170,000이므로 이 금액은 '영업활동으로 인한 현금흐름'(이하 편의상 영업활동으로 부르기로 한다)의 첫줄에 위치한다. 여기까지 진행된 현금흐름표를 보면 다음과 같을 것이다.

현금흐름표
(주) 비젼
(2014. 1. 1~2014. 12. 31)

Ⅰ. 영업활동으로 인한 현금흐름	
당기순이익	₩170,000

그런데 여기서 문제는 손익계산서에서 계산된 당기순이익은 그 자체가 현금흐름이 아니라는 점이다. 그 이유는 우선 당기순이익은 발생주의에 입각해서 계산된 수치이고, 또한 당기순이익 속에는 현금의 유입이나 유출과는 관계가 없는 수익이나 비용이 내포되어 있기 때문이다. 일례로 단기매매금융자산평가이익은 당기순이익 계산에 영업외 수익의 일부로 포함된다. 그러나 평가이익이라 함은 연말에 단기매매금융자산의 장부가액과 공정시가를 비교하여 공정가치가 높을 때 그 차이만큼을 인식하는 것이다. 이것은 실현된 이익이 아니고 그저 평가상의 차이로서 미실현된 이익이다. 그러므로 이 때문에 현금이 증가된 것은 없다. 따라서 당기순이익을 현금흐름표에 사용하려면 이런 현금유입이 수반되지 않았던 이익은 제거해야

할 것이다. 또 다른 대표적인 항목이 감가상각비이다. 독자들도 잘 알듯이 유형의 내구성자산에 대한 감가상각을 인식할 때 현금유출이 필요치 않았다. 차변에 감가상각비를 기록하고 대변에는 감가상각누계액이라는 자산의 차감계정을 사용했다(대변에 현금이 아니었다). 그러나 감가상각비라는 비용은 당기순이익 계산에 당기순이익을 작아지게 하는 항목으로 포함되었다. 즉 당기순이익 속에는 현금유출이 수반되지 않았던 비용이 포함되어 있기 때문에 당기순이익을 현금흐름표에 사용하려면 감가상각비 같은 비용 금액은 당기순이익에 가산해서 사용해야 할 것이다. 대손상각비도 마찬가지 항목이다.

이렇게 당기순이익에서 가감하여 당기순이익 속에 들어 있는 순 현금유입을 알아내기 위해 조정이 필요한 항목들을 정리해 보면 다음과 같이 분류할 수 있다.

① 현금유출이 없는 비용 등의 가산

㉠ 현금유출이 없는 비용: 감가상각비, 대손상각비, 무형자산상각비, 단기매매금융자산평가손실, 사채할인발행차금 상각부분 등

㉡ 투자 및 재무활동과 관련한 비용: 단기매매금융자산처분손실, 유형자산처분손실, 사채상환손실 등

② 현금유입이 없는 수익 등의 차감

㉠ 현금유입이 없는 수익: 단기매매금융자산평가이익, 사채할증발행차금 상각부분 등

㉡ 투자 및 재무활동과 관련한 수익: 단기매매금융자산처분이익, 유형자산처분이익, 투자자산처분이익 등

위의 항목들 중 ㉡에 속하는 비용이나 수익은 왜 가산 또는 차감하는가가 독자들을 궁금케 하는 사안일 것이다. 그 이유는 이런 비용이나 수익이 이미 당기순이익에 반영되어 있지만 현금흐름표의 성격상 '투자활동으로 인한 현금흐름' 단락이나 '재무활동으로 인한 현금흐름' 단락에서 해당 자산(또는 부채)이 차익을 보고 처분되었든 차손을 보고 처분되었든 관계없이

처분하면서 실제로 받은 현금액을 보고하도록 되어 있다. 따라서 장부가액 ₩10,000짜리 자산이 실제로 ₩8,000에 처분되었다면 투자활동에서는 이로 인해 증가한 현금을 ₩8,000으로 나타내는 것이다. 그런데 이렇게 처리하다 보니 처분손실 ₩2,000은 당기순이익의 계산속에도 포함되어 있고, 투자활동에서도 또 손실이 반영되는, 똑같은 손실이 두 번씩이나 반영되는 결과를 초래하게 된다. 그러므로 이를 방지하려면 당기순이익 속에 반영되었던 손실을 당기순이익에 다시 가산해 주면 된다. 즉 두 번 반영될 것을 한쪽에서 제거해 주면 현금흐름표상에서는 한 번만 반영되는 결과를 얻게 되는 것이다. 수익의 경우도 마찬가지로 한 번 차감해 주면 두 번 반영되는 것을 방지할 수 있다.

자, 이제까지 설명된 내용을 바탕으로 앞의 부분 현금흐름표를 좀더 진행시켜 보자. 발생주의에 입각해 계산된 ₩170,000의 당기순이익에 어떤 항목들을 가감하여야 할까? 우선 손익계산서상에(또 추가자료 속에) ₩117,000의 감가상각비가 있다. 이것은 당기순이익에 가산해야 할 금액이다. 또 무형자산상각비도 ₩6,000이 있다. 이것도 가산해야 할 금액이다. 영업외 비용 속에 포함되어 있는 유형자산처분손실 ₩60,000도 역시 가산된다. 반대로 영업외 수익 속에 포함되어 있는 단기매매금융자산평가이익 ₩10,000과 단기매매금융자산처분이익 ₩50,000은 당기순이익에서 차감되어야 할 항목들이다. 이들을 반영하면 현금흐름표는 다음과 같이 좀 더 진행될 것이다.

현금흐름표

(주) 비전

(2014. 1. 1~2014. 12. 31)

Ⅰ. 영업활동으로 인한 현금흐름	
당기순이익	₩170,000
현금유출이 없는 비용 등의 가산	
감가상각비	117,000
무형자산상각비	6,000
유형자산처분손실	60,000

현금유입이 없는 수익 등의 차감	
단기매매금융자산평가이익	(10,000)
단기매매금융자산처분이익	(50,000)

당기순이익 속에 포함된 현금유출이 없는 비용들과 현금유입이 없는 수익들을 가산 또는 차감하여 당기순이익 속의 순 현금흐름이 어떤지를 정리했으므로 이제는 영업활동에 포함시켜야 할 기타유동자산 계정들의 증감과 유동부채 계정들의 증감을 여기에 덧붙이면 영업활동의 단락은 일단 완성될 것이다.

(주)비젼의 재무상태표상 현금과 예금계정을 제외한 기타유동자산 계정들은 매출채권, 단기매매금융자산, 상품, 선급보험료들이다. 그러나 이 중 단기매매금융자산 계정의 변화는 투자활동이 알맞다. 그러므로 기타유동자산 계정들 중 매출채권, 상품, 선급보험료 계정들의 변화를 영업활동에 포함시키면 된다. 매출채권계정의 잔액이 ₩900,000만큼 증가했으므로 현금흐름에는 음(−)의 영향을 미쳤다. 상품계정도 잔액이 ₩600,000 증가하여 역시 현금흐름에 마이너스 영향을 미쳤다. 선급보험료 계정만 그 잔액이 ₩3,000만큼 감소하여 현금흐름에 양(+)의 영향을 미쳤다.

유동부채쪽으로 가보면 매입채무, 미지급영업비, 선수수수료, 미지급법인세, 단기차입금 계정들이 나열되어 있다. 이 중 단기차입금 계정의 변화는 재무활동에 적합하므로 그쪽으로 넘기고 나머지 계정들의 변화만 영업활동에 포함시키면 된다. 우선 매입채무 계정은 잔액이 ₩400,000 늘었으므로 현금흐름에 양(+)의 영향을 미쳤고, 미지급영업비도 잔액이 ₩2,000 늘어 현금흐름에 도움이 되었다. 선수수수료는 잔액이 ₩1,000 줄어 현금흐름에 부(−)의 영향을 미쳤고, 미지급법인세는 잔액이 ₩120,000 늘어 현금흐름에 양(+)의 영향을 주었다. 이렇게 분석된 자료를 덧붙여 현금흐름표를 더 진행하여 '영업활동으로 인한 현금흐름' 단락을 완성시켜 보자.

현금흐름표
(주) 비전
(2014. 1. 1~2014. 12. 31)

Ⅰ. 영업활동으로 인한 현금흐름		
당기순이익	₩170,000	
현금유출이 없는 비용 등의 가산		
감가상각비	117,000	
무형자산상각비	6,000	
유형자산처분손실	60,000	
현금유입이 없는 수익 등의 차감		
단기매매금융자산평가이익	(10,000)	
단기매매금융자산처분이익	(50,000)	
영업활동으로 인한 자산·부채의 증감		
매출채권의 증가	(900,000)	
상품계정의 증가	(600,000)	
선급보험료의 감소	3,000	
매입채무의 증가	400,000	
미지급영업비의 증가	2,000	
선수수수료의 감소	(1,000)	
미지급법인세의 증가	120,000	
영업활동으로 인한 현금의 감소		(₩683,000)

영업활동에 대한 단락을 완성했으니 이제 투자활동과 재무활동을 완성시켜보자. 우선 '투자활동으로 인한 현금흐름'에는 앞에서도 설명했듯이 비유동자산에 속한 계정들의 변화와 기타 투자활동으로 간주되는 계정들의 변화를 포함시키면 된다. 비유동자산에 속하는 계정들에는 차량운반구와 영업권계정이 있다. 차량운반구 계정의 잔액은 ₩100,000의 순 증가가 있는데 이는 추가자료 ②와 ③에서 나타나 있듯이 취득원가 ₩700,000의 차량이 처분되었고, 새로 취득원가 ₩800,000의 차량이 구입되었기 때문이다. 이로 인해 신차량 구입에 현금 ₩800,000이 나갔고, 구차량 처분에서는 ₩440,000의 현금(실제로 판 가격)이 들어왔다. 또 다른 투자활동으로는 단기매매금융자산의 처분이다. 추가자료 ①에 설정되어 있듯이 장부가액 ₩200,000의 단기매매금융자산이 ₩250,000에 처분되어 실제 처분가액만큼 현금이 증가했다. 비유동

자산으로서 영업권 계정이 있는데 이 계정의 감소는 영업권 상각분(무형자산 상각비로 손익계산서에 보고된 항목)만큼이므로 추가적인 영업권의 발생이나 소멸은 없었다.

이런 자료를 바탕으로 현금흐름표의 두 번째 단락인 '투자활동으로 인한 현금흐름' 부분을 완성해 보면 아래와 같을 것이다.

Ⅱ. 투자활동으로 인한 현금흐름		
차량운반구의 처분	₩440,000	
차량운반구의 구입	(800,000)	
단기매매금융자산의 처분	250,000	
투자활동으로 인한 현금의 감소		(₩110,000)

마지막으로 세 번째 단락인 '재무활동으로 인한 현금흐름'이 남았다. 재무활동에는 비유동부채와 납입자본금에 속하는 계정들의 변화와 단기차입금 계정 및 배당금의 지급 등이 포함된다. 추가자료 ⑤, ⑥, ⑦에 이런 변화들이 나열되어 있다. ⑤번의 단기차입금 ₩ 300,000을 차입한 것, ⑥번의 장기차입금을 차입한 것(장기차입금 계정을 보면 이 금액의 순증만 나타내고 있어 장기차입금의 상환은 없었음을 알 수 있다), ⑦번의 ₩400,000의 유상증자 등이 현금흐름을 증가시켰다. 반면에 ⑤번의 단기차입금 ₩200,000의 상환은 현금을 감소시켰다. ⑧번에서 볼 수 있듯이 이익처분은 없었으므로 배당금의 지급은 이 기간 동안 발생하지 않았다.

이 자료들을 가지고 현금흐름표의 세 번째 단락인 '재무활동으로 인한 현금흐름' 부분을 완성해보면 아래와 같다.

Ⅲ. 재무활동으로 인한 현금흐름		
단기차입금의 상환	(₩200,000)	
단기차입금의 차입	300,000	
장기차입금의 차입	258,000	
유상증자	400,000	
재무활동으로 인한 현금의 증가		₩758,000

이제까지 부분적으로 완성했던 현금흐름표를 같이 묶으면 다음과 같은 완전한 현금흐름표가 된다.(간접법)

현금흐름표

(주) 비젼

(2014. 1. 1~2014. 12. 31)

Ⅰ. 영업활동으로 인한 현금흐름		
당기순이익	₩170,000	
현금유출이 없는 비용 등의 가산		
감가상각비	117,000	
무형자산상각비	6,000	
유형자산처분손실	60,000	
현금유입이 없는 수익 등의 차감		
단기매매금융자산평가이익	(10,000)	
단기매매금융자산처분이익	(50,000)	
영업활동으로 인한 자산·부채의 증감		
매출채권의 증가	(900,000)	
상품계정의 증가	(600,000)	
선급보험료의 감소	3,000	
매입채무의 증가	400,000	
미지급영업비의 증가	2,000	
선수수수료의 감소	(1,000)	
미지급법인세의 증가	120,000	
영업활동으로 인한 현금의 감소		(₩683,000)
Ⅱ. 투자활동으로 인한 현금흐름		
차량운반구의 처분	₩440,000	
차량운반구의 구입	(800,000)	
단기매매금융자산의 처분	250,000	
투자활동으로 인한 현금의 감소		(₩110,000)
Ⅲ. 재무활동으로 인한 현금흐름		
단기차입금의 상환	(₩200,000)	
단기차입금의 차입	300,000	
장기차입금의 차입	258,000	
유상증자	400,000	
재무활동으로 인한 현금의 증가		₩758,000
Ⅳ. 현금의 감소		(35,000)
Ⅴ. 기초의 현금		150,000
Ⅵ. 기말의 현금		115,000

3. 직접법으로의 현금흐름표 작성

앞에서 공부한 간접법 외에도 직접법으로 현금흐름표를 작성할 수 있다. 다만 간접법, 직접법을 얘기할 때 이는 '영업활동으로 인한 현금흐름'에만 해당되며, 투자활동과 재무활동의 단락은 간접법이든 직접법이든 동일하다. 따라서 여기서는 (주)비젼의 예를 가지고 직접법을 설명하기로 한다. '영업활동으로 인한 현금흐름' 속에 포함되는 내용들만 다를 뿐이지 영업활동으로 인한 현금의 증가(감소)는 같은 값으로 귀결된다.

(1) 직접법

직접법은 영업활동에 의하여 현금을 증가시키는 각각의 수익항목에 현금을 감소시키는 각각의 비용항목을 차감하여 구하는 방법이다. 기업회계기준 예규에 의한 직접법에 따른 영업활동으로 인한 현금흐름표의 작성 양식을 예시해보면 다음과 같다.

현금흐름표		
Ⅰ. 영업활동으로 인한 현금흐름		×××
1. 매출 등 수익활동으로부터의 유입액	×××	
2. 매입 등 수익활동에 따른 유출액	(×××)	
3. 이자수익 및 배당금수익 유입액	×××	
4. 기타 영업활동으로 인한 유입액	×××	
5. 종업원에 대한 유출액	(×××)	
6. 이자비용 유출액	(×××)	
7. 기타 영업활동에 따른 유출액	(×××)	

위의 예시에서 나타나는 순서대로 현금흐름표를 작성해 보자.

1) 매출 등 수익활동으로부터의 유입액

매출활동과 관련된 가장 대표적인 재무상태표 계정과목은 '매출채권'이 있는데, 이러한 매출채권 계정과 손익계산서상의 '매출'계정을 이용하여 당기의 매출과 관련한 현금유입액을 구하면 이것이 곧 '매출 등 수익활동으로부터의 유입액'이 된다. 위와 같은 현금흐름의 계산방법에는 T계정분석법과 증감분석법 등 다양한 방법이 있으나 가장 이해하기 쉬운 T계정분석법을 이용하기로 하자. T계정분석법이란 이 책의 전반에서 공부한 T계정을 이용해 발생주의에 의한 매출 등의 수치를 현금주의화하는 분석법이다. 매출채권과 관련한 현금의 증감내역을 T계정으로 나타내면 다음과 같다.

매출채권

차변		대변	
① 기초 매출채권	×××	∴ ④ 현 금 회 수 액	×××
② 매 출 액	×××	③ 기말 매출채권	×××
	×××		×××

위의 T계정에서 ①의 기초매출채권, ②의 매출액, ③의 기말매출채권은 재무상태표와 손익계산서에 이미 발생주의 회계에 근거하여 그 금액이 집계되어 있고, 이 금액의 차변과 대변의 차액이 곧 매출과 관련한 현금회수액이 되는 것이다. 매출채권의 발생시와 매출채권의 현금회수시의 분개를 보면 다음과 같다.

구분	차변	금액	대변	금액
매출채권 발생시:	(차) 매출채권	×××	(대) 매 출	×××
매출채권 현금회수시:	(차) 현 금	×××	(대) 매출채권	×××

위의 분개에서 보듯이 매출이 외상으로 이루어진 경우 차변에 매출채권계정이 오고 대변에 매출계정이 오므로 매출채권의 T계정의 차변에 위 표의 ② 매출액을 기록하고, 매출채권의 현금회수시에 대변에 매출채권계정이 오므로 T계정의 대변에 ④ 현금회수액이 기록된다. 이와 같은 원리에 의해 현금주의에 의한 매출액인 ④ 현금회수액을 추정하여 산출할 수 있게 되는 것이다. 이해를 돕기 위해 간단한 예제를 들어보자.

예제 14-2

(주)백두산의 2013년 말 매출채권 잔액은 ₩5,000,000이며, 2014년 말 매출채권 잔액은 ₩1,000,000이고 당기 매출액은 ₩10,000,000이다. 2014년의 매출과 관련한 현금회수액을 구하시오.

풀이

매출채권

차변	금액	대변	금액
기초 매출채권	5,000,000	∴ 현금회수액	14,000,000
매 출 액	10,000,000	기말 매출채권	1,000,000
	15,000,000		15,000,000

위의 예제를 보고 영특하고 머리가 비상한 학생은 다음과 같은 질문을 할 지도 모른다. '만약 당기의 매출액 ₩10,000,000 중에서 ₩4,000,000만 외상매출되었고 나머지 ₩6,000,000은 즉시 현금으로 회수하였다면 매출채권 T계정을 이용한 현금회수액을 위와 같이 구해도 됩니까?' 날카로운 질문이다. 위의 학생의 질문처럼 매출액 중 ₩6,000,000이 외상매출이 아닌 현금매출이었다면 다음과 같은 분개가 이루어질 것이다.

(차) 현 금	6,000,000	(대) 매 출	6,000,000

위의 분개에서 보듯이 현금매출로 인해 '매출채권'계정이 나타나지 않으므로 **예제 14-2**는 T계정상 다음과 같이 분석해야 한다.

매출채권

차변	금액	대변	금액
기초 매출채권	5,000,000	∴ 현금회수액	8,000,000
매 출 액	4,000,000	기말 매출채권	1,000,000
	9,000,000		9,000,000

위의 T계정에서 보듯이 외상매출로 인해 발생한 매출채권에서 회수한 현금회수액은 ₩8,000,000이다. 그러나 우리가 명심해야 할 것은 현금흐름

표는 현금주의에 근거하여 작성되는 재무제표이므로 위의 매출채권 회수로 인한 ₩8,000,000과 현금매출한 ₩6,000,000을 합한 ₩14,000,000이 2014년의 현금주의 매출액이라는 것이다. 따라서 당기 매출액을 현금매출액과 외상매출액으로 구분하여 T계정분석을 하든지, 또는 당기 매출액을 전부 외상매출로 가정하여 T계정분석을 하든지 결국 현금주의 매출액(현금회수액)은 동일한 금액으로 구해진다. 즉, 이론적인 관점에 의한 T계정분석에 의하면 위의 학생이 질문한 것처럼 외상매출액과 현금매출액을 따로따로 구분해야 하지만 우리가 알고자 하는 '매출 등 수익활동으로 인한 유입액'은 외상매출액 중 회수된 현금과 현금매출로 회수한 현금의 합계이므로 당기의 매출액 전체를 외상매출로 가정하고 T계정분석을 하더라도 현금주의 매출액은 동일하게 산출된다. 그러면 앞의 기본예제에서 2014년도 현금주의 매출액을 구해보자.

매출채권

기초 매출채권	₩2,160,000	∴ 현 금 회 수 액	₩8,515,000
매 출 액	9,415,000	기말 매출채권	3,060,000
	11,575,000		11,575,000

위의 현금회수액 ₩8,515,000이 곧 '매출 등 수익활동으로부터의 유입액'에 기록되어야 할 금액이다.

2) 매입 등 수익활동으로 인한 유출액

매입활동과 관련한 재무상태표 계정에는 '매입채무'와 '재고자산'이 있으며, 손익계산서 계정에는 '매출원가'가 있다. 이 세 계정을 이용하면 당기의 매입으로 인해 얼마의 금액을 현금으로 지급하였는가 하는 현금지급액을 구할 수 있으며, 이 현금지급액이 곧 '매입 등 수익활동으로 인한 유출액'이 된다. 현금지급액을 T계정분석법에 의해 구해보면 다음과 같다.

매입채무

∴ 현금 지급액	×××	기초 매입채무	×××
기말 매입채무	×××	당기 매입액	×××
	×××		×××

만약, 손익계산서에 당기 매입액에 대한 자료가 없고 당기 매출원가만이 주어진다면 매입채무 계정에 의한 T계정분석으로는 직접적으로 현금지급액을 산출할 수 없고 '재고자산'계정을 추가적으로 T계정분석하여 '당기 매입액'을 구한 후 '매입채무'계정을 T계정분석하여 현금지급액을 구할 수 있다.

예제 14-3

(주)곰바우의 재무상태표와 손익계산서는 다음과 같다. 이에 근거하여 2014년도의 매출 등 수익활동으로부터의 현금유입액과 매입 등 수익활동으로 인한 현금유출액을 구하시오.

재무상태표
(2014. 1. 1~2014. 12. 31)

(주)곰바우

자 산			부채와 자본		
계 정 과 목	2013년 말	2014년 말	부채 및 자본	2013년 말	2014년 말
매 출 채 권	₩6,000,000	₩7,000,000	매 입 채 무	₩8,000,000	₩5,000,000
재 고 자 산	3,000,000	4,000,000	⋮		
⋮	⋮				

손익계산서
(2014. 1. 1~2014. 12. 31)

Ⅰ. 매 출 액	₩15,000,000
Ⅱ. 매 출 원 가	11,000,000
Ⅲ. 매출총이익	4,000,000
⋮	

풀이

① 매출 등 수익활동으로부터의 유입액

매출채권

기초 매출채권	6,000,000	∴ 현금회수액	14,000,000
매 출 액	15,000,000	기말 매출채권	7,000,000
	21,000,000		21,000,000

그러므로 매출 등 수익활동으로부터의 유입액은 ₩14,000,000이다.

② 매입 등 수익활동으로 인한 유출액

재고자산

기초 재고자산	3,000,000	매출원가	11,000,000
∴ ① 당기 매입액	12,000,000	기말 재고자산	4,000,000
	15,000,000		15,000,000

매입채무

∴ 현금 지급액	15,000,000	기초 매입채무	8,000,000
기말 매입채무	5,000,000	① 당기 매입액	12,000,000
	20,000,000		20,000,000

그러므로 매입 등 수익활동으로 인한 유출액은 ₩15,000,000이다.

위의 예제에서 보듯이 '① 당기 매입액'을 알 수 있다면 매입채무 계정에 대한 T계정분석만으로도 현금지급액을 구할 수 있으나 '매출원가'만을 알고 있는 경우에는 추가적으로 재고자산에 대한 T계정을 분석해서 '① 당기 매입액'을 구한 후에 매입채무 계정을 분석해야 함에 주의해야 한다.

〈매출원가만 알 수 있는 경우〉

손익계산서

Ⅰ. 매 출 액	×××
Ⅱ. 매 출 원 가	×××
Ⅲ. 매출총이익	×××
⋮	

〈매출원가와 당기 매입액을 모두 알 수 있는 경우〉

손익계산서

Ⅰ. 매 출 액		×××
Ⅱ. 매 출 원 가		
1. 기초 재고액	×××	
2. 당기 매입액	×××	
3. 기말 재고액	(×××)	×××
Ⅲ. 매출총이익		×××

이제 앞의 기본예제에서 매입 등 수익활동으로 인한 유출액을 구해보자.

상 품

기초상품	1,500,000	매출원가	7,600,000
∴ 당기매입	8,200,000	기말상품	2,100,000
	9,700,000		9,700,000

매입채무

∴ 현금지급액	7,800,000	기초매입채무	3,100,000
기말매입채무	3,500,000	∴ 당기매입	8,200,000
	11,300,000		11,300,000

3) 기타 영업활동에 의한 유입액

기타의 영업활동과 관련된 재무상태표 항목에는 '선수수익'과 '미수수익'이 있다. 이들 각 계정들의 기초와 기말의 증감내역과 손익계산서상의 기타수익(영업외 수익과 특별이익의 합계액)을 토대로 기타 영업활동에 의한 유입액을 구할 수 있다. 이러한 기타 영업활동으로 인한 현금유입액도 T계정분석으로 구할 수 있다.

미수수익

기초 미수수익	×××	∴ 당기 현금유입액	×××
손익계산서상 관련수익	×××	기말 미수수익	×××

선수수익

손익계산서상 관련수익	×××	기초 선수수익	×××
기말 선수수익	×××	∴ 당기 현금유입액	×××

위의 T계정분석에 의하여 수익항목을 각각 계산하는 방법을 개별분석이라 한다.

그러나 수익항목을 각각 계산하지 않고 손익계산서상의 영업외 수익과 특별이익의 합계액에 대해 전체적으로 계산할 수도 있으나 이는 현금흐름표 작성을 처음 공부하는 학생들에게 혼란을 가져올 수도 있어 생략하도록 하고, 우리는 위의 T계정분석에 의하여 수익항목을 각각 분석하기로 하자.

기본예제에서 기타 영업활동으로 인한 유입액을 구해보자.

선수수수료

손익계산서상 수수료 수익	70,000	기초 선수수수료	2,000
기말 선수수수료	1,000	∴ 당기 현금유입액	69,000
손익계산서상 관련수익	71,000	기초 선수수익	71,000

기본예제에서는 선수수익항목과 미수수익항목 중에서 선수수수료만 있으므로 이 선수수수료에 대한 현금유입액의 계산만 하면 '기타 영업활동으로 인한 현금유입액'의 계산이 종료된다. 그러나 선수수익항목과 미수수익항목에는 선수임대료, 미수임대료 등 기업의 영업활동에 따라 다양한 계정이 있을 수도 있다.

참 고

아직도 T계정의 정확한 활용에 덜 익숙한 학생들이 있을까 하여 몇 가지 예를 들어 T계정을 작성해 보도록 하자.

다음은 (주)로얄의 거래를 나타내고 있다.

① 기초 선수임대료 잔액은 ₩500,000이며 기말 선수임대료 잔액은 ₩200,000이다.

② 당기 중 임대료를 선수한 금액은 ₩1,200,000이다.

③ 기초 선수임대료 중 당기에 실현될 금액은 ₩300,000이다.

④ 당기 선수임대료 중 당기에 실현될 금액은 ₩1,200,000이다.

위의 거래 중 ②, ③, ④번을 분개하고 이를 선수임대료 T계정에 표시하시오.

	차변	금액	대변	금액
②	(차) 현 금	₩1,200,000	(대) 선수임대료	₩1,200,000
③	(차) 선수임대료	₩300,000	(대) 임대료수익	₩300,000
④	(차) 선수임대료	₩1,200,000	(대) 임대료수익	₩1,200,000

선수임대료

차변		대변	
③ 임대료 수익	300,000	기초임대료	500,000
④ 임대료 수익	1,200,000	② 선수현금	1,200,000
기말선수임대료	200,000		
	1,700,000		1,700,000

지금부터의 설명을 자세히 보기 바란다. ②번 분개에서 선수임대료 계정이 대변에 왔으므로 선수임대료 T계정의 대변에 '₩1,200,000'을 기록하고 이 ₩1,200,000의 계정과목은 ②번 분개의 선수임대료 계정의 반대편에 위치하는 계정과목을 기록해야 하므로 반대편의 계정과목인 '현금'계정을 기록한다. ③번 분개에서는 선수임대료계정이 차변에 있으므로 T계정의 차변에 선수임대료 금액 '₩300,000'을 기록하고 그 계정과목은 반대편 계정의 '임대료수익'을 기록한다. 위와 같은 원리로 ④번 분개로 위의 T계정에서처럼 기록된다. 위에서 알 수 있듯이 T계정은 T계정과목인 '선수임대료'계정이 분개상 기록될 경우 그 반대편 계정과목과 금액을 기록함으로써 분개없이 그 T계정만 보더라도 어떤 거래가 발생하였는가를 알 수 있도록 하는 기능이 있다.

그러면 앞에서 다룬 매출채권 T계정만을 보고 그 의미를 해석하고 관련 분개를 기록해 보자.

매출채권

기초 매출채권	10,000,000	② 현　금	22,000,000
① 매　출	16,000,000	기말 매출채권	4,000,000
	26,000,000		26,000,000

매출채권 T계정상 ①번 매출 16,000,000을 풀어서 해석하자면 매출을 ₩16,000,000 하고 그 대금은 외상으로 한 것을 의미한다. 이를 분개로 나타내면 다음과 같다.

(차) 매출채권	₩16,000,000	(대) 매　출	₩16,000,000

②번 현금 ₩22,000,000은 매출채권 ₩22,000,000을 현금으로 회수했음을 의미하고 이를 분개로 나타내면 다음과 같다.

(차) 현　금	₩22,000,000	(대) 매출채권	₩22,000,000

4) 기타 영업활동에 의한 유출액

기타 영업활동과 관련된 재무상태표 항목은 '선급비용'과 '미지급비용'인데 이 항목들도 T계정분석에 의해 현금의 유출액을 구할 수 있다.

선급비용

기초선급비용	×××	손익계산서상 관련비용	×××
∴ 현금유출액	×××	기말 선급비용	×××

미지급비용

∴ 현금유출액	×××	기초 미지급비용	×××
기말 미지급비용	×××	손익계산서상 관련비용	×××

기본예제를 통해 기타 영업활동에 의한 유출액을 구하여 보자.

① **영업비 유출액**

미지급영업비

차변	금액	대변	금액
∴ 현금유출액	1,298,000	기초 미지급영업비	6,000
기말 미지급영업비	8,000	손익계산서상 영업비	1,300,000
	1,306,000		1,306,000

② **보험료 유출액**

선급보험료

차변	금액	대변	금액
기초 선급보험료	6,000	손익계산서상 보험료	52,000
∴ 현금유출액	49,000	기말 선급보험료	3,000
	55,000		55,000

③ **법인세비용 유출액**

미지급법인세

차변	금액	대변	금액
∴ 현금유출액	80,000	미지급법인세	30,000
기말 미지급법인세	150,000	손익계산서상 법인세비용	200,000
	230,000		230,000

④ **이자비용 유출액**

미지급이자

차변	금액	대변	금액
∴ 현금유출액	40,000	기초 미지급이자	0
기말 미지급이자	0	손익계산서상 이자비용	40,000
	40,000		40,000

지금까지 기본예제를 통해 살펴본 각 영업활동 원천별 현금흐름을 종합하여 기업회계기준 양식에 따라 직접법에 의한 현금흐름표를 작성해 보면 다음과 같다.

현금흐름표(직접법)

Ⅰ. 영업활동으로 인한 현금흐름		(683,000)
1. 매출 등 수익활중으로부터의 유입액	8,515,000	
2. 매입 등 수익활동에 따른 유출액	(7,800,000)	
3. 수수료 수익 유입액	69,000	
4. 영업비 유출액	(1,298,000)	
5. 보험료 유출액	(49,000)	
6. 이자비용 유출액	(40,000)	
7. 법인세비용 유출액	(80,000)	

(2) 직접법과 간접법의 비교

기본예제를 통해 살펴본 것처럼 영업활동으로 인한 현금흐름은 직접법으로 계산하든지 간접법으로 계산하든지 그 결과는 동일하지만, 직접법에서는 영업활동의 개별적인 현금흐름내역을 각각 보여줌으로써 현금의 유출입의 내역을 확인할 수 있으나 간접법에서는 영업활동 전체의 현금흐름만을 보여준다는 데 그 차이가 있다. 회계정보이용자의 입장에서 보면 직접법에 의한 영업활동 현금흐름이 더 유용한 정보가 될 것이다.

한편, 기업회계기준에서는 직접법으로 영업활동으로 인한 현금흐름을 표시할 경우라도 간접법에 의한 영업활동으로 인한 현금흐름을 주석으로 공시하도록 하고 있는데 이는 간접법이 기업실무상의 관행과 재무제표 상호간의 연관성을 고려한 방법이기 때문이다.

4. 현금흐름표의 주석사항

기업회계기준에서는 현금흐름표에 대한 주석사항을 규정하고 있는데 그 내용은 아래와 같다.

(1) 현금의 증감내역

기초의 현금내역과 기말의 현금내역을 현금흐름표의 주석사항으로 기재해야 한다. 그 형식은 다음과 같다.

① 기초의 현금		② 기말의 현금	
현금과 예금	×××	현금과 예금	×××
현금성자산	×××	현금성자산	×××
	×××		×××
③ 현금의 증가(감소):	×××		

(2) 현금의 유출과 유입이 없는 거래

현물출자로 인한 유형자산의 취득, 유형자산의 외상구입, 자산재평가, 무상증자 등 투자활동 및 재무활동과 관련하여 현금의 유입과 유출이 없는 거래는 현금흐름표의 주석으로 공시하도록 기업회계기준상 규정되어 있다.

현물출자로 유형자산을 취득한 경우 분개를 해보면 다음과 같다.

(차) 유형자산	×××	(대) 자 본 금	×××
		주식발행초과금	×××

위의 분개에서 보듯이 유형자산의 취득으로 인한 투자활동이 일어났으나 현물출자로 취득함으로써 현금의 유출이 없으므로 이러한 거래는 현금흐름표의 주석사항으로 공시하여야 한다.

(3) 간접법에 의한 영업활동으로 인한 현금흐름

직접법에 의하여 현금흐름표를 작성하였다면 간접법에 의한 영업활동으로 인한 현금흐름을 주석으로 기재하여야 한다.

제4절 현금흐름표의 작성

IFRS ACCOUNTING PRINCIPLES

지금까지 현금흐름표의 기본개념과 각 활동별 현금흐름의 계산방법을 살펴보았다. 이번 절에서는 지금까지의 각 활동별 현금흐름의 계산 등을 통한 현금흐름의 작성절차에 대해 간략히 설명하고 현금흐름표 작성에 관해 요약·정리를 해 보도록 한다.

1. 현금흐름표의 작성절차

(1) 당기 현금의 순증감액을 파악한다.

기본예제의 (주)비젼의 재무상태표를 참조하여 현금의 순증감액을 구해보면 다음과 같다.

① 기초의 현금		② 기말의 현금	
현금과 예금	₩150,000	현금과 예금	₩115,000
		현금성자산	-
	₩150,000		₩115,000
③ 현금의 감소:	₩ 35,000		

기본예제의 (주)비젼은 기말현금이 기초현금에 비해 ₩35,000 감소했다. 이를 차후 현금흐름표 작성결과와 비교해 보면 현금흐름표의 작성이 정확히 이루어졌는지를 검증할 수 있다.

(2) 영업활동으로 인한 현금흐름의 계산

영업활동으로 인한 현금흐름을 직접법 또는 간접법으로 계산한다. 직접법의 경우 T계정분석법을 이용하고, 간접법에서는 앞에서 설명한 바와 같이 당기순이익을 기초로 가산 또는 차감해야 할 계정을 가감하면 될 것이다.

(3) 투자 및 재무활동으로 인한 현금흐름의 계산

비교재무상태표, 손익계산서 등의 자료를 이용해 투자 및 재무활동과 관련하여 현금이 유출 또는 유입된 거래를 분개로 나타내고, 그 현금의 유출입이 투자활동으로 인한 것인 경우에는 〈투〉로 표시하고 재무활동으로 인한 것인 경우 〈재〉로 표시한다.

(4) 현금흐름표의 작성

기업회계기준에 규정된 양식에 따라 현금흐름표를 작성하고 현금흐름표상 계산된 현금의 증감액이 앞의 '(1)번'에서 파악한 당기 현금순증감액과 동일한지를 비교한다.

(5) 주석사항의 기재

'현금의 유출·유입이 없는 거래'가 있는 경우 이를 주석으로 기재하고 '기초현금 및 기말현금의 금액과 당기 현금증감액'을 기재한다. 영업활동으로 인한 현금흐름을 직접법으로 작성하였다면 간접법에 의한 영업활동으로 인한 현금흐름을 주석으로 기재한다.

현금흐름표의 작성절차는 이상의 설명과 같이 다섯 단계를 거치게 되며 각 작성절차의 세부사항은 본문의 내용과 같다.

2. 현금흐름표 작성에 관한 정리

본 장의 처음에서 설명하였듯이 현금흐름표는 발생주의에 의해 작성된 재무상태표, 손익계산서 등을 이용하여 현금주의에 의한 현금의 순증감액의 내역을 보고하고 이를 통해 회계정보이용자들의 합리적 의사결정에 이바지함을 그 주목적으로 하고 있다.

현금흐름표의 작성은 상당히 어려운 일로서 재무회계 전반에 관한 폭넓은 이해와 회계상 발생되는 모든 거래의 분개에 대한 지식을 기초로 작성되게 된다. 현금흐름표는 회계를 처음으로 접하게 되는 학생들에게는 이해하기 어렵고 그 작성 방법이나 기타사항을 파악하기에도 힘든 상당히 난해한 부분일 것이다. 따라서 현금흐름표를 완벽하게 작성해야 한다는 부담감을 가지지 말고 발생주의와 현금주의의 전반적인 이해와 현금흐름표의 유용성 및 그 작성의 개괄적인 측면을 파악하는 것을 기본과제로 하여 좀더 상세한 내용은 중급회계에서 심도있게 공부하는 것도 바람직한 방법일 것이다.

익힘문제

01 수익의 인식에 있어서 현금주의와 발생주의의 차이점은 무엇인가?

02 현금흐름표의 의의와 유용성에 대해 논하시오.

03 영업활동, 투자활동, 재무활동에 대해 설명하고 재무상태표의 각 계정들이 어떤 활동에 해당되는지 설명하시오.

04 간접법에 의해 영업활동으로 인한 현금흐름을 계산할 때 감가상각비를 당기순이익에 가산시켜 주는 이유를 설명하시오.

05 현금의 유출과 유입이 없는 거래는 어떤 것들이 있으며, 이는 현금흐름표에 어떻게 공시되는지 설명하시오.

연습문제

01 현금흐름표와 계정과목

다음은 현금흐름표 작성시 분석대상이 되는 계정들이다.

a. 단기매매금융자산	g. 무형자산	m. 미지급금
b. 매출채권	h. 선 급 금	n. 단기차입금
c. 미 수 금	i. 선급비용	o. 사 채
d. 미수수익	j. 매입채무	p. 자 본 금
e. 재고자산	k. 선 수 금	q. 자본잉여금
f. 유형자산	l. 미지급법인세	r. 이익잉여금

요구사항

위의 각 계정들이 현금흐름표 작성과 관련한 세 가지 활동 중 어디에 속하는지 명시하시오.

02 현금흐름과 당기순이익

(주)노을의 이 사장은 당해 사업연도 손익계산서상 당기순이익이 ₩500,000,000임에도 불구하고 회사의 운용자금 부족으로 어려움을 겪고 있다. 이 사장은 다음과 같이 회계부장에게 말했다.

"분명히 우리 회사의 당기순이익이 ₩500,000,000임에도 불구하고 우리 회사의 운영자금이 부족한 이유는 누군가가 회사의 자금을 횡령했을 가능성이 있으니 철저히 조사하라!"
이 지시를 받은 회계부장인 이성실 부장은 한 회계연도 동안의 모든 자료를 철저히 조사했으나 당해의 당기순이익에는 이상이 없고, 또한 회사의 운용자금의 횡령에 대한 어떠한 단서도 찾을 수 없었다. (주)노을은 회계전문가인 당신을 초빙하여 그 원인에 대해 전문가적 의견을 듣고자 한다.

요구사항

회계전문가인 당신은 위의 이 사장의 주장에 대해 어떻게 생각하는지 이익의 질(quality of earnings)과 관련하여 말하시오(단, 위 회사의 모든 회계처리는 적정하였고 아직 현금흐름표를 작성하지 않았으며 자금의 횡령은 전혀 없다).

03 매출 등 수익활동으로부터의 현금유입액

(주)성진의 2014년 회계기간 동안 매출과 관련된 자료는 다음과 같다.

(1) 기초 및 기말 재무상태표에서 추출한 자료

	기 초	기 말
매출채권	₩71,000	₩65,000

(2) 당기 손익계산서의 일부

매 출 액 ₩570,000

요구사항

매출 등 수익활동으로부터의 현금유입액을 구하시오.

04 매입 등 수익활동에 따른 현금유출액

다음은 (주)대학로의 2014년 재무제표에서 발췌한 자료이다.

(1) 기초 및 기말 재무상태표에서 추출한 자료

	기 초	기 말
상 품	42,000	48,000
매입채무	85,000	88,000

(2) 당기 손익계산서의 일부

매출원가 ₩420,000

요구사항

매입 등 수익활동에 따른 현금유출액을 구하시오(단, 매입·대출거래는 모두 외상거래이다).

05 현금주의와 발생주의

다음은 (주)코아의 2014년도 회계자료이다.

기초 매출채권: ₩5,000,000　　기초 매입채무: ₩3,000,000
기말 매출채권: ₩12,000,000　　기말 매입채무: ₩2,000,000
매출관련 현금유입액: ₩8,000,000　　매입관련 현금유출액: ₩7,000,000

요구사항

위의 회계자료를 이용하여 (주)코아의 2014년도 발생주의에 의한 매출액과 매입액을 구하시오.

06 기타 영업활동에 의한 현금유입액

다음은 (주)산성의 회계자료 중 일부이다.

(1) 재무상태표 자료

	기 초	기 말
미수수수료	₩1,000	₩2,000
선수임대료	4,000	5,000

(2) 당기 손익계산서 자료

수수료수익	₩10,000
임대료수익	8,000

요구사항

기타 영업활동에 의한 현금유입액은 얼마인가?

07 기타 영업활동에 의한 현금유출액

다음은 (주)현다의 기초 및 기말 재무제표 자료 중 일부이다.

(1) 재무상태표 자료

	기 초	기 말
선급보험료	₩2,000	₩4,000
미지급이자	1,000	500

(2) 손익계산서 자료

판매비와 관리비	
급 여	52,000
보험료	8,000
영업비	19,000
감가상각비	22,000
영업외 비용	

이자비용	29,300	
단기매매금융자산평가손실	3,700	
유형자산처분손실		4,000

요구사항

기타 영업활동에 의한 현금유출액을 구하시오.

08 현금흐름표의 작성

다음은 (주)화성의 재무자료이다.

	2013. 12. 31	2014. 12. 31
현 금	₩200,000	₩300,000
매출채권	300,000	140,000
토 지	200,000	360,000
건 물	400,000	640,000
감가상각누계액	(140,000)	(160,000)
총 계	₩960,000	₩1,280,000
매입채무	-	₩280,000
자본금	800,000	800,000
이익잉여금	160,000	200,000
총 계	₩960,000	₩1,280,000

2014년 당기순이익: ₩168,000

2014년 감가상각비: 20,000

2014년 현금배당액: 128,000(2014년 말에 지급되었다)

요구사항

간접법에 의한 현금흐름표를 작성하시오.

09 현금흐름표 작성

다음은 (주)코리아의 2013년 및 2014년 말의 재무상태표와 2014년의 손익계산서이다.

재무상태표

(주)코리아

자 산	2013년 말	2014년 말	부채 및 자본	2013년 말	2014년 말
현금과 예금	33,000	121,000	매입채무	18,000	32,000
매출채권	190,000	175,000	미지급이자	8,000	3,000
선급보험료	2,000	4,000	선수임대료	4,000	5,000
상 품	90,000	60,000	미지급법인세	10,000	5,000

토 지	300,000	250,000	장기차입금	115,000	145,000
건 물	150,000	230,000	자본금	400,000	450,000
감가상각누계액	(20,000)	(30,000)	자본잉여금	150,000	100,000
			이익잉여금	40,000	70,000
	745,000	810,000		745,000	810,000

손익계산서
(2014. 1. 1~2014. 12. 31)

(주)코리아

Ⅰ. 매 출 액		750,000
Ⅱ. 매출원가		
1. 기초상품재고액	90,000	
2. 당기상품매입액	600,000	
3. 기말상품재고액	60,000	630,000
Ⅲ. 매출총이익		120,000
Ⅳ. 판매비와 관리비		
1. 급 여	63,000	
2. 보 험 료	20,000	
3. 감가상각비	10,000	93,000
Ⅴ. 영업이익		27,000
Ⅵ. 영업외 수익		
1. 임 대 료	20,000	
2. 유형자산처분이익	15,000	35,000
Ⅶ. 영업외 비용		
1. 이자비용	12,000	12,000
Ⅷ. 경상이익		50,000
Ⅸ. 법인세 비용	20,000	20,000
Ⅹ. 당기순이익		30,000

〈추가자료〉

① 장부가액 ₩50,000의 토지를 ₩65,000에 처분하였다.
② 건물을 ₩80,000에 구입하였으며 ₩10,000의 감가상각비를 계상하였다.
③ 장기차입금 ₩30,000을 차입하였다.
④ 자본잉여금 ₩50,000을 자본에 전입하였다.
⑤ 전기말 이익잉여금에 대한 당기이익처분은 없었다.

요구사항

위의 자료를 이용하여 직접법에 의한 현금흐름표와 간접법에 의한 현금흐름표를 작성하시오.

10. 현금흐름표의 작성

다음은 (주)해양의 2013년 말과 2014년 말의 재무상태표와 2014년의 손익계산서이다.

재무상태표

(주)해양

자 산	2013년 말	2014년 말	부채 및 자본	2013년 말	2014년 말
현금과 예금	16,500	21,000	매입채무	85,000	88,000
매출채권	71,000	65,000	단기차입금	40,000	50,000
단기매매금융자산	38,000	54,300	미지급이자	1,500	1,800
상 품	42,000	48,000	선수임대료	4,000	5,000
미수수수료	1,000	2,000	미지급법인세	3,000	5,000
선급보험료	2,000	3,500	장기차입금	80,000	90,000
토지	76,000	110,000	자본금	100,000	150,000
건물	200,000	249,000	자본잉여금	50,000	50,000
감가상각누계액	(35,000)	(40,000)	이익잉여금	48,000	73,000
	411,500	512,800		411,500	512,800

손익계산서
(2014. 1. 1~2014. 12. 31)

Ⅰ. 매 출 액		570,000
Ⅱ. 매출원가		(420,000)
Ⅲ. 매출총이익		150,000
Ⅳ. 판매비와 관리비		
1. 급 여	52,000	
2. 보험료	8,000	
3. 영업비	19,000	
4. 감가상각비	22,000	(101,000)
Ⅴ. 영업이익		49,000
Ⅵ. 영업외 수익		
1. 수수료수익	10,000	
2. 임 대 료	8,000	

3. 유형자산처분이익	7,000	25,000
Ⅶ. 영업외 비용		
1. 이자비용	29,300	
2. 단기매매금융자산평가손실	3,700	
3. 유형자산처분손실	4,000	(37,000)
Ⅷ. 경상이익		37,000
Ⅸ. 법인세 비용		12,000
Ⅹ. 당기순이익		25,000

〈추가자료〉

① 단기매매금융자산 ₩20,000을 구입하였다. 기초 및 기말 단기매매금융자산 중 현금성자산은 없다.

② 토지 ₩50,000을 현물출자로 취득하였으며, 장부가액 ₩16,000의 토지를 ₩23,000에 처분하였다.

③ 건물 ₩90,000을 구입하였으며, 취득원가 ₩41,000, 감가상각누계액 ₩17,000의 건물을 ₩20,000에 처분하였다.

④ 당기에 감가상각비 ₩22,000을 계상하였다.

⑤ 단기차입금 ₩40,000을 상환하였으며, ₩50,000을 차입하였다.

⑥ 장기차입금 ₩10,000을 차입하였다.

⑦ 전기와 당기에 이익처분은 없었다.

요구사항

간접법과 직접법으로 현금흐름표를 각각 작성하시오.

chapter 15

재무제표 분석

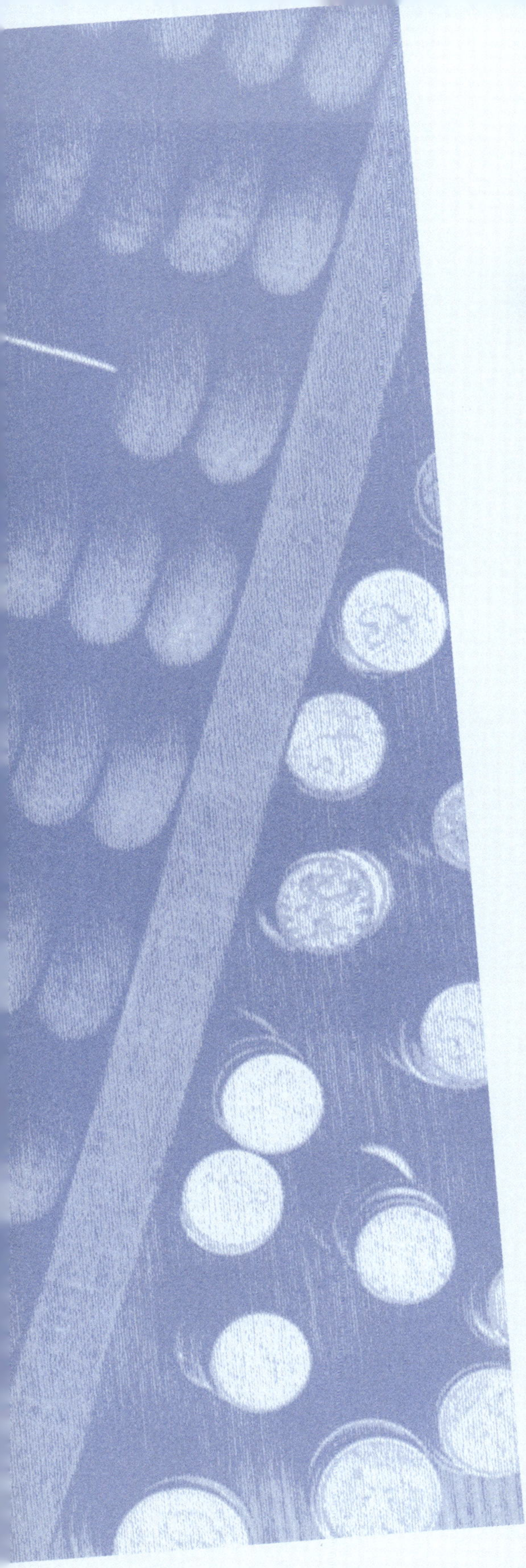

학 습 목 표

1. 재무제표에 담긴 정보가 기업의 미래현금흐름 예측과 경영의사결정 방향설정에 어떻게 사용되는지를 배운다.
2. 기업의 이익창출력과 유동성을 평가할 수 있는 기초적인 방법들에는 어떤 것들이 있는지 알아본다.
3. 영업성과 재무건전성, 유동성 등을 어떻게 평가할 수 있는가와 이들이 서로 어떻게 연관되어 있는지를 알아본다.
4. 재무제표 분석에 내재하는 주요 한계점들도 알아본다.

이제까지 우리는 기업의 여러 경제적 정보를 이용하여 회계정보이용자의 의사결정에 유용하게 쓰이기 위한 재무제표를 작성하는 기법들에 대하여 살펴보았다.

이 장에서는 이런 재무제표를 이용하여 이를 분석하고 해석하여 유용한 의사결정을 하기 위한 기법, 즉 재무제표 분석에 대하여 살펴보도록 하겠다.

제1절 의 의

IFRS ACCOUNTING PRINCIPLES

1. 재무제표 분석의 의의

경제가 발전할수록 어느 특정기업의 경영내용이 좋은지 나쁜지에 대해 관심을 갖게 되는 이해관계자들이 많아지고 있다. 이를테면 기업에 대출을 해주는 금융기관의 입장에서는 대출결정과 관련하여 대출신청기업의 신용도, 미래현금 창출능력, 유동성 등에 관한 정보를 필요로 한다. 주식에 투자를 하고 있거나 하고자 하는 투자자의 입장에서는 투자종목 선정과 관련하여 주식발행기업의 미래수익 전망이나 안정성 또는 배당성향 등과 같은 내용에 관한 정보가 필요하다. 경영자 입장에서도 신규투자, 사업구조조정 등 주요 경영전략의 수립과 관련하여 자기 기업은 물론 경쟁업체의 경영효율성이나 성과 및 경쟁력을 평가할 정보가 필요하다.

이처럼 기업의 여러 이해관계자들은 합리적인 의사결정을 위해서 해당 기업의 경영내용, 재무적 강약점에 대한 정보를 필요로 한다. 우리의 몸에 병이 있는지를 알아보기 위해서 건강진단을 하는 것과 마찬가지로 기업의 강약점을 알기 위해서는 여러 이해관계자의 입장에서 기업의 재무적 건강상태를 평가해 볼 필요가 있는 것이다. 재무제표 분석의 주된 내용을 포괄적으로 표현하면 기업의 이해관계자들이 합리적 의사결정을 내리는 데 도움을 주기 위해서 주어진 재무제표 정보를 가지고 현재와 미래의 기업의 경영성과, 재무적 건전도를 분석하는 것이라고 말할 수 있다.

기업의 경영내용에 관한 정보를 얻기 위해 전통적으로 가장 많이 이용해 온 기초자료가 우리가 배운 재무제표들이다. 특히 손익계산서와 재무상태표는 각각 기업의 일정기간 동안의 영업실적과 일정시점에서의 재무상태를 집약적으로 표현해 주기 때문에 이들을 분석함으로써 기업경영에 관한 얼마간의 정보를 얻을 수 있다. 재무제표 속에 들어 있는 정보들이 과거의 실적치를 반영하고 있기 때문에 미래에 관한 예측치라고 볼 수 없기는 하나, 과거의 사건들이 미래에 나타날 일들의 조짐이라고 볼 때 재무제표상의 정보들이 기업의 미래현금흐름을 예측하는 데 중요한 자료로 사용될 수 있을 것이다.

2. 재무제표 분석의 주체

재무제표에 대한 분석은 기업의 외부 이해관계자뿐만 아니라 기업을 직접 경영하고 있는 경영자에게도 중요한 분야이다. 뿐만 아니라 재무제표 분석의 목적과 방법은 그 분석의 주체가 누구냐에 따라서도 상이하다. 여기서는 분석의 주체를 경영자, 투자자, 채권자로 나누어서 각각의 주안점을 알아보자.

(1) 경영자의 재무제표 분석

경영자는 기업을 잘 경영하여 건전한 재무상태를 유지시키고 동시에 이익을 많이 내도록 노력하여야 한다. 성공적인 경영활동을 하려면 여러 가지 정보가 필요하겠지만 재무제표 정보도 무시할 수 없는 부분이다. 경영자는 재무제표나 기타 자료를 분석함으로써 기업자원을 가장 효과적으로 사용할 수 있다. 그리고 신용 또는 재무상태가 건전하며 적정수준의 이익을 올리고 있는가라는 문제도 검토할 수 있다. 만약에 과거의 경영활동에서 기대에 못 미치는 부분이 있었다면 이를 시정할 수 있는 방안을 모색하여 앞날의 경영지침이 될 수 있는 경영정책을 수립하여야 할 것이다.

(2) 채권자의 재무제표

은행과 같은 금융기관이나 기업에 외상을 주고 있는 채권자들도 기업의 갚을 능력과 수익력을 판단하기 위해 해당 기업의 재무제표를 분석한다. 이러한 분석을 흔히 신용분석이라고 하는데 돈을 빌려 준 은행은 기업의 채무지불능력을, 외상판매를 한 채권자는 기업의 채무변제능력을 판단하게 된다. 채권자의 재무제표 분석은 단기적 신용분석이냐, 장기적 신용분석이냐에 따라 그 분석방법이 상이할 수 있다.

(3) 투자자의 재무제표 분석

투자자는 미래의 경영성과 또는 현금흐름이 얼마나 클 것인가에 관심을 가지고 재무제표 분석을 행한다. 이 분석에는 물론 과거의 경영성과와 이익도 함께 참조하는데 이는 과거의 추세가 기업의 미래성과를 예측하는 데 어떤 지표가 될 수 있기 때문이다. 투자자들은 자기의 자본을 동일업종이나 다른 업종의 타기업에 투자하였을 때의 수익성과 안전성을 비교해 가며 투자하려 한다. 어떤 기업에 투자하려는 사람은 먼저 그 기업의 재무구조, 수익성, 안전성을 우선 분석하고 또 경영자의 능력, 산업의 향후 전망 등도 참작하는 것이 일반적이다.

3. 재무제표 분석기법의 종류

재무제표에 나타나는 항목은 대부분 그 자체만으로는 중요한 의미를 지니지 못한다. 보다 중요한 것은 각 항목간의 상관관계 및 현재의 상태를 과거의 것과 비교했을 때 그 변동의 방향 및 변동의 크기이다. 재무제표분석을 통하여 재무제표 항목간의 중요한 상관관계를 설정하거나 각 항목의 변동이나 추세를 부각시킬 수 있다. 이를 위하여 보편적으로 이용되고 있는 분석기법에는 ① 변동액과 변동률분석, ② 추세분석, ③ 요소구성비율

분석, 그리고 ④ 재무비율분석 등이 있다.

(1) 변동액과 변동률분석

우리가 흔히 가장 쉽게 접할 수 있는 분석기법 중 하나로서 간단한 예를 들면 다음과 같다.

(예) (주)영지상사의 2014년 매출액 1억 5천만 원　　매출총이익 2천만 원
　　　　　　　　　　2013년 매출액 1억 원　　　　매출총이익 1천 5백만 원

이 경우 매출액의 증가액은 5천만 원이며, 순이익의 증가액은 5백만 원인 것을 알 수 있다. 그 변동률을 계산해 보면,

매출액 변동률: (1억 5천만 원－1억 원)÷1억 원＝0.5 즉 50%(＋)이며,

순이익 변동률: (2천만 원－1천 5백만 원)÷1천 5백만 원＝0.3 즉 30%(＋)인 것을 알 수 있다.

이때 주의할 것은 분모로 사용되는 기준금액의 설정이다.

만약 매출액의 계절적 변동이 심한 기업의 경우 기준금액을 단순히 전기의 금액으로 사용할 경우 분기별 분석시 심한 계절적 차이를 가져와 분석자체가 무의미한 경우가 발생할 수 있을 것이다. 이 경우 전년도 평균치 등의 사용으로 기간별 경영성과 측정치 차이로 인하여 분석결과가 왜곡되는 것을 방지할 수 있을 것이다.

또한 매출액 및 순이익변동률을 사용하여 기업의 성장률 등을 측정하는 것도 가능할 것이다. (주)영지의 경우 매출액 성장률이 50% 상승하였으므로 이를 기업의 성장률로 간주할 수 있을 것이다. 다만 일반물가상승률이 15%였다고 하면 50% 성장이 매출수량의 증가분뿐 아니라 가격상승으로 인한 차이도 포함되어 있는 것으로 보아 개략 35%의 성장을 하였다고 판단할 수 있을 것이다.

(2) 추세분석

기업은 단기간만 존재하는 것이 아니라 여러 기간에 걸쳐 기업활동을 수

행하게 된다. 따라서 단순히 1~2년간의 자료를 분석하는 것보다는 수년간의 추세를 분석하여 이를 의사결정자료로 활용한다면 더 유용한 정보를 얻을 수 있을 것이다.

추세분석은 다음과 같은 2단계를 거쳐 수행된다.

1단계: 기준연도를 설정하고, 기준연도의 해당 재무제표항목에 대하여 100%라는 가중치를 부여한다.

(추세비율의 예)

구 분	×1	×2	×3	×4
매 출 액	₩100,000	₩120,000	₩150,000	₩200,000
추세비율	100%	120%	150%	200%

2단계: 기준연도 이후의 해당 재무제표항목을 기준연도의 그 항목에 대한 비율로 표시한다. 예를 들면, 기준연도 이후의 매출액을 기준연도의 매출액으로 나누어 추세비율을 계산한다.

또한 매출액과 밀접한 상관관계를 가지고 있는 매출원가도 함께 비교해 봄으로써 기업의 수익성과 성장성에 관하여 더 의미 있는 정보를 산출할 수도 있을 것이다.

구 분	×1	×2	×3	×4
매 출 액	₩80,000	₩90,000	₩105,000	₩130,000
추세비율	100%	125%	131.25%	162.5%

이 기업의 경우 ×2년을 제외하고는 꾸준히 수익성이 증가하고 있으며 이는 정보이용자의 의사결정에 중요한 정보를 제공할 수 있을 것이다.

(3) 요소구성비율분석

요소구성비율이란 재무제표를 구성하고 있는 각 재무제표항목의 상대적인 크기를 말한다. 이를 쉽게 풀이하면 백분율 재무제표를 작성하여 분석하는 것이라 생각하면 된다. 예를 들면, 재무상태표의 각 항목을 총자산에 대한 비율로서 표현할 수 있을 것이다. 이로 인하여 유동자산과 비유동자산의 상대적인 중요성을 알 수 있으며, 장·단기 여신기관 및 주식투자가로부터 조달된 자금의 상대적인 중요성도 쉽게 파악할 수 있게 된다. 또한, 몇 개 연도의 재무상태표에 대한 요소구성비율을 비교함으로써 어떤 항목의 상대적 중요성이 증가하고 있는지 또는 감소하고 있는지를 알 수 있다.

요소구성비율을 이용한 재무분석방법은 특히 손익계산서 분석에 유용하게 이용된다. 이 방법은 일반적으로 손익계산서의 모든 항목을 매출액에 대한 비율로 나타냄으로써 수행되는데, 이와 같이 작성된 손익계산서를 공통형손익계산서라고 한다.

(예)

백분율 재무상태표

구성항목	금 액	비 율
자 산		
유동자산	75	75%
비유동자산	25	25%
총 계	100	100%
부채와 자본		
유동부채	35	35%
비유동부채	15	15%
자 본 금	50	50%
총 계	100	100%

백분율 손익계산서

구성항목	금 액	비 율
매출액	200	100%
매출원가	(100)	(50%)
매출총이익	100	50%
법인세비용	(50)	(25%)
당기순이익	50	25%

이러한 분석은 각 구성요소들이 차지하는 상대적 중요성을 비교하는 데 유용하다. 즉 위의 예에서 이 기업의 경우 유동자산에 상대적으로 많은 금액이 투자되고 있기에 유동항목의 중요성을 파악할 수 있게 된다.

또한 전년도와 비교하여 백분율 재무제표를 작성할 경우 각 구성요소의 변화를 보다 쉽게 파악할 수 있는 장점을 가지고 있다.

또한 동종산업에 종사하는 다른 기업들과 비교해 봄으로써 기업간의 영업특징과 재무적인 특징을 파악하는 데 이용되기도 한다.

(4) 재무비율분석

재무비율이란 재무제표에 나타난 두 개 이상 항목간의 상관관계에 대한 수학적인 표현이다. 예를 들어 재무상태표에 나타나는 유동자산과 유동부채의 상대적인 비율은 유동자산이 ₩100,000이고 유동부채가 ₩50,000이라 하면 "유동비율은 2 대 1 또는 유동자산은 유동부채의 200%이다"라고 표현될 수 있을 것이다.

어떤 재무비율이든지 이 비율이 의미를 가지기 위해서는 재무비율을 계산하는 데 이용되는 재무제표항목간에 중요한 상관관계가 존재하여야 한다. 하지만 이는 미리 정해진 것이 아니라 정보이용자의 정보이용목적에 따라 결정되는 것이며 결국 다양한 재무비율이 존재할 수 있는 것이다.

재무비율은 그 성격이나 특성에 따라 여러 종류로 분류될 수 있으나 일반적으로 다음과 같이 크게 네 가지 비율로 분류될 수 있다.

① 유동성 비율: 기업의 단기채무에 대한 지급능력을 측정
② 활동성 비율: 기업의 자산을 얼마나 효율적으로 사용했는가의 측정
③ 수익성 비율: 기업의 일정기간 동안의 수익성 측정
④ 안정성 비율: 기업의 장기적인 지급능력과 재무구조의 건전성 여부 판단

제2절 재무비율계산의 기본예제

IFRS ACCOUNTING PRINCIPLES

아래에서는 기본예제를 이용하여 다양한 목적에 상응하는 중요한 재무비율과 이의 해석에 대해 설명하겠다.

기본예제

고려주식회사
재무상태표 (단위: 원)

	2013/12/31	2014/12/31
자 산		
Ⅰ. 유동자산		
1. 당좌자산	400	660
2. 재고자산	400	330
Ⅱ. 비유동자산		
1. 투자자산	300	50
2. 유형자산	500	900
3. 무형자산	150	310
자산총계	1,750	2,250
Ⅲ. 유동부채	200	500
Ⅳ. 비유동부채	900	1,000
부채총계	1,100	1,500
Ⅴ. 자본금	300	300

Ⅵ. 자본잉여금	200	250
Ⅶ. 이익잉여금	150	200
자본총계	650	750
부채와 자본총계	1,750	2,250

손익계산서

	2013	2014
Ⅰ. 매 출 액	1,000	1,200
Ⅱ. 매출원가	800	900
Ⅲ. 매출총이익	200	300
Ⅳ. 판매비와 관리비	150	160
Ⅴ. 영업이익	50	140
Ⅵ. 영업외 비용	30	20
Ⅶ. 법인세차감전 순이익	20	120
Ⅷ. 법인세비용	5	30
Ⅸ. 당기순이익	15	90

〈추가자료〉

① 2013년 및 2014년 매출채권 잔액은 200과 300이다.

② 2014년 영업외 비용 중 ₩10은 이자비용이다.

③ 회사는 액면 ₩50의 보통주만을 발행하고 있으며 발행주식수는 6주이다.

④ 회사는 전액 신용매출(외상매출)을 하고 있다.

1. 유동성비율

유동성비율은 곧 만기가 도래하는 단기부채에 대하여 이 단기부채의 상환재원이 될 수 있는 유동자산, 즉 단기간 내에 현금화가 가능한 자산의 상대적인 규모로서 측정된다. 따라서 이 비율은 단기채무에 대한 변제능력을 나타내고 있으며, 단기채권자인 은행 등이 가장 관심을 갖는 재무비율이다.

(1) 유동비율

유동비율이란 유동자산을 유동부채로 나눈 비율로서 단기채무를 충당할 수 있는 유동자산이 얼마나 되는가를 나타내는 비율이다. 유동비율은 기업의 지급능력 또는 신용력을 평가하는 데 가장 보편적으로 이용되는 재무비율이다. (주)고려의 2014년의 유동비율은 다음과 같이 계산된다.

$$\text{유동비율} = \frac{\text{유동자산}}{\text{유동부채}} = \frac{990}{500} = 1.98(198\%)$$

일반적으로 유동비율은 200% 이상이면 바람직하다고 여겨진다.

(2) 당좌비율

당좌비율은 유동자산에서 재고자산을 차감한 당좌자산을 유동부채로 나눈 비율을 말한다. 즉 유동성이 매우 높은 당좌자산만으로 단기채무지급능력을 평가하는 것을 말한다.

(주)고려의 2014년의 당좌비율은 다음과 같이 계산된다.

$$\text{당좌비율} = \frac{\text{당좌자산}}{\text{유동부채}} = \frac{660}{500} = 1.32(132\%)$$

일반적으로 당좌비율은 100% 이상이면 양호한 것으로 여겨진다.

(3) 방어기간

방어기간은 방어자산(현금, 유가증권, 순매출채권) 등을 영업활동에서 사용되는 일상비용으로 나눈 값이다. 이는 차기 연도의 이익에 의존하지 않고 현재의 유동자산으로 영업활동을 할 수 있는 기간을 말한다.

$$\text{방어기간} = \frac{\text{방어자산(현금 + 유가증권 + 순매출채권)}}{\text{연간 현금지출비용/365}}$$

방어기간은 기업의 기본적인 영업비 지급능력을 평가하는 것으로 방어기간이 길어질수록 영업비 지급능력이 양호하다고 말할 수 있다.

2. 활동성비율

활동성비율이란 기업이 얼마나 능률적으로 자산을 활용하였는가에 대한 정보를 제공하는 것으로 매출액에 대한 주요자산의 회전율로 나타내는 것이 일반적이다.

(1) 매출채권회전율 및 회수기간

매출채권회전율은 매출액을 외상매출과 받을어음 등의 매출채권으로 나누어 매출채권의 현금화속도를 측정하는 비율이다. 이 비율이 높을수록 매출채권의 관리가 잘 되고 매출채권의 현금화속도가 빠르다고 할 수 있다.
(주)고려의 2014년의 매출채권회전율은 다음과 같이 계산된다.

$$\text{매출채권회전율} = \frac{\text{순외상매출액}}{\text{평균 매출채권}} = \frac{1,200}{(200+300)/2} = 4.8\text{회}$$

이 비율의 보조비율로서 회수기간이 있는데 이는 회계기간(365일)을 매출채권회전율로 나누어서 산출된다.

$$\text{매출채권회수기간} = \frac{365}{\text{매출채권회전율}} = \frac{365}{4.8} = 76\text{일}$$

이는 다음의 두 단계를 거쳐 산출된 것이다. 즉 먼저 연간매출액을 365일로 나누어 1일 평균매출액을 구하고, 평균매출채권을 1일 평균매출액으로 나누어 회수기간을 구한 것이다.

매출채권회수기간은 매출채권의 현금화속도를 나타내는 것으로 회수기간이 짧을수록 매출채권의 유동성이 높다고 본다.

(2) 재고자산회전율과 회전기간

재고자산회전율이란 매출원가를 평균재고자산으로 나눈 비율로 재고자산의 회전속도, 즉 재고자산이 일정기간 동안 당좌자산으로 몇 번이나 전환되었는가를 나타낸다. 재고자산회전율이 높을수록 적은 재고자산으로 효율적인 판매활동을 수행한 것을 의미한다.

(주)고려의 재고자산회전율은 다음과 같이 계산된다.

$$\text{재고자산회전율} = \frac{\text{매출원가}}{\text{평균재고자산}} = \frac{900}{(400+330)/2} = 2.46$$

재고자산회전율의 분자를 매출액으로 하여 구할 수도 있으나, 재고자산이 일반적으로 취득원가로 평가되기 때문에 매출액보다는 매출원가를 이용하는 것이 타당하다.

이는 또한 회전기간으로 표시될 수도 있는데 이는 365일을 재고자산회전율로 나누어 산출한다.

$$\text{재고자산회전기간} = \frac{\text{365일}}{\text{재고자산회전율}} = \frac{365}{2.46} = \text{148일}$$

(3) 유형자산회전율과 총자산회전율

유형자산회전율이란 매출액을 유형자산으로 나눈 비율로서 유형자산의 효율적인 이용정도를 나타내는 지표이다. 이 비율이 높을수록 유형자산의 이용이 양호함을 나타내며, 이 비율이 낮을수록 유형자산의 이용이 비효율적이거나 유형자산에 대한 투자가 과다함을 나타낸다. (주)고려의 2014년도 유형자산회전율은 다음과 같이 계산된다.

$$\text{유형자산회전율} = \frac{\text{매출액}}{\text{평균유형자산}} = \frac{1{,}200}{(500+900)/2} = 1.71\text{회}$$

유형자산회전율과 마찬가지로 총자산의 효율성을 평가하기 위하여 총자산회전율을 이용한다. 총자산회전율이란 매출액을 총자산으로 나눈 비율로서 총자본회전율이라고도 한다. (주)고려의 2014년도 총자산회전율은 다음과 같이 계산된다.

$$\text{총자산회전율} = \frac{\text{매출액}}{\text{평균총자산}} = \frac{1{,}200}{(1{,}750+2{,}250)/2} = 0.6\text{회}$$

3. 수익성비율

수익성비율이란 일정기간 동안 기업의 경영성과를 나타낸다. 수익성비율에는 매출액이익률, 자본이익률, 주가수익률 등이 있다.

(1) 매출액이익률

매출액이익률은 이익을 매출액으로 나눈 비율로서 이익을 어떻게 보느냐에 따라 매출총이익률, 매출액영업이익률, 매출액순이익률로 구분할 수 있다. 매출총이익률은 매출총이익을 매출액으로 나눈 비율로서 기업의 판매능력, 생산효율을 측정하는 비율이다.

(주)고려의 2014년 매출총이익률은 다음과 같다.

$$\text{매출총이익률} = \frac{\text{매출총이익}}{\text{매출액}} = \frac{300}{1{,}200} = 0.25(25\%)$$

매출액영업이익률은 영업이익을 매출액으로 나눈 비율로서, 기업의 고유한 영업활동의 수익성 및 영업활동능력을 측정하는 비율이다.

$$\text{매출액영업이익률} = \frac{\text{영업이익}}{\text{매출액}} = \frac{140}{1,200} = 0.116(11.6\%)$$

매출액순이익률은 당기순이익을 매출액으로 나눈 비율로서 기업의 전체적인 능률과 수익성을 판단하는 비율이다.

$$\text{매출액순이익률} = \frac{\text{당기순이익}}{\text{매출액}} = \frac{90}{1,200} = 0.075(75\%)$$

(2) 자본이익률

자본이익률에는 총자본이익률과 자기자본이익률이 있다. 총자본이익률은 당기순이익을 총자본 또는 총자산으로 나눈 비율로서 기업에 투자한 총자본이 얼마나 효율적으로 운용되고 있는가를 나타내는 비율이다. (주)고려의 2014년도 총자본이익률은 다음과 같다.

$$\text{총자본이익률} = \frac{\text{당기순이익}}{\text{평균총자본}} = \frac{90}{(1,750+2,250)/2} = 0.045(4.5\%)$$

자기자본이익률은 당기순이익을 자기자본으로 나눈 비율을 말하며 기업에 투자한 자기자본에 대한 수익성을 나타내는 비율이다.

$$\text{자기자본이익률} = \frac{\text{당기순이익}}{\text{평균자기자본}} = \frac{90}{(650+750)/2} = 0.128(12.8\%)$$

(3) 주당순이익

이 비율은 앞에서 살펴본 바와 같이 기업의 수익력을 평가하는데 가장 보편적으로 이용되는 지표이다. 자세한 것은 자본편을 참고하기 바란다.

$$\text{주당순이익} = \frac{\text{보통주 당기순이익}}{\text{유통보통주식주}} = \frac{90}{6} = 15$$

(4) 주가수익률

주가수익률(PER)이란 보통주 1주당 시장가격을 주당순이익으로 나눈 것을 말한다. (주)고려의 2014년 말 현재 주당시장가격이 ₩70이라 가정하면,

$$\text{주가수익률} = \frac{\text{1주당 시장가격}}{\text{주당순이익}} = \frac{70}{15} = 4.6$$

주가수익률(PER)은 투자자에게 있어 매우 유용한 투자지표로 활용된다. 즉 주가수익률이 낮다는 것은 주당순이익에 비해 시가가 낮게 형성되어 있다는 것을 의미하므로 주가가 향후 큰 폭으로 상승할 가능성이 있음을 암시해 주며, 반면에 주가수익률이 높다는 것은 주당순이익에 비해 시가가 높게 형성되어 있다는 것을 의미하므로 주가가 향후 하락할 가능성이 높음을 암시해 준다. 또한 주가수익률은 주식의 액면가액이나 유통주식수의 차이에 따라 달라지지 않기 때문에 기업간 비교가능성이 매우 높아 보편적으로 이용되는 수익성비율이다.

(5) 배당성향과 배당수익률

기업의 배당정책과 관련된 비율로서 배당성향과 배당수익률이 있다. 배당성향이란 총배당액을 당기순이익으로 나눈 것인데, 이는 당기순이익 중에서 배당으로 지급된 비율을 나타낸다. 그리고 배당수익률은 주당배당액을 1주당 시장가격으로 나눈 것으로서 주식투자자가 배당수익으로 얻은 수익률을 나타낸다. 투자자들은 배당성향이나 배당수익률을 이용하여 기업의 배당정책이나 사내유보정책에 대한 정보를 쉽게 알 수 있다.

4. 안정성비율

안정성비율은 기업이 어느 정도 타인자본에 의존하고 있으며, 조달된 자본이 기업의 자산에 얼마나 적절히 배분되고 있는가를 나타내는 비율이다. 기업부실화와 관계하여 요즘 특별히 부각되고 있는 비율로서 레버리지비율이라고도 한다. 그 대표적인 예로 부채비율과 자기자본비율, 이자보상비율, 고정장기적합률 등이 있다.

(1) 부채비율

부채비율은 총부채를 자기자본으로 나눈 비율로서 채권자에 의해 제공된 자금과 주주에 의해 제공된 자금과의 상대적인 크기에 관한 관계를 나타낸다. (주)고려의 2014년도 부채비율은 다음과 같이 계산된다.

$$\text{부채비율} = \frac{\text{총부채}}{\text{자기자본}} = \frac{1,500}{750} = 2(200\%)$$

이 비율이 높은 경우 이자비용이 상승하는 때에는 기업의 지급능력의 악화를 의미하므로 중요한 비율이라 할 수 있다.

(2) 자기자본비율

자기자본비율은 총자산 중에서 자기자본이 차지하고 있는 비중을 표시하는 비율로서 부채비율과 함께 기업의 안정성을 측정, 판단하는 비율이다.

$$\text{자기자본비율} = \frac{\text{자기자본}}{\text{총자산}} = \frac{750}{2,250} = 0.33(33\%)$$

기업의 재무구조가 취약할 경우에는 이자부담의 증가로 이익이 감소하고 최악의 경우에는 기업이 도산할 위험에 처하게 된다. 반면, 부채에 대한 이자는 자기자본에 대한 배당금 지급과는 달리 세금공제의 혜택이 있기 때문에 상대적으로 저렴한 자본조달수단이 된다. 따라서 기업의 경영자는 이러한 여러 가지 상황을 고려하여 적정한 수준의 부채와 자기자본의 비율을 유지할 필요가 있다.

(3) 이자보상비율

이자보상비율은 이자 및 법인세비용차감전순이익이 부채의 사용으로부터 발생하는 이자비용의 몇 배에 해당하는가를 나타내는 비율로서 기업이 부채사용에 따른 이자비용을 지급할 능력을 갖고 있느냐를 파악하는 데 이용된다.

$$\text{이자보상비율} = \frac{\text{이자비용} + \text{법인세비용차감전순이익}}{\text{이자비용}} = \frac{10+120}{10} = 13\text{배}$$

이 비율은 채권자에게 지급해야 할 고정비용인 이자비용의 지급능력을 나타내는 것으로 이 비율이 높을수록 안전도가 높다고 본다.

(4) 고정장기적합률

고정장기적합률은 유형자산을 자기자본과 비유동부채의 합계액으로 나눈 비율로서, 자기자본과 비유동부채를 유형자산에 얼마나 안정적으로 배분하고 있는가를 나타내는 비율이다.

$$\text{고정장기적합률} = \frac{\text{유형자산}}{\text{자기자본} + \text{비유동부채}} = \frac{900}{750+1,000} = 0.51(51\%)$$

유형자산에 대한 투자는 자기자본의 범위 내에 이루어지는 것이 바람직하다. 또한 장기자금의 범위 내에서 유형자산에 투자하는 것이 바람직할 것이다. 따라서 이 비율이 낮을수록 안정성이 높다고 할 수 있을 것이다.

지금까지 설명한 비율의 요약표는 다음과 같다.

1. 유동성비율

비율	산식	내용
(1) 유동비율	$\frac{\text{유동자산}}{\text{유동부채}}$	단기채무의 지급능력을 측정
(2) 당좌비율	$\frac{\text{당좌자산}}{\text{유동부채}}$	단기유동성을 측정
(3) 방어기간	$\frac{\text{방어자산(현금+유가증권+순매출채권)}}{\text{연간현금지출비용/365}}$	현재의 유동자산으로 영업활동을 할 수 있는 기간

2. 활동성비율

비율	산식	내용
(1) 매출채권회전율	$\frac{\text{순외상매출액}}{\text{평균매출채권}}$	매출채권이 현금화되는 속도와 기간
매출채권회수기간	$\frac{\text{365일}}{\text{매출채권회전율}}$	
(2) 재고자산회전율	$\frac{\text{매출원가}}{\text{평균재고자산}}$	재고자산이 현금화되는 속도와 기간
재고자산회전기간	$\frac{\text{365일}}{\text{재고자산회전율}}$	
(3) 유형자산회전율	$\frac{\text{매출액}}{\text{평균유형자산}}$	유형자산의 효율적인 이용정도
총자산회전율	$\frac{\text{매출액}}{\text{평균총자산}}$	총자산의 효율적인 이용정도

3. 수익성비율

비율	산식	내용
(1) 매출액순이익율	$\frac{\text{당기순이익}}{\text{매출액}}$	매출액에 대한 이익의 크기
(2) 자본이익률	$\frac{\text{당기순이익}}{\text{평균자본}}$	자본에 대한 수익성
(3) 주당순이익	$\frac{\text{보통주당기순이익}}{\text{유통보통주식주}}$	기업의 수익력을 나타내는 지표
(4) 주가수익률	$\frac{\text{주당시장가격}}{\text{주당순이익}}$	주가와 주당순이익의 상관관계
(5) 배당성향	$\frac{\text{총배당액}}{\text{당기순이익}}$	순이익 중 배당으로 지급되는 비율
(6) 배당수익률	$\frac{\text{주당배당액}}{\text{주당시장가격}}$	주식투자에 대해 배당으로 얻은 수익률을 측정

4. 안정성 비율		
(1) 부채비율	$\frac{\text{총부채}}{\text{자기자본}}$	자기자본에 대한 총부채의 크기
(2) 자기자본비율	$\frac{\text{자기자본}}{\text{총자본}}$	총자본 중 자기자본이 차지하는 비율
(3) 이자보상비율	$\frac{\text{이자비용+법인세비용차감전순이익}}{\text{이자비용}}$	이자비용에 대한 안전도
(4) 고정장기적합률	$\frac{\text{유형자산}}{\text{자기자본+비유동부채}}$	자기자본과 장기부채가 유형자산에 배분되는 정도

5. 재무비율 분석의 장점과 한계

재무비율 분석은 공시된 재무제표를 이용하여 기업의 재무상태나 경영성과를 분석하는 것이기에

1. 자료수집에 따른 노력과 비용이 적게 들며
2. 전문지식이 없어도 기업을 용이하게 분석, 평가할 수 있는 장점이 있다.

하지만 재무비율 분석은 다음과 같은 한계점도 가지고 있다.

1. 비율분석은 공시된 재무제표를 기초로 행해지기 때문에 재무제표의 적정성 여부에 영향을 많이 받는다. 예컨대, 발생주의 회계의 단점을 그대로 가지며, 취득원가로 자산을 평가하기 때문에 물가변동에 따른 가치변화를 반영하지 못한다.
2. 여러 가지 대체적 회계처리방법이 존재하는 경우 기업간 비교가능성이 저해되기에 단순비율분석만으로 기업의 양호여부를 평가할 수는 없다.
3. 비율분석은 기업의 과거자료를 이용하므로 미래가치에 대한 평가에 별 도움을 주지는 못한다. 다만, 앞에서 설명한 추세분석을 통해 이를 해결할 수는 있을 것이다.

하지만 이러한 한계점에도 불구하고 신중하고 적절히 수행된다면 매우 유용한 재무제표 분석방법이 될 것이다.

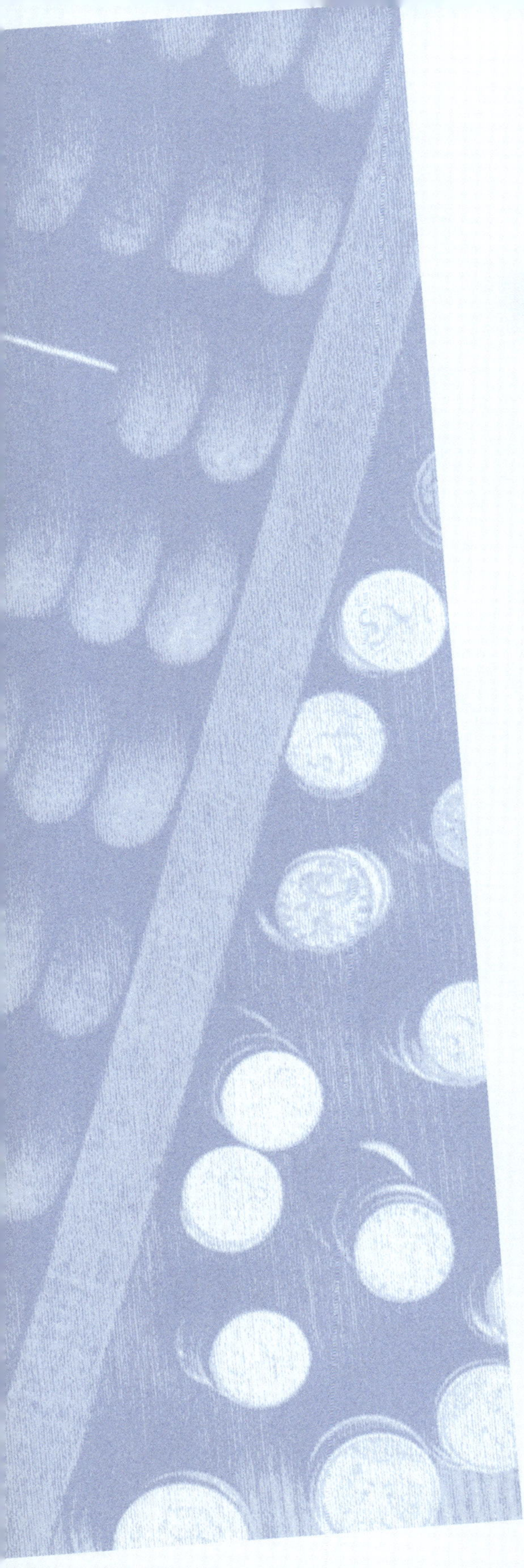

appendix

부 록

▶ 현재가치계산표

▶ 현재가치계산표

〈표 1〉 단일금액 1원의 미래가치 $F_n = (1 + r)^n$ 기간이자율(r)

기간수 (n)	1%	2%	3%	4%	5%	6%	7%	8%	9%	10%
1	1.0100	1.0200	1.0300	1.0400	1.0500	1.0600	1.0700	1.0800	1.0900	1.1000
2	1.0201	1.0404	1.0609	1.0816	1.1025	1.1236	1.1449	1.1664	1.1881	1.2100
3	1.0303	1.0612	1.0927	1.1249	1.1576	1.1910	1.2250	1.2597	1.2950	1.3310
4	1.0406	1.0824	1.1255	1.1699	1.2155	1.2625	1.3108	1.3605	1.4116	1.4641
5	1.0510	1.1041	1.1593	1.2167	1.2763	1.3382	1.4026	1.4693	1.5386	1.6105
6	1.0615	1.1262	1.1941	1.2653	1.3401	1.4185	1.5007	1.5869	1.6771	1.7716
7	1.0721	1.1487	1.2299	1.3159	1.4071	1.5036	1.6058	1.7138	1.8280	1.9487
8	1.0829	1.1717	1.2668	1.3686	1.4775	1.5938	1.7182	1.8509	1.9926	2.1436
9	1.0937	1.1951	1.3048	1.4233	1.5513	1.6895	1.8385	1.9990	2.1719	2.3579
10	1.1046	1.2190	1.3439	4.4802	1.6289	1.7908	1.9672	2.1589	2.3674	2.5937
11	1.1157	1.2434	1.3842	1.5395	1.7103	1.8983	2.1049	2.3316	2.5804	2.8531
12	1.1268	1.2682	1.4258	1.6010	1.7959	2.0122	2.2522	2.5182	2.8127	3.1384
13	1.1381	1.2936	1.4685	1.6651	1.8856	2.1329	2.4098	2.7196	3.0658	3.4523
14	1.1495	1.3195	1.5126	1.7317	1.9799	2.2609	2.5785	2.9372	3.3417	3.7975
15	1.1610	1.3459	1.5580	1.8009	2.0789	2.3966	2.7590	3.1722	3.6425	4.1772
16	1.1726	1.3728	1.6047	1.8730	2.1829	2.5404	2.9522	3.4259	3.9703	4.5950
17	1.1843	1.4002	1.6528	1.9479	2.2920	2.6928	3.1588	3.7000	4.3276	5.0545
18	1.1961	1.4282	1.7024	2.0258	2.4066	2.8543	3.3799	3.9960	4.7171	5.5599
19	1.2081	1.4568	1.7535	2.1068	2.5270	3.0256	3.6165	4.3157	5.1417	6.1159
20	1.2202	1.4859	1.8061	2.1911	2.6533	3.2071	3.8697	4.6610	5.6044	6.7275
21	1.2324	1.5157	1.8603	2.2788	2.7860	3.3996	4.1406	5.0338	6.1088	7.4002
22	1.2447	1.5460	1.9161	2.3699	2.9253	3.6035	4.4304	5.4365	6.6586	8.1403
23	1.2572	1.5769	1.9736	2.4647	3.0715	3.8197	4.7405	5.8715	7.2579	8.9543
24	1.2697	1.6084	2.0328	2.5633	3.2251	4.0489	5.0724	6.3412	7.9111	9.8497
25	1.2824	1.6406	2.0938	2.6658	3.3864	4.2919	5.4274	6.8485	8.6231	10.835
26	1.2953	1.6734	2.1566	2.7725	3.5557	4.5494	5.8074	7.3964	9.3992	11.918
27	1.3082	1.7069	2.2213	2.8834	3.7335	4.8223	6.2139	7.9881	10.245	13.110
28	1.3213	1.7410	2.2879	2.9987	3.9201	5.1117	6.6488	8.6271	11.167	14.421
29	1.3345	1.7758	2.3566	3.1187	4.1161	5.4184	7.1143	9.3173	12.172	15.863
30	1.3478	1.8114	2.4273	3.2434	4.3219	5.7435	7.6123	10.063	13.268	17.449
35	1.4166	1.9999	2.8139	3.9461	5.5160	7.6861	10.676	14.785	20.414	28.102
40	1.4889	2.2080	3.2620	4.8010	7.0400	10.286	14.974	21.725	31.409	45.259
45	1.5648	2.4379	3.7816	5.8412	8.9850	13.765	21.002	31.920	48.327	72.891
50	1.6446	2.6916	4.3839	7.1067	11.467	18.420	29.457	46.902	74.358	117.39
60	1.8167	3.2810	5.8916	10.520	18.679	32.988	57.946	101.26	176.03	304.48

기간이자율(r)

기간수 (n)	11%	12%	13%	14%	15%	16%	17%	18%	19%	20%
1	1.1100	1.1200	1.1300	1.1400	1.1500	1.1600	1.1700	1.1800	1.1900	1.2000
2	1.2321	1.2544	1.2769	1.2996	1.3225	1.3456	1.3689	1.3924	1.4161	1.4400
3	1.3676	1.4094	1.4429	1.4815	1.5209	1.5609	1.6016	1.6430	1.6852	1.7280
4	1.5180	1.5735	1.6305	1.6890	1.7490	1.8106	1.8739	1.9388	2.0053	2.0736
5	1.6851	1.7623	1.8424	1.9254	2.0114	2.1003	2.1924	2.2878	2.3864	2.4883
6	1.8704	1.9738	2.0820	2.1950	2.3131	2.4364	2.5652	2.6996	2.8398	2.9860
7	2.0762	2.2107	2.3526	2.5023	2.6600	2.8262	3.0012	3.1855	3.3793	3.5832
8	2.3045	2.4760	2.6584	2.8526	3.0590	3.2784	3.5115	3.7589	4.0214	4.2998
9	2.5580	2.7731	3.0040	3.2519	3.5179	3.8030	4.1084	4.4355	4.7854	5.1598
10	2.8394	3.1058	3.3946	3.7072	4.0456	4.4114	4.8068	5.2338	5.6947	6.1917
11	3.1518	3.4785	3.8359	4.2262	4.6524	5.1173	5.6240	6.1759	6.7767	7.4301
12	3.4985	3.8960	4.3345	4.8179	5.3503	5.9360	6.5801	7.2876	8.0642	8.9161
13	3.8833	4.3635	4.8980	5.4924	6.1528	6.8858	7.6987	8.5994	9.5964	10.699
14	4.3104	4.8871	5.5348	6.2613	7.0757	7.9875	9.0075	10.147	11.420	12.839
15	4.7846	5.4736	6.2543	7.1379	8.1371	9.2655	10.539	11.974	13.589	15.407
16	5.3109	6.1304	7.0673	8.1372	9.3576	10.748	12.330	14.129	16.172	18.488
17	5.8951	6.8660	7.9861	9.2765	10.761	12.468	14.427	16.672	19.244	22.186
18	6.5436	7.6900	9.0243	10.575	12.375	14.463	16.879	19.673	22.901	22.623
19	7.2633	8.6128	10.197	12.056	14.232	16.777	19.748	23.214	27.252	31.948
20	8.0623	9.6463	11.523	13.743	16.367	19.461	23.106	27.393	32.429	38.338
21	8.9492	10.804	13.021	15.668	18.822	22.574	27.034	32.324	38.591	46.005
22	9.9336	12.100	14.714	17.861	21.645	26.186	31.629	38.142	45.923	55.206
23	11.026	13.552	16.626	20.362	24.891	30.376	37.006	45.008	54.648	66.247
24	12.239	15.179	18.788	23.212	28.625	35.236	43.297	53.109	65.032	79.497
25	13.586	17.000	21.231	26.462	32.919	40.874	50.658	62.669	77.388	95.396
26	15.080	19.040	23.991	30.167	37.857	47.414	59.270	73.949	92.092	114.48
27	16.738	21.325	27.109	34.390	34.535	55.000	69.345	87.260	109.56	137.37
28	18.580	23.884	30.634	39.204	50.066	63.800	81.134	102.97	130.41	164.84
29	20.624	26.750	34.617	44.693	57.575	74.009	94.927	121.50	155.19	197.81
30	22.892	29.960	39.116	50.950	66.212	85.850	111.06	143.37	184.67	237.38
35	38.575	52.800	72.068	98.100	133.18	180.31	243.56	327.99	440.70	590.67
40	65.001	93.051	132.78	188.88	267.86	378.72	533.86	750.38	1051.6	1469.8
45	109.53	163.99	244.64	363.68	538.77	795.44	1170.5	1716.7	2509.6	3657.3
50	184.56	289.00	450.74	700.23	1083.7	1670.7	2566.2	3927.4	5988.9	9100.4
60	524.06	897.60	1530.1	2595.9	4384.0	7370.2	12335.	20555.	34105.	56347.

* $F_n > 52.999$

〈표 2〉 단일금액 1원의 현재가치 $P=\frac{1}{(1+r)^n}$ 기간이자율(r)

기간수 (n)	1%	2%	3%	4%	5%	6%	7%	8%	9%	10%
1	.9901	.9704	.9709	.9615	.9524	.9434	.9346	.9259	.9174	.9091
2	.9803	.9612	.9426	.9246	.9070	.8900	.8734	.8573	.8417	.8264
3	.9706	.9423	.9151	.8890	.8638	.8396	.8163	.7938	.7722	.7513
4	.9610	.9238	.8885	.8548	.8227	.7921	.7629	.7350	.7084	.6830
5	.9515	.9057	.8626	.8219	.7835	.7473	.7130	.6806	.6499	.6209
6	.9420	.8880	.8375	.7903	.7462	.7050	.6663	.6302	.5963	.5645
7	.9327	.8706	.8131	.7599	.7107	.6651	.6227	.5835	.5470	.5132
8	.9235	.8535	.7894	.7307	.6768	.6274	.5820	.5403	.5019	.4665
9	.9143	.8368	.7664	.7026	.6446	.5919	.5439	.5002	.4604	.4241
10	.9053	.8203	.7441	.6756	.6139	.5584	.5083	.4632	.4224	.3855
11	.8963	.8043	.7224	.6496	.5847	.5268	.4751	.4289	.3875	.3505
12	.8874	.7885	.7014	.6246	.5568	.4970	.4440	.3971	.3555	.3186
13	.8787	.7730	.6810	.6006	.5303	.4688	.4150	.3677	.3262	.2897
14	.8700	.7579	.6611	.5775	.5051	.4423	.3878	.3405	.2992	.2633
15	.8613	.7430	.6419	.5553	.4810	.4173	.3624	.3152	.2745	.2394
16	.8528	.7284	.6232	.5339	.4581	.3936	.3387	.2919	.2519	.2176
17	.8444	.7142	.6052	.5134	.4363	.3714	.3166	.2703	.2311	.1978
18	.8360	.7002	.5874	.4936	.4155	.3503	.2959	.2502	.2120	.1799
19	.8277	.6864	.5703	.4746	.3957	.3305	.2765	.2317	.1945	.1635
20	.8195	.6730	.5537	.4564	.3769	.3118	.2584	.2145	.1784	.1486
21	.8114	.6598	.5375	.4388	.3589	.2942	.2415	.1987	.1637	.1351
22	.8034	.6468	.5219	.4220	.3418	.2775	.2257	.1839	.1502	.1228
23	.7954	.6324	.5067	.4057	.3256	.2618	.2109	.1703	.1378	.1117
24	.7876	.6217	.4919	.3901	.3101	.2470	.1971	.1577	.1264	.1015
25	.7798	.6095	.4776	.3751	.2953	.2330	.1842	.1460	.1160	.0923
26	.7720	.5976	.4637	.3604	.2812	.2198	.1722	.1352	.1064	.0839
27	.7644	.5859	.4502	.3468	.2678	.2074	.1609	.1252	.0976	.0763
28	.7568	.5744	.4371	.3335	.2551	.1956	.1504	.1159	.0895	.0693
29	.7493	.5631	.4243	.3207	.2429	.1846	.1406	.1073	.0822	.0630
30	.7419	.5521	.4120	.3083	.2314	.1741	.1314	.0994	.0754	.0573
35	.7059	.5000	.3554	.2534	.1813	.1301	.0937	.0676	.0490	.0356
40	.6717	.4529	.3066	.2083	.1420	.0972	.0668	.0460	.0318	.0221
45	.6391	.4102	.2644	.1712	.1113	.0727	.0476	.0313	.0207	.0137
50	.6080	.3715	.2281	.1407	.0872	.0543	.0339	.0213	.0134	.0085
60	.5504	.3048	.1697	.0951	.0535	.0303	.0173	.0099	.0057	.0033

기간이자율(r)

기간수 (n)	11%	12%	13%	14%	15%	16%	17%	18%	19%	20%
1	.9009	.8929	.8850	.8772	.8696	.8621	.8547	.8475	.8403	.8333
2	.8116	.7972	.7831	.7695	.7561	.7432	.7305	.7182	.7062	.6944
3	.7312	.7118	.6931	.6750	.6575	.6407	.6244	.6086	.5934	.5787
4	.6587	.6355	.6133	.5921	.5718	.5523	.5337	.5158	.4987	.4323
5	.5935	.5674	.5428	.5194	.4972	.4761	.4561	.4371	.4190	.4019
6	.5346	.5066	.4803	.4556	.4323	.4104	.3898	.3704	.3521	.3349
7	.4817	.4523	.4251	.3996	.3759	.3538	.3332	.3139	.2959	.2791
8	.4339	.4039	.3762	.3506	.3269	.3050	.2848	.2660	.2487	.2326
9	.3909	.3606	.3329	.3075	.2843	.2630	.2434	.2255	.2090	.1938
10	.3522	.3220	.2946	.2697	.2472	.2267	.2080	.1911	.1756	.1615
11	.3173	.2875	.2607	.2366	.2149	.1954	.1773	.1619	.1476	.1346
12	.2858	.2567	.2307	.2076	.1869	.1685	.1520	.1372	.1240	.1122
13	.2575	.2292	.2042	.1821	.1625	.1452	.1299	.1163	.1042	.0935
14	.2320	.2046	.1807	.1597	.1413	.1252	.1110	.0985	.0876	.0779
15	.2090	.1827	.1599	.1401	.1229	.1079	.0949	.0835	.0736	.0649
16	.1883	.1631	.1415	.1229	.1069	.0930	.0811	.0708	.0618	.0541
17	.1696	.1456	.1252	.1073	.0929	.0802	.0693	.0600	.0520	.0451
18	.1523	.1300	.1103	.0946	.0803	.0691	.0592	.0508	.0437	.0376
19	.1377	.1161	.0981	.0829	.0703	.0596	.0506	.0431	.0367	.0313
20	.1240	.1037	.0863	.0723	.0611	.0514	.0433	.0365	.0303	.0261
21	.1117	.0926	.0768	.0633	.0531	.0443	.0370	.0309	.0259	.0217
22	.1007	.0326	.0680	.0560	.0462	.0382	.0316	.0262	.0218	.0181
23	.0907	.0738	.0601	.0491	.0402	.0329	.0270	.0222	.0183	.0151
24	.0817	.0659	.0532	.0431	.0349	.0284	.0231	.0188	.0154	.0126
25	.0736	.0588	.0471	.0378	.0304	.0245	.0197	.0160	.0129	.0105
26	.0663	.0525	.0417	.0331	.0264	.0211	.0169	.0135	.0109	.0087
27	.0597	.0469	.0369	.0291	.0230	.0182	.0144	.0115	.0091	.0073
28	.0538	.0419	.0325	.0255	.0200	.0157	.0123	.0097	.0077	.0061
29	.0485	.0374	.0289	.0224	.0174	.0135	.0105	.0082	.0064	.0051
30	.0437	.0334	.0256	.0196	.0151	.0116	.0090	.0070	.0054	.0042
35	.0259	.0189	.0139	.0102	.0075	.0055	.0041	.0030	.0023	.0017
40	.0154	.0107	.0075	.0053	.0037	.0026	.0019	.0013	.0010	.0007
45	.0091	.0061	.0041	.0027	.0019	.0013	.0009	.0006	.0004	.0003
50	.0054	.0035	.0022	.0014	.0009	.0006	.0004	.0003	.0002	.0001
60	.0019	.0011	.0007	.0004	.0002	.0001	.00008	.00005	.00003	.00002

〈표 3〉 정상연금 1원의 미래가치 $FA_n = \sum_{t=1}(1+r)^{n-t} = \frac{(1+r)^n - 1}{r}$ 기간이자율(r)

기간수 (n)	1%	2%	3%	4%	5%	6%	7%	8%	9%	10%
1	1.0000	1.0000	1.0000	1.0000	1.0000	1.0000	1.0000	1.0000	1.0000	1.0000
2	2.0100	2.0200	2.0300	2.0400	2.0500	2.0600	2.0700	2.0800	2.0900	2.1000
3	3.0301	3.0604	3.0909	3.1216	3.1525	3.1836	3.2149	3.2464	3.2781	3.3100
4	4.0604	4.1216	4.1836	4.2465	4.3101	4.3746	4.4399	4.5061	4.5731	4.6410
5	5.1010	5.2040	5.3091	5.4163	5.5256	5.6371	5.7507	5.8666	5.9847	6.1051
6	6.1520	6.3081	6.4684	6.6330	6.8019	6.9753	7.1533	7.3359	7.5233	7.7156
7	7.2135	7.4343	7.6625	7.8983	8.1420	8.3938	8.6540	8.9228	9.2004	9.4872
8	8.2857	8.5830	8.8923	9.2142	9.5491	9.8975	10.260	10.637	11.028	11.436
9	9.3685	9.7546	10.159	10.583	11.027	11.491	11.978	12.488	13.021	13.579
10	10.462	10.950	11.464	12.006	12.578	13.181	13.816	14.487	15.193	15.937
11	11.567	12.169	12.803	13.486	14.207	14.972	15.784	16.645	17.560	18.531
12	12.683	13.412	14.192	15.026	15.917	16.870	17.888	18.977	20.141	21.384
13	13.809	14.680	15.613	16.627	17.713	18.882	20.141	21.495	22.953	24.523
14	14.947	15.974	17.086	18.292	19.599	21.015	22.550	24.215	26.019	27.975
15	16.097	17.293	18.599	20.024	21.579	23.276	25.129	27.152	29.361	31.772
16	17.258	18.639	20.157	21.825	25.657	25.673	27.888	30.324	33.003	35.950
17	18.430	20.012	21.762	23.698	25.840	28.213	30.840	33.750	36.974	40.545
18	19.615	21.412	23.414	25.645	28.132	30.906	33.999	37.450	41.301	45.599
19	20.811	22.841	25.117	27.671	30.539	33.760	37.379	41.446	46.018	51.159
20	22.019	24.297	26.870	29.778	33.066	36.786	40.995	45.762	51.160	57.275
21	23.239	25.783	28.676	31.969	35.719	39.993	44.865	50.423	56.765	64.002
22	24.472	27.299	30.537	34.248	38.505	43.392	49.006	55.457	62.873	71.403
23	25.716	28.845	32.453	36.618	41.430	46.996	53.436	60.893	69.532	79.543
24	26.973	30.422	34.426	39.083	44.502	50.816	58.177	66.765	76.790	88.497
25	28.243	32.030	36.459	41.646	47.727	54.865	63.249	73.106	84.701	98.347
26	29.526	33.671	38.553	44.312	51.113	59.156	68.676	79.954	93.324	109.18
27	30.821	35.344	40.710	47.084	54.669	63.706	74.484	87.351	102.72	121.10
28	32.129	37.051	42.931	49.968	58.403	68.528	80.698	95.339	112.97	134.21
29	33.450	38.792	45.219	52.966	62.323	73.640	87.347	103.97	124.14	148.63
30	34.785	40.568	47.575	56.085	66.439	79.058	94.461	113.28	136.31	164.49
35	41.660	49.994	60.462	73.652	90.320	111.43	138.24	172.32	215.71	271.02
40	48.886	60.402	75.401	95.026	120.80	154.76	199.64	269.06	337.88	442.59
45	56.481	71.893	92.720	121.03	159.70	212.74	285.75	386.51	525.86	718.90
50	64.463	84.579	112.80	152.67	209.35	290.34	406.53	573.77	815.08	1163.9
60	81.671	114.05	163.05	237.99	353.58	533.13	813.52	1253.2	1944.8	3034.8

기간이자율(r)

기간수 (n)	11%	12%	13%	14%	15%	16%	17%	18%	19%	20%
1	1.0000	1.0000	1.0000	1.0000	1.0000	1.0000	1.0000	1.0000	1.0000	1.0000
2	2.1100	2.1200	2.1300	2.1400	2.1500	2.1600	2.1700	2.1800	2.1900	2.2000
3	3.3421	3.3744	3.4069	3.4396	3.4725	3.5056	3.5389	3.5724	3.6061	3.6400
4	4.7097	4.7793	4.8498	4.9211	4.9934	5.0665	5.1405	5.2154	5.2913	5.3680
5	6.2278	6.3528	6.4803	6.6101	6.7424	6.8771	7.0144	7.1542	7.2966	7.4416
6	7.9130	8.1152	8.3230	8.5355	8.7537	8.9775	9.2068	9.4420	9.6830	9.9299
7	9.7830	10.089	10.405	10.730	11.067	11.414	11.772	12.142	12.523	12.916
8	11.859	12.300	12.757	13.233	13.727	14.240	14.773	15.327	15.902	16.499
9	14.163	14.776	15.416	16.085	16.786	17.519	18.285	19.086	19.923	20.799
10	16.722	17.549	18.419	19.337	20.304	21.321	22.393	23.521	24.709	25.959
11	19.561	20.655	21.814	23.045	24.349	25.733	27.199	28.755	30.404	32.150
12	22.713	24.133	25.650	27.271	29.002	30.850	32.823	34.931	37.180	39.581
13	26.211	28.029	29.984	32.089	34.352	36.786	39.404	42.219	45.244	48.497
14	30.095	32.393	34.883	37.581	40.505	43.672	47.103	50.818	54.841	59.196
15	34.405	37.280	40.418	43.842	47.580	51.660	56.110	60.965	66.261	72.035
16	39.199	42.753	46.672	50.980	55.717	60.925	66.649	72.939	79.850	87.442
17	44.501	48.884	53.739	59.118	65.075	71.673	78.979	87.068	96.022	105.93
18	50.396	55.750	61.725	68.394	75.836	84.141	93.406	103.74	115.26	128.12
19	56.939	63.440	70.749	78.969	88.212	98.603	110.29	123.41	138.16	154.74
20	64.203	70.052	80.947	91.025	102.44	115.38	130.03	146.63	165.42	186.69
21	72.265	81.699	92.469	104.77	118.81	134.84	153.14	174.02	197.85	225.03
22	81.214	92.503	105.49	120.44	137.63	157.41	180.17	206.34	236.44	271.03
23	91.148	104.60	120.20	138.30	159.28	183.60	211.80	244.49	282.36	326.24
24	102.17	118.16	136.83	158.66	184.17	213.98	248.81	289.49	337.01	392.48
25	114.41	133.33	155.62	181.87	212.79	249.21	292.10	342.60	402.04	471.98
26	127.99	150.33	176.85	208.33	245.71	290.09	342.76	405.27	497.43	567.38
27	143.08	169.37	200.84	238.50	283.57	337.50	402.03	479.22	571.52	681.85
28	159.82	190.70	227.95	272.89	327.10	392.50	471.38	566.48	681.11	819.22
29	178.39	214.58	258.58	312.09	377.17	456.30	552.51	669.45	811.52	984.07
30	199.02	241.33	293.19	356.79	434.75	530.31	647.44	790.95	966.71	1181.9
35	341.59	431.66	546.68	693.57	881.17	1120.7	1426.4	1816.7	2314.2	2948.3
40	581.83	767.09	1013.7	1342.0	1779.1	2360.8	3134.5	4163.2	5529.8	7343.9
45	986.64	1358.3	1874.2	2590.6	3585.1	4965.3	6879.2	9531.6	13203.	18281.
50	1668.7	2400.0	3459.5	4994.5	7217.7	10436.	15089.	21813.	31515.	45497.
60	4755.1	7471.6	11762.	18535.	29220.	46057.	72555.	114189.	179494.	281737.

〈표 4〉 정상연금 1원의 현재가치 $PA_n=\sum_{t=1}^{n}\frac{1}{(1+r)^t}$ 기간이자율(r)

기간수 (n)	1%	2%	3%	4%	5%	6%	7%	8%	9%	10%
1	0.9901	0.9804	0.9616	0.9615	0.9524	0.9434	0.9346	0.9259	0.9174	0.9091
2	1.9704	1.9416	1.9165	1.8861	1.8594	1.8334	1.8080	1.7833	1.7591	1.7355
3	2.9410	2.8839	2.8286	2.7751	2.7232	2.6730	2.6243	2.5771	2.5313	2.4868
4	3.9020	3.8077	3.7171	3.6299	3.5460	3.4651	3.3872	3.3121	3.2397	3.1699
5	4.8534	4.7135	4.5797	4.4518	4.3295	4.2124	4.1002	3.9927	3.8897	3.7908
6	5.7955	5.6014	5.4172	5.2421	5.0757	4.9173	4.7665	4.6229	4.4859	4.3553
7	6.7282	6.4720	6.2303	6.0021	5.7864	5.5824	5.3893	5.2064	5.0330	4.8684
8	7.6517	7.3255	7.0197	6.7327	6.4632	6.2098	5.9713	5.7466	5.5348	5.3349
9	8.5660	8.1622	7.7861	7.4353	7.1078	6.8017	6.5152	6.2469	5.9952	5.7590
10	9.4713	8.9826	8.5302	8.1109	7.7217	7.3601	7.0236	6.7101	6.4177	6.1446
11	10.368	9.7868	9.2526	8.7605	8.3064	7.8869	7.4987	7.1390	6.8052	6.4951
12	11.255	10.575	9.9540	9.3851	8.8633	8.3838	7.9427	7.5361	7.1607	6.8137
13	12.134	11.348	10.635	9.9856	9.3936	8.8527	8.3577	7.9038	7.4869	7.1034
14	13.004	12.106	11.296	10.563	9.8986	9.2950	8.7455	8.2442	7.7862	7.3667
15	13.865	12.849	11.938	11.118	10.380	9.7122	9.1079	8.5595	8.0607	7.6061
16	14.718	13.578	12.561	11.652	10.838	10.106	9.4466	8.8514	8.3136	7.8237
17	15.562	14.292	13.166	12.166	11.274	10.477	9.7632	9.1216	8.5436	8.0216
18	16.398	14.992	13.756	12.659	11.690	10.828	10.059	9.3719	8.7556	8.2014
19	17.226	15.679	14.324	13.134	12.085	11.158	10.336	9.6036	8.9501	8.3649
20	18.046	16.351	14.877	13.590	12.462	11.470	10.594	9.8181	9.1285	8.5136
21	18.857	17.011	15.415	14.029	12.821	11.764	10.835	10.017	9.2922	8.6487
22	19.660	17.658	15.937	14.451	13.163	12.042	11.061	10.201	9.4424	8.7715
23	20.456	18.292	16.444	14.857	13.489	12.303	11.272	10.371	9.5802	8.8832
24	21.243	18.914	16.935	15.247	13.799	12.550	11.469	10.529	9.7066	8.9847
25	22.023	19.524	17.413	15.622	14.094	12.783	11.654	10.675	9.8266	9.0770
26	22.795	21.121	17.877	15.983	14.375	13.003	11.826	10.810	9.9290	9.1609
27	23.560	20.707	18.327	16.330	14.643	13.210	11.987	10.935	10.027	9.2372
28	24.316	21.281	18.764	16.663	14.898	13.406	12.137	11.051	10.116	9.3066
29	25.066	21.844	19.188	16.984	15.141	13.591	12.278	11.158	10.198	9.3696
30	25.808	22.397	19.600	17.292	15.373	13.765	12.409	11.258	10.274	9.4269
35	29.409	24.999	21.487	18.665	16.374	14.498	12.948	11.655	10.567	9.6442
40	32.835	27.356	23.115	19.793	17.159	15.046	13.332	11.925	10.757	9.7791
45	36.095	29.490	24.519	20.720	17.774	15.456	13.605	12.108	10.881	9.8628
50	39.196	31.424	25.730	21.482	18.256	15.762	13.801	12.233	10.962	9.9148
60	44.955	34.761	27.676	22.623	18.929	16.161	14.039	12.376	11.048	9.9671

기간이자율(r)

기간수 (n)	11%	12%	13%	14%	15%	16%	17%	18%	19%	20%
1	0.9009	0.8929	0.8850	0.8772	0.8696	0.8621	0.8547	0.8475	0.8403	0.8333
2	1.7125	1.6901	1.6681	1.6467	1.6257	1.6052	1.5852	1.5656	1.5465	1.5278
3	2.4437	2.4018	2.3612	2.3216	2.2832	2.2459	2.2096	2.1743	2.1399	2.1065
4	3.1024	3.0373	2.9745	2.9137	2.8550	2.7982	2.7432	2.6901	2.6386	2.5887
5	3.6959	3.6048	3.5172	3.4331	3.3522	3.2743	3.1993	3.1272	3.0576	2.9906
6	4.2305	4.1114	3.9975	3.8887	3.7845	3.6847	3.5892	3.4976	3.4098	3.3255
7	4.7122	4.5638	4.4226	4.2883	4.1604	4.0386	3.9224	3.8115	3.7057	3.6046
8	5.1461	4.9676	4.7988	4.6389	4.4873	4.3436	4.2072	4.0776	3.9544	3.8372
9	5.5370	5.3282	5.1317	4.9464	4.7716	4.6065	4.4506	4.3030	4.1633	4.0310
10	5.8892	5.6502	5.4262	5.2161	5.0188	4.8332	4.6586	4.4941	4.3389	4.1925
11	6.2065	5.9377	5.6869	5.4527	5.2337	5.0286	4.8364	4.6560	4.4865	4.3271
12	6.4924	6.1944	5.9176	5.6603	5.4206	5.1971	4.9884	4.7932	4.6105	4.4392
13	6.7499	6.4235	6.1218	5.8424	5.5831	5.3423	5.1183	4.9095	4.7147	4.5327
14	6.9819	6.6282	6.3025	6.0021	5.7245	5.4675	5.2293	5.0081	4.8023	4.6106
15	7.1909	6.8109	6.4624	6.1422	5.8474	5.5755	5.3242	5.0916	4.8759	4.6755
16	7.3792	6.9740	6.6039	6.2651	5.9542	5.6685	5.4053	5.1624	4.9377	4.7296
17	7.5488	7.1196	6.7291	6.3729	6.0472	5.7487	5.4746	5.2223	4.9897	4.7746
18	7.7016	7.2497	6.8399	6.4674	6.1280	5.8178	5.5339	5.2732	5.0333	4.8122
19	7.8393	7.3658	6.9380	6.5504	6.1982	5.8775	5.5845	5.3162	5.0700	4.8435
20	7.9633	7.4694	7.0248	6.6231	6.2593	5.9288	5.6278	5.3527	5.1009	4.8696
21	8.0751	7.5620	7.1015	6.6870	6.3125	5.9731	5.6648	5.3837	5.1263	4.8913
22	8.1757	7.6446	7.1695	6.7429	6.3587	6.0113	5.6964	5.4099	5.1486	4.9094
23	8.2664	7.7184	7.2297	6.7921	6.3988	6.0442	5.7234	5.4321	5.1668	4.9245
24	9.3481	7.7843	7.2829	6.8351	6.4338	0.0726	6.7465	5.4509	5.1822	4.9371
25	8.4217	7.8431	7.3300	6.8729	6.4641	6.0971	5.7662	5.4669	5.1951	4.9476
26	8.4881	7.8957	7.3717	6.9061	6.4906	6.1182	5.7831	5.4804	5.2060	4.9563
27	8.5478	7.9426	7.4086	6.9352	6.5135	6.1364	5.7975	5.4919	5.2151	4.9636
28	8.6016	7.9844	7.4412	6.9607	6.5335	6.1520	5.8099	5.5016	5.2223	4.9697
29	8.6501	8.0218	7.4701	6.9830	6.5509	6.1656	5.8024	5.5093	5.2292	4.9747
30	8.6938	8.0552	7.4957	7.0027	6.5660	6.1772	5.8294	5.5168	5.2347	4.9789
35	8.8552	8.1755	7.5856	7.0700	6.6166	6.2153	5.8582	5.5386	5.2512	4.9915
40	8.9511	8.2433	7.6344	7.1050	6.6418	6.2335	5.8713	5.5482	5.2582	4.9966
45	9.0079	8.2825	7.6609	7.1232	6.6543	6.2421	5.8773	5.5523	5.2611	4.9986
50	9.0417	8.3045	7.6572	7.1327	6.6605	6.2463	5.8801	5.5541	5.2623	4.9995
60	9.0736	8.3240	7.6873	7.1401	6.6651	6.2491	5.8819	5.5553	5.2630	4.9999

연습문제 해답

제 2 장 재무회계의 절차

01 (1) 자산의 증가(현금) 15,000 = 자본의 증가 (자본금) 15,000

(2) 자산의 증가(토지) 6,000 = 자산의 감소 (현금) 6,000

(3) 자산의 증가(현금) 8,000 = 부채의 증가 (차입금) 8,000

(4) 자산의 증가(매출채권) 3,000 = 자본의 증가 (이익잉여금) 3,000

(5) 자본의 감소(이익잉여금) 2,500 = 자산의 감소(현금) 2,500

(6) 자본의 감소(이익잉여금) 200 = 자산의 감소(현금) 200

03 자산합계 : 23,300

부채합계 : 8,000

주주지분합계 : 15,300

재무상태표

자 산		
토 지	6,000	
현 금	14,300	
매출채권	3,000	23,300
자산합계		23,300
부 채		
차입금	8,000	8,000
자 본		
자본금	15,000	
이익잉여금	300	15,300
부채 및 자본계		23,300

손익계산서

수 익	3,000
비 용	2,500
당기순이익	500

자본변동표

	자본금	이익잉여금	합계
기초	0	0	0
납입자본금	15,000		15,000
당기순이익		500	500
배당금		(200)	(200)
기말	15,000	300	15,300

현금흐름표

영업활동에 의한 현금흐름	(2,500)
투자활동에 의한 현금흐름	(6,000)
재무활동에 의한 현금흐름	22,800
기말현금	14,300

05 손익계산서 : 손, 재무상태표 : 재, 자본변동표 : 자

계정	차변	대변	재무제표
매출수익		v	손
현 금	v		재
미지급배당금		v	재
투자자산매각이익		v	손
이익잉여금		v	재, 자
감가상각비	v		손
선수수익		v	재
재고자산	v		재
설 비	v		재
보통주자본금		v	재
단기매매금융상품	v		재
수입수수료		v	손
급 여	v		손
매출원가	v		손
배당금		v	자
매출채권	v		재
매입채무		v	재
특허권	v		재
지급이자	v		손
임대료수익		v	손

07

시산표

	차변	대변
설 비	35,000	
매출채권	32,000	
단기매매금융상품	10,000	
선급비용	9,000	
매입채무		15,000
지급어음		25,000
보통주자본금		23,000
이익잉여금		10,000
수입수수료		40,000
기타수익		8,000
지급이자	3,000	
광고비	13,000	
잡 비	13,000	
투자자산처분손실	2,000	
배당금	4,000	
	121,000	121,000

재무상태표

설 비	35,000	매입채무	15,000
매출채권	32,000	지급어음	25,000
단기매매금융상품	10,000	보통주자본금	23,000
선급비용	9,000	이익잉여금	23,000
자산총계	86,000	부채 및 자본	86,000

손익계산서

수익:	수입수수료	40,000	
	기타수익	8,000	48,000
비용:	지급이자	3,000	
	광고비	13,000	
	잡 비	13,000	
	투자자산처분손실	2,000	31,000
당기순이익			17,000

자본변동표

	자본금	이익잉여금	합계
기초	23,000	10,000	23,000
당기순이익		17,000	17,000
배당금		(4,000)	(4,000)
기말	23,000	23,000	46,000

09 a. (1) 자산증가, 자본증가
(2) 자산증가, 부채증가
(3) 자산증가, 자산감소
(4) 비용증가, 자산감소
(5) 자산증가, 수익증가
(6) 비용증가, 자산감소
(7) 자산증가, 자산감소, 비용증가
(8) 자본감소, 자산감소

재무상태표

자 산		
현 금	9,500	
매출채권	4,000	
토 지	5,000	18,500
자산총계		18,500
부 채		
차입금	5,000	5,000
자 본		
자본금	10,000	
이익잉여금	3,500	13,500
부채·자본 합계		18,500

손익계산서

수 익		
매 출	14,000	14,000
비 용		
기계임대료	5,000	
잡 비	3,000	
토지처분손실	500	8,500
당기순이익		5,500

자본변동표

	자본금	이익잉여금	합계
2015년 초	10,000		10,000
당기순이익		5,500	5,500
배당금		(2,000)	(2,000)
2015년 말	10,000	3,500	13,500

현금흐름표

영업활동에 의한 현금흐름	2,000
투자활동에 의한 현금흐름	(500)
재무활동에 의한 현금흐름	8,000
기말현금	9,500

b. 분개

(1) (차)	현 금	10,000	(대) 자본금	10,000
(2) (차)	현 금	5,000	(대) 차입금	5,000
(3) (차)	토 지	8,000	(대) 현 금	8,000
(4) (차)	기계임대료	5,000	(대) 현 금	5,000
(5) (차)	현 금	10,000	(대) 매 출	14,000
	매출채권	4,000		
(6) (차)	잡 비	3,000	(대) 현 금	3,000
(7) (차)	현 금	2,500	(대) 토 지	3,000
	토지처분손실	500		
(8) (차)	이익잉여금	2,000	(대) 현 금	2,000

T－계정

현 금

차변	대변
(1) 10,000	(3) 8,000
(2) 5,000	(4) 5,000
(5) 10,000	(6) 3,000
(7) 2,500	(8) 2,000
잔액 9,500	

자본금

차변	대변
	(1) 10,000
	잔액 10,000

차입금

차변	대변
	(2) 5,000
	잔액 5,000

토 지

차변	대변
(3) 8,000	(7) 3,000
잔액 5,000	

매 출

차변	대변
	(5) 14,000
	잔액 14,000

매출채권

차변	대변
(5) 4,000	
잔액 4,000	

잡 비

차변	대변
(6) 3,000	
잔액 3,000	

토지처분손실	
(7) 500	
잔액 500	

기계임대료	
(4) 5,000	
잔액 5,000	

이익잉여금	
(8) 2,000	당기순이익 5,500
	잔액 3,500

제 3 장 수정분개

01 a. (1) 연말 현재 발생한 임차료 ₩1,200이 미지급 상태다.
(2) 이자수입이 ₩1,500 발생하였으나, 아직 받지 못하였다.
(3) 선급보험료 중 ₩5,000이 비용화 되었다.
(4) 선수수익 ₩200에 대한 용역제공을 완료하였다.
(5) 유형자산의 감가상각비 ₩20,000을 계상하다.

b. 발생항목 : (1), (2), (3), (4)
자산의 소멸 : (5)

03 a. 2015. 1. 1 (차) 유형자산(인쇄기) 12,000 (대) 현 금 12,000
2015. 12. 31 (차) 감가상각비 4,000* (대) 감가상각누계액 4,000
* 12,000÷3=4,000
2016. 12. 31 (차) 감가상각비 4,000 (대) 감가상각누계액 4,000
2017. 12. 31 (차) 감가상각비 4,000 (대) 감가상각누계액 4,000

	2015	2016	2017
유형자산(인쇄기)	12,000	12,000	12,000
−감가상각누계액	4,000	8,000	12,000
장 부 가 액	8,000	4,000	0

b.

	2015	2016	2017	합계
감가상각비	4,000	4,000	4,000	12,000
인쇄기매입과 관련된 현금유출	12,000	−	−	12,000

c. 유형자산을 사용함으로써 여러 회계기간에 걸쳐 얻게 되는 효익에 대응하여 유형자산의 원가를 그 기간 동안의 비용으로 인식하기 위해서이다.

05 a. 2015년 9월 30일
(차) 대여금 300,000 (대) 현 금 300,000

b. 2015년 12월 31일
(차) 미수이자 10,500* (대) 수입이자 10,500
* 300,000×14%×3/12=10,500

c. 2016년 9월 30일

(차) 현　금	342,000	(대) 대여금	300,000
		미수이자	10,500
		수입이자	31,500

07

(1)	(차) 선급보험료	8,000	(대) 보험료	8,000
(2)	(차) 급　여	5,000	(대) 미지급급여	5,000
(3)	(차) 소모품비	8,000	(대) 소모품	8,000
(4)	(차) 감가상각비	15,000	(대) 감가상각누계액	15,000
(5)	(차) 잡비용	2,000	(대) 미지급금	2,000
(6)	(차) 선수용역수익	25,000	(대) 용역수익	25,000
(7)	(차) 선급임차료	5,000	(대) 임차료	5,000

09. a. b.

계정과목	수정전시산표		수정분개		수정후시산표		손익계산서		재무상태표	
	차변	대변	차변	대변	차변	대변	차변	대변	차변	대변
현　금	4,200				4,200				4,200	
매출채권	14,800				14,800				14,800	
미수임대수익	0		1) 600		600				600	
재고자산	19,000				19,000				19,000	
선급보험료	1,200			3) 400	800				800	
사무실비품	42,500				42,500				42,500	
감가상각누계액		0		4)2,000		2,000				2,000
매입채무		8,500				8,500				8,500
미지급급여		0		2)1,200		1,200				1,200
사　채		25,000				25,000				25,000
보통주		35,000				35,000				35,000
이익잉여금		0				0				
매출액		30,600				30,600		30,600		
임대료수익		1.100		1) 600		1,700		1,700		
매출원가	11,000				11,000		11,000			
급　여	7,500		2)1,200		8,700		8,700			
감가상각비	0		4)2,000		2,000		2,000			
보험료	0		3) 400		400		400			
당기순이익							10,200			10,200
합　계	100,200	100,200	4,200	4,200	104,000	104,000	32,300	32,300	81,900	81,900

재무상태표

현　금		4,200	매입채무	8,500
매출채권		14,800	미지급급여	1,200
미수임대수익		600	사　채	25,000
재고자산		19,000	보통주	35,000
선급보험료		800	이익잉여금	10,200
사무실비품	42,500			
감가누계액	(2,000)	40,500		
		81,900		81,900

손익계산서

매　출		30,600
매출원가		11,000
매출총이익		19,600
판매비와관리비		
급　여	8,700	
감가상각비	2,000	
보험료	400	11,100
영업이익		8,500
영업외 수익		
임대료수익	1,700	1,700
당기순이익		10,200

현금흐름표(간접법)

Ⅰ. 영업활동으로 인한 현금흐름	
1. 당기순이익	10,200
2. 현금의 지출이 없는 비용 등의 가산	
감가상각비	2,000
임　금	1,200
3. 현금의 수입이 없는 수익 등의 차감	
임대료수익	(600)
4. 영업활동으로 인한 자산, 부채의 변동	
선급보험료의 증가	(800)
매출채권의 증가	(14,800)

매입채무의 증가	8,500	
재고자산의 증가	(19,000)	(13,300)
Ⅱ. 투자활동으로 인한 현금흐름		
1. 투자활동으로 인한 현금유출액		
유형자산의 구입	(42,500)	(42,500)
Ⅲ. 재무활동으로 인한 현금흐름		
1. 재무활동으로 인한 현금유입액		
사채의 증가	25,000	
자본의 증가	35,000	60,000
Ⅳ. 현금의 증감		4,200
Ⅴ. 기초의 현금		0
Ⅵ. 기말의 현금		4,200

제 4 장 재무제표

01 (1) 자금조달거래
(2) 영업거래
(3) 영업거래
(4) 자금투하거래
(5) 자금조달거래
(6) 자금조달거래
(7) 자금투하거래
(8) 영업거래

03 2012년 : 540
2013년 : 575
2014년 : 5

제 5 장 재무회계의 기본개념과 기업회계기준의 생성

01 구매력이 ₩20,000 이하가 된다. 그러나 물가상승으로 인한 구매력 손실은 재무제표에 반영되지 않는다. 왜냐하면 화폐가치 안정의 가정에 의하여 재무제표가 작성되기 때문이다. 만일 물가변동회계나 현행가치회계를 도입한다면 물가상승으로 인한 화폐의 구매력 손실을 재무제표에 반영할 수 있을 것이다.

03 (1) 수익·비용 대응의 원칙
(2) 중요성
(3) 기업실체의 가정
(4) 수익인식의 원칙
(5) 수익·비용 대응의 원칙
(6) 완전공시
(7) 수익·비용 대응의 원칙
(8) 중요성
(9) 회계기간

05 a. (1) 1차기간 : 없음

2차기간 :	수익	600,000
	비용	400,000
	이익	200,000

(2)

1차기간 :	수익	450,000
	비용	300,000
	이익	150,000
2차기간 :	수익	150,000
	비용	100,000
	이익	50,000

(3)

1차기간 :	수익	400,000
	비용	300,000
	이익	100,000
2차기간 :	수익	200,000
	비용	100,000
	이익	100,000

b. 총 순이익은 세 가지 경우 모두 ₩200,000(600,000－400,000)으로 동일하다.

제 6 장 현금 및 단기금융자산

01

1/8	(차) 현 금	300,000	(대) 매출채권	300,000
1/9	(차) 당좌예금	300,000	(대) 현 금	300,000
1/15	(차) 현 금	200,000	(대) 매 출	400,000

	매출채권	200,000		
1/20	(차) 매입채무	100,000	(대) 현 금	100,000
1/27	(차) 상 품	400,000	(대) 당좌예금	300,000
			당좌차월	100,000
1/31	(차) 당좌차월	100,000	(대) 현 금	100,000

03

은행계정조정표

1. 조정전 회사측 잔액	×	1. 조정전 은행측 잔액	4,165,040
2. 가산		2. 가산	
a. 회사측 오류	9,000	a. 미기입예금	300,000
b. 어음추심	200,000		
3. 차감		3. 차감	
a. 추심수수료	12,000	a. 미결제수표	1,056,500
조정후 잔액	3,408,540	조정후 잔액	3,408,540

a. ₩3,408,540

b. ₩3,211,540(×)

05 우편환증서 5,900＋타인발행약속어음 4,870,000＋타인발행당좌수표 3,290,000＋통화 650,000＝8,815,900

제 7 장 수취채권

01

(1)	(차) 기계장치	4,000,000	(대) 미지급금	4,000,000
(2)	(차) 미수금	5,000,000	(대) 토 지	5,000,000
(3)	(차) 현 금	400,000	(대) 선수금	400,000
(4)	(차) 선수금	400,000	(대) 매 출	9,000,000
	매출채권	8,600,000		
(5)	(차) 단기대여금 (또는 받을어음)	200,000	(대) 현 금	200,000

03

7월 1일	(차) 가지급금	85,000	(대) 현 금	85,000
2일	(차) 현 금	800,000	(대) 가수금	800,000
4일	(차) 교통비	75,000	(대) 가지급금	85,000
	현 금	10,000		
	(차) 가 수 금	800,000	(대) 매출채권	800,000

05 2015년 5월 (차) 대손충당금 3,000 (대) 매출채권 3,000
9월 (차) 매출채권 3,000 (대) 대손충당금 3,000
(차) 현 금 3,000 (대) 매출채권 3,000
결산시 (차) 대손충당금 4,000 (대) 매출채권 15,000*
대손상각비 11,000

* 100일 이상 경과한 매출채권 ₩15,000은 회수가능성이 없으므로 대손충당금과 상계한다.

(차) 대손상각비 14,100 (대) 대손충당금 14,100*

* 경과일수에 따른 대손추정률 적용시 대손충당금

255,000 × 2% =	5,100
75,000 × 4% =	3,000
45,000 × 10% =	4,500
10,000 × 15% =	1,500
계	14,100

07

3/ 1	(차) 받을어음	72,000	(대) 매 출	72,000
4/ 1	(차) 현 금	71,300	(대) 받을어음	72,000
	이자비용	1,300	미수이자	600
4/30	(차) 매출채권 (부도어음)	73,200	(대) 현 금	73,200
5/ 2	(차) 단기대여금	100,000	(대) 현 금	100,000
8/ 2	(차) 현 금	103,000	(대) 단기대여금	100,000
			이자수익	3,000*

* 100,000×12%×3/12=3,000

제 8 장 재고자산

01

12/ 4	(차) 매 입	6,010,000	(대) 현 금	4,010,000
			매입채무	2,000,000
12/10	(차) 매입채무	200,000	(대) 매입에누리	200,000
12/12	(차) 선급금	1,000,000	(대) 현 금	1,000,000
12/15	(차) 매 입	3,900,000	(대) 선급금	1,000,000
			현 금	2,900,000

12/20	(차) 매출채권	4,500,000	(대) 매 출	4,500,000
12/22	(차) 매출에누리와 환 입	300,000	(대) 매출채권	300,000
12/31	(차) 매출원가	150,000	(대) 기초재고	150,000
	(차) 매출원가	9,710,000	(대) 매 입	9,710,000*
	(차) 기말재고	360,000	(대) 매출원가	360,000

* 6,010,000 − 200,000 + 3,900,000 = 9,710,000

03 a. 판매가능상품원가 : 기초재고 + 당기매입원가 = 3,000,000 + 6,400,000 + 6,660,000 + 11,700,000 + 9,350,000 = 37,110,000

(1) 선입선출법

기말재고 320 × 17,000 = 5,440,000

매출원가 37,110,000 − 5,440,000 = 31,670,000

b. 총평균법

$$단위당평균단가 = \frac{판매가능상품원가}{판매가능수량} = \frac{37,110,000}{2,170} = 17,101$$

기말재고 = 320 × 17,101 = 5,472,320

매출원가 = 37,110,000 − 5,472,320 = 31,637,680

05 (1)

(차) 매출원가	500,000	(대) 기초재고	500,000
(차) 매출원가	4,000,000	(대) 매 입	4,000,000
(차) 기말재고	3,050,000	(대) 매출원가	3,050,000

(2)

(차) 재고자산평가손실	230,000	(대) 기말재고	230,000*

* 평가손실 B : 400 × {2,000 − (2,400 − 600)} = 80,000

C : 500 × {2,500 − (3,000 − 800)} = 150,000

계 230,000

07 (1) ○

물가가 계속 상승하는 경우에 재고수량이 감소하지 않는 한 선입선출법에 의해 계산된 매출원가는 후입선출법에 의해 계산된 값보다 항상 낮다. 또한 평균법에 의해 계산된 매출원가는 항상 선입선출법과 후입선출법의 사이에 존재한다.

(2) ○

(3) ×

항상 같다.

(4) ×

후입선출법은 물가상승시에 재고자산의 수량이 감소하게 되며 오래된 재고가 매출원가로 계상되어 이익을 과대계상하기 때문에 불합리한 구매를 유발할 수 있다.

(5) ○

09

기초재고	20,000
+매 입	70,000
	90,000
−매출원가	60,000 *
9월 1일 현재 추정 재고	30,000
30,000×60%=	₩18,000

* ₩75,000×80%

제 9 장 투자자산

01 (1) 2015. 12. 31

(차) 매도가능금융자산평가손실	100,000*	(대) 매도가능금융자산	100,000
투자주식감액손실	200,000**	투자주식	200,000

* 400,000−300,000=100,000

** 300,000−1,000,000×10%=200,000

(2) 2016년 (주)헌대 주식 처분시

(차) 현 금	150,000	(대) 매도가능금융자산	150,000*
매도가능금융자산처분손실	50,000	매도가능금융자산평가손실	50,000**

* (400,000−100,000)×50%=150,000

** 100,000×50%=50,000

03 a. 2015. 12. 31 (차) 매도가능금융자산평가손실 100,000* (대) 매도가능금융자산 100,000

* 3,000,000−2,900,000=100,000

** (주)티스 주식은 비상장주식이므로 원가법을 적용하며, 순자산가액의 하락이 일시적이므로 평가감하지 않는다.

b. 2016. 12. 31 (차) 투자주식감액손실 3,700,000* (대) 투자주식 3,700,000

매도가능금융자산 200,000 매도가능금융자산평가이익 200,000**

* 5,000,000−1,300,000=3,700,000

** 3,100,000－2,900,000＝200,000(2016년도의 재무상태표상에는 매도가능금융자산이 ₩3,100,000으로 보고된다.)

c. 2017. 1. 5 (차) 현 금 3,200,000 (대) 매도가능금융자산 3,100,000
매도가능금융자산처분이익 100,000

제 10 장 유형자산과 무형자산

01 (1) (차) 토 지 2,110,000 (대) 지급어음 2,000,000
현 금 110,000

(2) (차) 비 품 1,200,000 (대) 당좌예금 1,200,000

(3) (차) 비 품 500,000 (대) 현 금 500,000

(4) (차) 기계장치 515,000 (대) 현 금 515,000

03 a. 감가상각비 계산

① 정액법

2015년 감가상각비＝(₩2,000,000－200,000)÷5×(6/12)＝₩180,000

2016년 감가상각비＝(₩2,000,000－200,000)÷5＝₩360,000

② 정률법

2015년 감가상각비＝₩2,000,000×35%×(6/12)＝₩350,000

2016년 감가상각비＝(₩2,000,000－350,000)×35%＝₩577,500

③ 이중체감법

상각률＝1/내용연수×2＝40%

2015년 감가상각비＝₩2,000,000×40%×(6/12)＝₩400,000

2016년 감가상각비＝(₩2,000,000－400,000)×40%＝₩640,000

④ 생산량비례법

2015년 감가상각비＝(₩2,000,000－200,000)×(60,000/250,000)＝₩432,000

2016년 감가상각비＝(₩2,000,000－200,000)×(96,000/250,000)＝₩691,200

b. 당기순이익을 최대화하기 위해서는 비용을 최소화해야 하므로 감가상각비가 가장 작은 방법을 선택해야 한다. 따라서 감가상각비가 가장 작은 방법은 정액법이다. 반면, 당기순이익을 최소화하기 위해서는 감가상각비가 가장 큰 방법을 사용해야 하므로 생산량비례법을 선택해야 한다.

05 (1) 2016년 5월 1일

(차) 건 물 720,000 (대) 현 금 1,000,000

수선유지비 280,000

(2) 2016년 12월 31일

(차) 감가상각비 1,080,000* (대) 감가상각누계액 1,080,000

* (₩10,000,000 − 1,000,000(2015년 감가상각비) + 720,000)

× 1/(10 − 1) × 12/12 = ₩1,080,000

자본적 지출은 그 지출액만을 따로 감가상각해서는 안 되고 그 지출의 대상인 자산과 동일하게 감가상각하여야 한다. 왜냐하면 자본적 지출을 그 지출 대상인 자산과 별개로 감가상각하는 것은 자본적 지출과 대상자산을 각각 별개의 자산으로 인식하는 결과를 가져오기 때문이다.

07 (1) 2015년 7월 1일

(차) 특허권 2,500,000 (대) 현 금 2,500,000

(2) 2015년 결산시

(차) 무형자산상각비 250,000* (대) 특허권 250,000

* ₩2,500,000 ÷ 5 × 6/12 = 250,000

제 11 장 유동부채

01 2015. 1. 1 (차) 매 입 100,000 (대) 현 금 20,000

매입채무 80,000

1. 5 (차) 매 입 90,000 (대) 매입채무 90,000

1. 20 (차) 매입채무 40,000 (대) 지급어음 40,000

1. 25 (차) 매입채무 80,000 (대) 현 금 80,000

매입채무

차변		대변	
1/20 지급어음	40,000	1/1 매입	80,000
1/25 현금	80,000	1/5 매입	90,000

매 입

차변		대변
1/1 현금	20,000	
매입채무	80,000	
1/5 매입채무	90,000	

지급어음

차변	대변	
	1/20 매입채무	40,000

현 금

차변	대변	
	1/1 매입	20,000
	1/25 매입채무	80,000

03 (1) (차) 비 품 1,000,000 (대) 현 금 400,000

미지급금 600,000

(2) (차) 현　금　　2,000,000　　(대) 단기차입금 2,000,000

(3) (차) 미지급금　　600,000　　(대) 현　금　　600,000

(4) 2015. 12. 31 결산시 수정분개

(차) 이자비용　　60,000　　(대) 미지급이자　　60,000

* 2,000,000×12%×3/12=60,000

2016. 4. 1 원금과 이자를 현금 상환시

(차) 단기차입금 2,000,000　　(대) 현　금　　2,120,000

이자비용　　60,000*

미지급이자　　60,000

* 2,000,000×12%×3/12=60,000

05 2015. 7. 1 (차) 매　입　　2,000,000　　(대) 매입채무　　2,000,000

* $2,000×1,000=2,000,000

9. 1 (차) 현　금　　11,000,000　　(대) 차입금　　11,000,000

* $10,000×1,100=11,000,000

12. 31 (차) 매입채무　　200,000　　(대) 외화환산이익　200,000

* $2,000×(1,000−900)=200,000

(차) 차입금　　2,000,000　　(대) 외화환산이익 2,000,000

$10,000×(1,100−900)=2,000,000

2016. 2. 1 (차) 매입채무　1,800,000　　(대) 현　금　　1,900,000

외환차손　　100,000*

* $2,000×(950−900)=100,000

2016. 3. 1 (차) 차 입 금　9,000,000　　(대) 현　금　　12,000,000

외환차손　3,000,000

* $10,000×(1,200−900)=3,000,000

제 12 장 비유동부채

01 (1) 사채 발행가액 결정

이자의 현재가치 : ₩8,000×2.48685(3년, 10% 연금현가)=₩19,895

원금의 현재가치 : ₩100,000×0.75131(3년 10% 현가)　=　75,131

발행가액　　₩95,026

(2) 유효이자율법에 의한 상각액

연 도	유효이자 (장부가액×시장이자율)	액면이자	당기상각액 (유효이자－액면이자)	장부가액
2015. 1. 1				95,026
2015.12.31	9,503	8,000	1,503	96,529
2016.12.31	9,653	8,000	1,653	98,182
2017.12.31	9,818	8,000	1,818	100,000
합계	28,974	24,000	4,974	

(3) 회계처리

2015. 1. 1	(차) 현 금	95,026	(대) 사 채	100,000
	사채할인발행차금	4,974		
2015. 12. 31	(차) 이자비용	9,503	(대) 현 금	8,000
			사채할인발행차금	1,503
2016. 12. 31	(차) 이자비용	9,653	(대) 현 금	8,000
			사채할인발행차금	1,653
2017. 12. 31	(차) 이자비용	9,818	(대) 현 금	8,000
			사채할인발행차금	1,818
	사 채	100,000	현 금	100,000

03 (1) 사채 발행가액 결정

이자의 현재가치 : ₩4,000×3.54595(4기간, 5% 연금현가)=₩14,184

원금의 현재가치 : ₩100,000×0.82270(4기간, 5% 현가) = 82,270

발행가액 ₩96,454

(2) 유효이자율법에 의한 상각액

연 도	유효이자 (장부가액×시장이자율)	액면이자	당기상각액 (유효이자－액면이자)	장부가액
2015. 1. 1				96,454
2015. 6.30	4,823	4,000	823	97,277
2015.12.31	4,864	4,000	864	98,141
2016. 6.30	4,907	4,000	907	99,048
2016.12.31	4,952	4,000	952	100,000
합계	19,546	16,000	3,546	

(3) 회계처리

2015. 1. 1	(차) 현 금	96,454	(대) 사 채	100,000
	사채할인발행차금	3,546		
2015. 6. 30	(차) 이자비용	4,823	(대) 현 금	4,000
			사채할인발행차금	823
2015. 12. 31	(차) 이자비용	4,864	(대) 현 금	4,000
			사채할인발행차금	864
2016. 6. 30	(차) 이자비용	4,907	(대) 현 금	4,000
			사채할인발행차금	907
2016. 12. 31	(차) 이자비용	4,952	(대) 현 금	4,000
			사채할인발행차금	952
	사 채	100,000	현 금	100,000

05 (1) 사채 발행가액 결정

이자의 현재가치 : ₩8,000×2.48685(3년, 10% 연금현가)=₩19,895

원금의 현재가치 : ₩100,000×0.75131(3년 10% 현가) = 75,131

발행가액 ₩95,026

(2) 유효이자율법에 의한 상각액

연 도	유효이자 (장부가역×시장이자율)	액면이자	당기상각액 (유효이자－액면이자)	장부가액
2015. 4. 1				95,026
2016. 3.31	9,503	8,000	1,503	96,529
2017. 3.31	9,653	8,000	1,653	98,182
2018. 3.31	9,818	8,000	1,818	100,000
합계	29,874	24,000	4,974	

(3) 회계처리

2015. 4. 1	(차) 현 금	95,026	(대) 사 채	100,000
	사채할인발행차금	4,974		
2015. 12. 31	(차) 이자비용	7,127	(대) 미지급이자	6,000*
			사채할인발행차금	1,127**

* 100,000×8%×9/12=6,000

** 1,503×9/12=1,127

2016. 3. 31	(차) 이자비용	2,376	(대) 현 금	8,000

미지급이자	6,000	사채할인발행차금	376*

* 1,503－1,127＝376

07 (차) 사 채 50,000* (대) 현 금 49,000
사채상환손실 736 사채할인발행차금 1,736**

* 100,000×50%＝50,000

** (4,974－1,503)×50%＝1,736

제 13 장 자 본

01

3/5	(차) 자기주식	350,000	(대) 현 금	350,000
5/5	(차) 현 금	270,000	(대) 자기주식	210,000
			자기주식자본잉여금	60,000
7/7	(차) 현 금	120,000	(대) 자기주식	140,000
	자기주식자본잉여금	20,000		

03 (3,000,000－1,500,000)/500＝₩3,000

05

(차) 현 금	850,000	(대) 보통주 자본금	500,000
		보통주 주식발행초과금	50,000
		우선주 자본금	250,000
		우선주 주식발행초과금	50,000

07

a.

액면가	₩3,000,000	
주식발행초과금	660,000	
총납입금	3,660,000	
신주발행가액	2,500,000	(＝100주×₩25,000)
계	₩6,160,000	
총주식수	÷700	(＝600＋100)
평균발행가액	₩8,800	

b.

액면가	₩1,500,000
주식발행초과금	150,000
총납입금	1,650,000
발행주식수	÷300
평균발행가액	₩5,500

c. 자본금:

보통주	₩3,000,000	
우선주	1,500,000	4,500,000
신주청약증거금 – 보통주		1,000,000
주식발행초과금:		
보통주	660,000	
우선주	150,000	810,000
납입자본금 총계		₩6,310,000

제 14 장 **현금흐름표**

01 영업활동 : b, c, d, e, h, i, j, k, l, m, r

투자활동 : a, f, g

재무활동 : n, o, p, q

03

매출채권

기초 매출채권	71,000	**매출채권 회수액**	576,000
매출액	570,000	기말 매출채권	65,000
	641,000		641,000

05

(1) 발생주의 매출액

매출채권

기초 매출채권	5,000,000	당기 현금유입액	8,000,000
당기 매출액	15,000,000	기말 매출채권	12,000,000
	20,000,000		20,000,000

(2) 발생주의 매입액

매입채무

현금 유출액	7,000,000	기초 매입채무	3,000,000
기말 매입채무	2,000,000	**당기 매입액**	6,000,000
	9,000,000		9,000,000

07 (1) 급여 유출액: ₩52,000

(2) 보험료 유출액

선급보험료

기초 선급보험료	2,000	보험료	8,000
보험료 유출액	10,000	기말 선급보험료	4,000
	12,000		12,000

(3) 영업비 유출액: ₩19,000

(4) 이자비용 유출액

미지급이자

이자비용 유출액	29,800	기초 미지급이자	1,000
기말 미지급이자	500	이자비용	29,300
	30,300		30,300

09 (1) 직접법

현금흐름표

(2014. 1. 1~2014. 12. 31)

(주)코리아

Ⅰ. 영업활동으로 인한 현금흐름		73,000
1. 매출 등 수익활동으로부터의 유입액	765,000	
2. 매입 등 수익활동에 따른 유출액	(586,000)	
3. 임대료 유입액	21,000	
4. 급여 유출액	(63,000)	
5. 보험료 유출액	(22,000)	
6. 이자비용 유출액	(17,000)	
7. 법인세비용 유출액	(25,000)	
Ⅱ. 투자활동으로 인한 현금흐름		(15,000)
1. 투자활동으로 인한 현금유입액		
① 토지의 처분	65,000	
2. 투자활동으로 인한 현금유출액		
① 건물의 구입	(80,000)	
Ⅲ. 재무활동으로 인한 현금흐름		30,000
1. 재무활동으로 인한 현금유입액		
① 장기차입금의 차입	30,000	
Ⅳ. 현금의 증가		88,000
Ⅴ. 기초의 현금		33,000
Ⅵ. 기말의 현금		121,000

주석 1. 현금의 유입과 유출이 없는 거래

① 자본잉여금의 자본전입 ₩50,000

(2) 간접법

현금흐름표

(2014. 1. 1~2014. 12. 31)

(주)코리아

Ⅰ. 영업활동으로 인한 현금흐름		73,000
1. 당기순이익	30,000	
2. 현금의 지출이 없는 비용 등의 가산		
① 감가상각비	10,000	
3. 현금의 수입이 없는 수익 등의 차감		
① 유형자산처분이익	(15,000)	
4. 영업활동으로 인한 자산·부채의 증감		
① 매출채권의 감소	15,000	
② 선급보험료의 증가	(2,000)	
③ 상품의 감소	30,000	
④ 매입채무의 증가	14,000	
⑤ 미지급급여의 감소	(5,000)	
⑥ 선수임대료의 증가	1,000	
⑦ 미지급법인세의 감소	(5,000)	
-이하 직접법과 동일-		

찾아보기

ㄱ

ㄴ

ㄷ

ㅅ

ㅇ

ㅈ

ㅊ

ㅌ

ㅍ

ㅎ

| 저자약력 |

서울대학교 경영학과 졸업
미국 Indiana University 경영학석사
미국 Indiana University 경영학박사
미국 University of South Carolina 회계학과 조교수
미국 공인회계사
한양대학교 회계학과 부교수
공인회계사시험출제위원
회계기준심의위원회 위원
금융감독위원회 증권선물위원회 비상임위원
대우증권(주), 유진투자증권(주), 코리안리(주), (주)홈앤쇼핑 사외이사 역임
한국중소기업학회장, 한국경영학회장 역임
대통령직속 국가경쟁력강화위원회 위원 역임
(현재) 고려대학교 경영대학 교수
　　　에스원(주) 사외이사

| 저 서 |

회계원리
회계정보시스템
관리회계
세계금융전쟁과 한국의 대응
전략경영을 위한 원가관리회계
회계학 리스타트 1, 2

제 6 판 IFRS 회계원리

1999년 6월 30일 제 1 판 발행
2003년 2월 20일 제 3 판 발행
2007년 3월 10일 제 4 판 발행
2009년 9월 10일 제 5 판 발행
2014년 9월 5일 제 6 판 발행

著 者 柳 寬 熙
發行人 林 勸 圭
發行處 弘 文 社

121-856 서울시 마포구 토정로 222 A동 205호
등록 1993. 6. 24 제1－1543호
TEL : (02) 712-5311(代) FAX : (02) 716-5311
Homepage : http://www.hongmoonsa.co.kr
E-mail : hongmoonsa@hanmail.net

값 30,000원

ISBN 978-89-7770-347-6 93320